石家庄统计年鉴

SHIJIAZHUANG STATISTICAL YEARBOOK

石家庄市统计局
国家统计局石家庄调查队 编

2020

图书在版编目（CIP）数据

石家庄统计年鉴 . 2020 = Shijiazhuang Statistical Yearbook 2020 : 汉英对照 / 石家庄市统计局 , 国家统计局石家庄调查队编 . -- 北京 : 中国统计出版社 , 2021.6

ISBN 978-7-5037-9505-3

Ⅰ . ①石… Ⅱ . ①石… ②国… Ⅲ . ①统计资料 - 石家庄 - 2020 - 年鉴 - 汉、英 Ⅳ . ① C832.221-54

中国版本图书馆 CIP 数据核字 (2021) 第 100365 号

石家庄统计年鉴—2020

作　　者 / 石家庄市统计局　国家统计局石家庄调查队
责任编辑 / 钟钰
装帧设计 / 张旭蕊
出版发行 / 中国统计出版社有限公司
地　　址 / 北京市丰台区西三环南路甲 6 号
邮政编码 / 100073
电　　话 / 邮购（010）63376909　书店（010）68783171
网　　址 / http://www.zgtjcbs.com
印　　刷 / 河北文曲印刷有限公司
经　　销 / 新华书店
开　　本 / 890mm × 1240mm　1/16
字　　数 / 756 千字
印　　张 / 29
版　　别 / 2021 年 6 月第 1 版
版　　次 / 2021 年 6 月第 1 次印刷
定　　价 / 300.00 元

本书附同版本 CD-ROM 一张，光盘内容以书面文字为准。
如有印装差错，由本社发行部调换。

《石家庄统计年鉴——2020》

编 辑 部

编辑说明

一、《石家庄统计年鉴—2020》是一部大型统计信息资料工具书，是《石家庄统计年鉴》创刊出版以来的第24卷。本书系统收录了石家庄市2019年经济、社会各方面的统计数据，以及1995年来分县区主要统计数据，是一部全面反映石家庄经济和社会发展情况的资料性年刊。随着国家统计方法制度的改革，本刊在栏目设置、指标口径和范围上做了相应的调整，但尽量在版本内容、指标体系等方面与前几年保持连贯性。

二、本年鉴内容包括：综合、从业人员和工资总额、固定资产投资及建筑业、能源消费、财政金融、物价、居民生活、城市公用设施、农村经济、工业交通邮电、贸易外经、教育科技文化、体育卫生民政和附录等14部分内容。

三、本年鉴中使用的度量衡单位均采用国际统一标准计量单位。

四、2013年辛集市列为河北省直管县。本年鉴按照行政区划标准划分，除居民生活、环保和建设局数据部分外，其余部分均含辛集市。

五、2014年石家庄进行了区划调整。本年鉴中市区范围除人行、交通数据外其他均为新调整口径。

《石家庄统计年鉴》多年来承蒙社会各界的厚爱，对此我们深表感谢，欢迎广大读者继续使用《石家庄统计年鉴》，同时欢迎对我们的编辑内容及版式提出宝贵意见，以利于我们进一步提高《石家庄统计年鉴》的编辑水平，更好地为社会各界服务。

《石家庄统计年鉴》编辑部

2021年3月

一、全市生产总值（亿元）

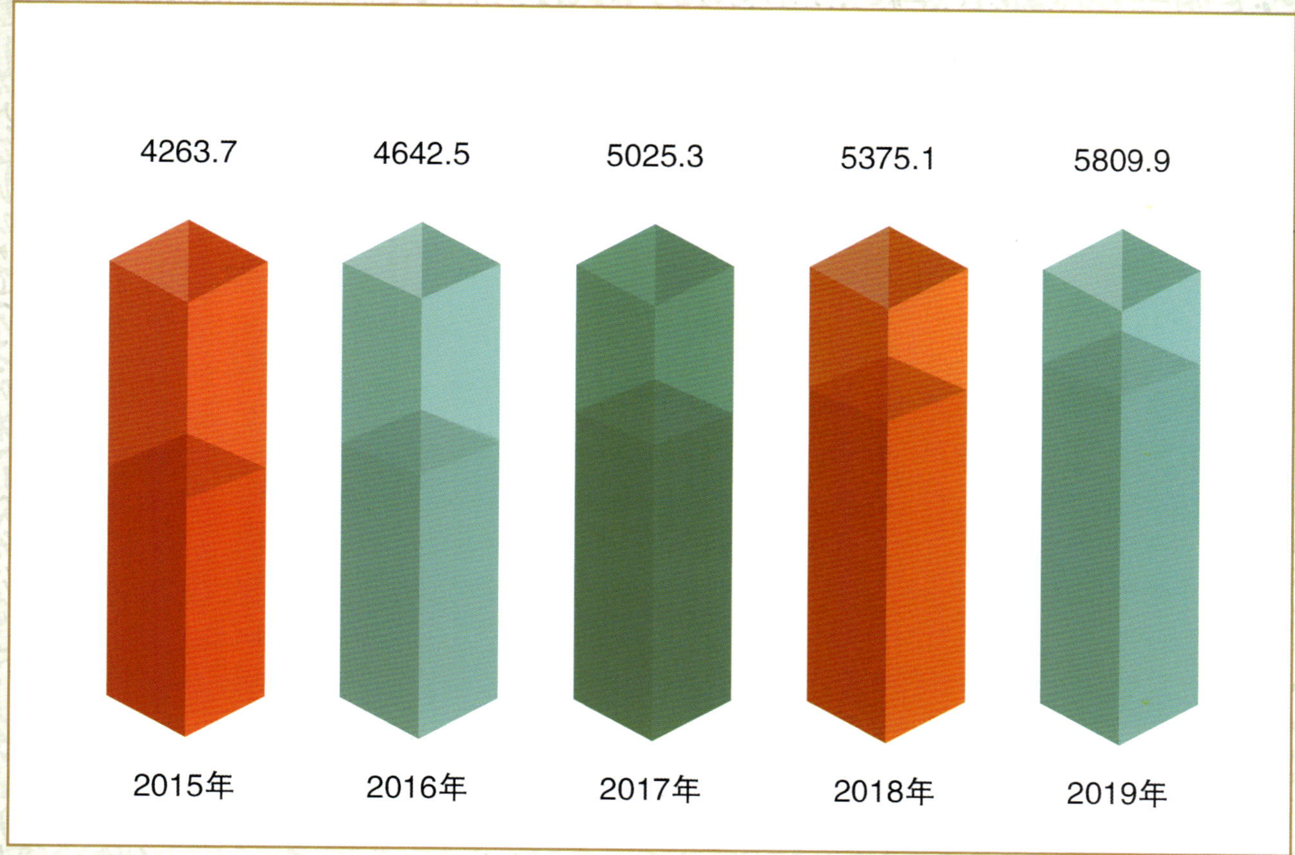

二、全市生产总值增长速度（%）

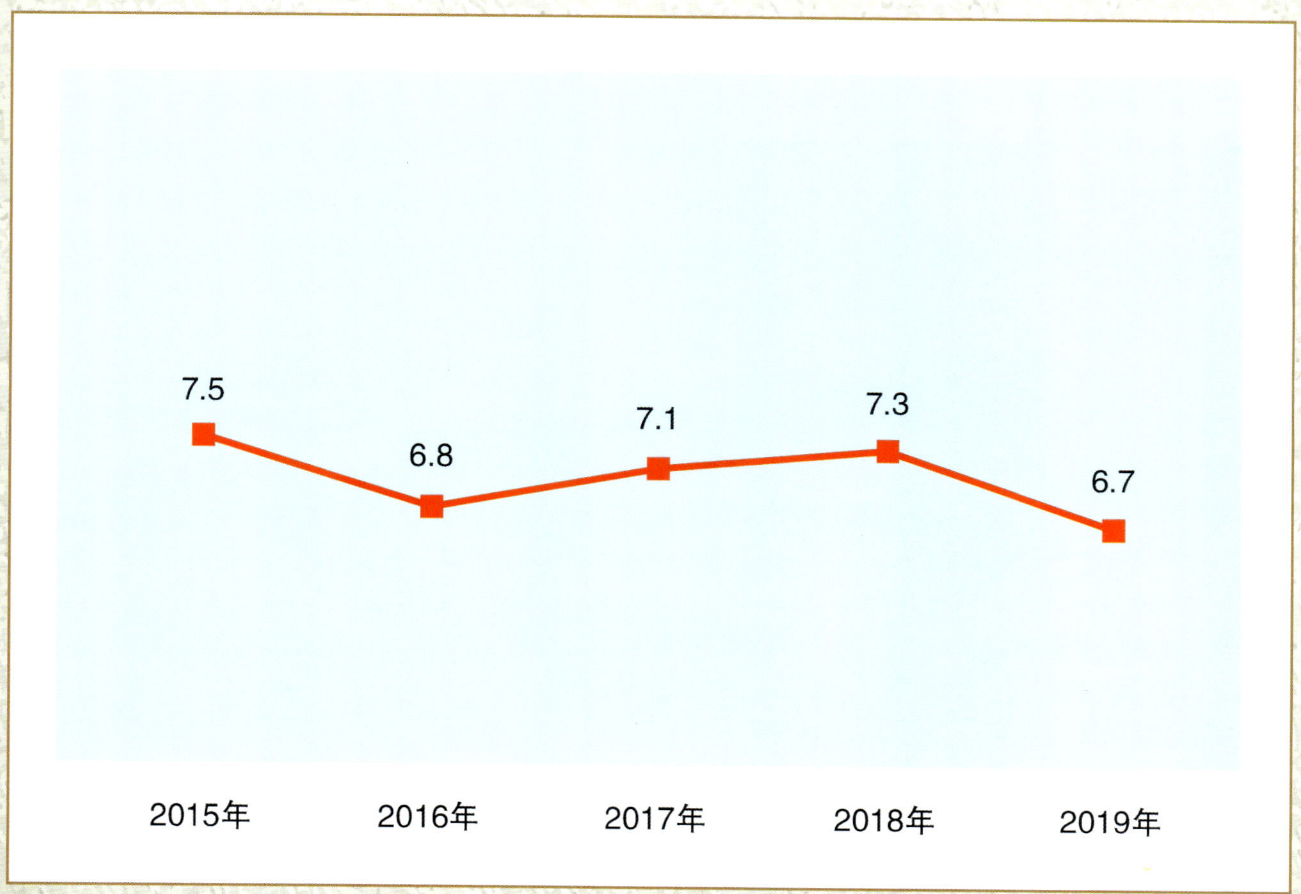

三、2018年三次产业构成

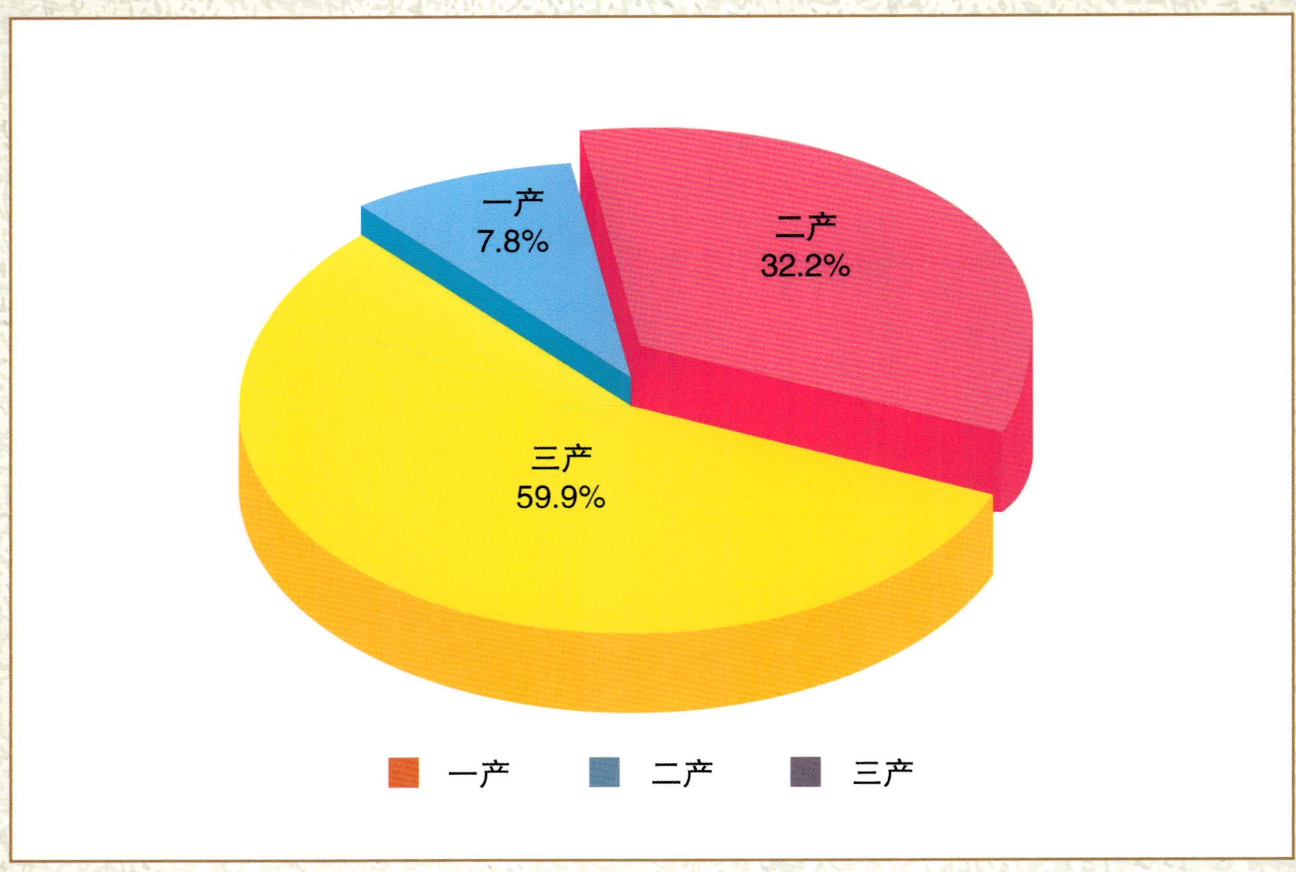

四、2019年三次产业构成

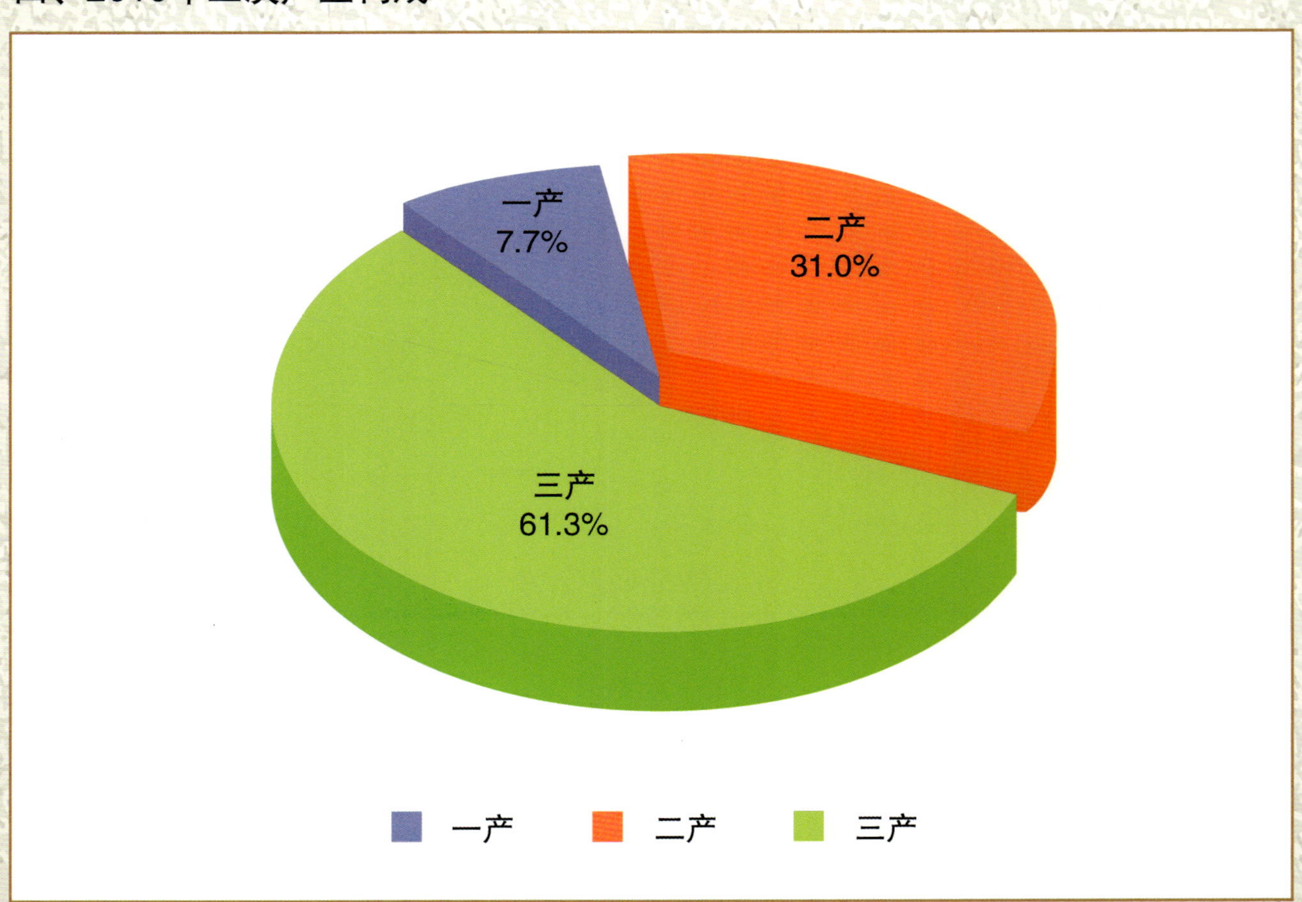

五、财政收入（亿元）

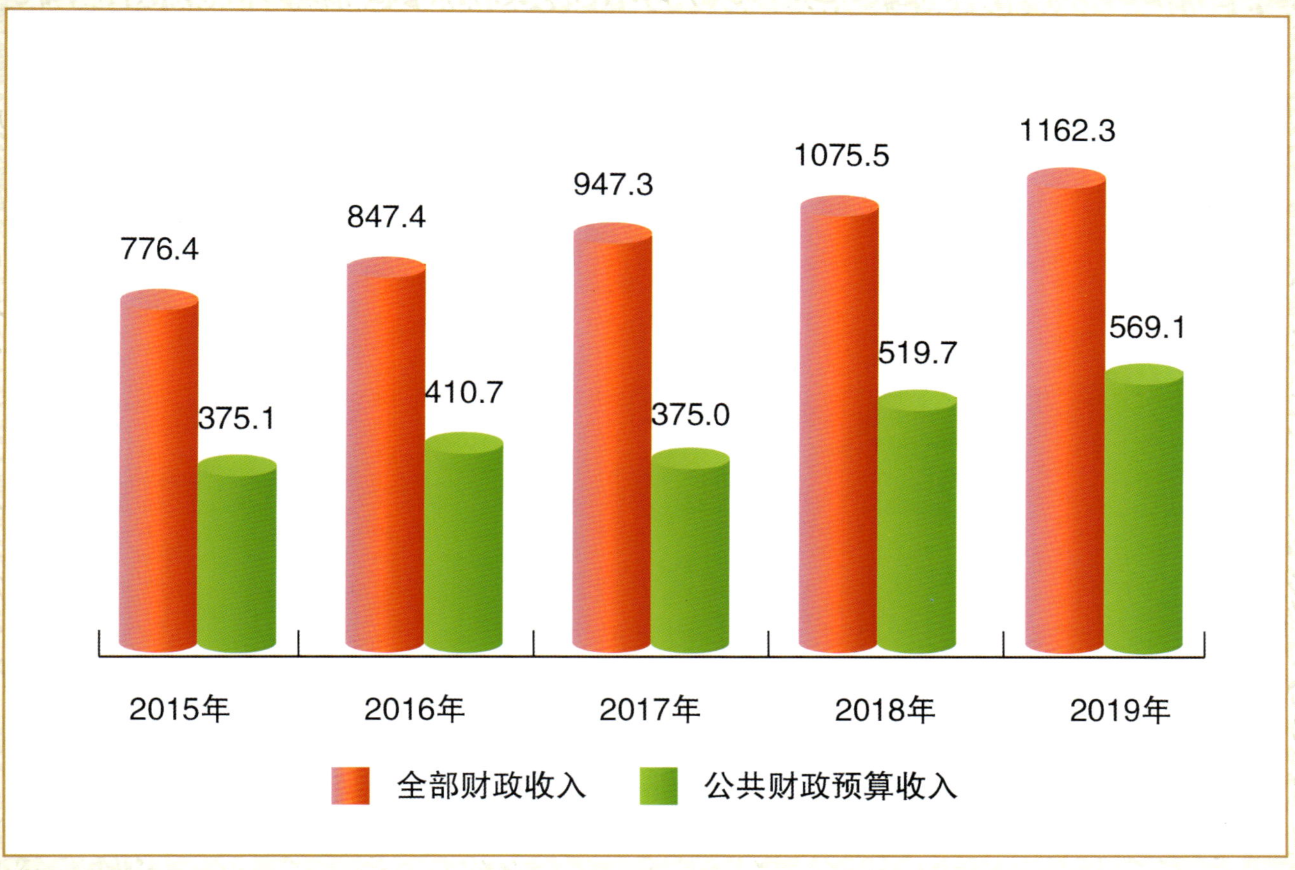

六、财政收入增长速度（%）

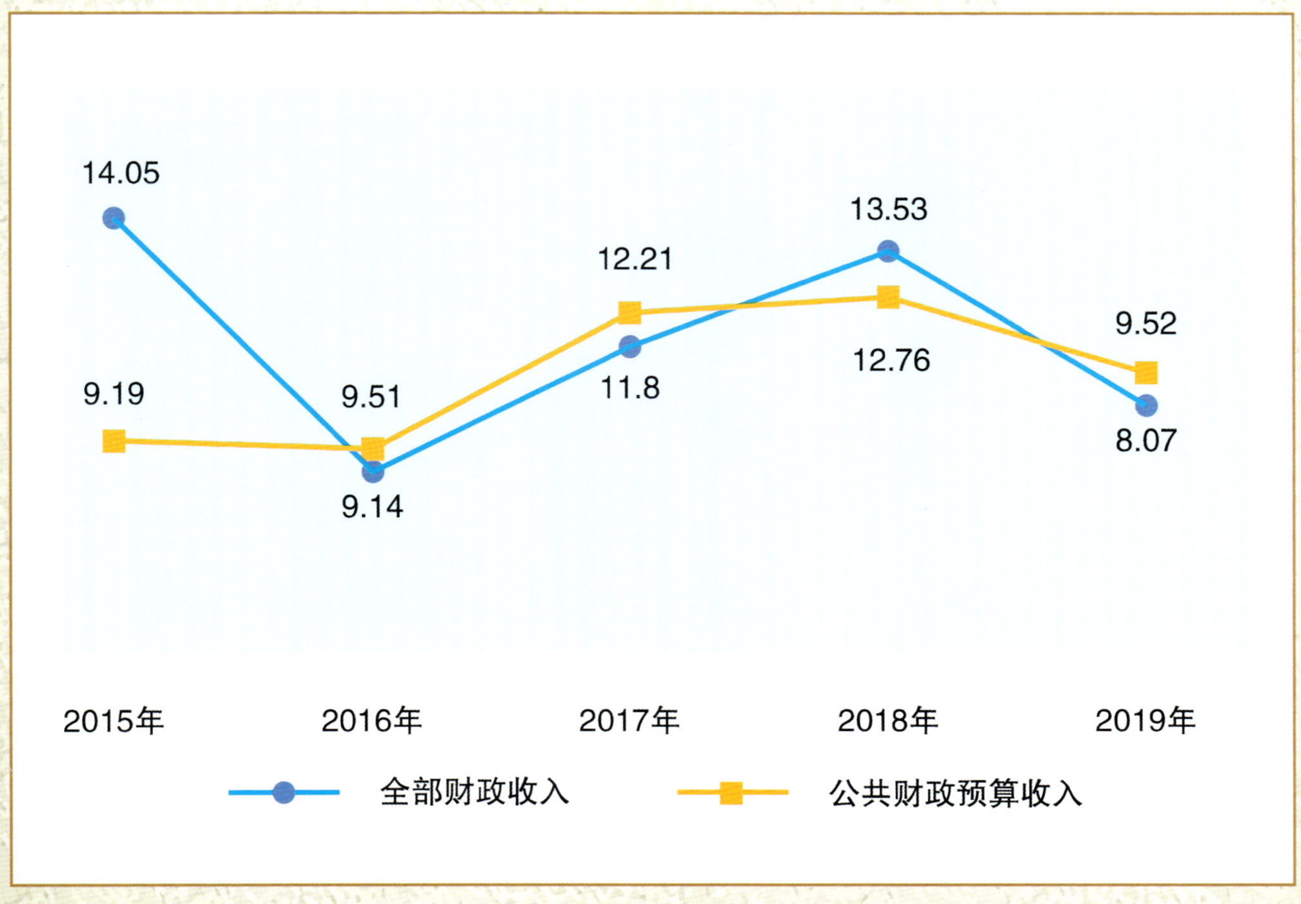

七、农林牧渔业总产值与增加值（亿元）

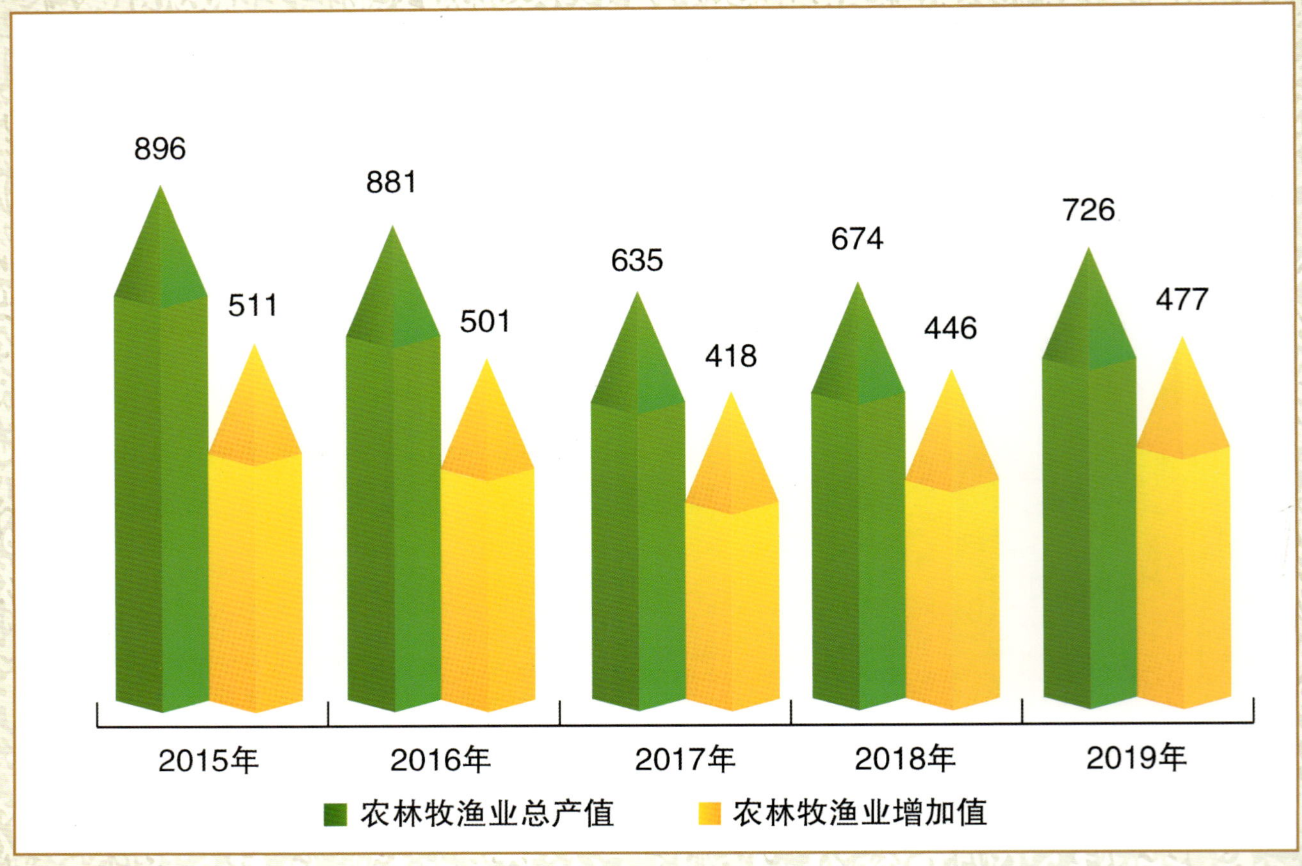

八、2018年农林牧渔各业构成（按总产值计算）

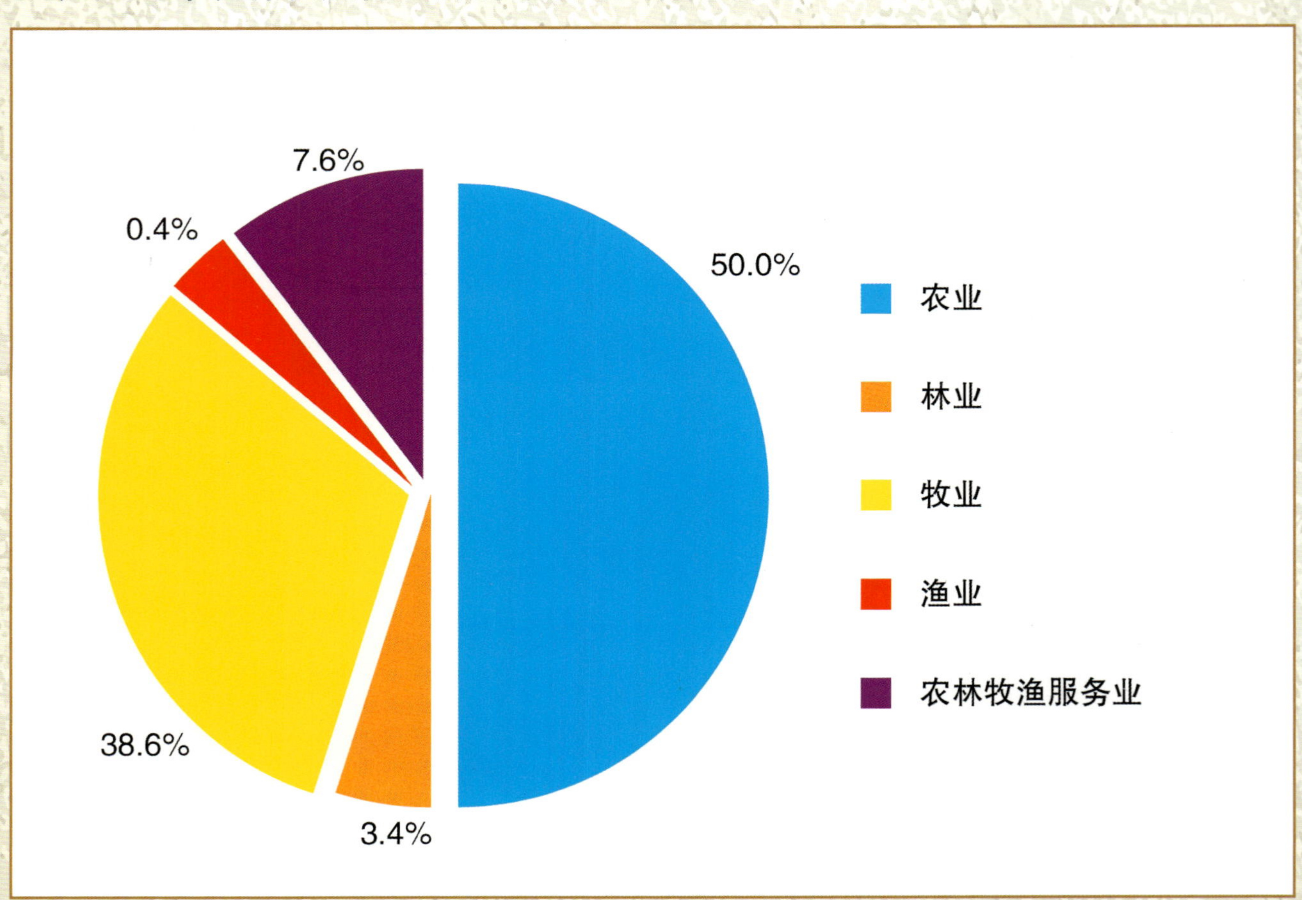

九、2019年农林牧渔各业构成（按总产值计算）

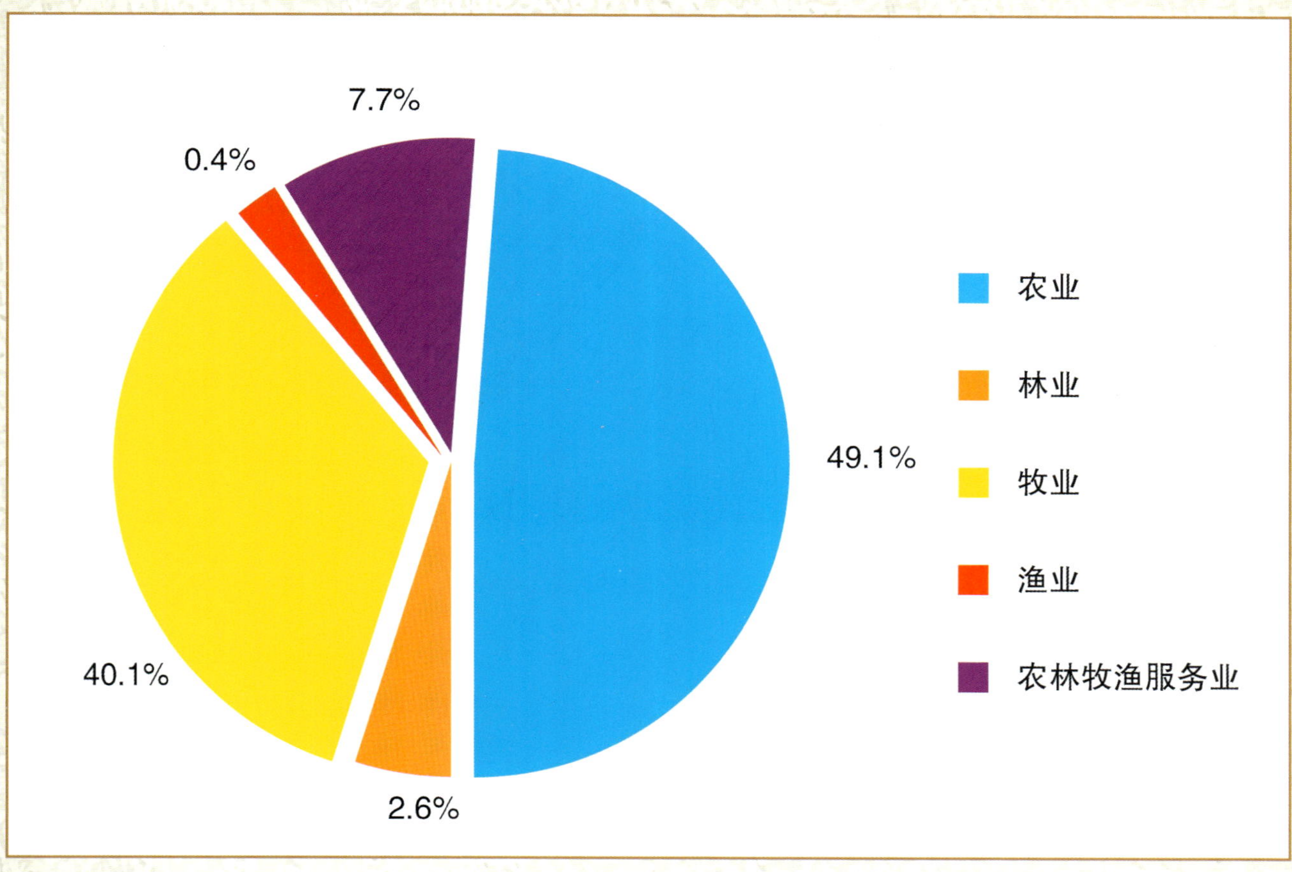

十、2018年规模以上工业增加值分行业比重

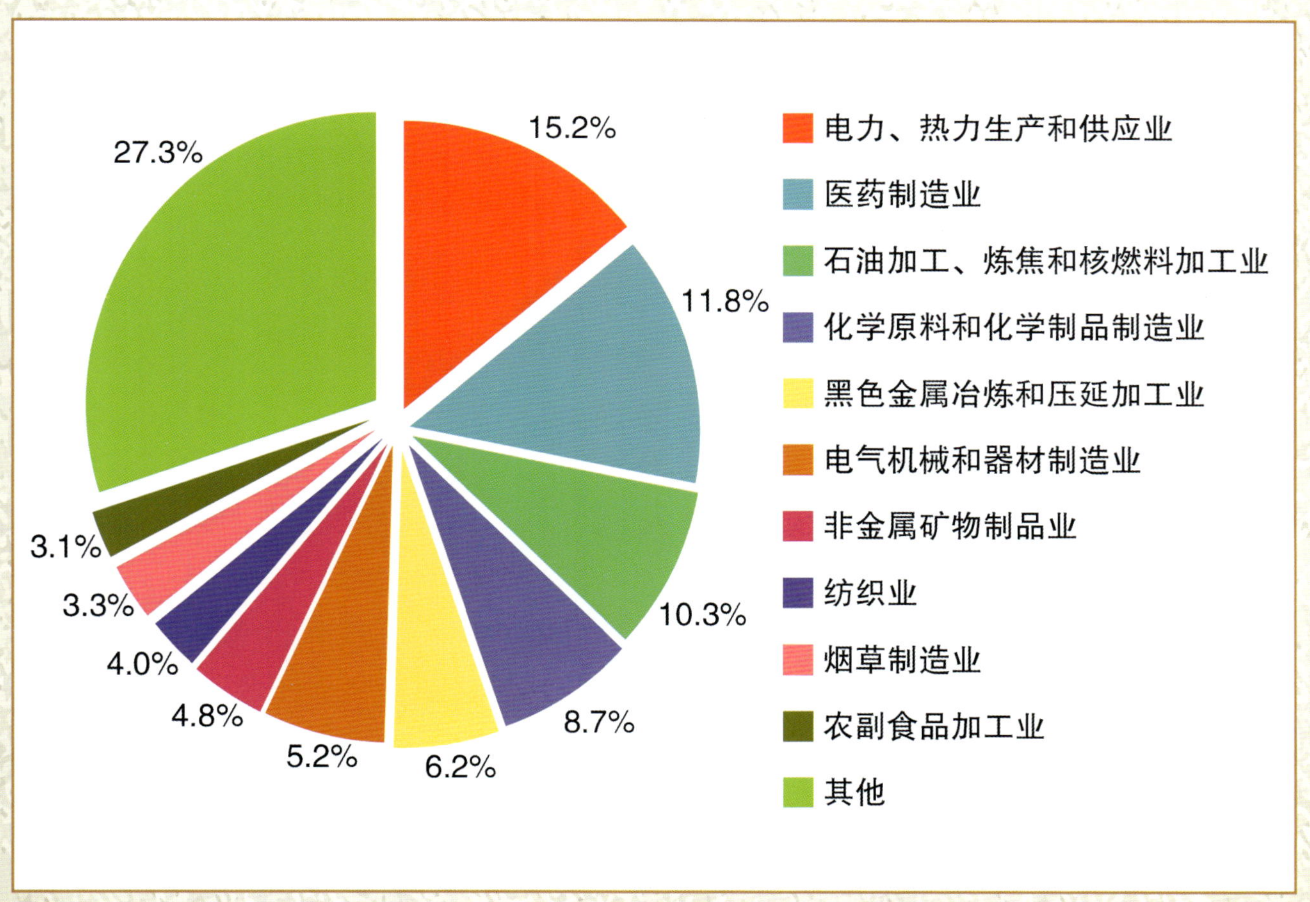

十一、2019年规模以上工业增加值分行业比重（不含辛集市）

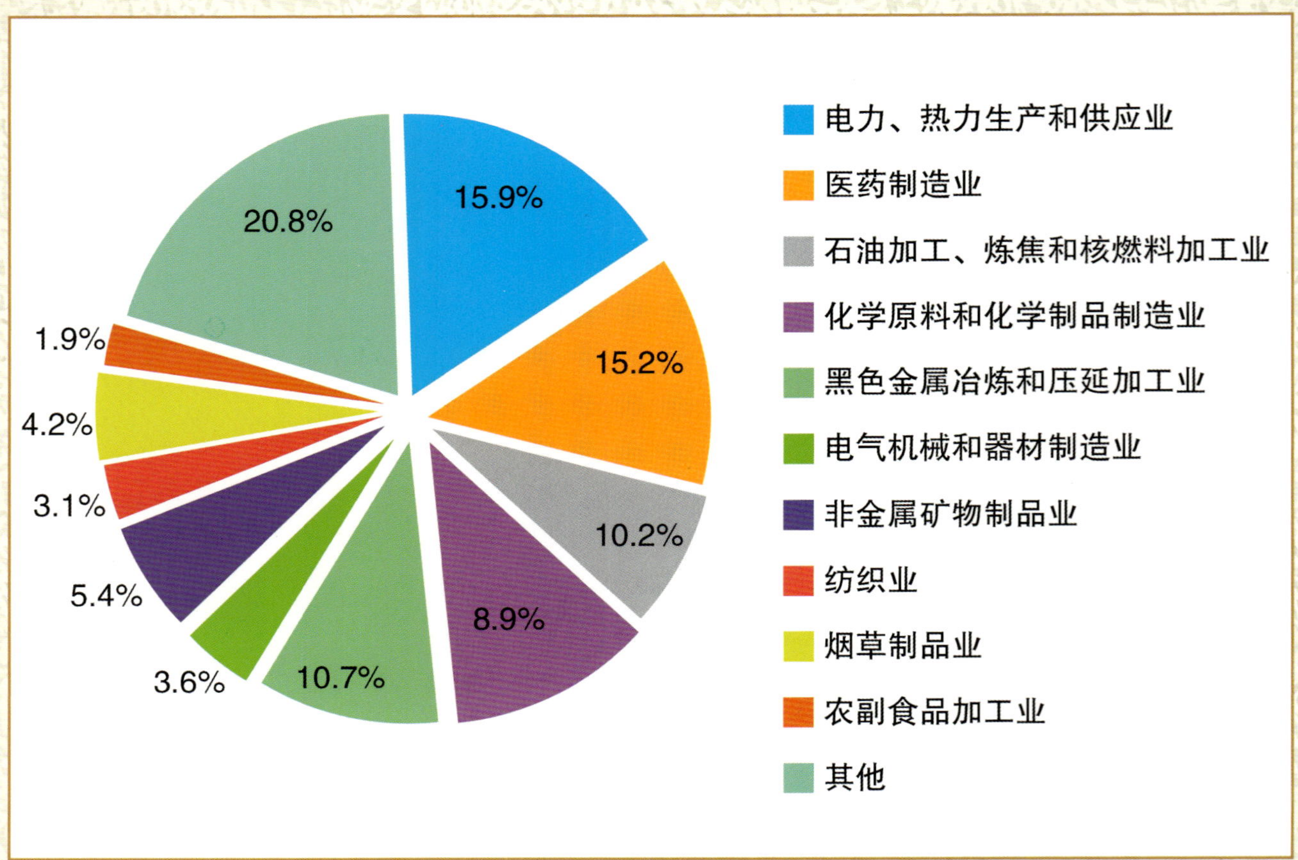

十二、社会消费品零售总额（亿元）

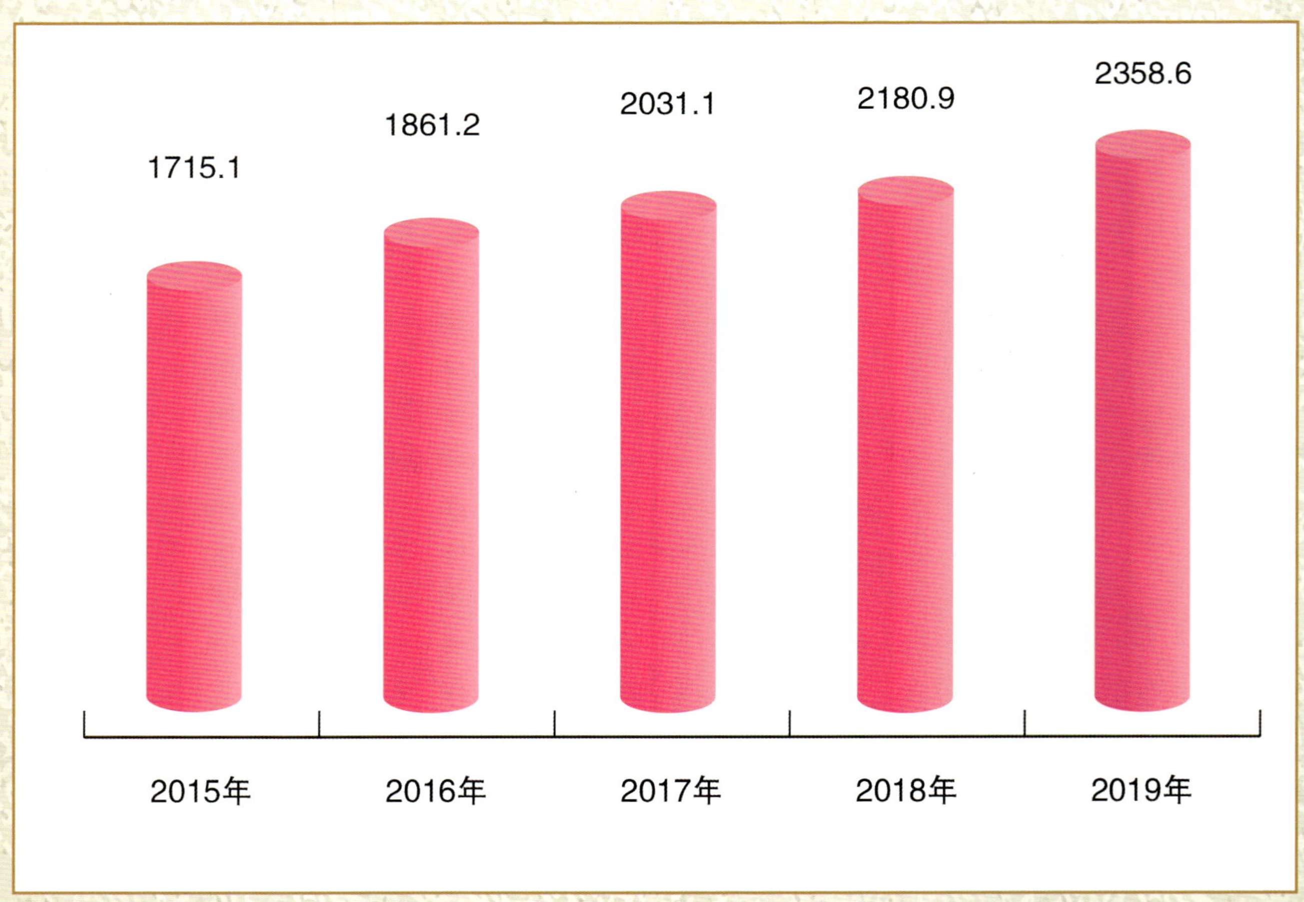

十三、实际利用外资（亿美元）

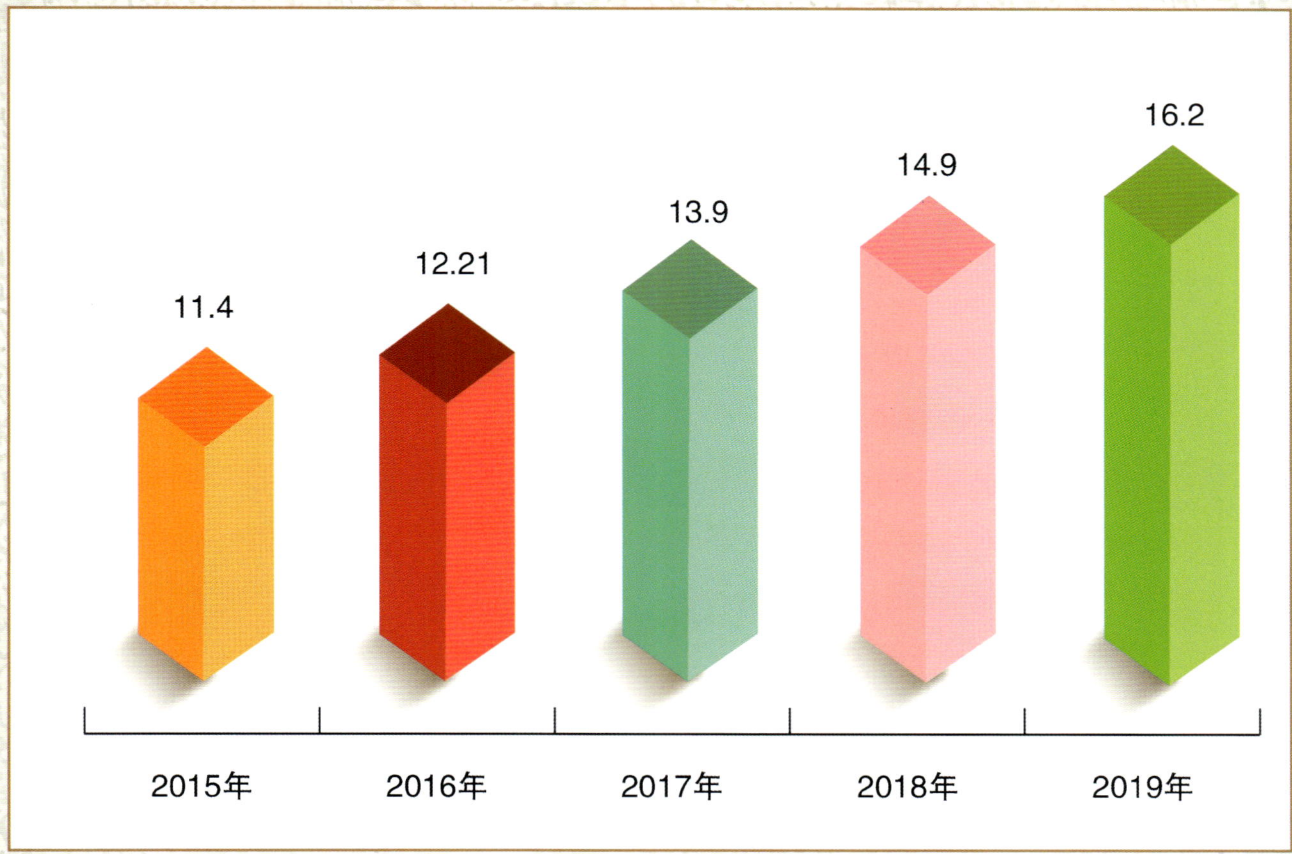

十四、城镇居民与农村居民人均可支配收入（元）

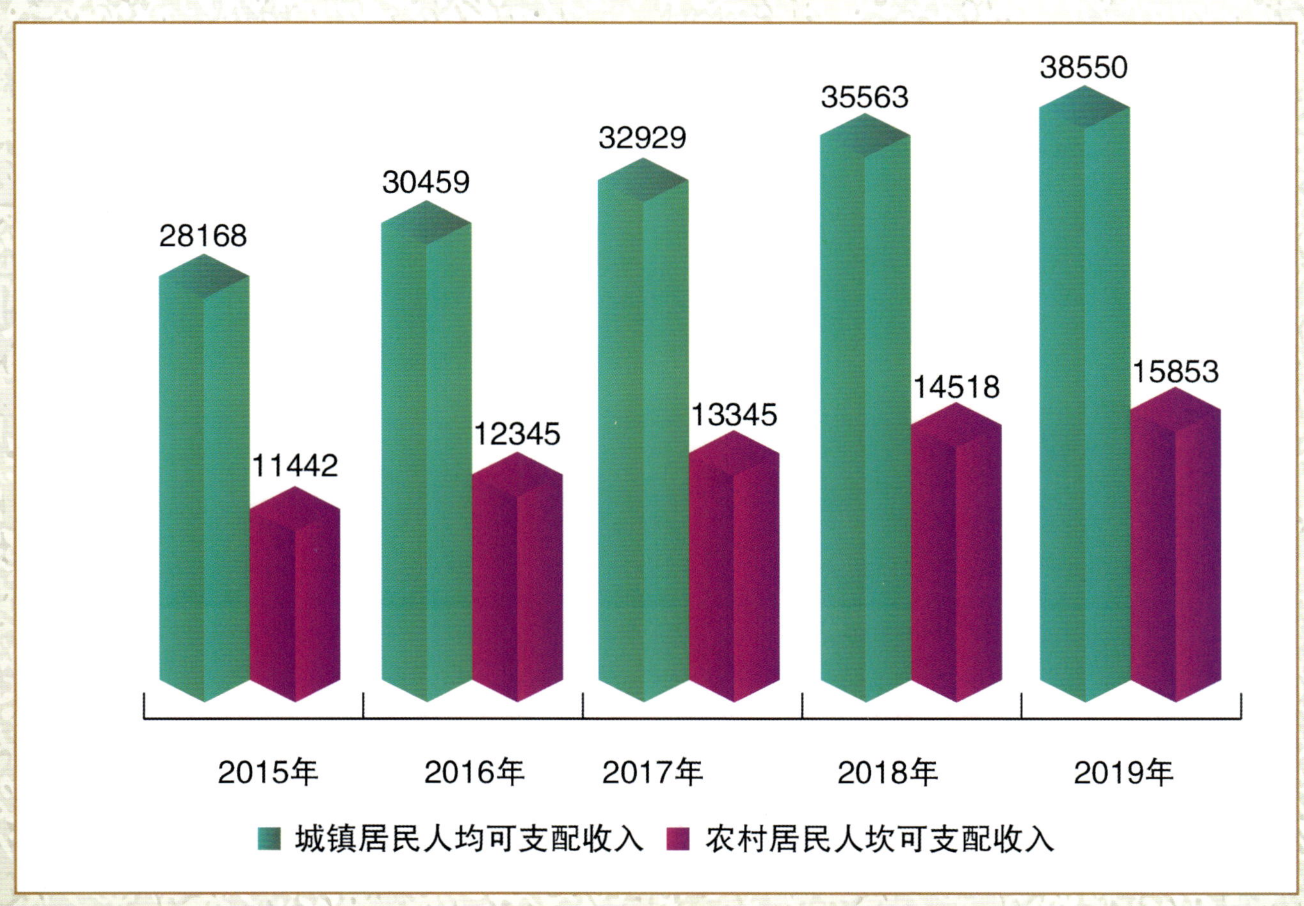

十五、城镇居民与农村居民人均消费支出（元）

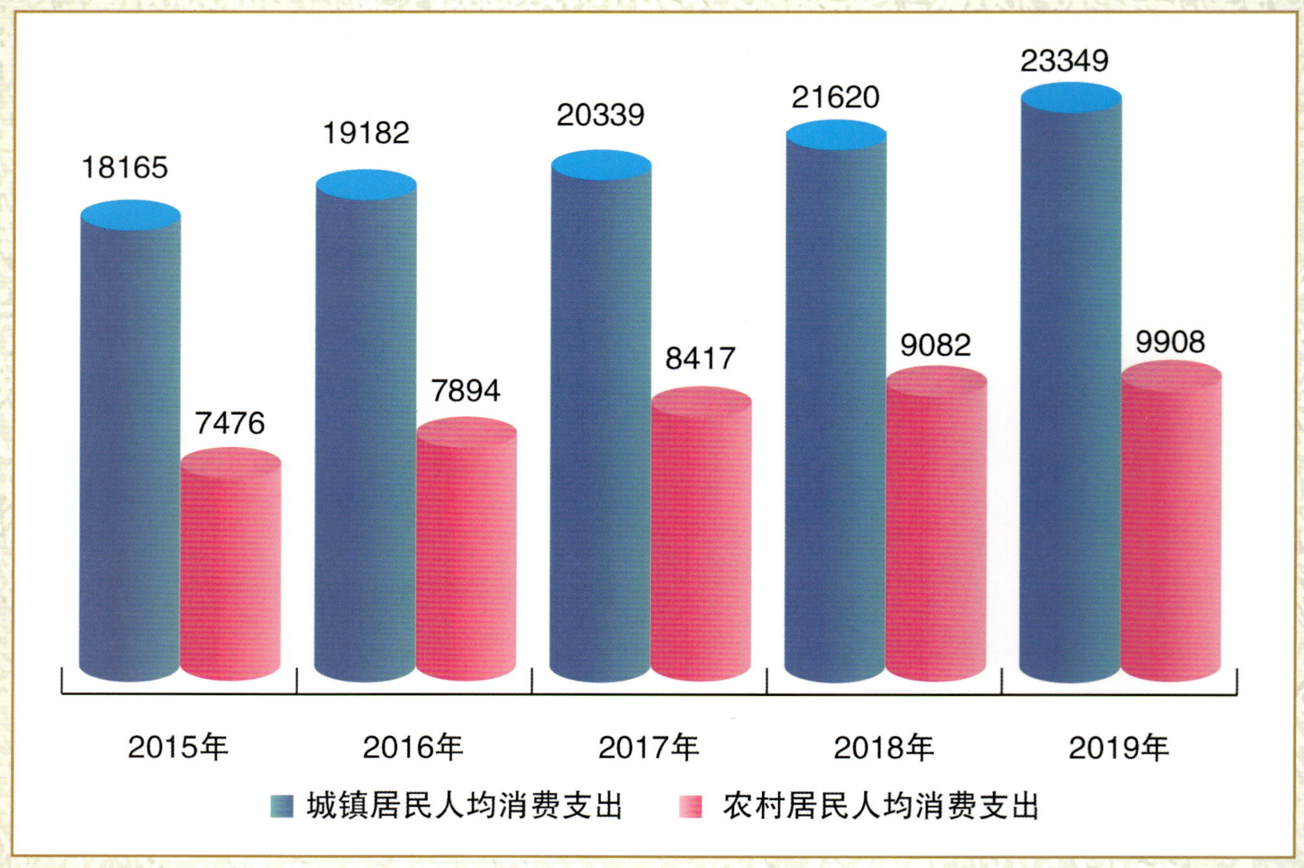

目　录

九、农村经济

十、工业　交通　邮政

十一、贸易　外经

十二、教育　科技　文化

十三、体育　卫生　民政

附录　分县（市、区）主要经济指标历史数据

石家庄市 2019 年
国民经济和社会发展统计公报

石 家 庄 市 统 计 局
国家统计局石家庄调查队

2020 年 4 月 3 日

2019 年，在市委、市政府的坚强领导下，全市各级各部门以习近平新时代中国特色社会主义思想为指导，深入学习贯彻党的十九大、十九届二中、三中、四中全会精神，全面落实党中央、国务院和河北省决策部署，坚持稳中求进工作总基调，践行新发展理念，遵循高质量发展要求，深化供给侧结构性改革，统筹做好稳增长、促改革、调结构、治污染、惠民生、防风险各项工作。一年来，全市经济运行稳中向好、稳中有进，人民生活持续改善，社会事业全面进步。

一、综合

初步核算，全市生产总值实现 5809.9 亿元，按可比价格计算，比上年增长 6.7%。分产业看，第一产业增加值 449.5 亿元，比上年增长 1.6%，占生产总值的比重为 7.7%；第二产业增加值 1831.7 亿元，增长 2.1%，占生产总值的比重为 31.5%；第三产业增加值 3528.7 亿元，增长 9.8%，占生产总值的比重为 60.7%。人均生产总值 52859 元，增长 5.9%。

年末全市常住人口 1039.42 万人，比上年末增加 7.93 万人。全年出生人口 10.98 万人，人口出生率为 10.6‰，比上年降低 0.6 个千分点；死亡人口 5.38 万人，死亡率为 5.2‰，比上年降低 0.7 个千分点；人口自然增长率 5.4‰，比上年提高 0.1 个千分点。常住人口城镇化率为 65.05%，比上年提高 1.22 个百分点。户籍人口城镇化率为 47.5%，比上年提高 1.4 个百分点。

全年民营经济增加值 3321.4 亿元，比上年增长 6.8%，占生产总值的比重为 61.6%。

全年居民消费价格比上年上涨 2.7%。其中，食品烟酒价格上涨 5.8%，衣着上涨 3.1%，居住上涨 1.0%，生活用品及服务上涨 0.6%，交通和通信下降 2.5%，教育文化和娱乐上涨 4.3%，医疗保健上涨 3.2%，其他用品和服务上涨 2.1%。全年工业生产者出厂价格比上年下降 0.5%，工业生产者购进价格比上年下降 1.1%。

全年城镇新增就业 13.9 万人，失业人员再就业 4.8 万人，困难人员实现再就业 2.0 万人。年末城镇登记失业率为 3.2%，比上年回落 0.1 个百分点。

二、农业

全年粮食播种面积 75.7 万公顷，比上年减少 1.7 万公顷，下降 2.2%。粮食总产量 484.4 万吨，下降 0.1%。其中，夏粮产量 231.4 万吨，增长 1.2%；秋粮产量 253.0 万吨，下降 2.2%。

全年蔬菜播种面积 7.2 万公顷，比上年下降 2.1%；总产量 554.3 万吨，下降 5.0%。其中，食用菌（干鲜混合）产量 18.9 万吨，增长 3.4%。

全年肉类总产量 56.3 万吨，比上年下降 11.1%。其中，猪肉产量 34.3 万吨，下降 16.5%；牛肉产量 8.0 万吨，下降 1.9%；羊肉产量 1.8 万吨，下降 4.1%；禽肉产量 12.0 万吨，增长 0.3%。年末生猪存栏 207.2 万头，下降 21.1%; 生猪出栏 420.0 万头，下降 19.7%。禽蛋产量 83.4 万吨，下降 1.0%。奶类产量 74.0 万吨，增长 5.5%。

表 1　2019 年主要农产品产量及其增长速度

产品名称	单位	2019 年	比上年增长（%）
粮食	万吨	484.4	−0.1
油料	万吨	11.9	−5.0
棉花	万吨	0.06	−50.9
蔬菜	万吨	554.3	−5.0
# 设施蔬菜	万吨	137.8	−7.3
园林水果	万吨	221.3	18.0
肉类总产量	万吨	56.3	−11.1
# 猪肉	万吨	34.3	−16.5
禽蛋	万吨	83.4	−1.0
奶类	万吨	74.0	5.5
# 牛奶	万吨	73.8	5.4
水产品	万吨	1.7	−3.5

三、工业和建筑业

全年规模以上工业增加值同比增长 1.3%。从经济类型看，国有企业增长 4.2%，集体企业下降 36.6%，股份制企业增长 0.6%，外商及港澳台商企业增长 3.9%。从三大门类看，采矿业增加值同比增长 48.7%，制造业下降 0.3%，电力、热力、燃气及水生产和供应业增长 4.2%。

2015–2020 年规模以上工业增加值增速（%）

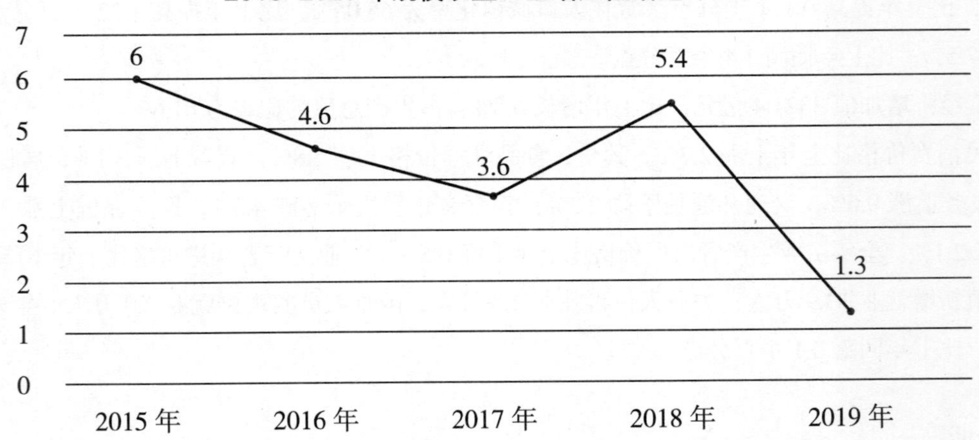

分行业看，装备制造业增加值下降 2.2%，纺织工业下降 16.2%，食品工业增长 4.4%，钢铁工业增长 9.4%，建材工业增长 2.3%，医药工业增长 11.3%，石化工业下降 4.0%。六大高耗能行业增加值增长 2.0%。规上工业高新技术产业增加值增长 8.8%。

表 2　2019 年主要工业产品产量及增长速度

产品名称	单 位	产 量	比上年增长（%）
粗钢	万吨	1234.1	7.8
水泥	万吨	1539.4	4.2
生铁	万吨	1101.4	2.7
钢材	万吨	1255.2	11.3
焦炭	万吨	245.7	−17.6
发电量	亿千瓦小时	442.9	−2.9
纱	万吨	22.8	−30.6
布	万米	94333.9	−16.2
服装	万件	3953	7.7
化学纤维	吨	106229	27.4
乳制品	吨	809618	7.5
饮料	吨	731884	−30.3
饮料酒	千升	363602	3.7
饲料	吨	977596	−8.2
卷烟	亿支	222.4	−0.5
涂料	吨	67017.6	11.8
人造板	立方米	275934	−1.7
化学药品原药	吨	97374	8.7
中成药	吨	12047	5.3
改装汽车	辆	12087	−26.8
程控交换机	万线	38.2	52.6
集成电路	万块	435.5	195.3
平板玻璃	万重量箱	1257.2	−0.4
交流电动机	万千瓦	216.8	−25.1
通信及电子网络用电缆	对千米	14033	66.6
工业自动调节仪表与控制系统	台（套）	119215	62.1

全年规模以上工业利润 408.9 亿元，比上年增长 9.7%。规模以上工业企业营业收入利润率 7.4%。

资质等级以上建筑业企业房屋施工面积 7285.1 万平方米，增长 1.3%；房屋竣工面积 1345.6 万平方米，下降 9.8%。

四、固定资产投资

全年全社会固定资产投资比上年增长 6.7%。其中，固定资产投资（不含农户）增长 6.1%。

在固定资产投资（不含农户）中，第一产业投资比上年下降 24.0%，第二产业投资下降 6.0%，第三产业投资增长 14.7%。城市基础设施投资增长 37.1%，占固定资产投资的比重为 30.7%。民间固定资产投资下降 7.9%，占固定资产投资的比重为 69.1%。工业技改投资下降 8.9%，占工业投资的比重为 67.0%。高新技术产业投资比上年下降 15.8%，占固定资产投资的比重为 7.9%。六大高耗能行业投资比上年增长 2.8%，占固定资产投资的比重为 9.8%。

表 3 2019 年分行业固定资产投资（不含农户）增长速度

行 业	比上年增长 (%)
总 计	6.1
农、林、牧、渔业	–18.2
采矿业	16.5
制造业	–9.1
电力、热力、燃气及水的生产和供应业	16.4
建筑业	172.7
批发和零售业	–32.9
交通运输、仓储和邮政业	24.9
住宿和餐饮业	64.2
信息传输、软件和信息技术服务业	138.4
金融业	–64.9
房地产业	–11.4
租赁和商务服务业	100.8
科学研究和技术服务业	–10.6
水利、环境和公共设施管理业	70.7
居民服务、修理和其他服务业	8.6
教育	107.3
卫生和社会工作	–46.6
文化、体育和娱乐业	–13.7
公共管理、社会保障和社会组织	70.0

在固定资产投资（不含农户）项目中，总投资额亿元以上项目完成投资增长 7.9%，占固定资产投资的比重为 86.8%。

房地产开发投资比上年下降 16.2%。其中，商品住宅投资下降 12.7%; 办公楼投资下降 27.6%；商业营业用房投资下降 51.1%。房屋新开工面积 1437.3 万平方米，同比增长 25.8%，其中住宅新开工面积增长 57.6%。商品房销售面积 710.6 万平方米，同比下降 15.9%，其中住宅销售面积下降 16.3%。商品房销售额下降 21.9%，其中住宅销售额下降 22.1%。

五、国内贸易

全年社会消费品零售总额 3545.3 亿元，比上年增长 8.3%。按经营地分，城镇消费品零售额 2961.4 亿元，增长 7.8%；乡村消费品零售额 583.9 亿元，增长 10.8%。

在限额以上批发和零售企业 (单位) 商品零售额中，粮油食品类增长 17.6%；饮料类下降 8.5%；烟酒类增长 6.9%；服装鞋帽针纺织品类增长 6.1%；化妆品类增长 22.9%；金银珠宝类增长 2.3%；日用品类增长 6.9%；家用电器及音像器材类下降 10.2%；中西药品类增长 18.5%；建筑及装潢材料类下降 32.1%; 石油及制品类下降 6.1%；汽车类下降 9.2%。

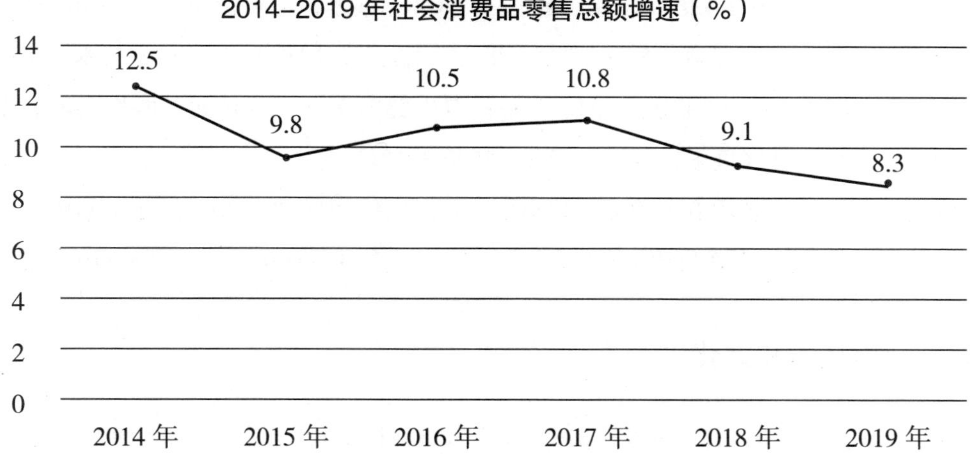

六、对外经济

全年进出口总值 1178.8 亿元，比上年增长 28.4%。其中，出口总值 655.1 亿元，增长 14.6%；进口总值 523.6 亿元，增长 51.1%。

全年实际利用外资 16.2 亿美元，比上年增长 8.8%。其中，外商直接投资 16.1 亿美元，增长 11.7%。全年新批三资企业 59 家，新批合同总金额 28.4 亿美元，比上年增长 159.4%，其中新批合同外资额 6.8 亿美元，比上年增长 128.0%。

七、交通、邮电和旅游

全年公路货物运输总量为 5.2 亿吨，比上年增长 0.2%。公路货物运输周转量为 2369.8 亿吨公里，增长 1.0%。公路旅客运输总量为 0.3 亿人次，下降 9.7%。公路旅客运输周转量为 21.9 亿人公里，下降 3.1%。

年末民用汽车（包括三轮汽车和低速货车）保有量 287.6 万辆，比上年末增长 6.9%。其中私人汽车保有量 258.9 万辆，增长 6.6%。民用轿车保有量 249.4 万辆，增长 6.9%。其中私人轿车 235.3 万辆，增长 6.5%。

年末市区公共汽车营运线路 245 条，比上年增加 13 条；营运线路长度 4206.7 公里，增加 287.6 公里。营运车辆 3886 辆。

全年邮政行业业务总量 162.2 亿元，同比增长 28.8%。邮政函件业务 2047.6 万件，同比增长 26.7%; 包裹业务 50.5 万件，同比增长 11.3%。快递业务量 68540.1 万件，同比增长 23.7%；业务收入 68.5 亿元，同比增长 20.0%。

全年电信业务总量 801.0 亿元，比上年增长 62.8%。电信业务收入 81.0 亿元，下降 6.9%。年末互联网宽带接入用户 393.2 万户，增长 5.2%。移动电话用户 1403 万户，增长 2.0%；固定电话用户 123 万户，增长 2.5%。

全年接待国际游客 22.9 万人次，比上年增长 4.2%; 旅游创汇收入 10535.03 万美元，增长 8.9%。接待国内游客 12275.4 万人次，增长 14.9%；旅游收入 1471.7 亿元，增长 22.2%。旅游总收入 1479.0 亿元，增长 22.1%。

八、财政、金融

全年一般公共预算收入 569.1 亿元，增长 9.5%。

全年一般公共预算支出 1051.4 亿元，比上年增长 6.0%。其中，一般公共服务支出 109.2 亿元，增长 12.4%；公共安全支出 56.1 亿元，下降 7.5%；教育支出 214.4 亿元，增长 8.8%；科学技术支出 12.3 亿元，增长 3.9%；社会保障和就业支出 113.7 亿元，下降 2.2%；卫生健康支出 92.3 亿元，增长 2.4%；节能环保支出 81.2 亿元，增长 14.1%；城乡社区事务支出 97.9 亿元，增长 31.7%。

年末金融机构（人民币）各项存款余额 14956.8 亿元，比年初增加 1728.1 亿元。其中，住户存款余额 7630.0 亿元，增加 1153.4 亿元。金融机构（人民币）各项贷款余额 11341.9 亿元，增加 1194.6 亿元。

九、教育、科学技术和文化体育

年末市属普通高等学校 5 所，普通本专科招生 2.1 万人，在校生 6.1 万人，毕业生 1.8 万人。

普通中学 422 所，招生 18.3 万人，在校生 54.7 万人，毕业生 17.3 万人。中等职业学校 138 所，招生 7.6 万人，在校生 21.9 万人，毕业生 6.1 万人。小学 1445 所，招生 17.1 万人，在校生 94.2 万人，毕业生 11.8 万人。特殊教育学校 24 所，招生 548 人，在校生 2139 人，毕业生 168 人。幼儿园 1744 所，在园人数 32.0 万人。九年义务教育巩固率为 98.54%，高中阶段毛入学率为 94.7%。

全年专利申请 23429 件，专利授权 13859 件，有效发明专利 7941 件，每万人发明专利拥有量 7.28 件。

年末共有产品检测实验室 396 个，市级及以上检测中心 57 个，产品、体系和服务认证机构 10 个，全年完成强制性产品认证企业 466 个。法定计量技术机构 16 个，全年强制检定计量器具 67.6 万台（件）。制定、修订市级地方标准 25 项。

年末共有艺术表演团体 19 个，艺术表演场馆 13 个，文化馆 23 个，博物馆 10 个，公共图书馆 24 个，公共图书馆图书总藏量 4062.66 千册。广播电视台 18 个。广播节目综合人口覆盖率 99.52%，电视节目综合人口覆盖率 99.46%。

全年在省级以上比赛中获得金牌 298 枚，银牌 255 枚，铜牌 228 枚。

十、卫生和社会服务

年末共有医疗卫生机构（含诊所）7545 个。其中，医院 275 个，疾病预防控制中心（防疫站）24 个，妇幼保健院（所、站）25 个，社区卫生服务中心（站）199 个，村卫生室 4011 个，乡镇卫生院 233 个。卫生机构实有床位 63227 张。其中，医院拥有床位 51288 张，乡镇卫生院 8302 张。拥有卫生技术人员 8.7 万人。其中，执业医师 3.3 万人，注册护士 3.5 万人。

十一、资源和环境

全年完成造林面积 7.53 万公顷。其中，人工造林 3.51 万公顷。森林覆盖率为 41.50%。

规模以上单位工业增加值能耗同比下降 3.6%。

十二、人民生活和社会保障

全年居民人均可支配收入 29335 元，比上年增长 9.3%。按常住地分，城镇居民人均可支配收入 38550 元，增长 8.4%；农村居民人均可支配收入 15853 元，增长 9.2%。居民人均消费支出 17892 元，增长 9.0%。按常住地分，城镇居民人均消费支出 23349 元，增长 8.0%；农村居民人均消费支出 9908 元，增长 9.1%。

年末城乡居民参加养老保险人数 409.3 万人，比上年末增加 1.2 万人。城镇职工参加养老保险人数 268.1 万人，比上年末增加 14.5 万人。其中在岗职工参保人数为 202.2 万人，离退休人员参保人数为 65.9 万人。参加基本医疗保险人数 951.4 万人，比上年末增加 13.9 万人。其中参加城镇职工基本医疗保险人数 169.2 万人，比上年末增加 13.7 万人；参加城乡居民基本医疗保险人数 782.2 万人，比上年末增加 0.2 万人。

参加失业保险的人数 95.7 万人，增加 0.2 万人。参加工伤保险的人数 181.6 万人，增加 17.5 万人。其中参加工伤保险农民工 63.9 万人，增加 16.1 万人。参加生育保险人数为 165.0 万人，增加 13.6 万人。

注释：

1. 全市生产总值、各产业增加值绝对值按现行价格计算，增长速度按不变价格计算。依据地区生产总值核算制度和第四次全国经济普查结果，对 2018 年全市 GDP 进行了重新核算，并以此为基础进行了历史数据修订。2019 年全市 GDP 是在 2018 年修订数据基础上初步核算的结果。

2. 根据第三次全国农业普查结果，对农业相关数据进行了修订。

3. 部分数据合计数或相对数由于单位取舍不同而产生的计算误差，均未作机械调整。

4. 公报中数据来源于政府统计和相关部门统计。

5. 本公报中石家庄市指标数据除民营经济、建筑业、固定资产投资、森林覆盖率、规模以上单位工业增加值能耗、实际利用外资等相关指标、价格、质监、体育、环境、旅游、常住人口、户籍人口城镇化率、居民生活、社会服务、等、公路货物运输总量、公路货物运输周转量、公路旅客运输总量、公路旅客运输周转量等指标数据外均为含辛集市数据。

6. 工业部分，只有规上工业增加值增速以及工业利润和营业收入利润率含辛集市，其余数据均不含辛集市。

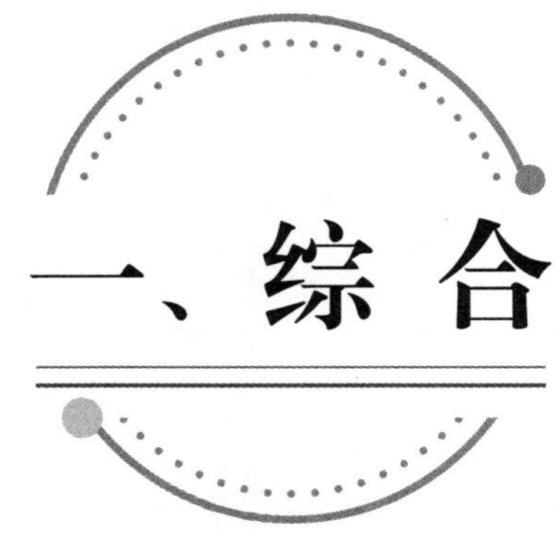

一、综 合

资料来源：市民政局、市统计局

行政组织机构

1—1 （2019 年）

行政单位	镇（个）	乡（个）	民族乡（个）	街道办事处（个）	居民委员会（个）	村民委员会（个）
石家庄市	**119**	**79**	**3**	**60**	**731**	**3943**
长 安 区	4			12	166	4
桥 西 区				17	126	15
新 华 区				15	103	13
井陉矿区	2	1		2	38	
裕 华 区	2			11	119	22
藁 城 区	13		1		74	177
鹿 泉 区	9	3			22	208
栾 城 区	5	3			7	181
高 新 区						
循环化工园区						
井 陉 县	10	7				321
正 定 县	3	5		2	42	154
行 唐 县	4	11			8	322
灵 寿 县	6	9				279
高 邑 县	4	1				107
深 泽 县	3	3				125
赞 皇 县	4	7				212
无 极 县	6	4	1		4	213
平 山 县	12	11				717
元 氏 县	8	7			4	208
赵 县	7	4				281
晋 州 市	9	1				224
新 乐 市	8	2	1	1	18	160

注：1. 不含辛集市数据；

2. 根据民政统计要求，从 2019 年年报开始，乡不再包括民族乡、苏木和民族苏木；

全市常住人口基本情况

1—2 （2019 年） 计量单位：人

行政单位	年末常住人口	年平均人口
石家庄市	**11031200**	**10991400**
长 安 区	835546	831323
桥 西 区	854445	851200
新 华 区	714989	709145
裕 华 区	576106	570630
矿 区	100671	100420
藁 城 区	790147	787249
鹿 泉 区	477950	473775
栾 城 区	362344	362147
高 新 区	281285	277273
循环化工园区	72083	71168
井 陉 县	316725	315978
正 定 县	499839	497592
行 唐 县	417636	417208
灵 寿 县	340503	340443
高 邑 县	191363	191207
深 泽 县	253981	253225
赞 皇 县	252822	252029
无 极 县	518476	517982
平 山 县	444696	445202
元 氏 县	435750	434259
赵 县	592259	592010
晋 州 市	552592	551994
新 乐 市	511992	511098
辛 集 市	637000	636850

注：全市人口出生率为 10.48‰、死亡率为 5.23‰、自然增长率为 5.25‰。

地区生产总值

1—3　　（2019 年）　　计量单位：万元、%

行业名称	地区生产总值	
	绝对值	发展速度（以上年为 100）
总　计	**58098963**	**106.7**
农林牧渔业	4774340	101.9
工业	14945382	100.4
建筑业	3106832	107.3
批发和零售业	4516735	105.8
交通运输、仓储和邮政业	5888405	115.4
住宿和餐饮业	492469	101.8
信息传输、软件和信息技术服务业	1502641	127.9
金融业	6629118	108.0
房地产业	3639839	105.1
租赁和商务服务业	1153055	108.2
科学研究和技术服务业	1777623	107.2
水利、环境和公共设施管理业	295257	117.7
居民服务、修理和其他服务业	649212	108.6
教育	2622356	111.4
卫生和社会工作	1740632	109.0
文化、体育和娱乐业	344873	101.9
公共管理、社会保障和社会组织	4020193	112.8
第一产业	4494951	101.6
第二产业	18002115	101.4
第三产业	35601897	110.2

注：以上行业是根据《国民经济行业分类》（GB/T4754—2017）划分的，三次产业划分执行新规定，即第一产业是指农、林、牧、渔业（不含农、林、牧、渔服务业）；第二产业是指采矿业（不含开采辅助活动），制造业（不含金属制品、机械和设备修理业），电力、燃气及水生产和供应业，建筑业；第三产业即服务业，是指除第一产业、第二产业以外的其他行业。

分县（市、区）地区生产总值

1—4　（2019 年）　计量单位：万元、%

行政单位	地区生产总值	发展速度（以上年为 100）	第一产业		第二产业	
			绝对值	发展速度（以上年为 100）	绝对值	发展速度（以上年为 100）
石家庄市	**58098963**	**106.7**	**4494951**	**101.6**	**18002115**	**101.4**
市　区	35691485	107.2	815533	99.8	9702351	102.0
井 陉 县	969420	103.1	97872	72.6	307296	104.0
正 定 县	2803872	107.8	394075	101.5	711855	104.8
行 唐 县	1158550	108.0	347281	104.7	197753	109.0
灵 寿 县	1022396	107.1	268764	104.5	180718	105.2
高 邑 县	682053	105.1	130836	100.1	210864	102.9
深 泽 县	711374	105.7	144076	102.3	221232	103.0
赞 皇 县	775381	106.6	188223	110.4	231633	100.3
无 极 县	1299107	105.0	291045	101.2	397758	101.0
平 山 县	2400030	107.3	151461	94.5	1442143	107.7
元 氏 县	1595370	106.9	199376	105.6	467265	105.2
赵　县	1411279	107.1	243619	106.3	392406	103.8
晋 州 市	1542222	97.0	376027	106.0	375869	73.3
新 乐 市	1393397	105.4	329240	101.3	353092	101.8
辛 集 市	4169849	106.8	517523	107.2	2647310	109.1

分县（市、区）地区生产总值

1—4 续表　　（2019 年）　　计量单位：万元、%

行政单位	第三产业		人均地区生产总值（元）	
	绝对值	发展速度（以上年为 100）	绝对值	发展速度（以上年为 100）
石家庄市	**35601897**	**110.2**	**52859**	**105.9**
市　区	25173601	109.4	71113	105.9
井陉县	564252	108.9	30681	103.3
正定县	1697942	110.5	56351	107.3
行唐县	613516	109.7	27768	108.3
灵寿县	572914	109.0	30031	107.5
高邑县	340353	108.8	35676	105.4
深泽县	346067	108.9	29066	107.8
赞皇县	355525	109.2	30768	106.8
无极县	610304	110.6	25080	105.2
平山县	806426	109.2	53909	107.8
元氏县	928729	108.0	36736	106.8
赵　县	775254	109.0	23838	107.0
晋州市	790326	108.8	27939	97.2
新乐市	711065	109.2	27263	105.6
辛集市	1005017	104.9	65477	106.7

注：人均 GDP 按常住平均人口计算，市区口径为区划调整后的新口径。

二、单位从业人员和工资总额

资料来源：市统计局

全市单位从业人员和工资总额

2—1　　（2019 年）　　计量单位：人、千元、个、元

行业名称	年末单位从业人员	# 女性	1. 在岗职工	2. 劳务派遣人员	3. 其他从业人员
总　计	**1069381**	**465976**	**944003**	**61384**	**63994**
一、按企业、事业、机关分组					
（一）企业	673987	258970	595608	30446	47933
（二）事业	256990	154397	229840	14305	12845
（三）机关	113151	34714	94469	16131	2551
（四）民间非营利组织	24427	17521	23265	502	660
（五）其他	826	374	821		5
二、按国民经济行业分组					
（一）农、林、牧、渔业	1051	276	792	252	7
（二）采矿业	50	10	50		
（三）制造业	184089	69943	173654	8669	1766
（四）电力、热力、燃气及水生产和供应业	23612	6885	22513	578	521
（五）建筑业	72531	11533	61988	4831	5712
（六）批发和零售业	61684	33716	58163	2538	983
（七）交通运输、仓储和邮政业	55012	16497	51604	1667	1741
（八）住宿和餐饮业	15528	8634	13792	701	1035
（九）信息传输、软件和信息技术服务业	46274	21390	44492	1052	730
（十）金融业	81529	40774	48639	1543	31347
（十一）房地产业	34379	13608	29699	3783	897
（十二）租赁和商务服务业	57544	15646	52203	2999	2342
（十三）科学研究、技术服务业	34683	13029	31110	2570	1003
（十四）水利、环境和公共设施管理业	16121	5094	12060	3354	707
（十五）居民服务、修理和其他服务业	3961	1451	3523	414	24
（十六）教育	154144	105893	146481	4452	3211
（十七）卫生和社会工作	72321	50832	66327	2618	3376
（十八）文化、体育和娱乐业	15672	6973	12760	781	2131
（十九）公共管理、社会保障和社会组织	139196	43792	114153	18582	6461

2—1 续表 1　　（2019 年）　　计量单位：人、千元、个、元

行业名称	单位从业人员平均人数	在岗职工	劳务派遣人员	其他从业人员
总　计	**1060142**	**934434**	**60400**	**65308**
一、按企业、事业、机关分组				
（一）企业	667358	587865	30063	49430
（二）事业	255738	229055	13928	12755
（三）机关	112581	94125	15932	2524
（四）民间非营利组织	23663	22592	477	594
（五）其他	802	797		5
二、按国民经济行业分组				
（一）农、林、牧、渔业	1008	984	17	7
（二）采矿业	49	49		
（三）制造业	182798	171466	8882	2450
（四）电力、热力、燃气及水生产和供应业	23517	22634	400	483
（五）建筑业	72010	62183	4997	4830
（六）批发和零售业	60709	57718	2112	879
（七）交通运输、仓储和邮政业	52962	49441	1669	1852
（八）住宿和餐饮业	15011	13350	736	925
（九）信息传输、软件和信息技术服务业	45594	43954	916	724
（十）金融业	82667	48272	1482	32913
（十一）房地产业	33470	28852	3708	910
（十二）租赁和商务服务业	57655	51883	3108	2664
（十三）科学研究、技术服务业	33946	30429	2570	947
（十四）水利、环境和公共设施管理业	16026	11939	3392	695
（十五）居民服务、修理和其他服务业	3855	3458	380	17
（十六）教育	153022	145582	4301	3139
（十七）卫生和社会工作	71552	65685	2563	3304
（十八）文化、体育和娱乐业	15892	12948	804	2140
（十九）公共管理、社会保障和社会组织	138399	113607	18363	6429

2—1 续表 2　（2019 年）　计量单位：人、千元、个、元

行业名称	单位从业人员工资总额	在岗职工工资总额	劳务派遣人员工资总额	其他从业人员工资总额	单位数
总　计	**81034397**	**75826599**	**2702745**	**2505053**	**12965**
一、按企业、事业、机关分组					
（一）企业	49317622	45946762	1560989	1809871	6633
（二）事业	21869225	20698404	571409	599412	3810
（三）机关	8728137	8098607	553704	75826	1724
（四）民间非营利组织	1066943	1030551	16643	19749	773
（五）其他	52470	52275		195	25
二、按国民经济行业分组					
（一）农、林、牧、渔业	44091	42892	875	324	75
（二）采矿业	2271	2271			2
（三）制造业	11971000	11318999	575602	76399	678
（四）电力、热力、燃气及水生产和供应业	2618542	2593823	13359	11360	148
（五）建筑业	4625975	4190330	194931	240714	336
（六）批发和零售业	3607102	3466665	109553	30884	1259
（七）交通运输、仓储和邮政业	4088431	3874235	95351	118845	299
（八）住宿和餐饮业	764631	693672	35115	35844	165
（九）信息传输、软件和信息技术服务业	4422474	4333975	52024	36475	411
（十）金融业	8678800	7480903	113560	1084337	320
（十一）房地产业	1905255	1730253	145117	29885	725
（十二）租赁和商务服务业	3366298	3134466	137626	94206	1141
（十三）科学研究、技术服务业	3217264	2998135	160755	58374	814
（十四）水利、环境和公共设施管理业	849823	723344	106945	19534	221
（十五）居民服务、修理和其他服务业	182531	169582	12412	537	132
（十六）教育	12601763	12330647	161927	109189	2771
（十七）卫生和社会工作	6147538	5863646	110667	173225	697
（十八）文化、体育和娱乐业	1539303	1311867	28582	198854	386
（十九）公共管理、社会保障和社会组织	10401305	9566894	648344	186067	2385

2—1 续表 3　　（2019 年）　　计量单位：人、千元、个、元

行业名称	单位从业人员平均工资	在岗职工平均工资	劳务派遣人员平均工资	其他从业人员工资
总　计	**76437**	**81147**	**44747**	**38358**
一、按企业、事业、机关分组				
（一）企业	73900	78159	51924	36615
（二）事业	85514	90364	41026	46994
（三）机关	77528	86041	34754	30042
（四）民间非营利组织	45089	45616	34891	33247
（五）其他	65424	65590		39000
二、按国民经济行业分组				
（一）农、林、牧、渔业	43741	43589	51471	46286
（二）采矿业	46347	46347		
（三）制造业	65488	66013	64805	31183
（四）电力、热力、燃气及水生产和供应业	111347	114599	33398	23520
（五）建筑业	64241	67387	39010	49837
（六）批发和零售业	59416	60062	51872	35135
（七）交通运输、仓储和邮政业	77196	78361	57131	64171
（八）住宿和餐饮业	50938	51960	47711	38750
（九）信息传输、软件和信息技术服务业	96997	98603	56795	50380
（十）金融业	104985	154974	76626	32946
（十一）房地产业	56924	59970	39136	32841
（十二）租赁和商务服务业	58387	60414	44281	35363
（十三）科学研究、技术服务业	94776	98529	62551	61641
（十四）水利、环境和公共设施管理业	53028	60587	31529	28106
（十五）居民服务、修理和其他服务业	47349	49040	32663	31588
（十六）教育	82353	84699	37649	34785
（十七）卫生和社会工作	85917	89269	43179	52429
（十八）文化、体育和娱乐业	96860	101318	35550	92922
（十九）公共管理、社会保障和社会组织	75154	84210	35307	28942

2—1 续表 4 （2019 年） 计量单位：人、千元、个、元

行业名称	在岗职工（含劳务派遣）			
	期末人数	平均人数	工资总额	平均工资
总　计	**1005387**	**994834**	**78529344**	**78937**
一、按企业、事业、机关分组				
（一）企业	626054	617928	47507751	76882
（二）事业	244145	242983	21269813	87536
（三）机关	110600	110057	8652311	78617
（四）民间非营利组织	23767	23069	1047194	45394
（五）其他	821	797	52275	65590
二、按国民经济行业分组				
（一）农、林、牧、渔业	1044	1001	43767	43723
（二）采矿业	50	49	2271	46347
（三）制造业	182323	180348	11894601	65954
（四）电力、热力、燃气及水生产和供应业	23091	23034	2607182	113188
（五）建筑业	66819	67180	4385261	65276
（六）批发和零售业	60701	59830	3576218	59773
（七）交通运输、仓储和邮政业	53271	51110	3969586	77668
（八）住宿和餐饮业	14493	14086	728787	51738
（九）信息传输、软件和信息技术服务业	45544	44870	4385999	97749
（十）金融业	50182	49754	7594463	152640
（十一）房地产业	33482	32560	1875370	57597
（十二）租赁和商务服务业	55202	54991	3272092	59502
（十三）科学研究、技术服务业	33680	32999	3158890	95727
（十四）水利、环境和公共设施管理业	15414	15331	830289	54158
（十五）居民服务、修理和其他服务业	3937	3838	181994	47419
（十六）教育	150933	149883	12492574	83349
（十七）卫生和社会工作	68945	68248	5974313	87538
（十八）文化、体育和娱乐业	13541	13752	1340449	97473
（十九）公共管理、社会保障和社会组织	132735	131970	10215238	77406

全市国有单位从业人员和工资总额

2—2　　（2019 年）　　计量单位：人、千元、个、元

行业名称	年末单位从业人员	# 女性	1. 在岗职工	2. 劳务派遣人员	3. 其他从业人员
总　计	**414969**	**201292**	**365464**	**32127**	**17378**
一、按隶属关系分组					
1. 中央	18186	5888	16097	1762	327
2. 地方	347933	168080	305510	26797	15626
二、按企业、事业、机关分组					
（一）企业	53159	17962	48554	2152	2453
其中：地方	44404	15514	40250	1889	2265
（二）事业	247509	147966	221301	13842	12366
其中：地方	243321	146402	217893	13121	12307
（三）机关	112995	34634	94327	16117	2551
其中：地方	108284	33004	90474	15339	2471
（四）民间非营利组织	691	433	667	16	8
（五）其他	615	297	615		
三、按国民经济行业分组					
（一）农、林、牧、渔业	642	122	407	235	
（二）采矿业					
（三）制造业	7265	2427	7062	159	44
（四）电力、热力、燃气及水生产和供应业	2514	986	2239	64	211
（五）建筑业	6095	1482	5539	157	399
（六）批发和零售业	2610	1040	2555	43	12
（七）交通运输、仓储和邮政业	26759	8485	24449	904	1406
（八）住宿和餐饮业	3526	1988	3110	138	278
（九）信息传输、软件和信息技术服务业	972	381	912	49	11
（十）金融业	1106	495	1101	0	5
（十一）房地产业	1165	425	1145	0	20
（十二）租赁和商务服务业	6704	1883	5626	865	213
（十三）科学研究、技术服务业	11325	4312	9672	1384	269
（十四）水利、环境和公共设施管理业	12285	3643	8983	2647	655
（十五）居民服务、修理和其他服务业	802	214	710	84	8
（十六）教育	125445	85074	118956	3929	2560
（十七）卫生和社会工作	58515	40964	53465	2187	2863
（十八）文化、体育和娱乐业	9000	4026	6260	755	1985
（十九）公共管理、社会保障和社会组织	138239	43345	113273	18527	6439

2—2 续表 1　　（2019 年）　　计量单位：人、千元、个、元

行业名称	单位从业人员平均人数	在岗职工	劳务派遣人员	其他从业人员
总　计	**414219**	**365062**	**31806**	**17351**
一、按隶属关系分组				
1. 中央	18361	16282	1754	325
2. 地方	347220	305046	26571	15603
二、按企业、事业、机关分组				
（一）企业	54058	49116	2399	2543
其中：地方	45111	40634	2120	2357
（二）事业	246430	220681	13473	12276
其中：地方	242256	217280	12759	12217
（三）机关	112425	93983	15918	2524
其中：地方	107712	90111	15157	2444
（四）民间非营利组织	697	673	16	8
（五）其他	609	609		
三、按国民经济行业分组				
（一）农、林、牧、渔业	625	625		
（二）采矿业				
（三）制造业	7282	7088	153	41
（四）电力、热力、燃气及水生产和供应业	2516	2246	62	208
（五）建筑业	6413	5768	184	461
（六）批发和零售业	2634	2579	43	12
（七）交通运输、仓储和邮政业	26882	24537	901	1444
（八）住宿和餐饮业	3548	3111	147	290
（九）信息传输、软件和信息技术服务业	986	917	56	13
（十）金融业	1099	1094		5
（十一）房地产业	1174	1154		20
（十二）租赁和商务服务业	7137	5838	1087	212
（十三）科学研究、技术服务业	11247	9618	1386	243
（十四）水利、环境和公共设施管理业	12274	8945	2673	656
（十五）居民服务、修理和其他服务业	805	713	84	8
（十六）教育	125040	118684	3804	2552
（十七）卫生和社会工作	58072	53133	2138	2801
（十八）文化、体育和娱乐业	9034	6278	778	1978
（十九）公共管理、社会保障和社会组织	137451	112734	18310	6407

2—2 续表 2 （2019 年） 计量单位：人、千元、个、元

行业名称	单位从业人员工资总额	在岗职工工资总额	劳务派遣人员工资总额	其他从业人员工资总额	单位数
总　计	**33885594**	**31882039**	**1218115**	**785440**	**5824**
一、按隶属关系分组					
1. 中央	1908757	1787182	104357	17218	139
2. 地方	27731206	26038703	972008	720495	4826
二、按企业、事业、机关分组					
（一）企业	4003452	3757153	116094	130205	417
其中：地方	3069132	2848699	98358	122075	394
（二）事业	21080965	19953166	548531	579268	3626
其中：地方	20626551	19549430	501950	575171	3559
（三）机关	8714025	8085091	553108	75826	1717
其中：地方	8231799	7647896	513068	70835	1670
（四）民间非营利组织	44329	43806	382	141	60
（五）其他	42823	42823			4
三、按国民经济行业分组					
（一）农、林、牧、渔业	26805	26805			31
（二）采矿业					
（三）制造业	548852	540768	6894	1190	30
（四）电力、热力、燃气及水生产和供应业	172422	163966	2210	6246	37
（五）建筑业	420281	399797	11596	8888	15
（六）批发和零售业	242814	237918	4535	361	59
（七）交通运输、仓储和邮政业	2040494	1889999	49088	101407	96
（八）住宿和餐饮业	159679	141403	7269	11007	35
（九）信息传输、软件和信息技术服务业	95134	92176	2664	294	25
（十）金融业	187630	187416		214	7
（十一）房地产业	64915	64571		344	30
（十二）租赁和商务服务业	465555	419614	36215	9726	146
（十三）科学研究、技术服务业	1114079	1014745	90404	8930	279
（十四）水利、环境和公共设施管理业	676411	565011	95413	15987	151
（十五）居民服务、修理和其他服务业	53039	47039	5834	166	25
（十六）教育	11226713	10992656	144264	89793	1981
（十七）卫生和社会工作	5228407	4988183	88346	151878	359
（十八）文化、体育和娱乐业	820720	600303	26840	193577	191
（十九）公共管理、社会保障和社会组织	10341644	9509669	646543	185432	2327

2—2 续表 3 （2019 年） 计量单位：人、千元、个、元

行业名称	单位从业人员平均工资	在岗职工平均工资	劳务派遣人员平均工资	其他从业人员平均工资
总　计	**81806**	**87333**	**38298**	**45268**
一、按隶属关系分组				
1. 中央	103957	109764	59497	52978
2. 地方	79866	85360	36582	46177
二、按企业、事业、机关分组				
（一）企业	74058	76496	48393	51201
其中：地方	68035	70106	46395	51793
（二）事业	85545	90416	40713	47187
其中：地方	85144	89973	39341	47080
（三）机关	77510	86027	34747	30042
其中：地方	76424	84872	33850	28983
（四）民间非营利组织	63600	65091	23875	17625
（五）其他	70317	70317		
三、按国民经济行业分组				
（一）农、林、牧、渔业	42888	42888		
（二）采矿业				
（三）制造业	75371	76293	45059	29024
（四）电力、热力、燃气及水生产和供应业	68530	73004	35645	30029
（五）建筑业	65536	69313	63022	19280
（六）批发和零售业	92185	92252	105465	30083
（七）交通运输、仓储和邮政业	75906	77026	54482	70226
（八）住宿和餐饮业	45005	45453	49449	37955
（九）信息传输、软件和信息技术服务业	96485	100519	47571	22615
（十）金融业	170728	171313		42800
（十一）房地产业	55294	55954		17200
（十二）租赁和商务服务业	65231	71876	33316	45877
（十三）科学研究、技术服务业	99056	105505	65227	36749
（十四）水利、环境和公共设施管理业	55109	63165	35695	24370
（十五）居民服务、修理和其他服务业	65887	65973	69452	20750
（十六）教育	89785	92621	37924	35185
（十七）卫生和社会工作	90033	93881	41322	54223
（十八）文化、体育和娱乐业	90848	95620	34499	97865
（十九）公共管理、社会保障和社会组织	75239	84355	35311	28942

2—2 续表 4　　（2019 年）　　计量单位：人、千元、个、元

行业名称	在岗职工（含劳务派遣）			
	期末人数	平均人数	工资总额	平均工资
总　计	**380837**	**380294**	**31657897**	**83246**
一、按隶属关系分组				
1. 中央	17688	17867	1880849	105269
2. 地方	317415	316890	25694787	81084
二、按企业、事业、机关分组				
（一）企业	49307	50224	3825314	76165
其中：地方	40866	41587	2905763	69872
（二）事业	223373	222450	19473315	87540
其中：地方	219244	218335	19022998	87128
（三）机关	106876	106337	8273776	77807
其中：地方	102290	101749	7800592	76665
（四）民间非营利组织	666	674	42669	63307
（五）其他	615	609	42823	70317
三、按国民经济行业分组				
（一）农、林、牧、渔业	642	625	26805	42888
（二）采矿业				
（三）制造业	7221	7241	547662	75633
（四）电力、热力、燃气及水生产和供应业	2159	2164	154394	71347
（五）建筑业	5696	5952	411393	69118
（六）批发和零售业	2336	2362	235435	99676
（七）交通运输、仓储和邮政业	24918	25008	1909238	76345
（八）住宿和餐饮业	3248	3258	148672	45633
（九）信息传输、软件和信息技术服务业	961	973	94840	97472
（十）金融业	1101	1094	187416	171313
（十一）房地产业	1145	1154	64571	55954
（十二）租赁和商务服务业	5590	6128	432140	70519
（十三）科学研究、技术服务业	10796	10741	1080457	100592
（十四）水利、环境和公共设施管理业	11320	11301	637389	56401
（十五）居民服务、修理和其他服务业	760	766	50797	66315
（十六）教育	115348	114994	10381355	90277
（十七）卫生和社会工作	53295	52917	4953633	93611
（十八）文化、体育和娱乐业	6759	6801	606468	89173
（十九）公共管理、社会保障和社会组织	127542	126815	9735232	76767

全市城镇集体单位从业人员和工资总额

2—3　　（2019 年）　　计量单位：人、千元、个、元

行业名称	年末单位从业人员	# 女性	1. 在岗职工	2. 劳务派遣人员	3. 其他从业人员
总　计	**15075**	**7698**	**13994**	**513**	**568**
一、按企业、事业、机关分组					
（一）企业	10625	4771	10229	85	311
（二）事业	3764	2457	3151	377	236
（三）机关	53	34	41	12	
（四）民间非营利组织	600	424	542	39	19
（五）其他	33	12	31		2
二、按国民经济行业分组					
（一）农、林、牧、渔业	98	36	98		
（二）采矿业					
（三）制造业	1790	647	1706	32	52
（四）电力、热力、燃气及水生产和供应业	63	16	63		
（五）建筑业	111	23	99	12	
（六）批发和零售业	2864	1365	2783	1	80
（七）交通运输、仓储和邮政业	1195	401	1159		36
（八）住宿和餐饮业	308	204	283		25
（九）信息传输、软件和信息技术服务业	5	2	5		
（十）金融业					
（十一）房地产业	1880	879	1823		57
（十二）租赁和商务服务业	1109	487	1073		36
（十三）科学研究、技术服务业	322	142	309	13	
（十四）水利、环境和公共设施管理业	181	64	181		
（十五）居民服务、修理和其他服务业	264	90	264		
（十六）教育	1602	1212	1517	45	40
（十七）卫生和社会工作	2782	1879	2183	401	198
（十八）文化、体育和娱乐业	371	210	320	8	43
（十九）公共管理、社会保障和社会组织	130	41	128	1	1

2—3 续表 1　　（2019 年）　　量单位：人、千元、个、元

行业名称	单位从业人员平均人数	# 在岗职工	劳务派遣人员	其他从业人员
总　计	**14965**	**13895**	**508**	**562**
一、按企业、事业、机关分组				
（一）企业	10546	10150	86	310
（二）事业	3739	3137	371	231
（三）机关	53	41	12	
（四）民间非营利组织	594	536	39	19
（五）其他	33	31		2
二、按国民经济行业分组				
（一）农、林、牧、渔业	98	98		
（二）采矿业				
（三）制造业	1805	1720	33	52
（四）电力、热力、燃气及水生产和供应业	62	62		
（五）建筑业	106	94	12	
（六）批发和零售业	2831	2751	1	79
（七）交通运输、仓储和邮政业	1190	1154		36
（八）住宿和餐饮业	307	282		25
（九）信息传输、软件和信息技术服务业	5	5		
（十）金融业				
（十一）房地产业	1866	1809		57
（十二）租赁和商务服务业	1103	1067		36
（十三）科学研究、技术服务业	321	309	12	
（十四）水利、环境和公共设施管理业	181	181		
（十五）居民服务、修理和其他服务业	240	240		
（十六）教育	1588	1503	45	40
（十七）卫生和社会工作	2769	2175	396	198
（十八）文化、体育和娱乐业	363	317	8	38
（十九）公共管理、社会保障和社会组织	130	128	1	1

2—3 续表 2 （2019 年） 量单位：人、千元、个、元

行业名称	单位从业人员工资总额	在岗职工工资总额	劳务派遣人员工资总额	其他从业人员工资总额	单位数
总　计	**691415**	**646891**	**25003**	**19521**	**573**
一、按企业、事业、机关分组					
（一）企业	417450	404997	3363	9090	455
（二）事业	249388	219394	20056	9938	97
（三）机关	3198	2670	528		2
（四）民间非营利组织	20537	19068	1056	413	17
（五）其他	842	762		80	2
二、按国民经济行业分组					
（一）农、林、牧、渔业	6214	6214			6
（二）采矿业					
（三）制造业	74137	71240	1136	1761	76
（四）电力、热力、燃气及水生产和供应业	1921	1921			3
（五）建筑业	3095	2805	290		11
（六）批发和零售业	126179	124725	42	1412	167
（七）交通运输、仓储和邮政业	42517	42191		326	19
（八）住宿和餐饮业	10892	9661		1231	11
（九）信息传输、软件和信息技术服务业	190	190			1
（十）金融业					
（十一）房地产业	56348	53840		2508	67
（十二）租赁和商务服务业	33030	32383		647	43
（十三）科学研究、技术服务业	23151	22679	472		19
（十四）水利、环境和公共设施管理业	6018	6018			10
（十五）居民服务、修理和其他服务业	12889	12889			20
（十六）教育	107196	105111	1236	849	33
（十七）卫生和社会工作	161262	131138	21443	8681	69
（十八）文化、体育和娱乐业	17812	15387	355	2070	11
（十九）公共管理、社会保障和社会组织	8564	8499	29	36	7

2—3 续表 3　　（2019 年）　　量单位：人、千元、个、元

行业名称	单位从业人员平均工资	在岗职工平均工资	劳务派遣人员平均工资	其他从业人员平均工资
总　计	**46202**	**46556**	**49219**	**34735**
一、按企业、事业、机关分组				
（一）企业	39584	39901	39105	29323
（二）事业	66699	69938	54059	43022
（三）机关	60340	65122	44000	
（四）民间非营利组织	34574	35575	27077	21737
（五）其他	25515	24581		40000
二、按国民经济行业分组				
（一）农、林、牧、渔业	63408	63408		
（二）采矿业				
（三）制造业	41073	41419	34424	33865
（四）电力、热力、燃气及水生产和供应业	30984	30984		
（五）建筑业	29198	29840	24167	
（六）批发和零售业	44570	45338	42000	17873
（七）交通运输、仓储和邮政业	35729	36561		9056
（八）住宿和餐饮业	35479	34259		49240
（九）信息传输、软件和信息技术服务业	38000	38000		
（十）金融业				
（十一）房地产业	30197	29762		44000
（十二）租赁和商务服务业	29946	30350		17972
（十三）科学研究、技术服务业	72121	73395	39333	
（十四）水利、环境和公共设施管理业	33249	33249		
（十五）居民服务、修理和其他服务业	53704	53704		
（十六）教育	67504	69934	27467	21225
（十七）卫生和社会工作	58238	60293	54149	43843
（十八）文化、体育和娱乐业	49069	48539	44375	54474
（十九）公共管理、社会保障和社会组织	65877	66398	29000	36000

2—3 续表 4 （2019 年） 量单位：人、千元、个、元

行业名称	在岗职工（含劳务派遣）			
	期末人数	平均人数	工资总额	平均工资
总　计	**14507**	**14403**	**671894**	**46650**
一、按企业、事业、机关分组				
（一）企业	10314	10236	408360	39894
（二）事业	3528	3508	239450	68258
（三）机关	53	53	3198	60340
（四）民间非营利组织	581	575	20124	34998
（五）其他	31	31	762	24581
二、按国民经济行业分组				
（一）农、林、牧、渔业	98	98	6214	63408
（二）采矿业				
（三）制造业	1738	1753	72376	41287
（四）电力、热力、燃气及水生产和供应业	63	62	1921	30984
（五）建筑业	111	106	3095	29198
（六）批发和零售业	2784	2752	124767	45337
（七）交通运输、仓储和邮政业	1159	1154	42191	36561
（八）住宿和餐饮业	283	282	9661	34259
（九）信息传输、软件和信息技术服务业	5	5	190	38000
（十）金融业				
（十一）房地产业	1823	1809	53840	29762
（十二）租赁和商务服务业	1073	1067	32383	30350
（十三）科学研究、技术服务业	322	321	23151	72121
（十四）水利、环境和公共设施管理业	181	181	6018	33249
（十五）居民服务、修理和其他服务业	264	240	12889	53704
（十六）教育	1562	1548	106347	68700
（十七）卫生和社会工作	2584	2571	152581	59347
（十八）文化、体育和娱乐业	328	325	15742	48437
（十九）公共管理、社会保障和社会组织	129	129	8528	66109

全市城镇其他单位从业人员和工资总额

2—4　　（2019 年）　　计量单位：人、千元、个、元

行业名称	年末单位从业人员	# 女性	1. 在岗职工	2. 劳务派遣人员	3. 其他从业人员
总　计	**639337**	**256986**	**564545**	**28744**	**46048**
一、按经济注册类型分组					
（一）内资	561221	217503	495743	23496	41982
1. 股份合作	3185	1593	2977	190	18
2. 联营	1069	649	1049	12	8
3. 有限责任公司	373404	124968	339223	18862	15319
4. 股份有限公司	147027	64512	117633	3696	25698
5. 其他	36536	25781	34861	736	939
（二）港澳台投资经济	43612	22916	39114	4157	341
（三）外商投资	34504	16567	29688	1091	3725
二、按国民经济行业分组					
（一）农、林、牧、渔业	311	118	287	17	7
（二）采矿业	50	10	50		
（三）制造业	175034	66869	164886	8478	1670
（四）电力、热力、燃气及水生产和供应业	21035	5883	20211	514	310
（五）建筑业	66325	10028	56350	4662	5313
（六）批发和零售业	56210	31311	52825	2494	891
（七）交通运输、仓储和邮政业	27058	7611	25996	763	299
（八）住宿和餐饮业	11694	6442	10399	563	732
（九）信息传输、软件和信息技术服务业	45297	21007	43575	1003	719
（十）金融业	80423	40279	47538	1543	31342
（十一）房地产业	31334	12304	26731	3783	820
（十二）租赁和商务服务业	49731	13276	45504	2134	2093
（十三）科学研究、技术服务业	23036	8575	21129	1173	734
（十四）水利、环境和公共设施管理业	3655	1387	2896	707	52
（十五）居民服务、修理和其他服务业	2895	1147	2549	330	16
（十六）教育	27097	19607	26008	478	611
（十七）卫生和社会工作	11024	7989	10679	30	315
（十八）文化、体育和娱乐业	6301	2737	6180	18	103
（十九）公共管理、社会保障和社会组织	827	406	752	54	21

2—4 续表 1 （2019 年） 计量单位：人、千元、个、元

行业名称	单位从业人员平均人数	在岗职工	劳务派遣人员	其他从业人员
总计	**630958**	**555477**	**28086**	**47395**
一、按经济注册类型分组				
（一）内资	552698	487467	22628	42603
1. 股份合作	3182	3021	144	17
2. 联营	1039	1026	5	8
3. 有限责任公司	370727	335750	18379	16598
4. 股份有限公司	142157	113663	3382	25112
5. 其他	35593	34007	718	868
（二）港澳台投资经济	43746	38676	4360	710
（三）外商投资	34514	29334	1098	4082
二、按国民经济行业分组				
（一）农、林、牧、渔业	285	261	17	7
（二）采矿业	49	49		
（三）制造业	173711	162658	8696	2357
（四）电力、热力、燃气及水生产和供应业	20939	20326	338	275
（五）建筑业	65491	56321	4801	4369
（六）批发和零售业	55244	52388	2068	788
（七）交通运输、仓储和邮政业	24890	23750	768	372
（八）住宿和餐饮业	11156	9957	589	610
（九）信息传输、软件和信息技术服务业	44603	43032	860	711
（十）金融业	81568	47178	1482	32908
（十一）房地产业	30430	25889	3708	833
（十二）租赁和商务服务业	49415	44978	2021	2416
（十三）科学研究、技术服务业	22378	20502	1172	704
（十四）水利、环境和公共设施管理业	3571	2813	719	39
（十五）居民服务、修理和其他服务业	2810	2505	296	9
（十六）教育	26394	25395	452	547
（十七）卫生和社会工作	10711	10377	29	305
（十八）文化、体育和娱乐业	6495	6353	18	124
（十九）公共管理、社会保障和社会组织	818	745	52	21

2—4 续表 2　　（2019 年）　　计量单位：人、千元、个、元

行业名称	单位从业人员工资总额	在岗职工工资总额	劳务派遣人员工资总额	其他从业人员工资总额	单位数
总计	**46457388**	**43297669**	**1459627**	**1700092**	**6568**
一、按经济注册类型分组					
（一）内资	41088855	38411896	1122282	1554677	6356
1. 股份合作	334860	322859	11419	582	45
2. 联营	45683	45183	148	352	34
3. 有限责任公司	25666496	24222626	828610	615260	4663
4. 股份有限公司	13109719	11953556	249302	906861	422
5. 其他	1932097	1867672	32803	31622	1192
（二）港澳台投资经济	2859011	2576953	266215	15843	85
（三）外商投资	2509522	2308820	71130	129572	127
二、按国民经济行业分组					
（一）农、林、牧、渔业	11072	9873	875	324	38
（二）采矿业	2271	2271			2
（三）制造业	11348011	10706991	567572	73448	572
（四）电力、热力、燃气及水生产和供应业	2444199	2427936	11149	5114	108
（五）建筑业	4202599	3787728	183045	231826	310
（六）批发和零售业	3238109	3104022	104976	29111	1033
（七）交通运输、仓储和邮政业	2005420	1942045	46263	17112	184
（八）住宿和餐饮业	594060	542608	27846	23606	119
（九）信息传输、软件和信息技术服务业	4327150	4241609	49360	36181	385
（十）金融业	8491170	7293487	113560	1084123	313
（十一）房地产业	1783992	1611842	145117	27033	628
（十二）租赁和商务服务业	2867713	2682469	101411	83833	952
（十三）科学研究、技术服务业	2080034	1960711	69879	49444	516
（十四）水利、环境和公共设施管理业	167394	152315	11532	3547	60
（十五）居民服务、修理和其他服务业	116603	109654	6578	371	87
（十六）教育	1267854	1232880	16427	18547	757
（十七）卫生和社会工作	757869	744325	878	12666	269
（十八）文化、体育和娱乐业	700771	696177	1387	3207	184
（十九）公共管理、社会保障和社会组织	51097	48726	1772	599	51

2—4 续表 3　（2019 年）　计量单位：人、千元、个、元

行业名称	单位从业人员平均工资	在岗职工平均工资	劳务派遣人员平均工资	其他从业人员平均工资
总　计	**73630**	**77947**	**51970**	**35871**
一、按经济注册类型分组				
（一）内资	74342	78799	49597	36492
1. 股份合作	105236	106872	79299	34235
2. 联营	43968	44038	29600	44000
3. 有限责任公司	69233	72145	45085	37068
4. 股份有限公司	92220	105167	73714	36113
5. 其他	54283	54920	45687	36431
（二）港澳台投资经济	65355	66629	61058	22314
（三）外商投资	72710	78708	64781	31742
二、按国民经济行业分组				
（一）农、林、牧、渔业	38849	37828	51471	46286
（二）采矿业	46347	46347		
（三）制造业	65327	65825	65268	31162
（四）电力、热力、燃气及水生产和供应业	116729	119450	32985	18596
（五）建筑业	64171	67252	38126	53062
（六）批发和零售业	58615	59251	50762	36943
（七）交通运输、仓储和邮政业	80571	81770	60238	46000
（八）住宿和餐饮业	53250	54495	47277	38698
（九）信息传输、软件和信息技术服务业	97015	98569	57395	50887
（十）金融业	104099	154595	76626	32944
（十一）房地产业	58626	62260	39136	32453
（十二）租赁和商务服务业	58033	59640	50179	34699
（十三）科学研究、技术服务业	92950	95635	59624	70233
（十四）水利、环境和公共设施管理业	46876	54147	16039	90949
（十五）居民服务、修理和其他服务业	41496	43774	22223	41222
（十六）教育	48036	48548	36343	33907
（十七）卫生和社会工作	70756	71728	30276	41528
（十八）文化、体育和娱乐业	107894	109582	77056	25863
（十九）公共管理、社会保障和社会组织	62466	65404	34077	28524

2—4 续表 4　　（2019 年）　　计量单位：人、千元、个、元

行业名称	在岗职工（含劳务派遣）			
	期末人数	平均人数	工资总额	平均工资
总　计	**593289**	**583563**	**44757296**	**76697**
一、按经济注册类型分组				
（一）内资	519239	510095	39534178	77504
1. 股份合作	3167	3165	334278	105617
2. 联营	1061	1031	45331	43968
3. 有限责任公司	358085	354129	25051236	70740
4. 股份有限公司	121329	117045	12202858	104258
5. 其他	35597	34725	1900475	54729
（二）港澳台投资经济	43271	43036	2843168	66065
（三）外商投资	30779	30432	2379950	78206
二、按国民经济行业分组				
（一）农、林、牧、渔业	304	278	10748	38662
（二）采矿业	50	49	2271	46347
（三）制造业	173364	171354	11274563	65797
（四）电力、热力、燃气及水生产和供应业	20725	20664	2439085	118035
（五）建筑业	61012	61122	3970773	64965
（六）批发和零售业	55319	54456	3208998	58928
（七）交通运输、仓储和邮政业	26759	24518	1988308	81096
（八）住宿和餐饮业	10962	10546	570454	54092
（九）信息传输、软件和信息技术服务业	44578	43892	4290969	97762
（十）金融业	49081	48660	7407047	152220
（十一）房地产业	30514	29597	1756959	59363
（十二）租赁和商务服务业	47638	46999	2783880	59233
（十三）科学研究、技术服务业	22302	21674	2030590	93688
（十四）水利、环境和公共设施管理业	3603	3532	163847	46389
（十五）居民服务、修理和其他服务业	2879	2801	116232	41497
（十六）教育	26486	25847	1249307	48335
（十七）卫生和社会工作	10709	10406	745203	71613
（十八）文化、体育和娱乐业	6198	6371	697564	109491
（十九）公共管理、社会保障和社会组织	806	797	50498	63360

市区单位从业人员和工资总额

2—5 （2019 年） 计量单位：人、千元、个、元

行业名称	年末单位从业人员	#女性	1. 在岗职工	2. 劳务派遣人员	3. 其他从业人员
总　计	**804589**	**336920**	**696141**	**51861**	**56587**
一、按企业、事业、机关分组					
（一）企业	566283	214394	495949	27660	42674
（二）事业	154559	89460	130976	11757	11826
（三）机关	64823	19765	51408	11959	1456
（四）民间非营利组织	18234	12978	17122	485	627
（五）其他	690	323	686		4
二、按国民经济行业分组					
（一）农、林、牧、渔业	170	55	153	17	
（二）采矿业					
（三）制造业	128440	44202	119175	7938	1327
（四）电力、热力、燃气及水生产和供应业	17241	5330	16384	565	292
（五）建筑业	62574	10419	55949	4667	1958
（六）批发和零售业	53926	29054	50503	2510	913
（七）交通运输、仓储和邮政业	43816	12326	41253	1219	1344
（八）住宿和餐饮业	11907	6585	10331	701	875
（九）信息传输、软件和信息技术服务业	45501	21083	43773	1012	716
（十）金融业	77347	38968	44841	1170	31336
（十一）房地产业	32081	12771	27637	3641	803
（十二）租赁和商务服务业	53817	14811	48514	2975	2328
（十三）科学研究、技术服务业	32707	12293	29176	2549	982
（十四）水利、环境和公共设施管理业	9826	2837	6523	2700	603
（十五）居民服务、修理和其他服务业	2101	858	1948	131	22
（十六）教育	87696	58542	81249	3383	3064
（十七）卫生和社会工作	46788	33516	42278	1846	2664
（十八）文化、体育和娱乐业	13908	6268	11100	741	2067
（十九）公共管理、社会保障和社会组织	84743	27002	65354	14096	5293

2—5 续表 1　　（2019 年）　　计量单位：人、千元、个、元

行业名称	单位从业人员平均人数	在岗职工	劳务派遣人员	其他从业人员
总　计	**797881**	**687897**	**51111**	**58873**
一、按企业、事业、机关分组				
（一）企业	561421	489144	27163	45114
（二）事业	153785	130302	11730	11753
（三）机关	64305	51106	11758	1441
（四）民间非营利组织	17689	16668	460	561
（五）其他	681	677		4
二、按国民经济行业分组				
（一）农、林、牧、渔业	172	155	17	
（二）采矿业				
（三）制造业	126662	116904	8125	1633
（四）电力、热力、燃气及水生产和供应业	17179	16542	388	249
（五）建筑业	63675	56490	4716	2469
（六）批发和零售业	52834	49939	2087	808
（七）交通运输、仓储和邮政业	41999	39384	1229	1386
（八）住宿和餐饮业	11735	10250	736	749
（九）信息传输、软件和信息技术服务业	44813	43236	869	708
（十）金融业	78473	44432	1140	32901
（十一）房地产业	31176	26782	3566	828
（十二）租赁和商务服务业	54039	48307	3082	2650
（十三）科学研究、技术服务业	31991	28517	2549	925
（十四）水利、环境和公共设施管理业	9710	6388	2721	601
（十五）居民服务、修理和其他服务业	2041	1928	98	15
（十六）教育	86908	80589	3318	3001
（十七）卫生和社会工作	46187	41779	1810	2598
（十八）文化、体育和娱乐业	14139	11290	766	2083
（十九）公共管理、社会保障和社会组织	84148	64985	13894	5269

2—5 续表 2 （2019 年） 计量单位：人、千元、个、元

行业名称	单位从业人员工资总额	在岗职工工资总额	劳务派遣人员工资总额	其他从业人员工资总额	单位数
总　计	**65103709**	**60410265**	**2402403**	**2291041**	**8473**
一、按企业、事业、机关分组					
（一）企业	43480355	40393740	1432131	1654484	5417
（二）事业	14976720	13897927	512332	566461	1729
（三）机关	5767048	5274367	441709	50972	759
（四）民间非营利组织	832009	796794	16231	18984	555
（五）其他	47577	47437		140	13
二、按国民经济行业分组					
（一）农、林、牧、渔业	11554	10679	875		18
（二）采矿业					
（三）制造业	9206246	8613550	538606	54090	474
（四）电力、热力、燃气及水生产和供应业	2019010	1998231	12460	8319	69
（五）建筑业	4298150	3965652	182719	149779	257
（六）批发和零售业	3258186	3120639	108202	29345	1022
（七）交通运输、仓储和邮政业	3151107	2986792	67312	97003	175
（八）住宿和餐饮业	612982	550198	35115	27669	137
（九）信息传输、软件和信息技术服务业	4370963	4284950	49964	36049	378
（十）金融业	8286221	7117677	84976	1083568	284
（十一）房地产业	1754055	1590712	136226	27117	620
（十二）租赁和商务服务业	3198810	2968127	136778	93905	982
（十三）科学研究、技术服务业	3103023	2885432	159701	57890	660
（十四）水利、环境和公共设施管理业	594211	480219	98194	15798	103
（十五）居民服务、修理和其他服务业	112108	104665	6929	514	93
（十六）教育	7775589	7529283	142039	104267	1429
（十七）卫生和社会工作	4797106	4559317	89714	148075	347
（十八）文化、体育和娱乐业	1425237	1200711	26831	197695	290
（十九）公共管理、社会保障和社会组织	7129151	6443431	525762	159958	1135

2—5 续表 3　　（2019 年）　　计量单位：人、千元、个、元

行业名称	单位从业人员平均工资	在岗职工工资总额	劳务派遣人员平均工资	其他从业人员平均工资
总　计	**81596**	**87819**	**47004**	**38915**
一、按企业、事业、机关分组				
（一）企业	77447	82580	52724	36673
（二）事业	97387	106659	43677	48197
（三）机关	89683	103204	37567	35373
（四）民间非营利组织	47035	47804	35285	33840
（五）其他	69863	70069		35000
二、按国民经济行业分组				
（一）农、林、牧、渔业	67174	68897	51471	46286
（二）采矿业				
（三）制造业	72684	73681	66290	33123
（四）电力、热力、燃气及水生产和供应业	117528	120797	32113	33410
（五）建筑业	67501	70201	38744	60664
（六）批发和零售业	61668	62489	51846	36318
（七）交通运输、仓储和邮政业	75028	75838	54770	69988
（八）住宿和餐饮业	52235	53678	47711	36941
（九）信息传输、软件和信息技术服务业	97538	99106	57496	50917
（十）金融业	105593	160193	74540	32934
（十一）房地产业	56263	59395	38201	32750
（十二）租赁和商务服务业	59194	61443	44380	35436
（十三）科学研究、技术服务业	96997	101183	62652	62584
（十四）水利、环境和公共设施管理业	61196	75175	36087	26286
（十五）居民服务、修理和其他服务业	54928	54287	70704	34267
（十六）教育	89469	93428	42809	34744
（十七）卫生和社会工作	103863	109129	49566	56996
（十八）文化、体育和娱乐业	100802	106352	35027	94909
（十九）公共管理、社会保障和社会组织	84722	99153	37841	30358

2—5 续表 4 （2019 年） 计量单位：人、千元、个、元

行业名称	在岗职工（含劳务派遣）			
	期末人数	平均人数	工资总额	平均工资
总　计	**748002**	**739008**	**62812668**	**84996**
一、按企业、事业、机关分组				
（一）企业	523609	516307	41825871	81010
（二）事业	142733	142032	14410259	101458
（三）机关	63367	62864	5716076	90928
（四）民间非营利组织	17607	17128	813025	47468
（五）其他	686	677	47437	70069
二、按国民经济行业分组				
（一）农、林、牧、渔业	170	172	11554	67174
（二）采矿业				
（三）制造业	127113	125029	9152156	73200
（四）电力、热力、燃气及水生产和供应业	16949	16930	2010691	118765
（五）建筑业	60616	61206	4148371	67777
（六）批发和零售业	53013	52026	3228841	62062
（七）交通运输、仓储和邮政业	42472	40613	3054104	75200
（八）住宿和餐饮业	11032	10986	585313	53278
（九）信息传输、软件和信息技术服务业	44785	44105	4334914	98286
（十）金融业	46011	45572	7202653	158050
（十一）房地产业	31278	30348	1726938	56905
（十二）租赁和商务服务业	51489	51389	3104905	60420
（十三）科学研究、技术服务业	31725	31066	3045133	98021
（十四）水利、环境和公共设施管理业	9223	9109	578413	63499
（十五）居民服务、修理和其他服务业	2079	2026	111594	55081
（十六）教育	84632	83907	7671322	91426
（十七）卫生和社会工作	44124	43589	4649031	106656
（十八）文化、体育和娱乐业	11841	12056	1227542	101820
（十九）公共管理、社会保障和社会组织	79450	78879	6969193	88353

市区国有单位从业人员和工资总额

2—6　　　　（2019 年）　　　　计量单位：人、千元、个、元

行业名称	年末单位从业人员	# 女性	1. 在岗职工	2. 劳务派遣人员	3. 其他从业人员
总　计	**258449**	**119862**	**218112**	**25321**	**15016**
一、按隶属关系分组					
1. 中央	14697	4703	12900	1555	242
2. 地方	214086	98786	179192	21320	13574
二、按企业、事业、机关分组					
（一）企业	45621	15321	41424	2069	2128
其中：地方	39101	13665	35244	1851	2006
（二）事业	147227	84341	124489	11306	11432
其中：地方	143472	82904	121439	10656	11377
（三）机关	64668	19685	51267	11945	1456
其中：地方	60774	18317	48125	11258	1391
（四）民间非营利组织	369	243	368	1	
（五）其他	564	272	564		
三、按国民经济行业分组					
（一）农、林、牧、渔业	23	8	23		
（二）采矿业					
（三）制造业	5171	1706	4968	159	44
（四）电力、热力、燃气及水生产和供应业	1356	545	1109	62	185
（五）建筑业	5556	1348	5045	157	354
（六）批发和零售业	2005	717	1950	43	12
（七）交通运输、仓储和邮政业	22984	7363	20954	783	1247
（八）住宿和餐饮业	2787	1585	2450	138	199
（九）信息传输、软件和信息技术服务业	486	173	468	15	3
（十）金融业	1106	495	1101		5
（十一）房地产业	1045	376	1025		20
（十二）租赁和商务服务业	5037	1585	3973	862	202
（十三）科学研究、技术服务业	9802	3720	8176	1371	255
（十四）水利、环境和公共设施管理业	8042	2251	4831	2620	591
（十五）居民服务、修理和其他服务业	403	120	335	62	6
（十六）教育	64538	41735	59231	2864	2443
（十七）卫生和社会工作	36743	26118	33078	1427	2238
（十八）文化、体育和娱乐业	7494	3419	4836	717	1941
（十九）公共管理、社会保障和社会组织	83871	26598	64559	14041	5271

2—6 续表 1 （2019 年） 计量单位：人、千元、个、元

行业名称	单位从业人员平均人数	在岗职工	劳务派遣人员	其他从业人员
总 计	**258240**	**217893**	**25350**	**14997**
一、按隶属关系分组				
1. 中央	14843	13065	1540	238
2. 地方	213877	178885	21428	13564
二、按企业、事业、机关分组				
（一）企业	46535	42020	2318	2197
其中：地方	39846	35685	2082	2079
（二）事业	146626	123980	11287	11359
其中：地方	142884	120934	10646	11304
（三）机关	64150	50965	11744	1441
其中：地方	60261	47804	11081	1376
（四）民间非营利组织	370	369	1	
（五）其他	559	559		
三、按国民经济行业分组				
（一）农、林、牧、渔业	23	23		
（二）采矿业				
（三）制造业	5166	4972	153	41
（四）电力、热力、燃气及水生产和供应业	1355	1113	60	182
（五）建筑业	5814	5214	184	416
（六）批发和零售业	2031	1976	43	12
（七）交通运输、仓储和邮政业	23126	21062	780	1284
（八）住宿和餐饮业	2806	2464	147	195
（九）信息传输、软件和信息技术服务业	488	470	15	3
（十）金融业	1099	1094		5
（十一）房地产业	1051	1031		20
（十二）租赁和商务服务业	5573	4289	1083	201
（十三）科学研究、技术服务业	9741	8139	1373	229
（十四）水利、环境和公共设施管理业	8023	4788	2646	589
（十五）居民服务、修理和其他服务业	408	340	62	6
（十六）教育	64313	59045	2824	2444
（十七）卫生和社会工作	36405	32826	1397	2182
（十八）文化、体育和娱乐业	7535	4852	742	1941
（十九）公共管理、社会保障和社会组织	83283	64195	13841	5247

2—6 续表 2　　（2019 年）　　计量单位：人、千元、个、元

行业名称	单位从业人员工资总额	在岗职工工资总额	劳务派遣人员工资总额	其他从业人员工资总额	单位数
总　计	**23773475**	**22014098**	**1042789**	**716588**	**2670**
一、按隶属关系分组					
1. 中央	1630060	1523141	94705	12214	112
2. 地方	19246290	17757097	828184	661009	2139
二、按企业、事业、机关分组					
（一）企业	3643652	3416234	111900	115518	279
其中：地方	2865940	2657659	96472	111809	261
（二）事业	14308969	13269113	489758	550098	1608
其中：地方	13912334	12918699	447562	546073	1548
（三）机关	5752966	5260881	441113	50972	753
其中：地方	5334851	4884327	404032	46492	720
（四）民间非营利组织	27696	27678	18		27
（五）其他	40192	40192			3
三、按国民经济行业分组					
（一）农、林、牧、渔业	2519	2519			3
（二）采矿业					
（三）制造业	410929	402845	6894	1190	23
（四）电力、热力、燃气及水生产和供应业	111044	103122	2155	5767	13
（五）建筑业	396992	377808	11596	7588	11
（六）批发和零售业	225483	220587	4535	361	38
（七）交通运输、仓储和邮政业	1795514	1659410	42235	93869	42
（八）住宿和餐饮业	131304	118171	7269	5864	22
（九）信息传输、软件和信息技术服务业	61149	60316	791	42	15
（十）金融业	187630	187416		214	7
（十一）房地产业	56807	56463		344	26
（十二）租赁和商务服务业	398520	352863	36136	9521	105
（十三）科学研究、技术服务业	1019972	921561	89806	8605	169
（十四）水利、环境和公共设施管理业	476313	366823	94660	14830	68
（十五）居民服务、修理和其他服务业	30585	25085	5357	143	10
（十六）教育	6633784	6423585	124524	85675	796
（十七）卫生和社会工作	4044711	3846477	67697	130537	122
（十八）文化、体育和娱乐业	717129	499241	25173	192715	116
（十九）公共管理、社会保障和社会组织	7073090	6389806	523961	159323	1084

2—6 续表 3 （2019 年） 计量单位：人、千元、个、元

行业名称	单位从业人员平均工资	在岗职工平均工资	劳务派遣人员平均工资	其他从业人员平均工资
总　计	**92060**	**101032**	**41136**	**47782**
一、按隶属关系分组				
1. 中央	109820	116582	61497	51319
2. 地方	89988	99265	38650	48733
二、按企业、事业、机关分组				
（一）企业	78299	81300	48274	52580
其中：地方	71925	74476	46336	53780
（二）事业	97588	107026	43391	48428
其中：地方	97368	106824	42040	48308
（三）机关	89680	103225	37561	35373
其中：地方	88529	102174	36462	33788
（四）民间非营利组织	74854	75008	18000	
（五）其他	71900	71900		
三、按国民经济行业分组				
（一）农、林、牧、渔业	109522	109522		
（二）采矿业				
（三）制造业	79545	81023	45059	29024
（四）电力、热力、燃气及水生产和供应业	81951	92652	35917	31687
（五）建筑业	68282	72460	63022	18240
（六）批发和零售业	111021	111633	105465	30083
（七）交通运输、仓储和邮政业	77640	78787	54147	73107
（八）住宿和餐饮业	46794	47959	49449	30072
（九）信息传输、软件和信息技术服务业	125305	128332	52733	14000
（十）金融业	170728	171313		42800
（十一）房地产业	54050	54765		17200
（十二）租赁和商务服务业	71509	82272	33367	47368
（十三）科学研究、技术服务业	104709	113228	65409	37576
（十四）水利、环境和公共设施管理业	59368	76613	35775	25178
（十五）居民服务、修理和其他服务业	74963	73779	86403	23833
（十六）教育	103148	108791	44095	35055
（十七）卫生和社会工作	111103	117178	48459	59824
（十八）文化、体育和娱乐业	95173	102894	33926	99286
（十九）公共管理、社会保障和社会组织	84928	99537	37856	30365

2—6 续表 4　　（2019 年）　　计量单位：人、千元、个、元

行业名称	在岗职工（含劳务派遣）			
	期末人数	平均人数	工资总额	平均工资
总　计	**243433**	**243243**	**23056887**	**94790**
一、按隶属关系分组				
1. 中央	14455	14605	1617846	110773
2. 地方	200512	200313	18585281	92781
二、按企业、事业、机关分组				
（一）企业	43493	44338	3528134	79574
其中：地方	37095	37767	2754131	72924
（二）事业	135795	135267	13758871	101716
其中：地方	132095	131580	13366261	101583
（三）机关	63212	62709	5701994	90928
其中：地方	59383	58885	5288359	89808
（四）民间非营利组织	369	370	27696	74854
（五）其他	564	559	40192	71900
三、按国民经济行业分组				
（一）农、林、牧、渔业	23	23	2519	109522
（二）采矿业				
（三）制造业	5127	5125	409739	79949
（四）电力、热力、燃气及水生产和供应业	1171	1173	105277	89750
（五）建筑业	5202	5398	389404	72139
（六）批发和零售业	1993	2019	225122	111502
（七）交通运输、仓储和邮政业	21737	21842	1701645	77907
（八）住宿和餐饮业	2588	2611	125440	48043
（九）信息传输、软件和信息技术服务业	483	485	61107	125994
（十）金融业	1101	1094	187416	171313
（十一）房地产业	1025	1031	56463	54765
（十二）租赁和商务服务业	4835	5372	388999	72412
（十三）科学研究、技术服务业	9547	9512	1011367	106325
（十四）水利、环境和公共设施管理业	7451	7434	461483	62077
（十五）居民服务、修理和其他服务业	397	402	30442	75726
（十六）教育	62095	61869	6548109	105838
（十七）卫生和社会工作	34505	34223	3914174	114373
（十八）文化、体育和娱乐业	5553	5594	524414	93746
（十九）公共管理、社会保障和社会组织	78600	78036	6913767	88597

市区城镇集体单位从业人员和工资总额

2—7　　（2019 年）　　计量单位：人、千元、个、元

行业名称	年末单位从业人员	# 女性	1. 在岗职工	2. 劳务派遣人员	3. 其他从业人员
总　计	**9942**	**5177**	**9027**	**499**	**416**
一、按企业、事业、机关分组					
（一）企业	7366	3433	7079	73	214
（二）事业	1949	1310	1393	375	181
（三）机关	52	34	40	12	
（四）民间非营利组织	565	394	507	39	19
（五）其他	10	6	8		2
二、按国民经济行业分组					
（一）农、林、牧、渔业	83	33	83		
（二）采矿业					
（三）制造业	1643	591	1559	32	52
（四）电力、热力、燃气及水生产和供应业	15	4	15		
（五）建筑业	15	2	15		
（六）批发和零售业	1284	580	1262	1	21
（七）交通运输、仓储和邮政业	214	76	214		
（八）住宿和餐饮业	306	202	281		25
（九）信息传输、软件和信息技术服务业	5	2	5		
（十）金融业					
（十一）房地产业	1853	870	1796		57
（十二）租赁和商务服务业	966	457	932		34
（十三）科学研究、技术服务业	233	107	220	13	
（十四）水利、环境和公共设施管理业	58	19	58		
（十五）居民服务、修理和其他服务业	162	61	162		
（十六）教育	974	727	891	45	38
（十七）卫生和社会工作	1701	1228	1157	399	145
（十八）文化、体育和娱乐业	350	200	299	8	43
（十九）公共管理、社会保障和社会组织	80	18	78	1	1

2—7 续表 1　　（2019 年）　　计量单位：人、千元、个、元

行业名称	单位从业人员平均人数	# 在岗职工	劳务派遣人员	其他从业人员
总计	**9905**	**9001**	**494**	**410**
一、按企业、事业、机关分组				
（一）企业	7352	7065	74	213
（二）事业	1926	1381	369	176
（三）机关	52	40	12	
（四）民间非营利组织	565	507	39	19
（五）其他	10	8		2
二、按国民经济行业分组				
（一）农、林、牧、渔业	83	83		
（二）采矿业				
（三）制造业	1659	1574	33	52
（四）电力、热力、燃气及水生产和供应业	15	15		
（五）建筑业	15	15		
（六）批发和零售业	1279	1258	1	20
（七）交通运输、仓储和邮政业	214	214		
（八）住宿和餐饮业	305	280		25
（九）信息传输、软件和信息技术服务业	5	5		
（十）金融业				
（十一）房地产业	1839	1782		57
（十二）租赁和商务服务业	960	926		34
（十三）科学研究、技术服务业	232	220	12	
（十四）水利、环境和公共设施管理业	58	58		
（十五）居民服务、修理和其他服务业	162	162		
（十六）教育	968	885	45	38
（十七）卫生和社会工作	1689	1150	394	145
（十八）文化、体育和娱乐业	342	296	8	38
（十九）公共管理、社会保障和社会组织	80	78	1	1

2—7 续表 2　　（2019 年）　　计量单位：人、千元、个、元

行业名称	单位从业人员工资总额	在岗职工工资总额	劳务派遣人员工资总额	其他从业人员工资总额	单位数
总计	**456526**	**415509**	**24675**	**16342**	**389**
一、按企业、事业、机关分组					
（一）企业	285885	275016	3073	7796	321
（二）事业	147586	119515	20018	8053	50
（三）机关	3168	2640	528		1
（四）民间非营利组织	19487	18018	1056	413	16
（五）其他	400	320		80	1
二、按国民经济行业分组					
（一）农、林、牧、渔业	5702	5702			4
（二）采矿业					
（三）制造业	68080	65183	1136	1761	63
（四）电力、热力、燃气及水生产和供应业	467	467			1
（五）建筑业	342	342			4
（六）批发和零售业	55194	54667	42	485	98
（七）交通运输、仓储和邮政业	5917	5917			8
（八）住宿和餐饮业	10854	9623		1231	10
（九）信息传输、软件和信息技术服务业	190	190			1
（十）金融业					
（十一）房地产业	55150	52642		2508	64
（十二）租赁和商务服务业	26887	26281		606	33
（十三）科学研究、技术服务业	19765	19293	472		12
（十四）水利、环境和公共设施管理业	2482	2482			3
（十五）居民服务、修理和其他服务业	10752	10752			14
（十六）教育	72225	70200	1236	789	17
（十七）卫生和社会工作	98577	70316	21405	6856	43
（十八）文化、体育和娱乐业	17165	14740	355	2070	9
（十九）公共管理、社会保障和社会组织	6777	6712	29	36	5

2—7 续表 3　（2019 年）　计量单位：人、千元、个、元

行业名称	单位从业人员平均工资	在岗职工平均工资	劳务派遣人员平均工资	其他从业人员平均工资
总　计	**46090**	**46163**	**49949**	**39859**
一、按企业、事业、机关分组				
（一）企业	38885	38927	41527	36601
（二）事业	76628	86542	54249	45756
（三）机关	60923	66000	44000	
（四）民间非营利组织	34490	35538	27077	21737
（五）其他	40000	40000		40000
二、按国民经济行业分组				
（一）农、林、牧、渔业	68699	68699		
（二）采矿业				
（三）制造业	41037	41412	34424	33865
（四）电力、热力、燃气及水生产和供应业	31133	31133		
（五）建筑业	22800	22800		
（六）批发和零售业	43154	43455	42000	24250
（七）交通运输、仓储和邮政业	27650	27650		
（八）住宿和餐饮业	35587	34368		49240
（九）信息传输、软件和信息技术服务业	38000	38000		
（十）金融业				
（十一）房地产业	29989	29541		44000
（十二）租赁和商务服务业	28007	28381		17824
（十三）科学研究、技术服务业	85194	87695	39333	
（十四）水利、环境和公共设施管理业	42793	42793		
（十五）居民服务、修理和其他服务业	66370	66370		
（十六）教育	74613	79322	27467	20763
（十七）卫生和社会工作	58364	61144	54327	47283
（十八）文化、体育和娱乐业	50190	49797	44375	54474
（十九）公共管理、社会保障和社会组织	84713	86051	29000	36000

2—7 续表 4 （2019 年） 计量单位：人、千元、个、元

行业名称	在岗职工（含劳务派遣）			
	期末人数	平均人数	工资总额	平均工资
总　计	**9526**	**9495**	**440184**	**46360**
一、按企业、事业、机关分组				
（一）企业	7152	7139	278089	38953
（二）事业	1768	1750	139533	79733
（三）机关	52	52	3168	60923
（四）民间非营利组织	546	546	19074	34934
（五）其他	8	8	320	40000
二、按国民经济行业分组				
（一）农、林、牧、渔业	83	83	5702	68699
（二）采矿业				
（三）制造业	1591	1607	66319	41269
（四）电力、热力、燃气及水生产和供应业	15	15	467	31133
（五）建筑业	15	15	342	22800
（六）批发和零售业	1263	1259	54709	43454
（七）交通运输、仓储和邮政业	214	214	5917	27650
（八）住宿和餐饮业	281	280	9623	34368
（九）信息传输、软件和信息技术服务业	5	5	190	38000
（十）金融业				
（十一）房地产业	1796	1782	52642	29541
（十二）租赁和商务服务业	932	926	26281	28381
（十三）科学研究、技术服务业	233	232	19765	85194
（十四）水利、环境和公共设施管理业	58	58	2482	42793
（十五）居民服务、修理和其他服务业	162	162	10752	66370
（十六）教育	936	930	71436	76813
（十七）卫生和社会工作	1556	1544	91721	59405
（十八）文化、体育和娱乐业	307	304	15095	49655
（十九）公共管理、社会保障和社会组织	79	79	6741	85329

市区城镇其他单位从业人员和工资总额

2—8　　（2019 年）　　计量单位：人、千元、个、元

行业名称	年末单位从业人员	# 女性	1. 在岗职工	2. 劳务派遣人员	3. 其他从业人员
总　计	**536198**	**211881**	**469002**	**26041**	**41155**
一、按经济注册类型分组					
（一）内资	475180	183653	417276	20793	37111
1. 股份合作	2695	1356	2545	132	18
2. 联营	850	538	836	12	2
3. 有限责任公司	306839	101052	279638	16575	10626
4. 股份有限公司	135731	60215	106791	3358	25582
5. 其他	29065	20492	27466	716	883
（二）港澳台投资经济	29496	13221	24998	4157	341
（三）外商投资	31522	15007	26728	1091	3703
二、按国民经济行业分组					
（一）农、林、牧、渔业	64	14	47	17	
（二）采矿业					
（三）制造业	121626	41905	112648	7747	1231
（四）电力、热力、燃气及水生产和供应业	15870	4781	15260	503	107
（五）建筑业	57003	9069	50889	4510	1604
（六）批发和零售业	50637	27757	47291	2466	880
（七）交通运输、仓储和邮政业	20618	4887	20085	436	97
（八）住宿和餐饮业	8814	4798	7600	563	651
（九）信息传输、软件和信息技术服务业	45010	20908	43300	997	713
（十）金融业	76241	38473	43740	1170	31331
（十一）房地产业	29183	11525	24816	3641	726
（十二）租赁和商务服务业	47814	12769	43609	2113	2092
（十三）科学研究、技术服务业	22672	8466	20780	1165	727
（十四）水利、环境和公共设施管理业	1726	567	1634	80	12
（十五）居民服务、修理和其他服务业	1536	677	1451	69	16
（十六）教育	22184	16080	21127	474	583
（十七）卫生和社会工作	8344	6170	8043	20	281
（十八）文化、体育和娱乐业	6064	2649	5965	16	83
（十九）公共管理、社会保障和社会组织	792	386	717	54	21

2—8 续表 1 （2019 年） 计量单位：人、千元、个、元

行业名称	单位从业人员平均人数	在岗职工	劳务派遣人员	其他从业人员
总 计	**529736**	**461003**	**25267**	**43466**
一、按经济注册类型分组				
（一）内资	468788	409912	19809	39067
1. 股份合作	2697	2581	99	17
2. 联营	832	825	5	2
3. 有限责任公司	305654	276344	15972	13338
4. 股份有限公司	131264	103331	3035	24898
5. 其他	28341	26831	698	812
（二）港澳台投资经济	29396	24696	4360	340
（三）外商投资	31552	26395	1098	4059
二、按国民经济行业分组				
（一）农、林、牧、渔业	66	49	17	
（二）采矿业				
（三）制造业	119837	110358	7939	1540
（四）电力、热力、燃气及水生产和供应业	15809	15414	328	67
（五）建筑业	57846	51261	4532	2053
（六）批发和零售业	49524	46705	2043	776
（七）交通运输、仓储和邮政业	18659	18108	449	102
（八）住宿和餐饮业	8624	7506	589	529
（九）信息传输、软件和信息技术服务业	44320	42761	854	705
（十）金融业	77374	43338	1140	32896
（十一）房地产业	28286	23969	3566	751
（十二）租赁和商务服务业	47506	43092	1999	2415
（十三）科学研究、技术服务业	22018	20158	1164	696
（十四）水利、环境和公共设施管理业	1629	1542	75	12
（十五）居民服务、修理和其他服务业	1471	1426	36	9
（十六）教育	21627	20659	449	519
（十七）卫生和社会工作	8093	7803	19	271
（十八）文化、体育和娱乐业	6262	6142	16	104
（十九）公共管理、社会保障和社会组织	785	712	52	21

2—8 续表 2　　（2019 年）　　计量单位：人、千元、个、元

行业名称	单位从业人员工资总额	在岗职工工资总额	劳务派遣人员工资总额	其他从业人员工资总额	单位数
总　计	**40873708**	**37980658**	**1334939**	**1558111**	**5414**
一、按经济注册类型分组					
（一）内资	36254164	33836531	997594	1420039	5237
1. 股份合作	301719	292384	8753	582	34
2. 联营	36861	36711	148	2	21
3. 有限责任公司	21985582	20760239	734039	491304	3925
4. 股份有限公司	12286931	11165406	222621	898904	353
5. 其他	1643071	1581791	32033	29247	904
（二）港澳台投资经济	2244939	1970032	266215	8692	69
（三）外商投资	2374605	2174095	71130	129380	108
二、按国民经济行业分组					
（一）农、林、牧、渔业	3333	2458	875		11
（二）采矿业					
（三）制造业	8727237	8145522	530576	51139	388
（四）电力、热力、燃气及水生产和供应业	1907499	1894642	10305	2552	55
（五）建筑业	3900816	3587502	171123	142191	242
（六）批发和零售业	2977509	2845385	103625	28499	886
（七）交通运输、仓储和邮政业	1349676	1321465	25077	3134	125
（八）住宿和餐饮业	470824	422404	27846	20574	105
（九）信息传输、软件和信息技术服务业	4309624	4224444	49173	36007	362
（十）金融业	8098591	6930261	84976	1083354	277
（十一）房地产业	1642098	1481607	136226	24265	530
（十二）租赁和商务服务业	2773403	2588983	100642	83778	844
（十三）科学研究、技术服务业	2063286	1944578	69423	49285	479
（十四）水利、环境和公共设施管理业	115416	110914	3534	968	32
（十五）居民服务、修理和其他服务业	70771	68828	1572	371	69
（十六）教育	1069580	1035498	16279	17803	616
（十七）卫生和社会工作	653818	642524	612	10682	182
（十八）文化、体育和娱乐业	690943	686730	1303	2910	165
（十九）公共管理、社会保障和社会组织	49284	46913	1772	599	46

2—8 续表 3 （2019 年） 计量单位：人、千元、个、元

行业名称	单位从业人员平均工资	# 在岗职工平均工资	劳务派遣人员平均工资	其他从业人员平均工资
总　计	**77159**	**82387**	**52833**	**35847**
一、按经济注册类型分组				
（一）内资	77336	82546	50361	36349
1. 股份合作	111872	113283	88414	34235
2. 联营	44304	44498	29600	1000
3. 有限责任公司	71930	75125	45958	36835
4. 股份有限公司	93605	108055	73351	36103
5. 其他	57975	58954	45893	36018
（二）港澳台投资经济	76369	79771	61058	25565
（三）外商投资	75260	82368	64781	31875
二、按国民经济行业分组				
（一）农、林、牧、渔业	50500	50163	51471	
（二）采矿业				
（三）制造业	72826	73810	66832	33207
（四）电力、热力、燃气及水生产和供应业	120659	122917	31418	38090
（五）建筑业	67434	69985	37759	69260
（六）批发和零售业	60123	60922	50722	36726
（七）交通运输、仓储和邮政业	72334	72977	55851	30725
（八）住宿和餐饮业	54595	56276	47277	38892
（九）信息传输、软件和信息技术服务业	97239	98792	57580	51074
（十）金融业	104668	159912	74540	32933
（十一）房地产业	58053	61813	38201	32310
（十二）租赁和商务服务业	58380	60080	50346	34691
（十三）科学研究、技术服务业	93709	96467	59642	70812
（十四）水利、环境和公共设施管理业	70851	71929	47120	80667
（十五）居民服务、修理和其他服务业	48111	48266	43667	41222
（十六）教育	49456	50123	36256	34303
（十七）卫生和社会工作	80788	82343	32211	39417
（十八）文化、体育和娱乐业	110339	111809	81438	27981
（十九）公共管理、社会保障和社会组织	62782	65889	34077	28524

2—8 续表 4 （2019 年） 计量单位：人、千元、个、元

行业名称	在岗职工（含劳务派遣）			
	期末人数	平均人数	工资总额	平均工资
总 计	**495043**	**486270**	**39315597**	**80851**
一、按经济注册类型分组				
（一）内资	438069	429721	34834125	81062
1. 股份合作	2677	2680	301137	112365
2. 联营	848	830	36859	44408
3. 有限责任公司	296213	292316	21494278	73531
4. 股份有限公司	110149	106366	11388027	107065
5. 其他	28182	27529	1613824	58623
（二）港澳台投资经济	29155	29056	2236247	76963
（三）外商投资	27819	27493	2245225	81665
二、按国民经济行业分组				
（一）农、林、牧、渔业	64	66	3333	50500
（二）采矿业				
（三）制造业	120395	118297	8676098	73342
（四）电力、热力、燃气及水生产和供应业	15763	15742	1904947	121010
（五）建筑业	55399	55793	3758625	67367
（六）批发和零售业	49757	48748	2949010	60495
（七）交通运输、仓储和邮政业	20521	18557	1346542	72562
（八）住宿和餐饮业	8163	8095	450250	55621
（九）信息传输、软件和信息技术服务业	44297	43615	4273617	97985
（十）金融业	44910	44478	7015237	157724
（十一）房地产业	28457	27535	1617833	58756
（十二）租赁和商务服务业	45722	45091	2689625	59649
（十三）科学研究、技术服务业	21945	21322	2014001	94456
（十四）水利、环境和公共设施管理业	1714	1617	114448	70778
（十五）居民服务、修理和其他服务业	1520	1462	70400	48153
（十六）教育	21601	21108	1051777	49828
（十七）卫生和社会工作	8063	7822	643136	82221
（十八）文化、体育和娱乐业	5981	6158	688033	111730
（十九）公共管理、社会保障和社会组织	771	764	48685	63724

分县（市、区）单位从业人员和工资总额

2—9 （2019 年） 计量单位：人、千元、个、元

行政单位	年末单位从业人员	#在岗职工（含劳务派遣）	单位从业人员平均人数	#在岗职工（含劳务派遣）	单位从业人员工资总额	#在岗职工（含劳务派遣）
石家庄市	**1069381**	**1005387**	**1060142**	**994834**	**81034397**	**78529344**
市　区	804589	748002	797881	739008	65103709	62812668
长安区	154148	151037	153521	150118	12579015	12460707
桥西区	203252	172972	202737	171269	17550597	16363541
新华区	102313	91977	103718	93432	8259741	7909923
裕华区	89197	85097	87611	83373	7389597	7108451
矿　区	6837	6729	6827	6734	416601	413886
藁城区	52312	48673	52286	48329	3850615	3714327
鹿泉区	63417	61179	62218	59632	4735862	4655503
栾城区	29884	29588	29734	29445	2143879	2134838
高新区	94226	92709	90194	88730	7410476	7337482
循环化工园区	9003	8041	9035	7946	767326	714010
井陉县	17648	17392	17622	17373	1124439	1114607
正定县	41717	37534	39469	36736	2924281	2825165
行唐县	11482	11352	11408	11275	653004	650328
灵寿县	11969	11874	11978	11886	663041	660346
高邑县	7739	7461	7662	7381	330908	324108
深泽县	6735	6394	6534	6271	393532	382409
赞皇县	9505	9069	9452	9013	539423	530766
无极县	14948	14826	14813	14690	762340	758616
平山县	34166	33553	34687	34067	2421073	2401051
元氏县	15817	15801	15723	15700	718174	715396
赵　县	15092	14897	14742	14491	870775	861652
晋州市	18966	18924	18944	18794	900381	895216
新乐市	20261	19870	20313	19909	1209176	1194320
辛集市	38747	38438	38914	38240	2420141	2402696

2—9 续表 1 （2019 年） 计量单位：人、千元、个、元

行政单位	单位数	单位从业人员平均工资	# 在岗职工平均工资（含劳务派遣）
石家庄市	**12965**	**76437**	**78937**
市　区	8473	81596	84996
长安区	1674	81937	83006
桥西区	1734	86568	95543
新华区	1081	79637	84660
裕华区	1362	84346	85261
矿　区	152	61023	61462
藁城区	551	73645	76855
鹿泉区	679	76117	78071
栾城区	457	72102	72503
高新区	726	82162	82694
循环化工园区	57	84928	89858
井陉县	403	63809	64157
正定县	635	74091	76905
行唐县	185	57241	57679
灵寿县	259	55355	55557
高邑县	244	43188	43911
深泽县	226	60228	60981
赞皇县	192	57070	58889
无极县	330	51464	51642
平山县	296	69798	70480
元氏县	307	45677	45567
赵　县	295	59068	59461
晋州市	399	47529	47633
新乐市	375	59527	59989
辛集市	346	62192	62832

三、固定资产投资　建筑业

分县（市、区）固定资产投资（不含农户）比上年增长情况

3—1　　（2019 年）　　计量单位：%

行政单位	固定资产投资		
	合计	建设项目投资	房地产开发
石家庄市	**6.2**	**15.9**	**–16.2**
长安区	0.0	77.1	–44.9
桥西区	5.5	414.8	–42.7
新华区	4.0	67.1	–35.5
裕华区	5.8	55.1	–23.6
矿　区	8.0	8.0	
藁城区	10.5	5.3	40.6
鹿泉区	6.2	–6.3	33.6
栾城区	10.2	26.1	–9.4
高新区	7.5	1.2	16.8
循环化工园区	20.4	0.5	249.7
井陉县	10.7	2.5	358.7
正定县	11.0	–9.3	71.3
行唐县	11.0	8.5	51.0
灵寿县	13.0	3.8	
高邑县	9.5	8.7	40.2
深泽县	9.8	14.2	–30.4
赞皇县	12.8	7.9	143.6
无极县	2.5	0.3	38.4
平山县	7.9	6.8	14.8
元氏县	2.1	3.9	–10.0
赵　县	8.8	4.7	279.5
晋州市	1.2	2.8	–40.1
新乐市	6.8	13.1	–39.9
辛集市	7.9	–3.3	68.5

全市建设项目投资情况

3—2　　（2019 年）　　计量单位：%

项目名称	建设项目投资
本年完成投资	
#住宅	-41.9
1. 建筑工程	25.2
2. 安装工程	11.9
3. 设备工器具购置	23.5
4. 其他费用	-13.2
本年新增固定资产	18.3
本年施工房屋面积	-13.8
#住宅	-14.3
本年竣工房屋面积	-28.8
#住宅	-11.5
施工项目个数	-4.2
#本年新开工	-13.3
本年投产项目个数	-8.5
本年资金来源	
1. 上年末结余资金	100.6
2. 本年资金来源小计	13.9
(1) 国家预算内资金	83.3
(2) 国内贷款	2.1
(3) 债券	698.1
(4) 利用外资	207.8
#外商直接投资	
(5) 自筹资金	9.0
#企事业单位自有资金	
(6) 其他资金来源	-0.5
本年各项应付款合计	47.2
#工程款	94.7

3—2 续表 1　　（2019 年）　　计量单位：%

项目名称	建设项目投资
总计中按登记注册类型分：	
内资企业	15.4
国有企业	61.8
集体企业	56.9
股份合作企业	
联营企业	38.0
国有联营企业	38.0
集体联营企业	
有限责任公司	34.5
股份有限公司	21.4
私营企业	-2.0
其他企业	-46.0
港、澳、台商投资企业	27.7
合资经营企业（港或澳、台资）	78.1
港、澳、台商独资经营企业	-6.9
港、澳、台商投资股份有限公司	
其他港、澳、台商投资企业	
外商投资企业	68.7
中外合资经营企业	-35.7
外资企业	172.7
个体经营	12.5
个体户	-49.8
个人合伙	745.5

3—2 续表 2　　（2019 年）　　计量单位：%

项目名称	建设项目投资
总计中按隶属关系分：	
中央	288.3
地方	14.8
省	−100.0
市	−100.0
县（县级市）	−100.0
其他	24.4
总计中按建设性质分：	
新建	23.9
扩建	9.3
改建和技术改造	−4.7
单纯建造生活设施	238.4
迁建	−2.2
恢复	302.1
单纯购置	67.0
总计中按控股情况分：	
国有控股	65.7
集体控股	101.3
私人控股	−5.5
港澳台商控股	23.0
外商控股	172.7
总计中按建设状态分：	
在建	6.8
全部投产	26.5
全部停缓建	−32.2
总计中按开发区级别式分：	
国务院批准的	9.3
省批准的	46.1
省以下批准的	19.4
不属于开发区的项目	12.4

3—2 续表 3　　（2019 年）　　计量单位：%

项目名称	建设项目投资
总计中按行业分：	
农、林、牧、渔业	−18.2
农业	−21.1
林业	−68.6
畜牧业	25.4
渔业	
农、林、牧、渔服务业	−38.3
采矿业	16.5
煤炭开采和洗选业	−68.4
黑色金属矿采选业	−100.0
有色金属矿采选业	
非金属矿采选业	220.0
制造业	−9.1
农副食品加工业	−55.8
食品制造业	53.0
酒、饮料和精制茶制造业	58.5
纺织业	2.6
纺织服装、服饰业	733.1
皮革、毛皮、羽毛及其制品和制鞋业	46.5
木材加工和木、竹、藤、棕、草制品业	−33.0
家具制造业	19.6
造纸和纸制品业	140.0
印刷和记录媒介复制业	−34.7
文教、工美、体育和娱乐用品制造业	−67.5
石油加工、炼焦和核燃料加工业	−60.1
化学原料和化学制品制造业	−16.4
医药制造业	−11.8
化学纤维制造业	−18.5
橡胶和塑料制品业	−27.4
非金属矿物制品业	−9.1
黑色金属冶炼和压延加工业	68.1
有色金属冶炼和压延加工业	−38.5
金属制品业	−24.4
通用设备制造业	−18.2

3—2 续表 4　　（2019 年）　　计量单位：%

项目名称	建设项目投资
专用设备制造业	−7.6
汽车制造业	−36.2
铁路、船舶、航空航天和其他运输设备制造业	−15.9
电气机械和器材制造业	−22.4
计算机、通信和其他电子设备制造业	
仪器仪表制造业	3643.9
其他制造业	9.8
废弃资源综合利用业	125.8
金属制品、机械和设备修理业	
电力、热力、燃气及水生产和供应业	17.2
电力、热力生产和供应业	12.7
燃气生产和供应业	30.4
水的生产和供应业	−79.2
批发和零售业	−32.9
交通运输、仓储和邮政业	24.9
住宿和餐饮业	64.2
信息传输、软件和信息技术服务业	138.4
金融业	−64.9
房地产业	−11.4
租赁和商务服务业	100.8
科学研究和技术服务业	−10.6
水利、环境和公共设施管理业	71.3
水利管理业	−60.8
生态保护和环境治理业	1573.9
公共设施管理业	32.6
居民服务、修理和其他服务业	−54.3
教育	142.5
卫生和社会工作	28.1
文化、体育和娱乐业	−62.3
公共管理、社会保障和社会组织	60.5

全市房地产开发企业投资完成情况

3—3　　（2019年）　　计量单位：个、万元、平方米

指标名称	数值	指标名称	数值
企业个数	**476**		
计划总投资	50427047	2. 本年资金来源小计	10004785
自开始建设累计完成投资	26208068	(1) 国内贷款	822519
本年完成投资	8876439	# 银行贷款	788654
# 配套工程投资		# 非银行金融机构贷款	33865
按构成分		(2) 利用外资	
建筑工程	6172466	# 外商直接投资	
安装工程	716749	(3) 自筹资金	6347648
设备工器具购置	280760	# 自有资金	
其他费用	1706464	股东投入资金	
# 旧建筑物购置费	24283	借入资金	
土地购置费	1338656	(4) 定金及预收款	1897266
按工程用途分		(5) 个人按揭贷款	869345
住宅	6720162	(6) 其他到位资金	68007
#90 平方米以下	1674807	二、本年各项应付款合计	2917533
144 平方米以上	1691850	# 工程款	948349
别墅、高档公寓	57492	三、土地部分	
办公楼	694704	待开发土地面积	2352640
商业营业用房	569652	本年购置土地面积	1681140
其他	891921	本年土地成交价款	854856
本年新增固定资产	1393267	# 拆迁补偿费	46030
一、本年资金来源合计		土地使用权出让金	
1. 上年末结余资金	3987619	契税	

全市房地产开发企业分组完成情况

3—4　　（2019 年）　　计量单位：个、万元

指标名称	个数	完成额
合　计	**476**	**8876439**
按登记注册类型分		
内资	469	8528678
国有		
集体		
股份合作		
联营企业		
国有联营		
集体联营		
国有与集体联营		
其他联营		
有限责任公司	173	4548893
国有独资公司	4	86722
其他有限责任公司	169	4462171
股份有限公司	1	200
私营	295	3979585
其他		
港澳台商投资	1	63851
与港澳台商合资经营		
与港澳台商合作经营		
港澳台商独资	1	63851
港澳台商投资股份有限公司		
外商投资	6	283910
中外合资经营	2	64605
中外合作经营		
外资企业	4	219305
外商投资股份有限公司		
按控股情况分		
国有控股	12	370890
集体控股	6	181383
私人控股	428	7286350
港澳台商控股	1	63851

3—4 续表　　（2019 年）　　计量单位：个、万元

指标名称	个数	完成额
外商控股	**7**	**324034**
其他	22	649931
按隶属关系分		
中央	3	45695
地方	39	846282
其他	434	7984462
按资质等级分		
一级	8	382136
二级	27	619174
三级	29	442528
四级	97	1416976
暂定	311	5945930
其他	4	69695
按企业营业状况分		
营业	467	8737342
停业（歇业）	5	24271
筹建		
当年关闭		
当年破产		
其他	4	114826

分县（市、区）房地产开发完成情况

3—5　　（2019 年）　　计量单位：个、万元、平方米

行政单位	本年完成投资	住宅	其中：90平方米以下	其中 :144 平方米以上	其中：别墅、高档公寓	办公楼	商业营业用房	其他	本年新增固定资产
石家庄市	**8876439**	**6720162**	**1674807**	**1691850**	**57492**	**694704**	**569652**	**891921**	**1393267**
长安区	1245141	1114193	390115	278410		8600	42519	79829	82005
桥西区	1050520	626927	253277	185401		173559	106492	143542	486657
新华区	703048	612526	151560	195970	25238	5842	56030	28650	220263
裕华区	1423250	858650	163422	398083		234072	113260	217268	12384
矿　区									
藁城区	346431	283452	53793	44576		1620	38766	22593	110024
鹿泉区	819535	605990	254774	68499	21578	43739	46818	122988	92983
栾城区	172055	168662	41903	6347			1000	2393	341
高新区	739785	476424	103452	63148		188588	21733	53040	11521
循环化工园区	131834	130689	68533				1145		
井陉县	110082	92873	202	33437			16848	361	24
正定县	716204	596893	60803	253384	600	2705	30279	86327	211579
行唐县	82532	75270	202	477			443	6819	29913
灵寿县	71304	43535	1422	18104		5232	15233	7304	
高邑县	24211	22611					1600		
深泽县	46989	36188	980	14		10358	100	343	43158
赞皇县	89030	87186	412	36465			10	1834	14206
无极县	61548	59656	1390	13110				1892	
平山县	221647	134260	41982	17791	10076	1637	18073	67677	15755
元氏县	210737	185747	10742	20855			10818	14172	2
赵　县	70014	64767	15232	12144		564	1283	3400	5441
晋州市	42129	40392	11885	766		1000	585	152	590
新乐市	95696	71263	6589	7245		7777	4953	11703	48271
辛集市	402717	332008	42137	37624		9411	41664	19634	8150

3—5 续表 1　　（2019 年）　　计量单位：个、万元、平方米

行政单位	本年资金来源小计	自筹资金	本年购置土地面积	本年土地成交价款	其中：拆迁补偿费	土地使用权出让金	契税
石家庄市	**10004785**	**6347648**	**1681140**	**854856**	**46030**		
长安区	1287805	925923	150204	12969	713		
桥西区	1339046	793327	134237	180200			
新华区	641689	465535					
裕华区	1469416	1211338	57114	81177	3080		
矿　区							
藁城区	464869	232165					
鹿泉区	898804	503226	171320	37379	1855		
栾城区	356175	129468	163668	67009			
高新区	686484	553877	131478	101111			
循环化工园区	367686	147605	72934	61500			
井陉县	129303	11145					
正定县	1037629	693341	220654	200100	36770		
行唐县	68460	65523	47611	6340			
灵寿县	53100	20795	155889	27128			
高邑县	15100	15100	87061	24380			
深泽县	45006	24077	9214	2089			
赞皇县	64012	42450	5788	521			
无极县	48336	24621	24195	4646			
平山县	188997	120959	119394	13996			
元氏县	64052	21808					
赵　县	62652	12878					
晋州市	63011	35740					
新乐市	130953	87312	96216	24731	1404		
辛集市	522200	209435	34163	9580	2208		

3—5续表 2　　　　（2019年）　　　　计量单位：个、万元、平方米

行政单位	房屋施工面积	住宅				办公楼	商业营业用房	其他房屋
			90平米以下住房	144平米以上住房	别墅、高档公寓			
石家庄市	**38913534**	**30153967**	**7461943**	**5903040**	**202315**	**2724578**	**2835399**	**3199590**
长安区	2999341	2798601	619745	694559		2563	152956	45221
桥西区	7888301	4925625	2224494	671864		1224085	1220952	517639
新华区	2901083	2440592	500765	591508	12317	94109	169783	196599
裕华区	4087923	2799293	466916	1465568		647187	338696	302747
矿区								
藁城区	1870373	1533681	230787	134491		1444	145595	189653
鹿泉区	4016431	3024886	1291094	308280	170563	324551	167256	499738
栾城区	962868	882484	177836	2035			2521	77863
高新区	1834515	1531188	835752	119321		197026	36202	70099
循环化工园区	424344	413844	168257	12100			500	10000
井陉县	440221	410808	1935	95231			22616	6797
正定县	2200293	1747534	207163	757184	6320	21910	30452	400397
行唐县	305337	288955	513	14880			2868	13514
灵寿县	229243	128540	6592	83884		12061	35113	53529
高邑县	239800	222434					17366	
深泽县	488817	382528	53986	36830		74691	17284	14314
赞皇县	548739	496902	5700	118861		400	31481	19956
无极县	279958	250882	7254	27144		1564	1713	25799
平山县	961075	877963	126185	405718	13115	380	53534	29198
元氏县	1217901	1016714	10310	85550			15300	185887
赵县	301822	253853	56166	21753		1562	6138	40269
晋州市	874757	724604	62994	61884		10680	63666	75807
新乐市	735081	548412	86461	54181		25846	22761	138062
辛集市	3105311	2453644	321038	140214		84519		286502

3—5 续表 3　　　　（2019 年）　　　　计量单位：个、万元、平方米

行政单位	房屋竣工面积	住宅				办公楼	商业营业用房	其他房屋
			90 平米以下住房	144 平米以上住房	别墅、高档公寓			
石家庄市	**2669266**	**2123667**	**589015**	**400474**	**29289**	**286614**	**92573**	**166412**
长 安 区	202152	199152	196152				3000	
桥 西 区	636886	291241	128299	38004		284202	20671	40772
新 华 区	536949	534949	86277	50008			2000	
裕 华 区	16290	16046	5240	10806			244	
矿　　区								
藁 城 区	283404	229162	22223	18250			10632	43610
鹿 泉 区	199684	161915	71399	45019	29289		13414	24355
栾 城 区								
高 新 区								
循环化工园区								
井 陉 县								
正 定 县	300056	285592	15753	199036		1910		12554
行 唐 县								
灵 寿 县								
高 邑 县								
深 泽 县	80051	77821	9091	5080				2230
赞 皇 县	81033	58352		8976			22681	
无 极 县								
平 山 县	108037	92135	39645				15902	
元 氏 县								
赵　　县	11747	11747						
晋 州 市	2045						2045	
新 乐 市	194798	150211	11960	25295		502	1194	42891
辛 集 市	2653132	2108323	586039	400474	29289	286614	91783	166412

3—5 续表 4　　（2019 年）　　计量单位：套

行政单位	住宅竣工套数	90 平米以下住房	144 平米以上住房	别墅、高档公寓
石家庄市	**17964**	**7048**	**2023**	**175**
长安区	2242	2222		
桥西区	2787	1518	205	
新华区	4628	1007	332	
裕华区	140	68	72	
矿　区				
藁城区	1713	254	111	
鹿泉区	1811	1088	281	175
栾城区				
高新区				
循环化工园区				
井陉县				
正定县	1547	176	795	
行唐县				
灵寿县				
高邑县				
深泽县	684	107	35	
赞皇县	445		48	
无极县				
平山县	614	441		
元氏县				
赵　县	109			
晋州市				
新乐市	1107	133	144	
辛集市	137	34		

3—5 续表 5　　　　（2019 年）　　　　计量单位：个、万元、平方米

行政单位	商品房销售面积	住宅	90 平米以下住房	144 平米以上住房	别墅、高档公寓	办公楼	商业营业用房	其他房屋
石家庄市	**7822808**	**6739433**	**1571517**	**1409529**	**55064**	**752120**	**160311**	**170944**
长 安 区	489932	485082	219038	90269		850	4000	
桥 西 区	1283627	966557	336499	283592		191197	80764	45109
新 华 区	373459	363459	130073	50021			10000	
裕 华 区	1534483	993157	102440	584300		443313	14937	83076
矿　区								
藁 城 区	239216	209033	484	11623			13261	16922
鹿 泉 区	801523	753321	284765	57135	18247	31562	2688	13952
栾 城 区	207108	206263	48497	1015				845
高 新 区	563493	483959	100091	52457		67500	10878	1156
循环化工园区	224314	224314	132207	290				
井 陉 县	171446	170551	2272	48992			86	809
正 定 县	187069	186061	33050	88712	30101			1008
行 唐 县	63594	63594						
灵 寿 县	62699	62699	5353	37388				
高 邑 县								
深 泽 县	155035	145690	3447				9345	
赞 皇 县	109019	109019	600	13543				
无 极 县	21821	21821	4722	14821				
平 山 县	143378	141720	55914	25398	6716		1658	
元 氏 县	176295	176295	577	15600				
赵　县	95679	95679	338	14855				
晋 州 市	47220	45973						1247
新 乐 市	155452	152532	9400			2395	525	
辛 集 市	716946	682654	101750	19518		15303	12169	6820

3—5 续表 6　　（2019 年）　　计量单位：个、万元、平方米

行政单位	商品房销售额	住宅	办公楼	商业营业用房	其他房屋	商品房屋平均销售价格（元 / 平方米）	住宅
石家庄市	**7281929**	**6222897**	**752248**	**151276**	**155508**	**9309**	**9234**
长安区	721740	714040	1700	6000		14731	14720
桥西区	1274050	979012	184565	83483	26990	9925	10129
新华区	260037	250837		9200		6963	6901
裕华区	1789314	1171850	486827	15717	114920	11661	11799
矿　区							
藁城区	196900	183292		10074	3534	8231	8769
鹿泉区	666841	644017	14865	1283	6676	8320	8549
栾城区	193024	192870			154	9320	9351
高新区	629736	562885	54800	11785	266	11176	11631
循环化工园区	284223	284223				12671	12671
井陉县	131519	131412		94	13	7671	7705
正定县	266287	265501			786	14235	14270
行唐县	35161	35161				5529	5529
灵寿县	32305	32305				5152	5152
高邑县							
深泽县	58839	57759		1080		3795	3965
赞皇县	37868	37868				3474	3474
无极县	14501	14501				6645	6645
平山县	69115	68477		638		4820	4832
元氏县	108514	108514				6155	6155
赵　县	49345	49345				5157	5157
晋州市	17554	17433			121	3717	3792
新乐市	61549	59758	1229	562		3959	3918
辛集市	383507	361837	8262	11360	2048	5349	5300

全市建筑业企业生产情况

3—6　　　　（2019 年）　　　　计量单位：千元、个

指标名称	企业个数		合同情况		承包工程完成情况	
	企业个数	亏损企业个数	签订合同额	本年新签建筑合同额	直接从建设单位承揽工程完成的产值	自行完成施工产值
合　计	**372**		**336930845**	**192113816**	**148128022**	**146913219**
国有控股	35		246328768	135238058	99240413	99223393
内资企业	371		336589476	191772447	147786653	146571850
国有企业	9		12201552	7219950	5376768	5376768
集体企业	3		42607	41887	42797	2797
有限责任公司	106		287129602	161532825	122742974	121823383
其他有限责任公司	95		147433129	90645671	69457728	68555157
股份有限公司	8		3069874	1506793	1861716	1787501
私营企业	245		34145841	21470992	17762398	17581401
港、澳、台商投资企业	1		341369	341369	341369	341369
房屋建筑业	162		176446995	97238858	77505007	77356008
房屋建筑业	1		1479392	229097	435018	435018
土木工程建筑业	88		116836797	62399538	46026525	45168007
建筑安装业	68		37259933	28125633	20068983	20027916
建筑装饰和其他建筑业	53		4907728	4120690	4092489	3926270
施工总承包	240		326552798	183917011	141059114	140024045
特级	3		127123010	72742692	51537343	51537343
一级	49		165614318	92848201	74312920	73452988
二级	103		28909537	15596767	12255989	12132540
三级及以下	85		4905933	2729351	2952862	2901174
专业承包	132		10378047	8196805	7068908	6889174
一级	46		7645905	6197078	4982900	4809193
二级	43		1413381	954386	1163253	1158246
三级及以下	43		1318761	1045341	922755	921735
施工或专业承包	372		336930845	192113816	148128022	146913219

3—6续表1　　（2019年）　　计量单位：千元、个

指标名称	建筑业总产值						竣工产值
	建筑业总产值	其中：装饰装修产值	其中：在外省完成的产值	按构成分：1. 建筑工程产值	2. 安装工程产值	3. 其他建筑业产值	
合　计	**156047641**	**6250633**	**64467519**	**114334799**	**30061310**	**11651532**	58021205
国有控股	106984428	3103142	53735798	80318820	21782824	4882784	33211919
内资企业	155706272	5909264	64467519	113993430	30061310	11651532	57679836
国有企业	5376768		830885	3966486	43754	1366528	1670817
集体企业	2797			2797			1750
有限责任公司	130158225	4047187	61251845	94009960	26778583	9369682	46079459
其他有限责任公司	73506516	1732320	36696587	47938819	17396143	8171554	30902914
股份有限公司	1861716	606570	15067	1831365	30351		1375476
私营企业	18306766	1255507	2369722	14182822	3208622	915322	8552334
港、澳、台商投资企业	341369	341369		341369			341369
房屋建筑业	79952685	3223697	23966270	65907206	8774821	5270658	28794699
房屋建筑业	435018		122113	435018			187368
土木工程建筑业	47778458	20942	24106148	36436077	7097831	4244550	18303900
建筑安装业	23679955	591711	15647618	8505925	13694969	1479061	8413431
建筑装饰和其他建筑业	4201525	2414283	625370	3050573	493689	657263	2321807
施工总承包	148394818	3829001	63054486	109110511	28414396	10869911	54068331
特级	53301675	1483512	23727154	43878304	7343077	2080294	12511266
一级	79850158	2060815	37239130	51747471	19498643	8604044	33879752
二级	12257820	282674	1704697	11166420	1006927	84473	6030983
三级及以下	2985165	2000	383505	2318316	565749	101100	1646330
专业承包	7652823	2421632	1413033	5224288	1646914	781621	3952874
一级	5478669	2136223	1090657	3849718	1003413	625538	2704810
二级	1198244	278323	283503	687640	364339	146265	572216
三级及以下	975910	7086	38873	686930	279162	9818	675848
施工或专业承包	156047641	6250633	64467519	178802318	30061310	11651532	58021205

3—6续表2　　　　（2019年）　　　　计量单位：千元、个

指标名称	房屋建筑施工面积				施工机械设备	
	房屋建筑施工面积	其中：房屋新开工面积	实行投标承包面积	其中：新开工面积	自有施工机械设备净值	自有施工机械设备总台数
合　计	**75837087**	**24050490**			**1798142**	**111586**
国有控股	38545644	13920573			679908	22637
内资企业	75837087	24050490			1797862	110986
国有企业	896516	120405			86430	2665
集体企业	124280	2580			352	3
有限责任公司	60011829	19010954			1116888	39321
其他有限责任公司	28090864	8476317			768619	27741
股份有限公司	2086420	431235			29363	347
私营企业	12718042	4485316			564829	68650
港、澳、台商投资企业					280	600
房屋建筑业	71108127	21274299			673658	37265
房屋建筑业	956322	130516				
土木工程建筑业	856071	389046			906528	11118
建筑安装业	2774954	2189381			95352	6532
建筑装饰和其他建筑业	141613	67248			122604	56671
施工总承包	74978498	23811290			1640971	53681
特级	27376826	7541488			87111	9311
一级	36779618	12426960			915975	22250
二级	9175089	3453123			481377	19788
三级及以下	1646965	389719			156508	2332
专业承包	858589	239200			157171	57905
一级	703686	97248			69075	16673
二级	97363	85912			82807	40884
三级及以下	57540	56040			5289	348
施工或专业承包	75837087	24050490			1798142	111586

3—6续表3　　（2019年）　　计量单位：千元、个

指标名称	从业人员情况			
	计算建筑业劳动生产率的平均人数	年末从业人员数合计	年末从业人员中工程技术人员	年末从业人员中现场施工工人
合　计	**130896**	**124161**	**36069**	**63921**
国有控股	43097	41639	16417	20842
内资企业	130488	123726	36062	63876
国有企业	6994	5830	2173	2327
集体企业	597	552	41	7
有限责任公司	65117	67860	23303	37534
其他有限责任公司	48993	52024	17710	30287
股份有限公司	2946	2624	659	1425
私营企业	54834	46860	9886	22583
港、澳、台商投资企业	408	435	7	45
房屋建筑业	76849	72290	16925	38350
房屋建筑业	430	166	166	
土木工程建筑业	33780	32834	14160	15092
建筑安装业	13231	12604	3360	7034
建筑装饰和其他建筑业	6606	6267	1458	3445
施工总承包	116774	110506	32486	57487
特级	13110	13387	5962	4145
一级	52721	51806	17217	30265
二级	38092	32149	7328	17213
三级及以下	12851	13164	1979	5864
专业承包	14122	13655	3583	6434
一级	7839	7340	1585	3427
二级	2927	2783	959	1364
三级及以下	3356	3532	1039	1643
施工或专业承包	130896	124161	36069	63921

全市建筑业企业财务状况表

3—7　　（2019 年）　　计量单位：千元

指标名称	固定资产原价	在建工程	资产合计	流动负债合计
合　计	**11847090**	1886389	126560612	92423324
国有控股单位投资	6359776	306170	76076249	60847964
内资企业	11840148	1886389	126314844	92254891
国有企业	972393	7454	7219414	6400590
集体企业	325		62728	41314
有限责任公司	7858153	1750448	94120884	73298246
股份有限公司	105719		2023684	1451792
私营企业	2903558	128487	22888134	11062949
港、澳、台商投资企业	6942		245768	168433
房屋建筑业	4000173	1529960	49952861	37876740
土木工程建筑业	6467952	243858	58647933	42907071
建筑安装业	977668	47740	12865015	8581256
建筑装饰和其他建筑业	401297	64831	5094803	3058257
施工总承包	10947846	1819652	115250908	86994384
特级	1288251	230613	31283875	22866548
一级	6751342	1383891	66070478	54955539
二级	2167514	174977	13965455	7346672
三级及以下	740739	30171	3931100	1825625
专业承包	899244	66737	11309704	5428940
一级	495817	63848	6900683	4261167
二级	152862	662	1462231	666462
三级及以下	250565	2227	2946790	501311

3—7 续表 1　　（2019 年）　　计量单位：千元

指标名称	流动资产合计	固定资产合计	非流动负债合计	负债合计
合　计	**106563390**	2497914	6008187	101061013
国有控股单位投资	63783994	1326162	5623166	66764501
内资企业	106345442	2497914	6008187	100892580
国有企业	5290190	50806	24938	6715528
集体企业	62452			41314
有限责任公司	80024172	1517207	5760533	79506575
股份有限公司	1869611	6246	26648	1484073
私营企业	19099017	923655	196068	13145090
港、澳、台商投资企业	217948			168433
房屋建筑业	44984221	719682	1355184	40730847
土木工程建筑业	45285283	1539482	3906963	47878751
建筑安装业	11830098	204472	744694	9329513
建筑装饰和其他建筑业	4463788	34278	1346	3121902
施工总承包	97218744	1646368	5902603	94401216
特级	25921812	674327	4078342	26944890
一级	57483230	844726	1527333	57506428
二级	10648128	124142	104361	7851342
三级及以下	3165574	3173	192567	2098556
专业承包	9344646	851546	105584	6659797
一级	6220552	38349	95482	4423298
二级	1359250	8957	7851	677223
三级及以下	1764844	804240	2251	1559276

3—7 续表 2　　　　（2019 年）　　　　计量单位：千元

指标名称	所有者权益合计	实收资本	国家资本	集体资本	法人资本	个人资本	港澳台资本	外商资本
合　计	**25499599**	**16581914**				**3981168**		
国有控股单位投资	9311748	5862282				13329		
内资企业	25422264	16545829				3981168		
国有企业	503886	579661						
集体企业	21414	16500				6500		
有限责任公司	14614309	8714033				1224976		
股份有限公司	539611	364019				43049		
私营企业	9743044	6871616				2706643		
港、澳、台商投资企业	77335	36085						
房屋建筑业	9222014	7270136				2889958		
土木工程建筑业	10769182	6538082				434504		
建筑安装业	3535502	1510423				512409		
建筑装饰和其他建筑业	1972901	1263273				144297		
施工总承包	20849692	13762427				3492952		
特级	4338985	2223772						
一级	8564050	6336854				1639499		
二级	6114113	3721414				1436212		
三级及以下	1832544	1480387				417241		
专业承包	4649907	2819487				488216		
一级	2477385	1445451				188856		
二级	785008	520809				117723		
三级及以下	1387514	853227				181637		

3—7 续表 3　　　　（2019 年）　　　　计量单位：千元

指标名称	营业收入		营业成本		营业税金及附加
		主营业务收入		主营业务成本	
合　计	**140170706**	**139557740**	**132297953**	**131140973**	**521670**
国有控股单位投资	89427752	89223539	84643313	83938600	243441
内资企业	139640121	139027162	131805876	130648896	518041
国有企业	4885200	4785627	4413144	4397034	30123
集体企业	65069	65069	69888	68442	290
有限责任公司	113395351	113246511	107548858	106796123	358411
股份有限公司	1392157	1386374	1297480	1291817	5670
私营企业	19902344	19543581	18476506	18095480	123547
港、澳、台商投资企业	530585	530578	492077	492077	3629
房屋建筑业	62655215	62574358	60430879	60315659	263401
土木工程建筑业	51930145	51725329	48253743	47825056	172088
建筑安装业	20637683	20543381	19117502	18730294	62832
建筑装饰和其他建筑业	4947663	4714672	4495829	4269964	23349
施工总承包	130709609	130391898	123771111	122891245	480070
特级	41877663	41877663	39767335	39767335	110530
一级	72736790	72472600	69033893	68241573	246354
二级	12708469	12676678	11916090	11853783	87206
三级及以下	3386687	3364957	3053793	3028554	35980
专业承包	9461097	9165842	8526842	8249728	41600
一级	6269151	6050140	5651623	5438276	28051
二级	1617955	1554546	1431463	1378790	7047
三级及以下	1573991	1561156	1443756	1432662	6502

3—7 续表 4　　　　（2019 年）　　　　计量单位：千元

指标名称	其他业务利润	管理费用		财务费用		
			管理费用中的税金		利息收入	利息支出
合　计	**20386**	**4033936**		**511721**	**58312**	**444427**
国有控股单位投资	5620	2266598		432292	53265	401024
内资企业	20380	4013466		512036	58312	444427
国有企业	1675	441674		34943	4308	13670
集体企业	–2739	2125			–3	
有限责任公司	17972	2750582		423676	53112	408332
股份有限公司		32377		1221	624	266
私营企业	3472	786708		52196	271	22159
港、澳、台商投资企业	6	20470		–315		
房屋建筑业	2191	1271797		149075	2021	110799
土木工程建筑业	18370	1881339		320484	26914	275925
建筑安装业	–452	645420		34130	28882	54047
建筑装饰和其他建筑业	277	235380		8032	495	3656
施工总承包	19365	3514817		488767	57508	435109
特级		922983		214057	7418	211252
一级	14694	2041442		226672	45088	197745
二级	7060	367203		35005	4766	22968
三级及以下	–2389	183189		13033	236	3144
专业承包	1021	519119		22954	804	9318
一级	1784	310405		13390	972	7074
二级	14	118650		3051	–132	2176
三级及以下	–777	90064		6513	–36	68

3—7 续表 5　　（2019 年）　　计量单位：千元

指标名称	业务利润	利润总额	应交所得税	应付职工薪酬（本年贷方累计发生额）
合　计	**2080399**	**2089050**	**452819**	**7352959**
国有控股单位投资	1129440	1136060	213996	4308019
内资企业	2065675	2073815	450534	7320941
国有企业	–29562	–17752	5370	628795
集体企业	–7234	–7244	385	10644
有限责任公司	1629441	1623063	326676	4715449
股份有限公司	27137	30606	5228	74067
私营企业	445893	445142	112875	1891986
港、澳、台商投资企业	14724	15235	2285	32018
房屋建筑业	478437	467231	104642	3205126
土木工程建筑业	760355	764122	163660	2617895
建筑安装业	696923	710597	159965	1289976
建筑装饰和其他建筑业	144684	147100	24552	239962
施工总承包	1808593	1813996	402022	6771312
特级	282554	290439	140110	1374031
一级	1151758	1161669	146423	3522310
二级	291430	279256	94555	1387985
三级及以下	82851	82632	20934	486986
专业承包	271806	275054	50797	581647
一级	205001	206471	34735	282400
二级	44840	45616	9312	126478
三级及以下	21965	22967	6750	172769

全市建筑业企业房屋建筑竣工面积情况

3—8　　（2019 年）　　计量单位：平方米

指标名称	房屋竣工面积	住宅房屋	商业及服务用房屋	商厦房屋（批发和零售用房）	宾馆用房屋（住宿用房）	餐饮用房屋（餐饮用房）	商务会展用房屋	其他商业及服务用房屋（居民服务业用房）
合　计	**13986266**	**7583692**	**1325191**	**543877**	**61612**		**153523**	**566179**
其中：国有及国有控股	5258936	1249822	952369	486854	58312		114925	292278
内资企业	13986266	7583692	1325191	543877	61612		153523	566179
国有企业	130457							
集体企业	5010							
有限责任公司	9882887	4596549	1116462	528137	61612		153523	373190
其他有限责任公司	6214059	3676604	268546	145736	3300		38598	80912
股份有限公司	893842	582142	174263					174263
私营企业	3074070	2405001	34466	15740				18726
房屋建筑业	13474913	7583457	1325191	543877	61612		153523	566179
土木工程建筑业	130070							
建筑安装业	331035	235						
建筑装饰和其他建筑业	50248							
施工总承包	13904669	7565568	1325081	543877	61612		153523	566069
特级	3874912	954788	735100	444880	29156		114925	146139
一级	7512460	4763340	567073	98997	32456		38598	397022
二级	2051837	1647956	13521					13521
三级及以下	465460	199484	9387					9387
专业承包	81597	18124	110					110
一级	43314	8066						
二级	25248	9823	110					110
三级及以下	13035	235						

3—8 续表 1　　（2019 年）　　计量单位：平方米

指标名称	房屋竣工面积				
	办公用房屋	科研、教育、医疗用房屋			
			科学研究用房屋	教育用房屋	医疗用房屋（卫生医疗用房）
合　计	**611913**	**1164450**	**138898**	**664581**	**360971**
其中：国有及国有控股	299895	770432	100000	395512	274920
内资企业	611913	1164450	138898	664581	360971
国有企业		30570		30570	
集体企业					
有限责任公司	483128	912087	110000	490588	311499
其他有限责任公司	213508	410376	110000	147296	153080
股份有限公司	21975	39191	9398	22321	7472
私营企业	106810	182602	19500	121102	42000
房屋建筑业	572303	961950	38898	662081	260971
土木工程建筑业	3712	2500		2500	
建筑安装业	650	200000	100000		100000
建筑装饰和其他建筑业	35248				
施工总承包	575935	1164215	138898	664346	360971
特级	291368	439620		274262	165358
一级	238193	572833	137498	245537	189798
二级	35647	117985	1400	110770	5815
三级及以下	10727	33777		33777	
专业承包	35978	235		235	
一级	35248				
二级	80	235		235	
三级及以下	650				

3—8 续表 2　　（2019 年）　　计量单位：平方米

指标名称	房屋竣工面积				
	文化、体育和娱乐业用房屋	厂房及建筑业	厂房	仓库	其他未列明的房屋建筑物
合　计	**224343**	**2273540**	**1674167**	**172955**	**630182**
其中：国有及国有控股	152303	1638809	1271194	4900	190406
内资企业	224343	2273540	1674167	172955	630182
国有企业	99887				
集体企业					5010
有限责任公司	106719	2059269	1530599	100603	508070
其他有限责任公司	80511	1101147	900092	95703	367664
股份有限公司	3453	51488	51488	16889	4441
私营企业	14284	162783	92080	55463	112661
房屋建筑业	224343	2096041	1564347	168055	543573
土木工程建筑业		97349	49820	4900	21609
建筑安装业		80150	60000		50000
建筑装饰和其他建筑业					15000
施工总承包	224343	2271390	1672167	162955	615182
特级	52416	1331417	1161374		70203
一级	151479	661841	433803	114392	443309
二级	20448	157648	61506	38422	20210
三级及以下		120484	15484	10141	81460
专业承包		2150	2000	10000	15000
一级					
二级					15000
三级及以下		2150	2000	10000	

全市建筑业企业房屋建筑竣工造价情况

3—9　　　　（2019 年）　　　　计量单位：千元

指标名称	房屋竣工价值	住宅房屋	商业及服务用房屋	商厦房屋（批发和零售用房）	宾馆用房屋（住宿用房）	餐饮用房屋（餐饮用房）	其他商业及服务用房屋（居民服务业用房）
合计	**25739875**	**10319160**	**2877789**	**1292705**	**186410**		**1013244**
其中：国有及国有控股	13474591	2108660	2364120	1193600	156440		679050
内资企业	25739875	10319160	2877789	1292705	186410		1013244
国有企业	480356						
集体企业	1620						
有限责任公司	20179608	6621986	2656266	1270255	186410		814171
股份有限公司	852142	403885	182772				182772
私营企业	4226149	3293289	38751	22450			16301
房屋建筑业	24966123	10318464	2877789	1292705	186410		1013244
土木工程建筑业	412542						
建筑安装业	303016	696					
建筑装饰和其他建筑业	58194						
施工总承包	25642722	10296713	2876794	1292705	186410		1012249
特级	10308566	1665990	1864285	1111510	78220		339525
一级	11326222	5791836	977265	181195	108190		637480
二级	3370506	2583954	12884				12884
三级及以下	637428	254933	22360				22360
专业承包	97153	22447	995				995
一级	41406	5231					
二级	43731	16520	995				995
三级及以下	12016	696					

3—9 续表 1　　（2019 年）　　计量单位：千元

指标名称	房屋竣工价值				
	办公用房屋	科研、教育、医疗用房屋	科学研究用房屋	教育用房屋	医疗用房屋（卫生医疗用房）
合　计	**1133350**	**2478799**	**140979**	**1627797**	**710023**
其中：国有及国有控股	673570	1863896	90000	1186466	587430
内资企业	1133350	2478799	140979	1627797	710023
国有企业		70286		70286	
集体企业					
有限责任公司	949092	2110766	111000	1300877	698889
股份有限公司	54380	37848	10357	22282	5209
私营企业	129878	259899	19622	234352	5925
房屋建筑业	1091628	2323866	50979	1622864	650023
土木工程建筑业	3662	4933		4933	
建筑安装业	1885	150000	90000		60000
建筑装饰和其他建筑业	36175				
施工总承包	1094270	2475622	140979	1624620	710023
特级	661088	1451250		949020	502230
一级	353782	751627	138397	417078	196152
二级	63890	184863	2582	170640	11641
三级及以下	15510	87882		87882	
专业承包	39080	3177		3177	
一级	36175				
二级	1020	3177		3177	
三级及以下	1885				

3—9 续表 2　　（2019 年）　　计量单位：千元

指标名称	房屋竣工价值					
	商务会展用房屋	文化、体育和娱乐业用房屋	厂房及建筑业	厂房	仓库	其他未列明的房屋建筑物
合　计	**385430**	**810227**	**5346784**	**4445427**	**336155**	**2437611**
其中：国有及国有控股	335030	714128	4117210	3557750	13317	1619690
内资企业	385430	810227	5346784	4445427	336155	2437611
国有企业		410070				
集体企业						1620
有限责任公司	385430	371229	4946028	4149143	225857	2298384
股份有限公司		5180	117627	117627	42950	7500
私营企业		23748	283129	178657	67348	130107
房屋建筑业	385430	810227	4932859	4261137	322838	2288452
土木工程建筑业			353490	134290	13317	37140
建筑安装业			60435	50000		90000
建筑装饰和其他建筑业						22019
施工总承包	385430	810227	5345349	4444427	328155	2415592
特级	335030	304058	3597050	3373460		764845
一级	50400	479855	1185853	903493	255661	1530343
二级		26314	398258	152286	64381	35962
三级及以下			164188	15188	8113	84442
专业承包			1435	1000	8000	22019
一级						
二级						22019
三级及以下			1435	1000	8000	

分县（市、区）建筑业企业主要指标情况

3—10　　　　（2019 年）　　　　计量单位：个、千元、人

行政单位	企业个数	签订合同额	建筑业总产值	装饰装修产值	在外省完成的产值	竣工产值	计算建筑业劳动生产率的平均人数	年末从业人数	房屋竣工价值
石家庄市	**355**	**330961476**	**153994793**	**1221790**	**6233663**	**11649926**	**122088**	**117193**	**24577741**
长安区	36	66216626	32647582	334438	1395332	6122139	20133	19212	3672016
桥西区	37	79404106	35195911	262493	1621258	1949504	22991	21556	6301686
新华区	40	115751844	56979303	278688	2739708	2327884	18343	18566	10454294
裕华区	25	29513187	9633699	8339	336641	726231	11228	11307	989226
井陉矿区	2	79419	36252			243	137	128	
藁城区	6	1073669	504842			1220	3395	3103	211122
鹿泉区	36	18110425	7680335	211833	5974	35003	6660	5515	61678
栾城区	12	859800	662816	8030	16620	33468	2877	2895	300911
高新区	72	10524232	4624323	107969	46230	421260	11470	6818	393577
化工园区	3	253227	358573			23	1853	1351	16654
井陉县	9	653186	427665			20948	1205	1049	76810
正定县	11	3646805	2065970		3670	3670	3846	7151	889425
行唐县	7	285920	225879		65400	7215	639	608	14850
灵寿县	4	1140855	200471				693	648	1620
高邑县	3	204585	168797				1250	1282	116400
深泽县	7	795785	708874				4552	4789	231644
赞皇县	7	119935	121515	10000	2030	118	2144	2124	
无极县	5	238936	146874				1035	1037	114073
平山县	8	488585	447393		800		2003	3394	52291
元氏县	3	133818	205685				1015	1046	84100
赵　县	8	488531	360465				1549	1240	257975
晋州市	3	182500	189000				1590	1290	129000
新乐市	11	795500	402569			1000	1480	1084	208389
辛集市	17	5969369	2052848	1606	16970	1606	8808	6968	1162134

3—10 续表　　　　（2019 年）　　　　计量单位：个、千元、人

行政单位	所有者权益	其中：实收资本	营业收入	营业成本	营业税金及附加	管理费用	财务费用	营业利润	利润总额
石家庄市	**25499599**	**16581914**	**140170706**	**132297953**	**521670**	**4033936**	**511721**	**2080399**	**2089050**
长安区	1770099	2725719	26088055	25212220	112284	767991	59789	117276	125516
桥西区	6928467	3744097	28861457	26647224	86423	1055033	184189	424660	431378
新华区	5605072	3132680	49769243	47791202	142827	1030101	64235	768341	764827
裕华区	2988990	1149829	9971460	9259676	24577	294265	50797	162409	158872
井陉矿区	10648	9510	36566	32506	350	421	100	–5665	–5687
藁城区	293530	211325	467760	429590	8582	13385	1786	13837	13646
鹿泉区	1654517	1182516	9898097	9036822	28833	256945	81753	256634	262240
栾城区	227298	152641	679454	604616	8501	23311	1041	27555	27990
高新区	2359500	1786198	5698923	5148188	34514	348528	34339	114869	117832
化工园区	445149	162429	507828	437683	10961	30135	2672	23013	14687
井陉县	225997	153072	430447	400848	2809	18248	177	8351	8396
正定县	655260	429265	2233350	2143786	7839	47525	14757	18192	18145
行唐县	232948	103196	209887	177895	7446	12523	654	7589	7599
灵寿县	76519	116500	262743	255799	665	10446	405	–4572	–4442
高邑县	78195	63305	168797	162336	1605	2121	810	1568	1568
深泽县	251401	216031	646550	618236	2311	7048	920	17519	17508
赞皇县	75045	68910	77207	72778	510	2034	74	1637	1637
无极县	56221	38900	110223	103729	575	1910	485	3524	3485
平山县	94202	86999	676682	651335	11667	21768	2497	–10602	–10607
元氏县	85688	36525	172388	139186	1063	5662	350	26127	25847
赵县	220862	194198	310589	288733	1332	8201	1357	10894	10438
晋州市	50600	46300	122550	103078	5734	5848	1615	4055	5135
新乐市	520383	363485	697099	637717	3656	7354	43	47880	47691
辛集市	593008	408284	2073351	1942770	16606	63133	6876	45308	45349

四、能源消费

资料来源：市统计局、石家庄供电公司

全市规模以上工业企业能源购进、消费及库存

4—1

（2019 年）

能源名称	计量单位	年初库存	购进量		消费量			年末库存
			实物量	其中：购自省外	合　计	1. 工业生产消费	2. 非工业生产消费	
能源合计	吨标准煤				**45655733**	**45606527**	**49206**	
焦炉煤气	万立方米		34937	115	40500	40500		
高炉煤气	万立方米		508397		1754921	1754921		
转炉煤气	万立方米		65808		137447	137447		
发生炉煤气	万立方米							
天然气	万立方米	52	70535		70540	70313	226	13
液化天然气	吨	126	44833	3039	43939	43835	104	115
原油	吨	819101	6102078	6041697	6192341	6192341		728838
汽油	吨	21264	5637	30	5714	3406	2307	4067
煤油	吨	7055	1260	1216	1359	1359		5064
柴油	吨	18445	20154	133	19712	17438	2274	15686
燃料油	吨	1204	1606		2492	2492		319
液化石油气	吨	24	1696	1554	1572	1572		119
炼厂干气	吨				232781	232781		
石脑油	吨	1425	47104	47104	47412	47412		1117
润滑油	吨		1531		1531	83	1448	
石蜡	吨	237	3716	3716	3621	3621		95
石油焦	吨		1961		1961	1961		
石油沥青	吨	1281	47026	25520	45547	45547		2760
其它石油制品	吨		263888	178318	1052716	1052575	141	
热力	百万千焦		22311009		32627130	32506686	120444	
电力	万千瓦时		2024336		2427403	2420101	7301	
煤矸石（用于燃料）	吨		1481		1330	1330		151
城市生活垃圾(用于燃料)	吨		420144		420144	420144		
生物燃料	吨标准煤	16525	294550	28000	299031	299031		11146
余热余压	百万千焦		2427848		14332573	14279613	52960	
工业废料（用于燃料）	吨		50367		50367	50367		
其他燃料	吨标准煤	29	853		391	362	29	

注：本表数据不包含辛集市。

市区规模以上工业企业能源购进、消费及库存

4—2　　(2019 年)

能源名称	计量单位	年初库存	购进量		消费量			年末库存
			实物量	其中：购自省外	合　计	1. 工业生产消费	2. 非工业生产消费	
能源合计	吨标准煤				**24111519**	**24091758**	**19760**	
焦炉煤气	万立方米		22428		27991	27991		
高炉煤气	万立方米				196143	196143		
转炉煤气	万立方米				15220	15220		
天然气	万立方米	7	28527		28520	28350	170	5
液化天然气	吨	11	2997		2986	2986		23
原油	吨	819101	6102078	6041697	6192341	6192341		728838
汽油	吨	19840	3510	28	3507	1755	1752	4067
煤油	吨	7055	1237	1216	1335	1335		5064
柴油	吨	16284	8059	15	8327	6523	1804	13103
燃料油	吨	202	974		857	857		319
液化石油气	吨		125		120	120		
炼厂干气	吨				232781	232781		
润滑油	吨		1484		1484	36	1448	
石油焦	吨		1961		1961	1961		
石油沥青	吨	100	9860		9774	9774		186
其它石油制品	吨		263888	178318	1052716	1052575	141	
热力	百万千焦		17359650		27146740	27070865	75875	
电力	万千瓦时		1001333		1191821	1187217	4605	
煤矸石（用于燃料）	吨		1481		1330	1330		151
城市生活垃圾（用于燃料）	吨		420144		420144	420144		
生物燃料	吨标准煤	436	29770		29979	29979		226
余热余压	百万千焦		2427848		6006925	6006925		
其他燃料	吨标准煤	29	503		41	12	29	

全市规模以上工业综合能源消费量

4—3

（2019 年）

行业名称	综合能源消费量（吨标准煤）	
	本年	去年同期
总　计	22626937	23330802
有色金属矿采选业	2718	2765
非金属矿采选业	90	49
农副食品加工业	57134	73738
食品制造业	107266	95300
酒、饮料和精制茶制造业	34686	40883
烟草制品业	6165	6928
纺织业	155448	175328
纺织服装、服饰业	10876	19415
皮革、毛皮、羽毛及其制品和制鞋业	32841	33876
木材加工和木、竹、藤、棕、草制品业	32956	33688
家具制造业	2865	7042
造纸和纸制品业	129702	130570
印刷和记录媒介复制业	22733	27230
文教、工美、体育和娱乐用品制造业	3976	4870
石油、煤炭及其他燃料加工业	1524851	1679042
化学原料和化学制品制造业	2421305	2802012
医药制造业	541454	731453
化学纤维制造业	199770	172717
橡胶和塑料制品业	98842	126600
非金属矿物制品业	2646319	2440783
黑色金属冶炼和压延加工业	5870448	6087877
有色金属冶炼和压延加工业	4194	8322
金属制品业	176815	178642
通用设备制造业	37628	47296
专用设备制造业	25496	27693
汽车制造业	21948	23076
铁路、船舶、航空航天和其他运输设备制造业	17843	16528
电气机械和器材制造业	37012	37863
计算机、通信和其他电子设备制造业	38463	33393
仪器仪表制造业	1340	1233
其他制造业	799	1168
废弃资源综合利用业	22033	5232
金属制品、机械和设备修理业	4073	3233
电力、热力生产和供应业	8327205	8245045
燃气生产和供应业	862	1092
水的生产和供应业	8780	8819

注：本表数据不包含辛集市。

全市行业用电分类情况

4—4 （2019 年） 计量单位：万千瓦时

指标名称	全市	# 市区
全社会用电总计	**5134186.6**	**1700129.8**
A、全行业用电合计	4346070.9	1432444.4
第一产业	37108.3	1575.0
第二产业	3013674.8	802035.1
第三产业	1295287.8	628834.2
B、城乡居民生活用电合计	788115.7	267685.4
城镇居民	326213.2	246651.7
乡村居民	461902.5	21033.8
全行业用电分类	4346070.9	1432444.4
一、农、林、牧、渔业	147052.3	5932.5
1. 农业	13803.1	993.5
2. 林业	841.6	181.6
3. 畜牧业	22096.2	381.1
4. 渔业	367.4	18.8
5. 农、林、牧、渔服务业	109944.0	4357.5
其中：排灌	105260.8	4177.2
二、工业	2945492.9	780239.9
（一）采矿业	33599.5	848.3
1. 煤炭开采和洗选业	9220.5	83.8
2. 石油和天然气开采业	4581.8	526.7
3. 黑色金属矿采选业	4460.9	0.0
4. 有色金属矿采选业	2305.2	0.8
5. 非金属矿采选业	8439.7	26.5
6. 其他采矿业	4591.6	210.5
（二）制造业	2239020.8	353570.4
1. 农副食品加工业	63828.8	1632.6
2. 食品制造业	28632.2	1351.1
3. 酒、饮料及精制茶制造业	8716.8	1135.8
4. 烟草制品业	2754.3	200.9
5. 纺织业	210711.4	8138.0
6. 纺织服装、服饰业	15470.0	1211.0
7. 皮革、毛皮、羽毛及其制品和制鞋业	34705.6	1172.0
8. 木材加工和木、竹、藤、棕、草制品业	33574.1	474.9

注：1. 2017 年后对行业用电量分类进行了调整，本次填报按照新的分类进行报送。
2. 本表数据包含辛集市

4—4 续表 1　　（2019 年）　　计量单位：万千瓦时

指标名称	全市	# 市区
9. 家具制造业	12082.7	710.6
10. 造纸和纸制品业	51391.4	3282.8
11. 印刷和记录媒介复制业	8712.3	1765.7
12. 文教、工美、体育和娱乐用品制造业	1580.4	28.1
其中：体育用品制造	165.8	0.0
13. 石油、煤炭及其他燃料加工业	86703.0	63930.7
其中：煤化工	14449.7	294.5
14. 化学原料和化学制品制造业	324869.0	67554.8
其中：氯碱	28926.3	28926.3
电石	0.0	0.0
黄磷	0.0	0.0
肥料制造	64457.4	20944.2
15. 医药制造业	170973.1	52293.7
其中：中成药生产	11977.4	9339.1
生物药品制品制造	13450.9	725.5
16. 化学纤维制造业	33008.1	12048.8
17. 橡胶和塑料制品业	88849.5	2520.8
其中：橡胶制品业	22827.6	568.8
塑料制品业	66021.8	1951.9
18. 非金属矿物制品业	325372.8	3308.9
其中：水泥制造	108105.1	50.2
玻璃制造	7648.6	412.9
陶瓷制品制造	64876.4	41.1
碳化硅	179.4	0.0
19. 黑色金属冶炼和压延加工业	430956.0	84680.0
其中：钢铁	428842.7	84518.3
铁合金冶炼	2113.3	161.7
20. 有色金属冶炼和压延加工业	10699.0	605.5
其中：铝冶炼	72.5	0.0
铅锌冶炼	31.5	0.0
稀有稀土金属冶炼	284.2	0.0
21. 金属制品业	164349.6	15085.7
其中：结构性金属制品制造	36626.9	4151.2

4—4 续表 2　　（2019 年）　　计量单位：万千瓦时

指标名称	全市	# 市区
22. 通用设备制造业	34875.5	4775.1
其中：风能原动设备制造	0.0	0.0
23. 专用设备制造业	10098.8	1899.8
其中：医疗仪器设备及器械制造	76.1	12.7
24. 汽车制造业	3825.9	252.9
其中：新能源车整车制造	0.3	0.0
25. 铁路 . 船舶 . 航空航天和其他运输设备制造业	5228.1	1003.4
其中：铁路运输设备制造	449.6	13.3
城市轨道交通设备制造	0.5	0.0
航空、航天器及设备制造	1333.9	30.5
26. 电气机械和器材制造业	26536.1	13536.2
其中：光伏设备及元器件制造	0.0	0.0
27. 计算机、通信和其他电子设备制造业	27119.1	5586.9
其中：计算机制造	1.6	1.6
通信设备制造	530.6	0.9
28. 仪器仪表制造业	959.2	35.2
29. 其他制造业	16539.8	3057.2
30. 废弃资源综合利用业	5297.3	179.4
31. 金属制品、机械和设备修理业	600.7	111.7
（三）电力、热力、燃气及水生产和供应业	672872.6	425821.1
1. 电力、热力生产和供应业	620952.8	416237.9
其中：电厂生产全部耗用电量	350432.9	317611.9
线路损失电量	246406.1	88278.3
抽水蓄能抽水耗用电量	1947.9	1555.5
2. 燃气生产和供应业	12001.9	1473.0
3. 水的生产和供应业	39917.9	8110.2
三、建筑业	68782.6	21906.9
（一）房屋建筑业	26674.4	7531.9
（二）土木工程建筑业	2991.4	902.6
（三）建筑安装业	8863.4	2313.6
（四）建筑装饰、装修和其他建筑业	30253.4	11158.9
四、交通运输、仓储和邮政业	211493.5	84781.8
（一）铁路运输业	124728.1	56889.2

4—4 续表 3 （2019 年） 计量单位：万千瓦时

指标名称	全市	# 市区
其中：电气化铁路	87078.3	34537.6
（二）道路运输业	30580.0	19949.3
其中：城市公共交通运输	22231.5	17985.7
（三）水上运输业	3.7	0.0
其中：港口岸电	0.0	0.0
（四）航空运输业	4014.2	101.8
（五）管道运输业	22917.0	0.0
（六）多式联运和运输代理业	1841.7	715.1
（七）装卸搬运和仓储业	25426.0	5965.6
（八）邮政业	1982.9	1163.7
五、信息传输、软件和信息技术服务业	54817.6	30708.2
（一）电信、广播电视和卫星传输服务	45451.7	28362.7
（二）互联网和相关服务	7174.8	1258.9
其中：互联网数据服务	52.7	15.8
（三）软件和信息技术服务业	2191.1	1086.5
六、批发和零售业	286309.1	117947.0
其中：充换电服务业	883.3	493.2
七、住宿和餐饮业	51449.4	25611.0
八、金融业	14285.3	9994.2
九、房地产业	149101.0	131077.8
十、租赁和商务服务业	53979.1	45743.4
其中：租赁业	1148.1	865.1
十一、公共服务及管理组织	363308.2	178501.5
（一）科学研究和技术服务业	14623.5	11211.5
其中：地质勘查	0.3	0.3
科技推广和应用服务业	1185.3	1070.9
（二）水利、环境和公共设施管理业	61407.8	20322.8
其中：水利管理业	15088.3	2199.6
公共照明	14388.8	3434.5
（三）居民服务、修理和其他服务业	66353.2	30754.3
（四）教育、文化、体育和娱乐业	116463.5	56590.0
其中：教育	98010.2	46031.7
（五）卫生和社会工作	47124.5	30484.8
（六）公共管理和社会组织、国际组织	57335.7	29138.2

分县（市、区）用电情况

4—5　　（2019 年）　　计量单位：万千瓦时

行政单位	2009 年	2010 年	2011 年	2012 年	2013 年
石家庄市	**3404834**	**3835366**	**4132762**	**4355525**	**4485240**
市　区	1270267	1316611	1387842	1412249	1463932
井 陉 县	47727	93754	107666	103326	97616
正 定 县	155718	182648	195842	207867	210870
栾 城 区	107413	118557	132874	137601	135813
行 唐 县	36337	46003	50135	47218	51788
灵 寿 县	83262	90719	104491	118538	146412
高 邑 县	67192	78420	91400	94981	99450
深 泽 县	49014	55656	60933	60597	61532
赞 皇 县	53910	72672	80274	77551	91923
无 极 县	70039	86889	99095	104441	109495
平 山 县	226256	268878	304127	380828	384506
元 氏 县	120923	137451	146479	157845	163234
赵　县	98862	123154	139105	142643	136027
藁 城 市	222530	263335	286905	298640	312760
晋 州 市	220207	238508	255629	248267	250356
新 乐 市	88362	94954	111089	138541	135816
鹿 泉 市	255410	278379	271930	289281	282133
辛 集 市	231405	288778	306946	335110	351570

注：本表数据包含辛集市。

4—5续表1 （2019年） 计量单位：万千瓦时

行政单位	2014年	2015年	2016年	2017年	2018年	2019年
石家庄市	**4496414**	**4431195**	**4521861**	**4681026**	**4974857**	**5134186**
市　区	2196894	2193131	2278894	2416759	1680695	1700129
藁城区					399881	414152
栾城区					165563	169121
鹿泉区					247988	273184
井陉县	102878	103700	109319	99455	149302	158707
正定县	222724	226105	241685	230335	214669	211770
行唐县	60057	60301	65370	74269	78844	84531
灵寿县	151569	150757	137314	138343	112057	99782
高邑县	117942	113029	116082	102012	108180	106409
深泽县	68629	71527	72648	67766	79675	79758
赞皇县	114171	105724	115235	109673	121401	125920
无极县	117293	124671	134976	130123	129380	140042
平山县	346442	296055	259442	278469	370542	386417
元氏县	156436	151258	157669	173915	201577	215825
赵　县	149624	158177	161687	171666	178744	191736
晋州市	260742	254878	250715	270210	276591	286544
新乐市	145947	147962	151540	153512	148480	136114
辛集市	285062	273915	269281	264519	311281	354038

注：2014–2017年市区用电量统计口径包含藁城区、栾城区、鹿泉区。

五、财政 金融

资料来源：市财政局、中国人民银行石家庄中心支行

财政收入情况

5—1　　　　（2019 年）　　　　计量单位：万元

行政单位	全部财政收入	# 公共财政预算收入	# 增值税
石家庄市	**11622710**	**5691283**	**1373927**
市　　区	8912277	4070684	1007562
# 长安区	1333425	498248	152752
桥西区	1938689	727154	227989
新华区	643767	290010	84302
裕华区	804038	336258	121537
矿　区	81268	40204	16044
藁城区	1012316	302902	76102
鹿泉区	560077	307729	75811
栾城区	261637	160870	33556
高新区	851340	398864	138807
循环化工园区	951231	155102	56367
井 陉 县	142723	82020	26587
正 定 县	519420	374221	45865
行 唐 县	87166	61208	9844
灵 寿 县	84677	59076	10085
高 邑 县	68894	55107	6369
深 泽 县	71027	51652	7753
赞 皇 县	77240	44193	10884
无 极 县	118814	75859	16403
平 山 县	476614	195248	87364
元 氏 县	192388	101256	30527
赵　　县	115116	74336	15224
晋 州 市	151614	104528	19750
新 乐 市	147940	101808	18208
辛 集 市	456800	240087	61502

5—1 续表　　（2019 年）　　计量单位：万元

行政单位	公共财政预算收入中：				
	企业所得税	个人所得税	城市维护建设税	耕地占用税	契税
石家庄市	**381912**	**114868**	**319293**	**147558**	**473239**
市　区	289050	103210	267203	40377	365095
# 长安区	45554	23436	34699	1657	0
桥西区	101592	25087	62252	144	0
新华区	18371	14437	18081	245	0
裕华区	32109	13508	24875	18	0
矿　区	2537	214	3084	1788	2162
藁城区	21787	2583	36360	3832	10920
鹿泉区	21381	8990	15775	12552	23895
栾城区	8589	1184	6960	6974	13798
高新区	31067	12863	28889	11906	0
循环化工园区	3090	776	27412	1261	4113
井 陉 县	1958	750	3924	3820	4200
正 定 县	13361	2440	7556	4778	56799
行 唐 县	1718	215	722	12084	1718
灵 寿 县	1303	562	1100	4032	3932
高 邑 县	372	137	881	7325	1260
深 泽 县	1056	166	788	7927	1452
赞 皇 县	2595	494	1370	5290	573
无 极 县	2760	390	1671	19077	3226
平 山 县	28708	1142	11836	323	3465
元 氏 县	7863	1157	4239	721	4919
赵　县	2309	1007	2408	5009	2406
晋 州 市	1848	897	3381	12595	5573
新 乐 市	2594	703	2957	10869	5933
辛 集 市	24417	1598	9257	13331	12688

财政支出情况

5—2　　　　（2019 年）　　　　计量单位：万元

行政单位	财政支出	#一般公共服务	公共安全	教育	科学技术
石家庄市	**10513884**	**1092162**	**561087**	**2144377**	**123373**
市　　区	5664174	656357	398794	1150434	94205
#长安区	363445	44932	8225	138675	2583
桥西区	482560	148847	8190	127799	2801
新华区	266349	54216	6887	106994	2673
裕华区	236012	38952	7303	75164	4916
矿　区	130510	16327	3988	17252	972
藁城区	427760	49731	22170	130337	3270
鹿泉区	496662	48096	29440	125358	7466
栾城区	322865	26477	12839	81159	3581
高新区	264343	39480	6865	30377	34620
循环化工园区	159200	11987	1200	7422	3168
井 陉 县	233464	14383	12681	47151	1443
正 定 县	655830	58274	18314	185008	3003
行 唐 县	349825	30329	8945	56178	5597
灵 寿 县	272480	15454	9758	43965	113
高 邑 县	166984	14956	6566	29710	649
深 泽 县	171553	11638	5831	24995	1878
赞 皇 县	201797	14999	9128	39955	240
无 极 县	446075	60465	9608	82589	740
平 山 县	422111	45807	13074	92549	325
元 氏 县	271202	20444	12140	59448	1362
赵　　县	303130	18561	9843	67731	2987
晋 州 市	361058	35973	15066	73931	2898
新 乐 市	323511	23397	12455	66212	2944
辛 集 市	670690	71125	18884	124521	4989

5—2 续表　　（2019 年）　　计量单位：万元

行政单位	财政支出中：				
	文化体育与传媒	社会保障和就业	医疗卫生	城乡社区事务	农林水事务
石家庄市	**197437**	**1137257**	**923163**	**979081**	**970902**
市　区	110084	573922	413932	564300	309673
# 长安区	937	38382	19985	75994	3841
桥西区	1168	51792	21663	36163	1529
新华区	2192	24925	13058	29638	2189
裕华区	2170	22495	19808	31987	1989
矿　区	3404	13302	4285	14028	6234
藁城区	3567	69399	24438	17991	51389
鹿泉区	8984	35371	21688	58895	76529
栾城区	3919	46635	14448	19877	55376
高新区	954	14528	8453	10361	2613
循环化工园区	21	2159	4193	30614	2973
井 陉 县	3224	30442	26913	13282	33658
正 定 县	21475	47638	20015	99167	45419
行 唐 县	2607	53157	42441	10515	75993
灵 寿 县	3708	44104	35152	16748	56770
高 邑 县	1268	21721	16909	28760	19556
深 泽 县	2147	23917	20170	15209	22499
赞 皇 县	1901	22597	27444	4765	49883
无 极 县	1428	47098	40908	36366	36057
平 山 县	25123	51713	44419	26409	73369
元 氏 县	3965	23410	34897	8526	51602
赵　县	6009	39158	45542	19951	46922
晋 州 市	2951	45415	54249	32695	40555
新 乐 市	1888	38948	39314	41618	42047
辛 集 市	9659	74017	60858	60770	66899

全市金融机构本外币信贷收支情况

5—3　（2019 年）　计量单位：万元

指标名称	本年余额	比年初	
		今年	去年
一、各项存款	150516954.7	17323395.4	15068521.2
（一）境内存款	150383284.0	17209114.2	15093198.9
1. 住户存款	76714251.2	11516360.0	8287782.3
（1）活期存款	22940125.2	2263248.5	1841023.1
（2）定期及其他存款	53774126.0	9253111.5	6446759.2
2. 非金融企业存款	41327174.5	1902779.4	3064728.8
（1）活期存款	15376932.2	2298863.5	-69013.0
（2）定期及其他存款	25950242.3	-396084.1	3133741.8
3. 机关团体存款	27933514.4	4028486.1	3530247.2
4. 财政性存款	2235467.9	220174.9	669026.0
5. 非银行业金融机构存款	2172875.9	-458686.1	-458585.3
（二）境外存款	133670.7	114281.1	-24677.8
二、金融债券	710177.2	39229.2	420948.0
其中：境外发行	0.0	0.0	0.0
三、卖出回购资产	179053.0	-162376.0	-82204.0
四、借款及非银行业金融机构拆入	132246.5	131833.6	-165558.6
五、联行往来（净）	0.0	0.0	0.0
六、应付及暂收款	3977267.1	1286593.7	169487.7
七、各项准备	3024399.6	151664.8	285521.7
八、所有者权益	5481940.8	332304.1	720716.7
其中：实收资本	2806889.5	209273.7	115720.5
九、其他	1530829.8	-253703.9	1274223.1
资金运用总计	**165552868.7**	**18848940.8**	**17691655.7**

5—3 续表　　（2019 年）　　计量单位：万元

指标名称	本年余额	比年初	
		今年	去年
一、各项贷款	114067198.1	11826242.5	11489156.4
（一）境内贷款	113716339.4	11597395.7	11462598.1
1. 住户贷款	38349230.8	4967632.5	3659128.5
（1）短期贷款	6805146.4	947962.5	368002.4
消费贷款	3496809.8	1126335.7	324877.5
经营贷款	3308336.6	−178373.1	43124.9
（2）中长期贷款	31544084.4	4019670.0	3291126.1
消费贷款	27861114.0	3784588.5	2778738.5
经营贷款	3682970.3	235081.5	512387.6
2. 非金融企业及机关团体贷款	75367108.6	6629763.2	7803469.7
（1）短期贷款	23792346.1	2256505.9	1364960.4
（2）中长期贷款	40366805.8	2812696.7	5738170.8
（3）票据融资	5156002.0	1189301.1	−748266.5
（4）融资租赁	5942065.9	414199.7	1435951.7
（5）各项垫款	109888.9	−42940.3	12653.3
3. 非银行业金融机构贷款	0.0	0.0	0.0
（二）境外贷款	350858.7	228846.8	26558.2
二、债券投资	3587530.8	873751.3	507226.4
其中：境外债券	0.0	0.0	0.0
三、股权及其他投资	1658958.4	−766177.3	−11875.8
四、买入返售资产	1192389.0	408651.0	783738.0
五、存放非银行业金融机构款项	2446.7	−1148.9	2478.5
六、联行往来（净）	43168695.8	6199685.7	5756082.2
其中：境内存放二级准备金	2312413.9	−764712.5	−459664.2
七、金银占款	0.0	0.0	0.0
八、外汇买卖	0.0	0.0	0.0
九、应收及预付款	969678.3	276138.1	−840641.2
十、投资性房地产	4906.0	−68.0	−68.0
十一、固定资产	901065.4	31866.5	5559.2
资金运用总计	**165552868.7**	**18848940.8**	**17691655.7**

全市金融机构人民币信贷收支情况

5—4　　　　（2019 年）　　　　计量单位：万元

指标名称	本年余额	比年初	
		今年	去年
一、各项存款	149567777.8	17281087.5	15221875.3
（一）境内存款	149546977.4	17276151.9	15223390.1
1. 住户存款	76300235.2	11533817.3	8291924.8
（1）活期存款	22721026.9	2276607.8	1843386.7
（2）定期及其他存款	53579208.4	9257209.5	6448538.1
2. 非金融企业存款	40934103.1	1949856.8	3184777.8
（1）活期存款	15032277.0	2314069.1	−33887.6
（2）定期及其他存款	25901826.0	−364212.3	3218665.4
3. 机关团体存款	27908179.5	4031544.6	3535033.8
4. 财政性存款	2235467.9	220174.9	669026.0
5. 非银行业金融机构存款	2168991.7	−459241.7	−457372.2
（二）境外存款	20800.4	4935.7	−1514.8
二、金融债券	710177.2	39229.2	420948.0
其中：境外发行	0.0	0.0	0.0
三、卖出回购资产	179053.0	−162376.0	−82204.0
四、借款及非银行业金融机构拆入	131900.0	131900.0	−165431.2
五、联行往来（净）	0.0	0.0	0.0
六、应付及暂收款	3972207.6	1287721.6	168978.5
七、各项准备	3005034.8	149424.2	291877.4
八、所有者权益	5460241.5	332027.4	681857.7
其中：实收资本	2802341.0	209200.0	115506.0
九、其他	1545672.0	−247466.3	1317649.4
资金来源总计	**164572064.0**	**18811547.6**	**17855551.1**

5—4 续表　　（2019 年）　　计量单位：万元

指标名称	本年余额	比年初	
		今年	去年
一、各项贷款	113418630.8	11945513.2	11687910.2
（一）境内贷款	113368501.4	11957948.0	11688933.7
1. 住户贷款	38346985.5	4967712.3	3659165.1
（1）短期贷款	6802925.7	948029.7	368016.9
消费贷款	3494589.1	1126402.8	324892.1
经营贷款	3308336.6	−178373.1	43124.9
（2）中长期贷款	31544059.8	4019682.6	3291148.2
消费贷款	27861089.5	3784601.1	2778760.6
经营贷款	3682970.3	235081.5	512387.6
2. 非金融企业及机关团体贷款	75021515.8	6990235.7	8029768.6
（1）短期贷款	23643661.3	2242878.1	1403695.6
（2）中长期贷款	40169920.7	3186772.0	5925782.7
（3）票据融资	5155979.0	1189326.3	−748314.6
（4）融资租赁	5942065.9	414199.7	1435951.7
（5）各项垫款	109888.9	−42940.3	12653.3
3. 非银行业金融机构贷款	0.0	0.0	0.0
（二）境外贷款	50129.4	−12434.8	−1023.5
二、债券投资	3587530.8	873751.3	507226.4
其中：境外债券	0.0	0.0	0.0
三、股权及其他投资	1658958.4	−766177.3	−11875.8
四、买入返售资产	1192389.0	408651.0	783738.0
五、存放非银行业金融机构款项	2289.2	−1157.0	2940.2
六、联行往来（净）	42846676.9	6048327.0	5706437.2
其中：境内存放二级准备金	2309265.9	−762207.0	−455611.8
七、金银占款	0.0	0.0	0.0
八、外汇买卖	0.0	0.0	0.0
九、应收及预付款	959617.5	270840.9	−826316.3
十、投资性房地产	4906.0	−68.0	−68.0
十一、固定资产	901065.4	31866.5	5559.2
资金运用总计	**164572064.0**	**18811547.6**	**17855551.1**

市区金融机构人民币信贷收支情况

5—5　　（2019 年）　　计量单位：万元

指标名称	本年余额	指标名称	本年余额
一、各项存款	112540843.3	一、各项贷款	96798956.5
（一）境内存款	112521978.1	（一）境内贷款	96748827.0
1. 住户存款	47205529.5	1. 住户贷款	31153354.8
(1) 活期存款	15103365.9	(1) 短期贷款	4723537.9
(2) 定期及其他存款	32102163.6	消费贷款	3056866.2
2. 非金融企业存款	37869392.3	经营贷款	1666671.7
(1) 活期存款	12911633.4	(2) 中长期贷款	26429816.9
(2) 定期及其他存款	24957758.9	消费贷款	23628848.8
3. 机关团体存款	23830248.6	经营贷款	2800968.1
4. 财政性存款	1448563.5	2. 非金融企业及机关团体贷款	65595472.3
5. 非银行业金融机构存款	2168244.1	(1) 短期贷款	20429082.3
（二）境外存款	18865.2	(2) 中长期贷款	35843294.2
二、金融债券	700177.2	(3) 票据融资	3271308.0
其中：境外发行	0.0	(4) 融资租赁	5942065.9
三、卖出回购资产	179053.0	(5) 各项垫款	109721.8
四、借款及非银行业金融机构拆入	131900.0	3. 非银行业金融机构贷款	0.0
五、联行往来（净）	0.0	（二）境外贷款	50129.4
六、应付及暂收款	3202212.5	二、债券投资	1711994.8
七、各项准备	2393627.8	其中：境外债券	0.0
八、所有者权益	4023786.8	三、股权及其他投资	738865.4
其中：实收资本	2234025.0	四、买入返售资产	1063902.0
九、其他	5465660.5	五、存放非银行业金融机构款项	2209.2
		六、联行往来（净）	26802812.3
		其中：境内存放二级准备金	1955230.5
		七、金银占款	0.0
		八、外汇买卖	0.0
		九、应收及预付款	787344.9
		十、投资性房地产	4906.0
		十一、固定资产	726270.0
资金来源总计	**128637261.1**	**资金运用总计**	**128637261.1**

全市金融机构外汇信贷收支情况

5—6　　（2019 年）　　计量单位：万美元

指标名称	本年余额	比年初	
		今年	去年
一、各项存款	136059.3	3924.3	−30118.6
（一）境内存款	119880.0	−11741.5	−26547.9
1. 住户存款	59346.9	−3520.7	−3795.5
（1）活期存款	31406.6	−2463.6	−2063.2
（2）定期及其他存款	27940.4	−1057.1	−1732.3
2. 非金融企业存款	56344.6	−7787.1	−21601.5
（1）活期存款	49404.4	−3029.0	−8015.7
（2）定期及其他存款	6940.2	−4758.1	−13585.8
3. 机关团体存款	3631.6	−505.4	−940.9
4. 财政性存款	0.0	0.0	0.0
5. 非银行业金融机构存款	556.8	71.8	−210.1
（二）境外存款	16179.3	15665.8	−3570.7
二、金融债券	0.0	0.0	0.0
其中：境外发行	0.0	0.0	0.0
三、卖出回购资产	0.0	0.0	0.0
四、借款及非银行业金融机构拆入	49.7	−10.5	−22.5
五、联行往来（净）	0.0	0.0	0.0
六、应付及暂收款	725.2	−176.3	32.5
七、外汇买卖			
八、各项准备	2775.8	280.8	−1085.4
九、所有者权益	3110.5	−10.9	5692.8
其中：实收资本	652.0	0.0	0.0
十、其他	−2127.6	−873.8	−6569.4
资金来源总计	**140593.0**	**3133.6**	**−32070.6**

5—6 续表　　　　（2019 年）　　　　计量单位：万美元

指标名称	本年余额	比年初	
		今年	去年
一、各项贷款	92968.6	–18909.0	–36043.7
（一）境内贷款	49860.7	–53355.1	–39828.8
1. 住户贷款	321.8	–16.9	–15.9
（1）短期贷款	318.3	–15.0	–12.3
消费贷款	318.3	–15.0	–12.3
经营贷款	0.0	0.0	0.0
（2）中长期贷款	3.5	–1.9	–3.6
消费贷款	3.5	–1.9	–3.6
经营贷款	0.0	0.0	0.0
2. 非金融企业及机关团体贷款	49538.8	–53338.2	–39812.9
（1）短期贷款	21313.1	1634.7	–6918.9
（2）中长期贷款	28222.4	–54969.2	–32901.0
（3）票据融资	3.3	–3.7	7.0
（4）融资租赁	0.0	0.0	0.0
（5）各项垫款	0.0	0.0	0.0
3. 非银行业金融机构贷款	0.0	0.0	0.0
（二）境外贷款	43107.9	34446.1	3785.1
二、债券投资	0.0	0.0	0.0
其中：境外债券	0.0	0.0	0.0
三、股权及其他投资	0.0	0.0	0.0
四、买入返售资产	0.0	0.0	0.0
五、存放非银行业金融机构款项	22.6	0.8	–71.8
六、联行往来（净）	46159.7	21293.7	6272.1
其中：境内存放二级准备金	451.2	–372.5	–661.7
七、应收及预付款	1442.2	748.1	–2227.2
八、投资性房地产	0.0	0.0	0.0
九、固定资产	0.0	0.0	0.0
资金运用总计	**140593.0**	**3133.6**	**–32070.6**

分县（市、区）金融机构人民币信贷情况

5—7　　　　（2019 年）　　　　计量单位：万元

行政单位	各项存款	#境内存款	#住户存款	（一）活期存款	（二）定期及其他存款
石家庄市	**149567777.8**	**149546977.4**	**76300235.2**	**22721026.9**	**53579208.4**
市　　区	112540843.3	112521978.1	47205529.5	15103365.9	32102163.6
井 陉 县	1989155.7	1989120.3	1510018.5	374376.0	1135642.5
正 定 县	6193581.0	6193020.2	4414315.9	1089643.1	3324672.8
行 唐 县	2207785.9	2207780.6	1741805.2	406736.5	1335068.7
灵 寿 县	1865779.0	1865766.1	1464941.1	438044.7	1026896.4
高 邑 县	1044528.5	1044525.3	879637.9	236060.9	643577.0
深 泽 县	1526181.7	1526179.2	1302213.5	284233.9	1017979.5
赞 皇 县	1307162.4	1307127.0	1023685.3	301226.5	722458.8
无 极 县	2614184.0	2614141.0	2195053.7	603755.8	1591297.9
平 山 县	2856524.8	2856499.5	2176861.3	565966.8	1610894.5
元 氏 县	2497843.2	2497803.7	1833459.1	441966.6	1391492.5
赵　　县	2101856.7	2101845.4	1738591.9	483469.0	1255122.9
晋 州 市	3456778.8	3456600.4	2902950.0	692340.2	2210609.8
新 乐 市	2387015.9	2386896.5	1912601.1	707940.5	1204660.6
辛 集 市	4978556.9	4977694.1	3998571.3	991900.5	3006670.8

5—7 续表 1　　（2019 年）　　计量单位：万元

行政单位	各项存款中：境内存款中：# 非金融企业存款	活期存款	定期及其他存款	机关团体存款	财政性存款	# 非银行业金融机构存款
石家庄市	**40934103.1**	**15032277.0**	**25901826.0**	**27908179.5**	**2235467.9**	**2168991.7**
市　区	37869392.3	12911633.4	24957758.9	23830248.6	1448563.5	2168244.1
井陉县	145990.6	106581.6	39409.0	283732.0	49378.0	1.2
正定县	708526.6	580295.6	128231.0	865794.3	204062.4	321.0
行唐县	73804.6	40750.3	33054.2	310458.5	81712.3	0.0
灵寿县	197059.8	142322.3	54737.5	150941.8	52823.4	0.0
高邑县	57901.7	46186.0	11715.7	71012.9	35586.0	386.7
深泽县	68749.1	43473.5	25275.5	125120.5	30087.8	8.3
赞皇县	37517.2	33935.6	3581.6	200672.0	45252.5	0.0
无极县	151604.1	111196.8	40407.3	222080.4	45384.0	18.7
平山县	252182.0	185723.8	66458.1	400447.6	27007.6	1.1
元氏县	361610.0	120894.1	240715.9	260483.4	42251.3	0.0
赵　县	152957.6	113592.5	39365.2	192786.5	17508.9	0.5
晋州市	246473.9	166010.1	80463.8	285670.6	21501.7	4.3
新乐市	144859.8	84114.3	60745.5	291693.4	37742.3	0.0
辛集市	465473.9	345567.2	119906.7	417037.0	96606.2	5.9

5—7 续表 2 （2019 年） 计量单位：万元

行政单位	各项贷款	#境内贷款	#住户贷款	（一）短期贷款	（二）中长期贷款
石家庄市	**113418630.8**	**113368501.4**	**38346985.5**	**6802925.7**	**31544059.8**
市 区	96798956.5	96748827.0	31153354.8	4723537.9	26429816.9
井陉县	731059.1	731059.1	220616.8	73009.4	147607.5
正定县	3261945.8	3261945.8	1424968.2	582824.1	842144.0
行唐县	711443.2	711443.2	210912.3	80234.1	130678.1
灵寿县	940637.7	940637.7	293844.7	150498.2	143346.5
高邑县	353118.0	353118.0	125718.1	40778.2	84939.9
深泽县	482284.0	482284.0	266557.1	111397.2	155159.9
赞皇县	543343.8	543343.8	196225.4	49792.7	146432.7
无极县	835921.6	835921.6	256672.3	89608.1	167064.3
平山县	1373872.9	1373872.9	488405.7	127459.1	360946.5
元氏县	1367494.6	1367494.6	597819.2	116779.0	481040.2
赵 县	995916.0	995916.0	503432.7	116559.7	386873.1
晋州市	1393419.5	1393419.5	668977.0	197349.3	471627.7
新乐市	1121813.2	1121813.2	565512.7	109647.0	455865.7
辛集市	2507404.7	2507404.7	1373968.5	233451.7	1140516.8

5—7 续表 3　　（2019 年）　　计量单位：万元

行政单位	各项贷款中：				
	境内贷款中：				
	# 非金融企业及相关团体贷款	短期贷款	中长期贷款	票据融资	融资租赁
石家庄市	**75021515.8**	**23643661.3**	**40169920.7**	**5155979.0**	**5942065.9**
市　　区	65595472.3	20429082.3	35843294.2	3271308.0	5942065.9
井 陉 县	510442.3	152592.8	197071.0	160778.5	0.0
正 定 县	1836977.6	637442.3	1013959.1	185409.0	0.0
行 唐 县	500530.9	163484.9	160340.0	176706.0	0.0
灵 寿 县	646793.0	202064.7	416291.1	28437.3	0.0
高 邑 县	227399.9	130788.6	74057.0	22554.4	0.0
深 泽 县	215727.0	69021.0	69863.0	76843.0	0.0
赞 皇 县	347118.4	105070.4	201289.0	40759.0	0.0
无 极 县	579249.3	128820.2	369590.2	80839.0	0.0
平 山 县	885467.2	100254.2	365450.4	419762.6	0.0
元 氏 县	769675.4	300925.3	374615.8	94134.3	0.0
赵　　县	492483.2	149927.2	192975.0	149581.0	0.0
晋 州 市	724442.5	121144.6	432950.9	170347.0	0.0
新 乐 市	556300.5	228367.5	203470.0	124463.0	0.0
辛 集 市	1133436.2	724675.2	254704.0	154056.9	0.0

六、物 价

资料来源：国家统计局石家庄调查队

居民消费价格指数

6—1　（2019 年）

类别及品名	主城区
	以上年同期价格为 100
居民消费价格总指数	**102.7**
一、食品烟酒	105.8
1. 食品	107.3
2. 茶及饮料	101.4
3. 烟酒	99.9
4. 在外餐饮	103.5
二、衣着	103.1
1. 服装	104.1
2. 服装材料	98.9
3. 其他衣着及配件	101.1
4. 衣着加工服务费	100.0
5. 鞋类	100.4
三、居住	101.0
1. 租赁房房租	100.8
2. 住房保养维修及管理	103.6
3. 水电燃料	101.6
4. 自有住房	100.5
四、生活用品及服务	100.6
1. 家具及室内装饰品	101.8
2. 家用器具	101.8
3. 家用纺织品	100.1
4. 家庭日用杂品	97.1
5. 个人护理用品	104.1

6—1 续表　　（2019 年）

类别及品名	主城区
	以上年同期价格为 100
6. 家庭服务	100.2
五、交通和通信	97.5
1. 交通	97.2
2. 通信	98.0
六、教育文化和娱乐	104.3
1. 教育	105.9
2. 文化娱乐	102.3
七、医疗保健	103.2
1. 药品及医疗器具	103.8
2. 医疗服务	102.6
八、其他用品和服务	102.1
1. 其他用品类	104.0
2. 其他服务类	100.2

商品零售价格指数

6—2

（2019 年）

类别及品名	主城区
	以上年同期价格为 100
商品零售价格指数	**101.6**
一、食品	106.9
1. 粮食	100.8
2. 薯类	98.0
3. 豆类	100.4
4. 食用油	100.1
5. 菜	103.8
6. 畜肉类	126.0
7. 禽肉类	116.8
8. 水产品	93.2
9. 蛋类	106.1
10. 奶类	99.4
11. 干鲜瓜果类	106.2
12. 糖果糕点类	98.0
13. 调味品	100.6
14. 其他食品类	101.9
15. 在外餐饮	103.5
二、饮料、烟酒	100.4
1. 茶及饮料	101.6
2. 烟草	100.7
3. 酒类	99.2
三、服装、鞋帽	103.1
1. 服装	104.0
2. 鞋帽袜	100.5
3. 其他衣着配件	100.9
四、纺织品	100.1
1. 服装材料	98.9
2. 床上用品	100.2
五、家用电器及音像器材	99.5
1. 家庭设备	101.7
2. 文娱用耐用消费品	92.6

6—2 续表 （2019 年）

类别及品名	主城区 以上年同期价格为 100
3. 专业音像器材	97.8
六、文化办公用品	99.3
七、日用品	98.5
1. 日用百货	96.0
2. 厨具餐具茶具	98.3
3. 清洗用品	103.7
4. 其他日用品	99.5
八、体育娱乐用品	101.2
1. 体育户外用品	102.3
2. 娱乐用品	101.0
九、交通、通信用品	96.4
1. 交通运输机械	98.1
2. 通信器材	91.1
十、家具	102.0
十一、化妆品	105.4
十二、金银饰品	107.6
十三、中西药品及医疗保健用品	104.0
1. 医疗卫生器具	101.4
2. 中药	102.0
3. 西药	106.0
4. 保健器具及用品	99.9
十四、书报杂志及电子出版物	102.5
1. 教材及参考书	99.6
2. 书报杂志	107.5
3. 计算机办公软件	100.0
十五、燃料	96.6
1. 煤炭及制品	100.0
2. 石油及制品	96.3
十六、建筑材料及五金电料	100.2
1. 建筑装璜材料	100.1
2. 五金水暖	100.7

工业生产者出厂价格指数

6—3 （2019 年）

类别及品名	以上年同期为 100	类别及品名	以上年同期为 100
总指数	**99.5**		
轻工业	100.8	工业部门	
以农产品为原料	100.2	冶金工业	98.1
以非农产品为原料	102.7	电力工业	100.0
重工业	98.7	煤炭及炼焦工业	97.6
采掘	101.1	石油工业	97.1
原材料	97.6	化学工业	98.2
加工	99.4	机械工业	101.4
生产资料	98.3	建筑材料工业	100.4
采掘	101.1	森林工业	105.1
原材料	96.6	食品工业	100.7
加工	99.1	纺织工业	99.9
生活资料	102.2	缝纫工业	99.4
食品	100.8	皮革工业	101.7
衣着	100.7	造纸工业	92.6
一般日用品	102.8	文教艺术用品工业	100.8
耐用消费品	108.6	其它工业	94.1

工业生产者购进价格指数

6—4 （2019 年）

行业名称	以上年同期为 100	行业名称	以上年同期为 100
总指数	**98.9**	（四）化工原料类	96.7
（一）燃料、动力类	97.3	（五）木材及纸浆类	101.6
（二）黑色金属材料类	97.7	（六）建筑材料及非金属类	103.2
# 钢材	96.5	（七）其它工业原材料及半成品类	98.2
其它	99.2	（八）农副产品类	104.9
（三）有色金属材料及电线类	99.9	（九）纺织原料类	100.9

城市房地产价格指数

6—5 （2019 年）

项　　目	以上年同期为 100	项　　目	以上年同期为 100
住宅销售价格指数			
一、新建商品住宅	115.5	二、二手住宅	103.9
㈠ 90 平方米以下	116.2	㈠ 90 平方米以下	102.6
㈡ 90 － 144 平方米	115.4	㈡ 90 － 144 平方米	103.8
㈢ 144 平方米以上	115.2	㈢ 144 平方米以上	107.6

七、居民生活

资料来源：国家统计局石家庄调查队

城乡居民家庭收支情况

7—1 （2019 年）

指标名称	单位	总计	城镇住户	农村住户 (R)
第一部分、可支配收入	元	29335.36	38550.24	15853.49
一、工资性收入	元	17744.22	22155.26	11290.64
（一）工资	元	16992.05	21311.81	10672.00
1. 按月发放的工资	元	14156.88	18641.12	7596.18
2. 补发工资	元	266.61	275.93	252.96
3. 不按月发放的奖金津贴过节费等	元	2568.57	2394.76	2822.86
（二）实物福利	元	23.90	35.80	6.49
1. 从单位或雇主得到的实物产品折价	元	21.70	33.48	4.46
（1）食品	元	20.68	32.39	3.55
① 谷物薯类及豆类	元	17.43	28.42	1.34
② 食用油（植物油）	元	1.72	2.21	1.00
③ 蔬菜及制品	元	0.03	0.04	0.01
④ 肉禽蛋奶及制品	元	0.44	0.63	0.16
⑤ 水产品及制品	元	0.10	0.11	0.08
⑥ 糖烟酒饮料类	元	0.65	0.65	0.64
⑦ 干鲜瓜果类	元	0.23	0.24	0.20
⑧ 其他类食品	元	0.09	0.07	0.12
（2）衣着	元	0.13	0.17	0.07
（3）居住	元	0.00	0.00	0.00
（4）家庭设备和日用品	元	0.53	0.48	0.60
（5）交通通信工具及用品	元	0.06	0.09	0.00
（6）教育文化娱乐用品	元	0.02	0.03	0.00
（7）医疗保健用品	元	0.12	0.15	0.08
（8）其他用品	元	0.16	0.15	0.16
2. 从单位或雇主得到的服务折价	元	2.20	2.32	2.03
（1）免费或低价提供的工作餐	元	1.94	2.25	1.48

7—1 续表 1　　（2019 年）

指标名称	单位	总计	城镇住户	农村住户 (R)
（2）免费或低价提供的住宿	元	0.01	0.01	0.00
（3）单位缴纳的水电费取暖费物业费等	元	0.09	0.02	0.20
（4）免费或低价提供的交通和通信服务	元	0.11	0.00	0.28
（5）单位缴纳的教育入学赞助费	元	0.00	0.00	0.00
（6）免费或低价提供的旅游服务	元	0.02	0.02	0.02
（7）其他服务	元	0.03	0.02	0.05
3. 单位或雇主实物福利报销所得	元	0.00	0.00	0.00
（三）其他	元	728.27	807.65	612.14
1. 住房公积金	元	462.70	757.67	31.15
2. 辞退金	元	1.06	0.00	2.61
3. 自由职业劳动所得（如稿费翻译费）	元	12.30	14.56	9.00
4. 安家费	元	1.08	1.82	0.00
5. 股票期权	元	4.34	7.31	0.00
6. 其他劳动所得	元	246.79	26.29	569.39
二、经营净收入	元	2588.17	2423.65	2828.86
（一）第一产业经营净收入	元	580.87	132.49	1236.88
1. 农业	元	389.80	52.53	883.24
2. 林业	元	45.61	80.52	–5.46
3. 牧业	元	145.55	–0.57	359.33
4. 渔业	元	–0.08	0.02	–0.23
（二）第二产业经营净收入	元	601.61	766.29	360.67
1. 采矿业	元	–0.19	0.00	–0.46
2. 制造业	元	252.23	201.66	326.21
3. 电力热力燃气及水生产和供应业	元	12.42	15.62	7.72
4. 建筑业	元	337.15	549.00	27.19
（三）第三产业经营净收入	元	1405.68	1524.87	1231.30

7—1 续表 2　　（2019 年）

指标名称	单位	总计	城镇住户	农村住户 (R)
1. 批发和零售业	元	598.05	675.74	484.40
2. 交通运输仓储和邮政业	元	236.99	151.24	362.46
3. 住宿和餐饮业	元	109.44	106.71	113.43
4. 房地产业	元	4.67	8.09	–0.34
5. 租赁和商务服务业	元	–6.72	–7.64	–5.37
6. 居民服务修理和其他服务业	元	381.76	547.60	139.12
7. 其他	元	70.61	43.36	110.48
8. 农林牧渔服务业	元	10.88	–0.22	27.13
三、财产净收入	元	4188.17	6788.92	383.13
（一）利息净收入	元	5.38	–41.83	74.45
（二）红利收入	元	138.22	187.60	65.97
1. 集体分配的红利	元	18.59	25.29	8.79
2. 其他红利收入	元	119.63	162.31	57.18
（三）储蓄性保险净收益	元	0.36	0.00	0.89
（四）转让承包土地经营权租金净收入	元	62.07	33.65	103.66
（五）出租房屋净收入	元	143.68	176.42	95.79
（六）出租机械专利版权等资产的收入	元	2.56	3.77	0.79
（七）其他财产净收入	元	133.45	196.24	41.59
（八）房屋虚拟租金	元	3702.45	6233.08	0.00
四、转移净收入	元	4814.80	7182.41	1350.87
（一）转移性收入	元	5906.22	8764.57	1724.30
1. 养老金或离退休金	元	5139.08	8178.52	692.21
（1）离退休金	元	5009.87	8066.09	538.45
（2）（城镇）居民社会养老保险	元	16.89	24.76	5.39
（3）新型农村养老保险	元	64.93	15.11	137.82
（4）其他养老金	元	47.39	72.57	10.55

7—1 续表 3 （2019 年）

指标名称	单位	总计	城镇住户	农村住户 (R)
2. 社会救济和补助	元	44.97	45.06	44.84
（1）最低生活保障费	元	4.53	4.80	4.13
（2）五保户救助金	元	2.31	0.00	5.67
（3）扶贫款	元	0.96	0.58	1.52
（4）救灾款	元	0.00	0.00	0.00
（5）抚恤金	元	25.02	30.23	17.40
（6）医疗救助专项补贴	元	0.99	0.21	2.13
（7）教育救助专项补贴	元	2.02	0.19	4.71
（8）其他社会救济收入	元	9.14	9.05	9.27
3. 政策性生活补贴	元	71.87	83.07	55.48
（1）家电补贴	元	0.37	0.55	0.10
（2）能源补贴	元	11.15	5.08	20.03
（3）免费或低价提供的住宿（廉租房）	元	0.01	0.02	0.00
（4）居住专项补贴	元	6.09	7.57	3.93
（5）建房改造专项补贴	元	0.01	0.00	0.02
（6）其他生活补贴	元	54.25	69.87	31.40
4. 报销医疗费	元	232.28	231.53	233.37
5. 家庭外出从业人员寄回带回收入	元	216.58	97.84	390.31
6. 赡养收入	元	125.78	65.09	214.57
7. 其他经常转移收入	元	39.57	51.87	21.57
（1）失业保险金	元	1.70	1.75	1.62
（2）经常性捐赠收入	元	3.07	2.38	4.09
（3）经常性赔偿收入	元	0.00	0.00	0.00
（4）社保支出专项补贴	元	0.92	0.06	2.19
（5）扶贫补助金孳息收入	元	0.12	0.00	0.31
（6）扶贫贷款利息补助收入	元	0.30	0.00	0.73

7—1 续表 4 （2019 年）

指标名称	单位	总计	城镇住户	农村住户 (R)
（7）其他转移性收入	元	33.46	47.69	12.64
8. 从政府和组织得到的实物产品和服务折价	元	7.09	4.42	10.99
（1）食品	元	4.74	3.62	6.38
① 谷物薯类及豆类	元	2.41	1.86	3.22
② 食用油（植物油）	元	2.03	1.53	2.77
③ 蔬菜及制品	元	0.01	0.01	0.01
④ 肉禽蛋奶及制品	元	0.13	0.20	0.02
⑤ 水产品及制品	元	0.00	0.00	0.00
⑥ 糖烟酒饮料类	元	0.01	0.00	0.03
⑦ 干鲜瓜果类	元	0.00	0.00	0.01
⑧ 其他类食品	元	0.15	0.03	0.33
（2）衣着	元	0.03	0.01	0.06
（3）居住	元	0.00	0.00	0.00
（4）家庭设备和日用品	元	1.11	0.05	2.66
（5）交通通信工具及用品	元	0.00	0.00	0.00
（6）教育文化娱乐用品	元	0.06	0.10	0.00
（7）医疗保健用品	元	0.02	0.00	0.05
（8）其他用品	元	0.19	0.05	0.40
（9）其他服务折价（不含廉租房）	元	0.94	0.60	1.45
9. 现金政策性惠农补贴	元	29.00	7.17	60.95
（二）转移性支出	元	1091.42	1582.16	373.44
1. 个人所得税	元	34.78	50.13	12.32
2. 社会保障支出	元	874.11	1261.75	306.97
（1）个人缴纳的养老保险	元	540.37	827.65	120.06
（2）个人缴纳的医疗保险	元	289.58	363.76	181.05
（3）个人缴纳的失业保险	元	18.39	30.29	0.97

7—1 续表 5 （2019 年）

指标名称	单位	总计	城镇住户	农村住户 (R)
（4）其他社会保障支出	元	25.78	40.05	4.89
3. 外来从业人员寄给家人的支出	元	2.71	4.54	0.04
4. 赡养支出	元	65.98	90.08	30.72
5. 其他转移性支出	元	113.84	175.67	23.39
（1）经常性捐赠支出	元	72.95	122.79	0.03
（2）经常性赔偿支出	元	0.00	0.00	0.00
（3）其他经常转移支出	元	40.89	52.88	23.36
第二部分、消费支出	元	17892.19	23349.44	9907.93
（一）食品烟酒	元	3881.06	4821.64	2504.94
1. 食品	元	2615.38	3223.32	1725.94
（1）谷物	元	373.20	390.96	347.22
（2）薯类	元	48.91	55.07	39.91
（3）豆类	元	34.67	40.70	25.84
（4）食用油	元	93.10	102.79	78.91
（5）蔬菜和食用菌	元	310.82	385.10	202.13
（6）肉类	元	508.96	623.57	341.28
（7）禽类	元	88.49	118.46	44.65
（8）水产品	元	124.87	183.00	39.82
（9）蛋类	元	122.23	137.52	99.86
（10）奶类	元	225.46	302.43	112.85
（11）干鲜瓜果类	元	377.78	497.71	202.32
（12）糖果糕点类	元	118.84	155.49	65.23
（13）其他食品	元	188.05	230.53	125.90
2. 烟酒	元	314.03	324.22	299.12
（1）烟草	元	156.43	148.38	168.22
（2）酒类	元	157.60	175.84	130.91

7—1 续表 6 （2019 年）

指标名称	单位	总计	城镇住户	农村住户 (R)
3. 饮料	元	103.72	130.48	64.58
4. 饮食服务	元	847.92	1143.61	415.31
（1）食堂用餐	元	65.35	61.26	71.35
（2）其他在外饮食	元	778.50	1080.72	336.33
（3）食品加工服务费	元	4.07	1.64	7.63
（二）衣着	元	1171.14	1500.27	689.61
1. 衣类	元	933.88	1200.90	543.21
2. 鞋类	元	237.26	299.37	146.40
（三）居住	元	6542.44	9534.06	2165.55
1. 租赁房房租	元	69.35	85.78	45.30
2. 住房维修及管理	元	441.88	534.12	306.93
3. 水电燃料及其他	元	869.77	1014.17	658.49
4. 自有住房折算租金	元	5161.45	7899.99	1154.83
（1）租赁房房租中租赁公房房租	元	4.07	5.00	2.72
（2）租赁房房租中租赁私房房租	元	65.28	80.79	42.58
（四）生活用品及服务	元	1185.20	1510.25	709.64
1. 家具及室内装饰品	元	244.00	351.87	86.16
2. 家用器具	元	337.46	366.41	295.10
3. 家用纺织品	元	88.54	111.42	55.07
4. 家庭日用杂品	元	217.68	260.70	154.73
5. 个人用品	元	218.58	302.85	95.28
6. 家庭服务	元	78.96	117.00	23.29
其中：家政服务	元	58.74	94.33	6.68
（五）交通通信	元	1683.85	1989.49	1236.67
1. 交通	元	1237.28	1484.75	875.21
（1）交通工具	元	334.15	360.70	295.30

7—1 续表 7　　（2019 年）

指标名称	单位	总计	城镇住户	农村住户 (R)
（2）交通费	元	168.80	241.99	61.72
（3）交通工具用燃料	元	425.64	521.26	285.75
（4）交通工具使用及维修	元	308.69	360.81	232.44
其中：车辆保险支出	元	108.16	123.07	86.33
2. 通信	元	446.57	504.74	361.47
（1）通信工具	元	176.71	194.70	150.39
（2）通信服务	元	269.86	310.04	211.08
（六）教育文化娱乐	元	1596.91	1985.99	1027.68
1. 教育	元	1030.79	1179.14	813.74
（1）学前教育	元	216.01	285.24	114.71
（2）小学教育	元	233.74	307.97	125.15
（3）初中教育	元	117.29	112.32	124.56
（4）高中教育	元	158.82	166.43	147.69
（5）中专职高教育	元	6.64	0.71	15.32
（6）大专及以上教育	元	227.17	226.45	228.21
（7）成人教育	元	71.12	80.02	58.10
2. 文化娱乐	元	566.13	806.85	213.93
（1）文娱耐用消费品	元	83.25	110.71	43.09
（2）其他文娱用品	元	165.25	206.33	105.16
（3）文化娱乐服务	元	317.62	489.81	65.68
（七）医疗保健	元	1484.01	1536.13	1407.76
1. 医疗器具及药品	元	418.42	486.79	318.38
2. 医疗服务	元	1065.60	1049.34	1089.38
（1）门诊总费用	元	382.78	450.83	283.23
（2）住院总费用	元	682.81	598.51	806.15
（八）其他用品和服务	元	347.56	471.61	166.08

7—1 续表 8　　（2019 年）

指标名称	单位	总计	城镇住户	农村住户 (R)
1. 其他用品	元	181.00	233.14	104.72
2. 其他服务	元	166.56	238.47	61.36
第三部分、现住房建筑面积	平方米	40.96	39.61	42.94
第四部分、全部住户耐用消费品拥有情况	--			
1. 家用汽车	辆	50.11	54.68	41.50
2. 摩托车	辆	13.80	3.96	32.32
3. 助力车	台	94.32	78.20	124.68
4. 洗衣机	台	101.76	102.97	99.49
5. 电冰箱（柜）	台	100.67	103.63	95.10
6. 微波炉	台	55.82	70.61	27.96
7. 彩色电视机	台	116.45	113.03	122.90
8. 空调	台	166.80	188.53	125.87
9. 热水器	台	95.35	102.33	82.20
10. 洗碗机	台	1.47	1.79	0.87
11. 排油烟机	台	76.36	91.91	47.06
12. 固定电话	线	15.62	22.50	2.66
13. 移动电话	部	240.27	229.88	259.84
14. 其中：接入互联网	部	184.62	193.97	167.01
15. 计算机	台	56.97	65.81	40.33
16. 其中：接入互联网	台	46.23	55.39	28.99
17. 照相机	台	17.69	25.27	3.39
18. 中高档乐器	架	6.68	9.53	1.32
19. 健身器材	台	7.09	9.47	2.61
20. 空气净化器（含新风系统）	台	17.67	25.86	2.23
21. 吸尘器	台	13.37	18.17	4.33

分县（市、区）城乡居民人均可支配收入及生活消费支出

7—2　　（2019 年）　　单位：元

单位名称	人均可支配收入		
	全体	城镇	农村
石家庄市	**29335**	**38550**	**15853**
#长安区		43346	
桥西区		44126	
新华区		43476	
井陉矿区		34863	20556
裕华区		44416	
藁城区		38412	20903
鹿泉区		37150	20915
栾城区		34470	19096
井 陉 县		32031	14506
正 定 县		34862	20310
行 唐 县		32113	9667
灵 寿 县		31405	9313
高 邑 县		29895	15286
深 泽 县		30842	14714
赞 皇 县		29300	8980
无 极 县		31697	16569
平 山 县		32771	10350
元 氏 县		30811	16214
赵 县		32801	16787
晋 州 市		36369	20815
新 乐 市		30885	18514

注：2019 年全市人均生活消费支出为 17892 元。其中，城镇居民人均生活消费支出为 23349 元；农村人均生活消费支出为 9908 元。

八、城市公用设施

资料来源：市住建局、交通局、生态环境局

城市市政公用设施水平

8—1 （2019 年）

指标名称	计量单位	市区	指标名称	计量单位	市区
人均日生活用水量	升	128.52	# 污水处理厂集中处理率	%	99.84
用水普及率	%	100.00	人均公园绿地面积	平方米	14.26
燃气普及率	%	100.00	建成区绿化覆盖率	%	42.86
人均城市道路面积	平方米	18.54	建成区绿地率	%	39.18
排水管道密度	公里 / 平方公里	9.24	生活垃圾无害化处理率	%	100.00
污水处理率	%	99.84			

城市建设用地情况

8—2 （2019 年）

指标名称	计量单位	市区	指标名称	计量单位	市区
土地面积	平方公里	2194.11	建成区土地面积	平方公里	309.32

城市供水情况

8—3 （2019 年）

指标名称	计量单位	市区	指标名称	计量单位	市区
综合生产能力	万立方米 / 日	192.86	公共服务用水	万立方米	3215.45
#地下水	万立方米 / 日	51.86	居民家庭用水	万立方米	12541.93
供水管道长度	公里	2706.90	用水户数	户	582234.00
供水总量	万立方米	34274.79	#家庭用户	户	557474.00
#生产运营用水	万立方米	12424.91	用水人口	万人	336.76

城市节约用水情况

8—4 （2019 年）

指标名称	计量单位	市区	指标名称	计量单位	市区
实际用水量	万立方米		重复利用量	万立方米	57000.96
#工业	万立方米		#工业	万立方米	56590.10
新水取水量	万立方米	5904.00	节约用水量	万立方米	956.00
#工业	万立方米	203.00	#工业	万立方米	113.00

城市燃气情况

8—5　　（2019 年）

指标名称	计量单位	市区	指标名称	计量单位	市区
一、人工煤气					
生产能力	万立方米 / 日		#销售气量	万立方米	107522.70
储气能力	万立方米	2.50	#居民家庭	万立方米	5214.13
供气管道长度	公里	15.70	用气户数	户	1607062
供气总量	万立方米	1017.20	#家庭用户	户	1579578
#销售气量	万立方米	972.20	用气人口	万人	315.57
#居民家庭	万立方米	884.10	三、液化石油气		
用气户数	户	13594	储气能力	吨	2826.00
#家庭用户	户	12495	供气总量	吨	44379.88
用气人口	万人	3.29	#销售气量	吨	44261.38
二、天然气			#家庭用户	吨	8513.87
储气能力	万立方米	1379.15	用气户数	户	182908
供气管道长度	公里	4509.48	#家庭用户	户	130404
供气总量	万立方米	110890.82	用气人口	万人	17.90

城市集中供热情况

8—6　　（2019 年）

指标名称	计量单位	市区	指标名称	计量单位	市区
一、蒸汽			供热能力	兆瓦	7455
供热能力	吨 / 小时	2234	供热总量	万吉焦	2965
供热总量	万吉焦	4956	三、供热面积	万平方米	19765
管道长度	公里		住宅供热面积	万平方米	15445
二、热水					

注：本年供热管道总长度为 12402.2 公里。

城市公共汽车和出租汽车情况

8—7　　（2019 年）

指标名称	计量单位	全市	市区	指标名称	计量单位	全市	市区
一、公共汽车				运营线路长度	公里	5457.6	4206.7
公共汽车数	辆	4770	3886	公交专用车道长度	公里		133
#天然气燃料车	辆	1701	1660	客运总量	亿人次	3.79	3.72
柴油车	辆	164	106	二、出租汽车			
标准运营车数	标台	5728.6	4844.6	出租车数量	辆	10344	7895
运营线路条数	条	337	245	客运总量	万人次	20398	15591

城市市政设施情况

8—8　　（2019 年）

指标名称	计量单位	市区	指标名称	计量单位	市区
道路长度	公里	2529.22	污水排放量	万立方米	42863.06
道路面积	万平方米	6242.56	排水管道长度	公里	2858.59
#人行道面积	万平方米	1249.23	#污水管道	公里	1257.12
桥梁数	座	332	污水处理厂	座	11
#立交桥	座	74	污水处理能力	万立方米/日	148.6
路灯盏数	千盏	121939	污水处理量	万立方米	42792.37
安装路灯的道路长度	公里	2383.74	干污泥处置量	吨	111774.42

城市园林绿化及风景名胜区情况

8—9 （2019 年）

指标名称	计量单位	2019 年	指标名称	计量单位	2019 年
绿化覆盖面积	公顷	15870.85	公园个数	个	96
# 建成区	公顷	13256.76	公园面积	公顷	4171.82
园林绿地面积	公顷	14654.52			
# 建成区	公顷	12118.08			
公园绿地面积	公顷	4803.66			

城市市容环境卫生情况

8—10 （2019 年）

指标名称	计量单位	2018 年	指标名称	计量单位	2018 年
道路清扫保洁面积	万平方米	6484.07	# 卫生填埋	吨 / 日	370
# 机械化	万平方米	5878.6	焚烧	吨 / 日	1750
生活垃圾清运量	万吨	127.84	无害化处理量	万吨	127.84
无害化处理厂（场）数	座	4	# 卫生填埋	万吨	42.89
# 卫生填埋	座	2	粪便清运量	万吨	75.25
焚烧	座	1	公厕数	座	550
无害化处理能力	吨 / 日	2420	市容环卫专用车辆总数	台	1633

九、农村经济

资料来源：市统计局

农村基础设施情况

9—1 （2019 年） 计量单位：个

行政单位	自来水受益村	通宽带村数	通公共交通村数
石家庄市	**4202**	**4330**	**4146**
# 长安区	8	8	8
桥西区	14	16	15
新华区	13	12	13
裕华区	5	5	5
矿　区			
藁城区	219	219	203
鹿泉区	203	208	189
栾城区	173	173	172
高新区	16	16	14
循环化工园区	13	13	9
井 陉 县	308	305	308
正 定 县	165	165	158
行 唐 县	291	330	305
灵 寿 县	275	275	263
高 邑 县	107	107	106
深 泽 县	125	125	125
赞 皇 县	166	212	212
无 极 县	213	213	213
平 山 县	697	711	660
元 氏 县	182	208	204
赵　县	281	281	281
晋 州 市	224	224	181
新 乐 市	160	160	159
辛 集 市	344	344	343

乡村人口与乡村从业人员情况

9—2　　（2019 年）　　计量单位：人

行政单位	一、乡村劳动力资源数	二、乡村从业人员					
		合计	（一）按性别分		（二）按国民经济行业分		
			1. 男	2. 女	1. 农林牧渔业从业人员	2. 工业从业人员	# 采矿业
石家庄市	**4221719**	**3719169**	**2003363**	**1715806**	**1444346**	**1002965**	**20649**
# 长安区	15305	11000	5902	5098	1870	3209	
桥西区	21516	14870	7902	6968	98	453	56
新华区	29778	20704	11207	9497	2532	4474	
裕华区	16387	15114	8986	6128	1161	5316	
矿　区	25275	22497	12565	9932	3392	11680	360
藁城区	455718	399484	218611	180873	125455	111261	
鹿泉区	213536	176759	91461	85298	64557	37352	2075
栾城区	187250	175964	93951	82013	42572	52524	
高新区	47824	38007	20538	17469	9563	9269	12
循环化工园区	29726	23818	12442	11376	4871	8125	
井 陉 县	163957	144469	80170	64299	59681	30398	7328
正 定 县	248219	220272	120705	99567	65517	52638	1195
行 唐 县	226438	197747	106888	90859	114975	22131	218
灵 寿 县	163152	150442	83400	67042	72972	29315	
高 邑 县	106692	99919	52802	47117	63588	14701	56
深 泽 县	134501	124874	65867	59007	43848	39454	658
赞 皇 县	144344	134154	73786	60368	49054	19543	2358
无 极 县	287592	256433	132757	123676	115541	85716	344
平 山 县	274856	227894	129288	98606	140257	33113	5265
元 氏 县	230764	201653	109658	91995	113472	32895	41
赵　县	334719	281512	151907	129605	127437	78787	
晋 州 市	289164	266288	140601	125687	77469	126061	435
新 乐 市	233504	220012	114237	105775	50011	83878	198
辛 集 市	341502	295283	157732	137551	94453	110672	50

9—2 续表 1　　（2019 年）　　计量单位：人

行政单位	二、乡村从业人员（续）（二）按国民经济行业分（续）2. 工业从业人员（续）制造业	电力、煤气及水的生产和供应业	3. 建筑业从业人员	4. 批发和零售业从业人员	5. 交通运输业、仓储业和邮电通讯业从业人员	6. 住宿和餐饮业从业人员
石家庄市	**943154**	**39162**	**362790**	**277577**	**198616**	**129438**
#长安区	2769	440	1708	799	256	475
桥西区	96	301	1077	4171	664	1472
新华区	3740	734	1591	4039	1114	913
裕华区	5301	15	1666	2201	1078	520
矿　区	10692	628	1384	994	1582	726
藁城区	108879	2382	48647	32079	29786	18340
鹿泉区	33758	1519	15167	19026	10679	11858
栾城区	51337	1187	27688	17728	10706	5980
高新区	7559	1698	5568	2666	1501	1140
循环化工园区	8059	66	3602	1919	722	1139
井 陉 县	21781	1289	12257	9564	9150	5638
正 定 县	49055	2388	37910	15707	16713	9492
行 唐 县	17280	4633	18814	8959	5327	6114
灵 寿 县	28705	610	9776	8242	6446	7869
高 邑 县	14288	357	5294	3937	2741	2469
深 泽 县	37816	980	15900	8803	8047	2020
赞 皇 县	16714	471	10341	15023	15221	13436
无 极 县	82429	2943	15881	18031	9191	1558
平 山 县	23987	3861	13587	11839	8487	6617
元 氏 县	30186	2668	14166	12934	12130	5672
赵　　县	78325	462	31426	13245	12829	7151
晋 州 市	123959	1667	17348	18844	11711	4208
新 乐 市	80404	3276	25169	28504	13909	6130
辛 集 市	106035	4587	26823	18323	8626	8501

9—2 续表 2　　（2019 年）　　计量单位：人

行政单位	二、乡村从业人员（续）					
	（二）按国民经济行业分（续）					
	7. 信息传输、计算机服务和软件业从业人员	8. 金融业从业人员	9. 房地产业从业人员	10. 租赁和商务服务业从业人员	11. 科学研究、技术服务和地质勘查业从业人员	12. 水利、环境和公共设施管理业从业人员
石家庄市	**22732**	**15202**	**8676**	**37607**	**5720**	**8672**
# 长安区	81	83	764	314	90	107
桥西区	501	267	481	893	225	178
新华区	856	250	320	960	35	237
裕华区	50	42	8	70		20
矿　区	334	101	91	102	36	93
藁城区	1602	1339	630	9885	335	379
鹿泉区	1305	657	380	2157	249	674
栾城区	924	235	239	2749	24	42
高新区	984	309	549	2020	116	190
循环化工园区	396	555	147	797	58	116
井 陉 县	1081	372	383	788	306	495
正 定 县	1935	726	291	3274	127	907
行 唐 县	1647	1136	913	2116	364	1578
灵 寿 县	2304	558	90	394	46	892
高 邑 县	314	414	186	503	64	185
深 泽 县	757	466	53	472	51	80
赞 皇 县	1376	1012	956	535	1784	177
无 极 县	208	1370	122	652		119
平 山 县	1679	681	585	2268	1095	372
元 氏 县	1008	308	351	1440	65	345
赵　　县	497	728	39	503	283	200
晋 州 市	80	681	14	925	91	396
新 乐 市	882	973	673	667	222	194
辛 集 市	1931	1939	411	3123	54	696

9—2 续表 3　　（2019 年）　　计量单位：人

行政单位	二、乡村从业人员（续）					
	（二）按国民经济行业分（续）					（三）按文化程度分
	13. 居民服务和其他服务业从业人员	14. 教育从业人员	15. 卫生、社会保障和社会福利业从业人员	16. 文化、体育和娱乐业从业人员	17. 公共管理和社会组织从业人员	1. 未上过学
石家庄市	**90119**	**36058**	**28326**	**21461**	**28864**	**32762**
# 长安区	609	146	205	82	202	
桥西区	2510	461	930	196	293	115
新华区	1006	391	1089	235	662	143
裕华区	2510	153	77	130	112	
矿　区	469	528	406	123	456	83
藁城区	7215	5914	2761	1549	2307	1632
鹿泉区	7298	1542	1263	1087	1508	304
栾城区	7422	3021	2399	781	930	
高新区	955	611	794	975	797	
循环化工园区	581	261	193	72	264	
井陉县	6926	1320	1249	2586	2275	3
正定县	3716	2783	2922	2366	3248	2386
行唐县	6735	1632	1702	1233	2371	1743
灵寿县	5940	2351	1367	1195	685	2457
高邑县	3207	386	305	219	1406	28
深泽县	1300	836	845	602	1340	198
赞皇县	561	721	1026	1317	2071	1710
无极县	3861	211	481	1868	1623	7965
平山县	1454	1904	1775	478	1703	9721
元氏县	3830	1091	728	243	975	2431
赵　县	2290	2253	1784	1334	726	1114
晋州市	3485	1473	1257	1207	1038	153
新乐市	1983	3912	1822	577	506	57
辛集市	14256	2157	946	1006	1366	519

9—2 续表 4　　（2019 年）　　计量单位：人

行政单位	二、乡村从业人员（续）（三）按文化程度分（续）2. 小学文化程度从业人员	3. 初中文化程度从业人员	4. 高中（中专）文化程度从业人员	5. 大专及大专以上文化程度从业人员
石家庄市	**660330**	**1684267**	**1097764**	**244046**
#长安区	873	4186	4077	1864
桥西区	727	3468	5866	4694
新华区	1418	5579	8306	5258
裕华区	2205	5445	6211	1253
矿　区	2148	7738	7554	4974
藁城区	65240	180618	119226	32768
鹿泉区	25064	71095	62334	17962
栾城区	19329	78663	61361	16611
高新区	4109	13658	13214	7026
循环化工园区	5649	7007	6239	4923
井陉县	20212	61510	49077	13667
正定县	39939	103195	63074	11678
行唐县	34076	83243	62297	16388
灵寿县	31509	61087	50768	4621
高邑县	18382	36675	36842	7992
深泽县	30301	59587	31928	2860
赞皇县	22627	81401	27430	986
无极县	92115	100109	52291	3953
平山县	36778	102922	66041	12432
元氏县	22133	92202	67386	17501
赵　县	43261	159561	60908	16668
晋州市	59401	129759	74335	2640
新乐市	27924	99773	80256	12002
辛集市	54910	135786	80743	23325

农业机械化情况

9—3 （2019 年） 单位：千瓦

行政单位	农用机械总动力			
	合计	1. 柴油发动机动力	2. 汽油发动机动力	3. 电动机动力
石家庄市	**13008143**	**8058592**	**111590**	**4837960**
# 长安区	19321	15876		3445
桥西区	3889	2467	246	1176
新华区	1976	1470	20	486
裕华区	1441	162		1279
矿　区	6488	4675	9	1804
藁城区	1566443	726418	5963	834062
鹿泉区	461357	251324	3974	206059
栾城区	656356	345936	2675	307745
高新区	3860	700	60	3100
循环化工园区				
井 陉 县	362214	230398	205	131611
正 定 县	804813	372325	6839	425649
行 唐 县	896828	647579	2172	247077
灵 寿 县	495629	363489	8185	123954
高 邑 县	491914	374032	33016	84866
深 泽 县	247671	197009		50662
赞 皇 县	713798	606155	8352	99291
无 极 县	673636	512894	1390	159352
平 山 县	691660	361424	8935	321301
元 氏 县	738013	603838	594	133581
赵　县	689857	404936		284921
晋 州 市	440015	206617	3250	230148
新 乐 市	1766354	976514	5438	784402
辛 集 市	1274610	852354	20267	401989

9—3 续表 1 （2019 年） 单位：台

行政单位	一、拖拉机及配套农具	
	大中型拖拉机	大型拖拉机配套农具
石家庄市	**43006**	**59298**
# 长安区	20	115
桥西区	11	23
新华区	16	11
裕华区		
矿　区	13	2
藁城区	3613	5345
鹿泉区	1203	2842
栾城区	2022	3563
高新区	12	
循环化工园区		
井 陉 县	97	
正 定 县	2253	5681
行 唐 县	1957	4898
灵 寿 县	1828	1668
高 邑 县	966	190
深 泽 县	975	4873
赞 皇 县	15488	960
无 极 县	1768	
平 山 县	1568	8919
元 氏 县	2392	5537
赵　县	964	3822
晋 州 市	1548	3163
新 乐 市	2750	3900
辛 集 市	1542	3786

9—3 续表 2 （2019 年） 单位：台、套

行政单位	二、农用排灌机械	
	3. 农用水泵	4. 节水灌溉机械
石家庄市	**189558**	**4749**
# 长安区		874
桥西区	84	3
新华区	204	20
裕华区	80	3
矿　区	17	
藁城区	21700	350
鹿泉区	5531	368
栾城区	8630	89
高新区	226	
循环化工园区		
井 陉 县	2100	134
正 定 县	10251	132
行 唐 县	10848	985
灵 寿 县	6053	15
高 邑 县	3664	10
深 泽 县	3647	16
赞 皇 县	7436	136
无 极 县	12793	
平 山 县	5320	384
元 氏 县	9531	146
赵　县	15790	850
晋 州 市	11002	192
新 乐 市	31720	21
辛 集 市	22931	21

9—3 续表 3　　（2019 年）　　单位：台、公顷

行政单位	三、收获机械		四、农业机械化项目水平（公顷）		
	联合收割机	机动脱粒机	（一）当年实际机耕地面积	（二）当年机械播种面积	（三）当年机械收获面积
石家庄市	**30994**	**23004**	**530690**	**772855**	**739996**
#长安区	32		2376	4344	4328
桥西区	5		27	54	54
新华区	10	45	733	733	733
裕华区			59	114	113
矿　区	12	8	209	119	119
藁城区	3364	1500	49815	74403	71357
鹿泉区	852	3872	17937	25702	24079
栾城区	1549	2910	21166	33017	33017
高新区	2		992	979	937
循环化工园区			4381	4381	4381
井陉县	394	6147	16756	12889	10656
正定县	1951		32978	45661	44948
行唐县	2459		32019	50204	50354
灵寿县	1626		15246	27636	26982
高邑县	934		25403	28800	23800
深泽县	1401		16137	31752	30711
赞皇县	647	297	13000	19500	13870
无极县	1818		32000	53815	53815
平山县	760	5070	20410	22149	20569
元氏县	2890	50	29275	60986	60911
赵　县	2587	980	75977	75711	72900
晋州市	1684		36753	47882	47882
新乐市	3172	1262	38440	55636	54190
辛集市	2845	863	48601	96388	89290

农业主要能源及物资消耗情况

9—4 （2019 年） 单位：万千瓦时、吨

行政单位	一、农村用电量	二、农用化肥施用量				
		按实物量计算				
		合计	氮肥	磷肥	钾肥	复合肥
石家庄市	**646377**	**1126542**	**538381**	**278228**	**37284**	**272652**
#长安区	1170	1735	536	403	175	623
桥西区	1720	132	52	5	18	57
新华区	3014	343	200			143
裕华区	788	3				3
矿　区	4099	379	137	57	70	115
藁城区	23372	57211	16816	10164	3459	26772
鹿泉区	41157	35706	16832	8576	1778	8521
栾城区	16199	45719	19808	15576	1417	8918
高新区	5293	1401	738	211	33	420
循环化工园区	3415	1995	75	76	23	1821
井 陉 县	11104	26866	13503	6557	899	5907
正 定 县	24537	116865	65682	26813	3415	20955
行 唐 县	12506	43708	14646	9117	2182	17763
灵 寿 县	11246	55643	30043	14079	821	10699
高 邑 县	9525	24291	10342	4022	1247	8680
深 泽 县	29021	46638	20435	11066	1029	14108
赞 皇 县	68316	29342	12682	5259	2	11400
无 极 县	51698	105735	57128	35902	2753	9953
平 山 县	15562	53577	33091	14523	58	5904
元 氏 县	11544	20205	1938	564	160	17543
赵　县	34007	92315	18581	9003	4122	60609
晋 州 市	200326	103484	62937	22453	2432	15662
新 乐 市	35792	82882	48826	23682	5022	5351
辛 集 市	30966	180367	93353	60120	6169	20725

9—4 续表 1　　（2019 年）　　单位：吨

行政单位	二、农用化肥施用量（续）				
	按折纯法计算				
	合计	氮肥	磷肥	钾肥	复合肥
石家庄市	**395361**	**189204**	**45574**	**18547**	**142031**
#长安区	641	180	63	86	311
桥西区	54	16	1	7	29
新华区	137	60			76
裕华区	2				2
矿　区	165	53	12	34	66
藁城区	23254	6044	1631	1849	13730
鹿泉区	12985	6244	1365	883	4493
栾城区	14346	6489	2486	669	4701
高新区	557	284	34	17	223
循环化工园区	996	30	12	12	942
井 陉 县	9378	4745	1093	455	3085
正 定 县	38316	21734	4190	1658	10734
行 唐 县	17819	5509	1732	1150	9428
灵 寿 县	18985	10758	2258	415	5554
高 邑 县	8987	3421	627	596	4343
深 泽 县	16685	7137	1645	506	7398
赞 皇 县	11008	4352	832	1	5822
无 极 县	30200	18227	5529	1338	5106
平 山 县	16987	11535	2323	28	3100
元 氏 县	10195	451	98	72	9573
赵　县	42612	7170	1651	2060	31730
晋 州 市	36045	23018	3590	1219	8219
新 乐 市	23424	14783	3502	2432	2708
辛 集 市	61583	36964	10900	3060	10658

9—4 续表 2　　（2019 年）　　单位：吨、公顷

行政单位	三、农用塑料薄膜使用情况			四、农用柴油消耗量	五、农药使用量
	塑料薄膜使用量	# 地膜使用量	地膜覆盖面积		
石家庄市	**5577**	**1848**	**28898**	**246629**	**8055**
# 长安区				35	114
桥西区	2				1
新华区	18	2.8	51	62	5
裕华区				2	
矿　区	3			10	10
藁城区	390	43.1	607	19987	289
鹿泉区	517	46.9	838	6512	501
栾城区	60	37.8	481	5292	234
高新区					2
循环化工园区	13			48	4
井 陉 县	49	33.7	289	288	113
正 定 县	695	237.4	3501	28568	356
行 唐 县	20	17.2	285	27386	247
灵 寿 县	90	23.1	264	1764	85
高 邑 县	1068	162.7	2008	1400	183
深 泽 县	93	35.3	471	3414	210
赞 皇 县	386	136.2	2003	44365	349
无 极 县	475	130	2172	20916	577
平 山 县	140	103.3	1975	8720	143
元 氏 县	21	18.9	254	5725	255
赵　县	22	15.6	257	5225	1070
晋 州 市	139	33.8	425	14802	976
新 乐 市	549	449.7	7067	18695	472
辛 集 市	827	320.5	5950	33413	1859

农田水利建设情况

9—5　　（2019 年）　　单位：公顷、眼

行政单位	一、有效灌溉面积	二、旱涝保收面积	三、机电井年末达到数
石家庄市	**498030**	**385041**	**151299**
# 长安区	3970	684	80
桥西区	200		108
新华区	2370	1157	503
裕华区	172		74
矿　区	1800	31	160
藁城区	55050	17281	18019
鹿泉区	22870	14993	4170
栾城区	22120	21688	8538
高新区	948	2	521
循环化工园区			
井 陉 县	10010	5417	719
正 定 县	28240	27397	10251
行 唐 县	24240	21517	11669
灵 寿 县	17860	12045	3102
高 邑 县	15410	14015	3208
深 泽 县	20640	20318	6674
赞 皇 县	22310	3700	3130
无 极 县	33440	30921	13313
平 山 县	19500	14843	2284
元 氏 县	21190	15164	3925
赵　县	47500	39373	15941
晋 州 市	39870	39394	13212
新 乐 市	32830	30483	14291
辛 集 市	55490	54618	17407

农业主要产品生产情况

9—6

（2019 年）

计量单位：公顷、公斤 / 公顷、吨

行政单位	农作物总播种面积	一、粮食作物合计			（一）夏收粮食		
		播种面积	单　产	总产量	播种面积	单　产	总产量
石家庄市	**891734**	**756863**	**6400**	**4843758**	**342740**	**6751**	**2313750**
# 长安区	4344	4289	5704	24464	2185	5986	13080
桥西区	160	54	5763	313	27	6148	166
新华区	1274	812	5714	4638	407	5923	2411
裕华区	242	116	6241	722	59	6100	360
矿　区	145	119	5416	642			
藁城区	80176	71169	6797	483719	33694	7308	246236
鹿泉区	31038	24593	5588	137431	10961	6081	66649
栾城区	35998	31666	6691	211894	16462	7072	116415
高新区	17942	1422	4388	6241	860	4361	3751
循环化工园区	54880	4381	5844	25604	2266	7042	15957
井 陉 县	69045	14642	3324	48675	916	4617	4230
正 定 县	34833	41352	6653	275097	20788	6935	144155
行 唐 县	29355	52316	6348	332116	22339	6214	138804
灵 寿 县	34832	30444	5053	153836	10947	4808	52637
高 邑 县	23129	23629	6688	158031	11449	6900	79000
深 泽 县	65131	29964	6890	206462	13121	6839	89728
赞 皇 县	28858	16895	3836	64817	4517	4551	20557
无 极 县	62844	54105	6170	333831	26653	6756	180068
平 山 县	75977	22514	5197	117003	4256	6275	26708
元 氏 县	1483	59278	5988	354932	25636	6364	163160
赵　　县	4548	74522	7563	563606	38600	7330	282957
晋 州 市	60085	53552	6409	343231	24550	6718	164925
新 乐 市	64560	51732	6788	351163	24232	6655	161276
辛 集 市	110855	93297	6917	645290	47815	7122	340523

9—6 续表 1　　（2019 年）　　计量单位：公顷、公斤 / 公顷、吨

行政单位	夏收粮食中：冬小麦			（二）秋收粮食		
	播种面积	单　产	总产量	播种面积	单　产	总产量
石家庄市	**342065**	**6755**	**2310672**	**414123**	**6109**	**2530008**
# 长安区	2185	5986	13080	2104	5411	11385
桥西区	27	6148	166	27	5383	147
新华区	407	5923	2411	405	5503	2227
裕华区	59	6100	360	57	6389	362
矿　区				119	5416	642
藁城区	33694	7308	246236	37475	6337	237483
鹿泉区	10961	6081	66649	13632	5192	70782
栾城区	16400	7074	116017	15204	6280	95479
高新区	860	4361	3751	562	4429	2490
循环化工园区	2266	7042	15957	2115	4561	9647
井 陉 县	916	4617	4230	13726	3238	44445
正 定 县	20788	6935	144155	20564	6368	130942
行 唐 县	22169	6219	137871	29977	6449	193312
灵 寿 县	10504	4845	50889	19497	5191	101200
高 邑 县	11449	6900	79000	12180	6488	79031
深 泽 县	13121	6839	89728	16843	6931	116734
赞 皇 县	4517	4551	20557	12378	3576	44260
无 极 县	26653	6756	180068	27452	5601	153763
平 山 县	4256	6275	26708	18258	4946	90295
元 氏 县	25636	6364	163160	33642	5700	191772
赵　　县	38600	7330	282957	35922	7813	280649
晋 州 市	24550	6718	164925	29002	6148	178306
新 乐 市	24232	6655	161276	27500	6905	189887
辛 集 市	47815	7122	340523	45482	6701	304767

9—6 续表 2 （2019 年） 计量单位：公顷、公斤 / 公顷、吨

行政单位	（一）谷物			# 玉米		
	播种面积	单　产	总产量	播种面积	单　产	总产量
石家庄市	**708371**	**6630**	**4696441**	**358581**	**6598**	**2366070**
# 长安区	4153	5763	23934	1968	5516	10854
桥西区	54	5763	313	27	5383	147
新华区	733	6166	4520	326	6469	2109
裕华区	114	6267	712	55	6447	352
矿　区	119	5416	642	119	5416	642
藁城区	60298	7546	455001	25940	7925	205578
鹿泉区	21794	5943	129529	10660	5863	62495
栾城区	28609	7118	203650	11790	7283	85875
高新区	1233	4596	5667	352	5225	1837
循环化工园区	3182	6916	22007	916	6605	6050
井 陉 县	12538	3647	45726	10823	3768	40777
正 定 县	37371	6997	261499	16410	7107	116619
行 唐 县	50450	6410	323382	27748	6636	184136
灵 寿 县	28883	5047	145777	18117	5205	94300
高 邑 县	23510	6698	157479	11721	6600	77356
深 泽 县	29289	6969	204110	16127	7083	114226
赞 皇 县	15690	3866	60651	10867	3615	39282
无 极 县	46851	6765	316926	19799	6859	135792
平 山 县	21313	5286	112656	16419	5153	84600
元 氏 县	57108	6049	345447	30850	5861	180805
赵　县	74200	7574	561970	35434	7852	278232
晋 州 市	49825	6678	332711	24450	6780	165778
新 乐 市	50352	6857	345247	26120	7043	183971
辛 集 市	90703	7022	636884	41544	7083	294256

9—6 续表 3　　（2019 年）　　计量单位：公顷、公斤 / 公顷、吨

行政单位	谷子			高粱		
	播种面积	单　产	总产量	播种面积	单　产	总产量
石家庄市	**7628**	**2542**	**19392**	**81**	**3542**	**287**
# 长安区						
桥西区						
新华区						
裕华区						
矿　区						
藁城区	664	4800	3187			
鹿泉区	172	2230	383	1	1504	2
栾城区	419	4200	1758			
循环化工园区	22	3700	80			
井 陉 县	794	901	715	5	929	4
正 定 县	173	4194	726			
行 唐 县	492	2502	1230	30	4588	137
灵 寿 县	262	2247	588			
高 邑 县	338	3284	1111	2	5587	9
深 泽 县	41	3805	156			
赞 皇 县	300	2663	799	2	2000	4
无 极 县	399	2673	1067			
平 山 县	599	2053	1230	39	3026	118
元 氏 县	622	2383	1482			
赵　　县	163	4708	768	3	4869	13
晋 州 市	825	2434	2008			
新 乐 市						
辛 集 市	1344	1566	2105			

9—6 续表 4　（2019 年）　计量单位：公顷、公斤 / 公顷、吨

行政单位	（二）豆类			#大　豆		
	播种面积	单　产	总产量	播种面积	单　产	总产量
石家庄市	**36112**	**2193**	**79176**	**35468**	**2212**	**78454**
#长安区	124	3525	435	124	3525	435
桥西区						
新华区	79	1500	118	79	1500	118
裕华区						
矿　区						
藁城区	10364	2405	24924	10364	2405	24924
鹿泉区	2365	2179	5152	2294	2197	5040
栾城区	2974	2585	7686	2974	2585	7686
高新区	189	3033	574	189	3033	574
循环化工园区	1199	3000	3597	1199	3000	3597
井 陉 县	1272	760	966	936	825	772
正 定 县	3197	2515	8040	3197	2515	8040
行 唐 县	287	1417	407	188	1455	273
灵 寿 县	116	1858	216	106	1865	197
高 邑 县	51	2493	127	40	2550	101
深 泽 县	529	2403	1271	529	2403	1271
赞 皇 县	454	1286	584	448	1268	568
无 极 县	6965	2220	15460	6965	2220	15460
平 山 县	356	1278	455	289	1073	310
元 氏 县	682	1573	1073	638	1560	995
赵　县	177	3593	635	177	3593	635
晋 州 市	2661	1670	4444	2661	1670	4444
新 乐 市	500	1352	676	500	1352	676
辛 集 市	1573	1485	2335	1573	1485	2335

9—6 续表 5 （2019 年） 计量单位：公顷、公斤 / 公顷、吨

行政单位	（三）薯类			二、油料		
	播种面积	单　产	总产量	播种面积	单　产	总产量
石家庄市	**12379**	**27522**	**340703**	**37059**	**3202**	**118671**
# 长安区	13	37188	476	22	3631	79
桥西区						
新华区				62	2329	144
裕华区	2	24000	48	3	2252	8
矿　区						
藁城区	507	37410	18967	992	4548	4512
鹿泉区	435	31628	13752	828	3066	2538
栾城区	83	33392	2785	29	2688	79
高新区				6	2947	19
循环化工园区						
井 陉 县	832	11907	9910	1212	1680	2036
正 定 县	784	35434	27791	2683	4388	11770
行 唐 县	1579	26377	41638	4198	3887	16320
灵 寿 县	1445	27140	39217	1605	2104	3377
高 邑 县	68	31158	2127	528	2354	1244
深 泽 县	146	37014	5404	978	3757	3674
赞 皇 县	751	23846	17908	4507	2205	9936
无 极 县	289	25002	7226	3115	2641	8226
平 山 县	845	23030	19460	2843	2427	6900
元 氏 县	1488	28266	42060	1576	2730	4302
赵　县	145	34473	5003	97	4152	403
晋 州 市	1066	28500	30381	1697	3235	5488
新 乐 市	880	29773	26200	4700	2846	13375
辛 集 市	1021	29735	30350	5379	4506	24241

9—6 续表 6 （2019 年） 计量单位：公顷、公斤 / 公顷、吨

行政单位	油料作物中：花生			三、棉花		
	播种面积	单　产	总产量	播种面积	单　产	总产量
石家庄市	**32401**	**3296**	**106788**	**645**	**880**	**568**
# 长安区	18	3751	69	2	1497	3
桥西区						
新华区	14	2594	37			
裕华区						
矿　区						
藁城区	950	4610	4381	2	1237	2
鹿泉区	562	2931	1647	23	908	21
栾城区	10	2597	26	4	595	2
高新区	2	3238	8	0.47	1085	1
循环化工园区						
井 陉 县	718	1621	1165	84	600	51
正 定 县	2561	4439	11368	3	629	2
行 唐 县	3679	4071	14976	15	701	11
灵 寿 县	1509	2115	3193	32	548	17
高 邑 县	484	2398	1160	3	1122	4
深 泽 县	924	3823	3534			
赞 皇 县	3564	2234	7963	10	698	7
无 极 县	3061	2629	8050			
平 山 县	2205	2403	5299	72	826	59
元 氏 县	1237	2935	3630	81	993	81
赵　　县	86	4302	370			
晋 州 市	1686	3234	5452			
新 乐 市	4693	2846	13359			
辛 集 市	4436	4757	21102	314	983	308

9—6 续表 7　　（2019 年）　　计量单位：公顷、公斤 / 公顷、吨

行政单位	四、蔬菜及食用菌			五、瓜果类			瓜果类中：西瓜		
	播种面积	单　产	总产量	播种面积	单　产	总产量	播种面积	单　产	总产量
石家庄市	**71716**	**77295**	**5543318**	**4155**	**49506**	**205686**	**2508**	**56906**	**142713**
# 长安区	18	38231	697	13	825	11	13	825	11
桥西区	103	52419	5413						
新华区	337	44344	14934	50	25985	1293	41	30002	1228
裕华区	26	40777	1047						
矿　区	99	27762	2754	0	7143	1			
藁城区	7663	75333	577257	155	35459	5504	56	37668	2097
鹿泉区	5457	79426	433411	77	37318	2867	71	37051	2624
栾城区	965	80906	78048	108	43400	4673	24	61490	1496
高新区	32	53871	1717	7	42854	279	4	60000	240
循环化工园区	147	50268	7379	11	13533	143	0	30303	10
井 陉 县	1695	46148	78221	2	16693	36			
正 定 县	6710	87707	588480	328	62258	20431	253	69322	17513
行 唐 县	4049	65181	263931	462	34613	16006	97	37967	3678
灵 寿 县	2122	175861	373144	22	18295	402	19	17226	334
高 邑 县	4879	74603	364021	254	56276	14311	232	58882	13658
深 泽 县	2823	74045	209046	121	44793	5405	97	46421	4488
赞 皇 县	1650	69774	115103	5	19396	98	1	22905	31
无 极 县	7295	72072	525741	318	72745	23167	318	72745	23167
平 山 县	2365	56480	133579	37	27865	1028	5	41528	216
元 氏 县	1890	60927	115162	7	39978	268	1	3613	2
赵　县	1237	62699	77569	94	45110	4228	65	54502	3536
晋 州 市	4833	73420	354861	3	19311	65	1	25746	35
新 乐 市	5151	77442	398901	1945	51705	100560	1188	56477	67071
辛 集 市	10171	80908	822902	136	36094	4910	22	59498	1279

水果及食用坚果生产情况

9—7 （2019 年） 单位：吨

行政单位	一、园林水果（不含果用瓜）	#1. 苹果			2. 梨
			红富士苹果	国光苹果	
石家庄市	**2213199.6**	**181879.6**	**142337.3**	**4460.6**	**1649063.1**
#长安区	2591.0	2.5			2550.0
桥西区					
新华区	1156.4	145.2	91.2		522.7
裕华区					
矿　区	2728.9	2135.1	2043.6	79.2	58.3
藁城区	219503.7	3873.8	693.5	355.7	211999.2
鹿泉区	15441.6	2917.5	2698.1	28.0	2268.4
栾城区	3899.8	125.3	68.0		
高新区	761.6	538.2	2.0		75.6
循环化工园区	76.4	0.7	0.7		22.0
井 陉 县	17710.1	12582.8	12570.8		282.5
正 定 县	8278.6	1007.0	312.3	22.0	527.0
行 唐 县	118767.8	22828.7	22161.1		3871.8
灵 寿 县	5662.9	486.9	486.9		717.4
高 邑 县	2656.6	20.2			1087.1
深 泽 县	89386.3	52212.1	37790.7	620.0	21182.2
赞 皇 县	95760.3	3500.3	2800.0		2000.0
无 极 县	5832.7	1768.1	1277.6	490.5	3995.8
平 山 县	6353.9	4620.5	4297.1	54.7	192.0
元 氏 县	7315.7	1130.3	877.9		255.0
赵　县	570994.9	65.5	65.5		570433.2
晋 州 市	676356.4	16342.2	9021.1	2799.2	584653.8
新 乐 市	9552.9	892.7	553.8	11.3	7015.6
辛 集 市	352411.2	54684.1	44525.6		235353.6

9—7 续表 1　　（2019 年）　　单位：吨

行政单位	一、园林水果（不含果用瓜）（续）				
	梨（续）		3. 桃	4. 葡萄	5. 红枣
	雪花梨	鸭梨			
石家庄市	**423142.2**	**421808.7**	**69938.1**	**108343.8**	**170158.5**
# 长安区			13.5		
桥西区					
新华区	254.7		132.8	298.4	7.2
裕华区					
矿　区	26.2	19.9	174.1	10.2	
藁城区	32473.6	9570.3	1350.1	2080.7	151.8
鹿泉区	2036.8	215.3	1706.9	3356.0	160.7
栾城区			1508.6	157.8	
高新区				133.3	
循环化工园区	22.0		3.7	50.0	
井 陉 县	241.1	1.2	1472.0	209.1	1573.0
正 定 县	45.0	291.8	5657.7	930.5	
行 唐 县	3743.0	98.0	5901.4	361.5	84854.9
灵 寿 县	717.4		2491.8	725.1	7.0
高 邑 县	917.9	169.2	230.9	1131.7	23.8
深 泽 县	4367.9	3756.0	2287.8	12754.3	112.0
赞 皇 县	2000.0		400.0	150.0	82580.0
无 极 县	2097.4	1550.3		68.8	
平 山 县	68.1	78.5	1116.6	60.6	1.7
元 氏 县	253.0		171.2	593.4	683.3
赵　县	262646.6	116628.6	213.5	282.7	
晋 州 市	40330.3	216872.8	6659.4	60486.4	0.5
新 乐 市	5806.6	787.6	1333.9	285.0	2.6
辛 集 市	65094.5	71769.3	37112.3	24218.5	

9—7 续表 2 （2019 年） 单位：吨

行政单位	二、果园面积					三、食用坚果	
		# 苹果园	梨园	桃园	葡萄园		# 核桃
石家庄市	**70410.0**	**9558.2**	**36823.9**	**4078.3**	**4265.2**	**56071.3**	**50092.9**
# 长安区	136.9	3.3	100.0	33.3		814.1	814.1
桥西区							
新华区	65.6	11.3	20.8	15.1	10.0	192.8	192.8
裕华区						247.5	247.5
矿　区	282.5	190.9	13.4	23.1	1.0	39.1	39.1
藁城区	3515.0	175.2	3182.3	88.9	58.7	742.6	742.5
鹿泉区	1561.7	562.6	115.3	275.9	175.0	1379.8	1379.8
栾城区	410.5	83.6	5.2	203.0	26.6	2810.5	2810.5
高新区	28.6	9.0	3.3	3.0	13.3	57.8	57.8
循环化工园区	8.7	0.7	0.4	0.3	7.3	16.0	16.0
井 陉 县	871.1	597.7	6.1	99.9	13.3	2680.0	2678.3
正 定 县	693.3	83.5	47.5	258.9	251.1	175.6	169.6
行 唐 县	14693.1	488.9	59.3	218.1	10.1	2516.7	2516.7
灵 寿 县	897.6	188.6	34.9	247.3	219.3	7306.4	3886.9
高 邑 县	52.7	0.5	24.5	2.6	15.2	137.8	137.8
深 泽 县	3164.0	2100.3	490.9	43.8	438.7	557.3	557.3
赞 皇 县	1806.5	913.3	506.4	346.8	40.0	23989.9	21499.9
无 极 县	257.7	80.7	98.0	72.3	6.7		
平 山 县	1331.2	921.5	33.4	281.5	18.0	6956.7	6898.6
元 氏 县	256.1	30.7	10.1	14.5	25.8	4590.1	4587.1
赵　县	12284.5	2.8	12269.9	6.8	4.9	25.0	25.0
晋 州 市	14158.4	439.2	11183.6	214.4	1990.7	810.9	810.9
新 乐 市	270.4	56.9	107.7	62.7	42.1	10.0	10.0
辛 集 市	13663.8	2617.1	8510.8	1566.1	897.5	14.9	14.9

畜牧业生产情况

9—8　　（2019 年）　　单位：百头、百只

行政单位	一、当年出售和自宰的					
	（一）大牲畜	1. 牛	2. 马	3. 驴	4. 骡	（二）猪
石家庄市	**5149.99**	**5002.26**	**14.3**	**131.55**	**1.88**	**42003.47**
# 长安区	5.4	5.4				46.42
桥西区	0					
新华区	0					
裕华区	0					1.76
矿　区	0					123.38
藁城区	456.05	438.76	2.75	14.54		3444
鹿泉区	69.53	69.23		0.3		520.84
栾城区	101.31	101.31				472.82
高新区	0.3	0.3				27.99
循环化工园区	38.51	31.51	3	4		47.1
井 陉 县	178.97	175.96		3.01		836.4
正 定 县	539.76	532.22		7.54		4058
行 唐 县	882.84	861.65	0.9	19.14	1.15	1644.44
灵 寿 县	204.25	204.19		0.06		3660
高 邑 县	23.88	23.78		0.1		592
深 泽 县	82.27	78.55	1.25	2.18	0.29	1401.73
赞 皇 县	698.59	698.3		0.29		1064
无 极 县	570.35	568.97	1.38			2547.06
平 山 县	121.44	121.44				1731.52
元 氏 县	519.01	504.71		14.3		2002.47
赵　县	91.82	49.47	2.92	39.41	0.02	1092.54
晋 州 市	82.9	82.84		0.06		4621
新 乐 市	215.58	187.6	1.92	25.65	0.41	5545
辛 集 市	267.23	266.07	0.18	0.97	0.01	6523

9—8 续表 1　　（2019 年）　　单位：百头、百只

行政单位	一、当年出售和自宰的（续）			
	（三）羊	（四）家禽	#鸡	（五）兔
石家庄市	**13320.63**	**898493.33**	**807179.15**	**4255.78**
#长安区	51.25	402.36	375.51	
桥西区	0.07	1.2	1.2	
新华区	7.18	2.88	2.88	
裕华区	7.84	20.95	20.35	
矿　区	20.61	244.18	237.45	
藁城区	1354.16	156370.03	130346.55	
鹿泉区	154.85	20002.59	19021.6	4.79
栾城区	237.05	63499.79	62866.97	20
高新区	0.62	41.07	41.07	
循环化工园区	7.69	1796.67	1435.55	
井陉县	602.03	14745.77	14061.97	6.1
正定县	433.15	108060.2	97794.25	3.5
行唐县	732.11	45889.33	39986.04	133.39
灵寿县	568.19	24641.78	21063.36	1
高邑县	167.64	13187.89	12658.26	4
深泽县	910.3	16503.17	14166.78	75.36
赞皇县	623.22	25663.76	21621.51	20.2
无极县	1402.3	83827.42	74835.68	2
平山县	815.08	12287.15	10551.19	42.95
元氏县	1582.71	57900.83	52538.13	0.89
赵　县	344.99	18253.59	17781.65	13.79
晋州市	847.69	41366.84	35984.85	52.2
新乐市	349.95	78321.69	75009.37	2853.41
辛集市	2099.95	115462.19	104776.98	1022.2

9—8 续表 2　　（2019 年）　　单位：百头、百只

行政单位	二、期末存栏				
	（一）大牲畜	1. 牛	2. 马	3. 驴	4. 骡
石家庄市	**4603.23**	**4446.48**	**28.88**	**125.96**	**1.91**
#长安区	11.57	11.57			
桥西区	0				
新华区	0				
裕华区	1.26	1.26			
矿　区	0				
藁城区	410.42	385.18	8.07	17.15	0.02
鹿泉区	100.12	99.82		0.3	
栾城区	135.76	133.1	2.66		
高新区	1.62	1.62			
循环化工园区	40.8	30.25	4.47	6.08	
井 陉 县	192.7	189.67		3.03	
正 定 县	440.62	436.02		4.6	
行 唐 县	693.91	661.17	0.57	31.15	1.02
灵 寿 县	325.02	324.68		0.3	0.04
高 邑 县	17.63	16.77		0.86	
深 泽 县	47.87	44.4	0.86	2.27	0.34
赞 皇 县	291.74	291.4	0.04	0.26	0.04
无 极 县	655.03	653.73	1.3		
平 山 县	179.12	178.47		0.55	0.1
元 氏 县	219.59	204.69		14.9	
赵　县	77.98	53.06	3.26	21.66	
晋 州 市	77.72	77.66		0.06	
新 乐 市	402.97	382.65	2.41	17.56	0.35
辛 集 市	279.78	269.31	5.24	5.23	

9—8 续表 3 （2019 年） 单位：百头、百只

行政单位	二、期末存栏（续）			
	（二）猪	（三）羊	（四）家禽	（五）兔
石家庄市	**20721.77**	**7475.75**	**791169.47**	**3102.7**
# 长安区		86.19	362.07	
桥西区		0.38	0.61	
新华区		10.35	5.65	
裕华区		12.59	80.8	
矿　区	95.64	26.31	303	
藁城区	2998	568.66	126244.42	
鹿泉区	190.48	112.96	19970.83	0.44
栾城区	188.42	159.46	71306.36	10
高新区	16.86	2.21	876.94	
循环化工园区	31.96	7.52	40.4	
井 陉 县	504.97	602.69	21446.46	2
正 定 县	2012	237.94	62384.27	2.1
行 唐 县	604.19	393.92	52584.63	93.43
灵 寿 县	2120	318.72	18373.13	0.6
高 邑 县	117.11	61.1	7540.54	5.99
深 泽 县	343.97	409.72	14932.88	64.63
赞 皇 县	334.74	433.11	14093.61	22.3
无 极 县	1051.03	711.44	66721.98	0.2
平 山 县	737.23	534.11	17776.09	18.58
元 氏 县	629.64	655.78	39940.88	0.89
赵　县	445.53	175.23	20380.89	22.55
晋 州 市	2580	491.93	39681.28	17.2
新 乐 市	2250	346.68	62603.14	2396.77
辛 集 市	3470	1116.75	133518.61	445.02

9—8 续表 4　　（2019 年）　　单位：吨

行政单位	三、肉类产量	#1. 猪肉	2. 牛肉	3. 羊肉	4. 家禽肉	5. 驴肉	6. 兔肉
石家庄市	**562644.97**	**342724.08**	**79614.55**	**17964.79**	**119783.12**	**1166.17**	**729.6**
# 长安区	556.57	349.31	83.84	65.56	57.86		
桥西区	0.26			0.08	0.18		
新华区	10.25			9.85	0.4		
裕华区	26.98	13.38		10.87	2.73		
矿　区	992.6	945.25		23.73	23.62		
藁城区	56038.37	28814	7185.36	1787.34	18233.52	116.05	
鹿泉区	8271.03	3947.18	1190.72	214.87	2915.3	2.25	0.71
栾城区	15807.49	3594	1662.59	352.89	10005.72		3
高新区	229.86	219.05	4.02	0.77	6.02		
循环化工园区	1221.63	345.98	451.13	8.62	336.9	40	
井 陉 县	12861.64	6486.9	2941.06	914.79	2489.07	28.6	1.22
正 定 县	59903.63	37340	8207.83	599.57	13681.37	74.25	0.61
行 唐 县	32818.78	12475.07	13349.66	975.21	5811.54	159.21	25.34
灵 寿 县	37103.75	30300	3421.17	741.72	2617.16	0.42	0.13
高 邑 县	6850.57	4460.47	396.27	242.55	1749.6	1	0.68
深 泽 县	15339.91	10798.34	1321.67	1254.38	1884.85	19.58	11.31
赞 皇 县	23413.12	8248.66	11125.92	741.57	3287.17	2.29	7.51
无 极 县	38319.47	18798.1	8174.14	1776.31	9556.36		0.77
平 山 县	17360.12	12773.41	2084.19	1063.36	1431.26		7.9
元 氏 县	36315.11	15588.79	8314.07	2160.4	10110.11	141.56	0.18
赵　　县	13122.29	8439.69	822.72	462.63	2665.4	336.4	4.52
晋 州 市	45923.52	38700	1386.62	934.72	4895	0.42	6.76
新 乐 市	55456.2	41800	3053.06	455.03	9432.25	234.65	451.71
辛 集 市	84701.82	58286.5	4438.51	3167.97	18589.73	9.49	207.25

9—8 续表 5 （2019 年） 单位：吨

行政单位	四、其他畜产品产量				
	1. 奶类产量	# 牛奶产量	2. 蜂蜜产量	3. 禽蛋产量	# 鸡蛋
石家庄市	**740187.17**	**737639.13**	**2334.86**	**834378.64**	**751879.33**
# 长安区	1629.1	1629.1		440.32	406.73
桥西区	1.35			0.71	0.26
新华区				7.59	7.34
裕华区	223.28	223.28		45.41	43.68
矿　区				238.1	227.77
藁城区	40564.63	40564.63		99006.67	81135.97
鹿泉区	46172.77	46172.77	10.1	23337.7	22010.12
栾城区	29450	29450		71785.13	67359
高新区				1006.6	944.2
循环化工园区	2561.99	2561.99		1611.68	1107.5
井 陉 县	2650	2650	14.34	20049.24	19529.05
正 定 县	73643.77	73048.45	0.68	86444.38	78212.54
行 唐 县	219483.22	219377.21	3.48	43875.37	38189.24
灵 寿 县	36121.94	36110	122.95	16252.85	14268.26
高 邑 县	3588.19	3588.19	0.06	11525.03	11054.71
深 泽 县	15220.78	15189.08		18219.72	16022.33
赞 皇 县			1918.45	24171.43	21295.73
无 极 县	39893.53	39893.53		70834.59	61921.13
平 山 县	6555.03	6555.03	197.4	11700.15	10105.08
元 氏 县	24708.16	24708.16	2	36306.31	32543.67
赵　县	8259.96	8212.36	61.1	21184.58	19957.09
晋 州 市	14942.08	14942.08		50870.54	44587.99
新 乐 市	116684.12	114930		66625.44	58562
辛 集 市	57833.27	57833.27	4.3	158839.1	152387.94

渔业生产情况

9—9　　（2019 年）　　单位：吨、公顷

行政单位	水产品总产量	#淡水产品	#淡水养殖	水产品养殖面积	#池塘养殖	水库养殖
石家庄市	**17457**	**17457**	**8419**	**914**	**554**	**360**
#长安区				3	3	
桥西区						
新华区						
裕华区						
矿　区	12	12	12	4	4	
藁城区	5	5	5	1	1	
栾城区	5115	5115	4211	426	374	52
鹿泉区	5115	5115	4211	426	374	52
高新区						
循环化工园区						
井 陉 县	310	310	310	4	4	
正 定 县				4	4	
行 唐 县	687	687	42	22	22	
灵 寿 县	5298	5298	2242	284	70	214
高 邑 县						
深 泽 县	121	121	121	10	10	
赞 皇 县	239	239	120	1		1
无 极 县	1	1	1	1	1	
平 山 县	5460	5460	1316	143	50	93
元 氏 县	170	170				
赵　县						
晋 州 市						
新 乐 市						
辛 集 市	39	39	39	11	11	

农林牧渔业总产值

9—10 （2019 年） 计量单位：万元

行政单位	农林牧渔业总产值	一、农业产值	（一）谷物及其它作物产值				
			合计	1. 谷物	2. 薯类	3. 油料	4. 豆类
石家庄市	**7259454**	**3563120**	**1204208**	**981165**	**82208**	**48923**	**39020**
# 长安区	14146	7187	5127	4802	56	47	213
桥西区	1507	1170	25	25			
新华区	6488	4946	1056	920		78	58
裕华区	1017	753	159	143	13	3	
矿 区	5991	2291	110	110			
藁城区	729650	340900	115544	96142	4651	2533	12213
鹿泉区	278886	166025	38107	26822	3493	984	2569
栾城区	297531	110578	60358	45724	524	36	3766
高新区	4254	2486	1510	1216		12	281
循环化工园区	17363	8706	6765	5002			1763
井 陉 县	158009	55745	12525	8568	2330	1045	550
正 定 县	625709	271972	92446	55985	6825	6336	3940
行 唐 县	578914	246998	91713	68042	11859	8214	191
灵 寿 县	399867	214409	40008	28234	8661		113
高 邑 县	189608	141913	33441	32239	457	673	72
深 泽 县	249497	129310	45417	41530	1300	1964	623
赞 皇 县	298954	131479	22677	11778	4549	6052	292
无 极 县	486331	222932	78791	65409	1385	4422	7575
平 山 县	276998	86332	29892	21532	4356	3558	280
元 氏 县	319695	112268	86017	73020	10091	2299	557
赵 县	367984	271574	130722	123761	1002		311
晋 州 市	520254	324816	83401	70552	7717	2954	2178
新 乐 市	546266	229241	89589	71090	5230	7196	331
辛 集 市	884535	479089	138808	128519	7709	517	1144

9—10 续表 1　　（2019 年）　　计量单位 : 万元

行政单位	一、农业产值（续）							
	(一)谷物及其它作物产值(续)		(二)蔬菜、食用菌及花卉盆景园艺				(三)水果、坚果、饮料和香料	(四)中药材
	5. 棉花	6. 其他农作物	合计	1. 蔬菜（含菜用瓜）	2. 食用菌	3. 其他		
石家庄市	**470**	**52422**	**1448990**	**1280195**	**152479**	**16316**	**830937**	**78985**
# 长安区	9		152	152			1908	
桥西区			1145	1115		30		
新华区			2999	2483	104	412	891	
裕华区			272	272			322	
矿　区			609	598		11	1494	78
藁城区	5		167500	156661	7266	3573	57761	95
鹿泉区	39	4200	117828	117608	34	186	9665	425
栾城区	8	10300	26301	17871	1450	6980	23799	120
高新区	1		417	410	7		559	
循环化工园区			1850	1850			91	
井 陉 县	32		28330	28330			14232	658
正 定 县		19360	163501	157476	5930	95	7731	8294
行 唐 县		3407	55365	53899	1466		69258	30662
灵 寿 县		3000	157471	45489	111982		12230	4700
高 邑 县			100882	100076	16	790	4052	3538
深 泽 县			39922	39836	75	11	35218	8753
赞 皇 县	6		14040	11749	2234	57	90537	4225
无 极 县			130423	129827	596		6281	7437
平 山 县	126	40	30529	25899	526	4104	18376	7535
元 氏 县	50		17384	17265	62	57	8867	
赵　县		5648	20259	19194	1055	10	120323	270
晋 州 市			51247	51157	90		190168	
新 乐 市		5742	110665	110326	339		28987	
辛 集 市	194	725	209899	190652	19247		128187	2195

9—10 续表 2　　（2019 年）　　计量单位：万元

行政单位	二、林业产值			
	合计	（一）林木的培育和种植	（二）竹木采运	（三）林产品采集及其他
石家庄市	**191049**	**169425**	**1943**	**19681**
# 长安区	276	276		
桥西区				
新华区	227	224		3
裕华区				
矿　区	259	250	9	
藁城区	6609	6519	90	
鹿泉区	12776	12687	89	
栾城区	3941	3831	110	
高新区				
循环化工园区	945	945		
井 陉 县	21973	21811	84	78
正 定 县	12858	12199	659	
行 唐 县	10544	10044		500
灵 寿 县	21855	19379	226	2250
高 邑 县	1425	1398	27	
深 泽 县	1327	1327		
赞 皇 县	22832	22725	7	100
无 极 县	2376	2376		
平 山 县	48730	31466	514	16750
元 氏 县	14925	14925		
赵　县	1424	1424		
晋 州 市	3199	3179	20	
新 乐 市	2305	2197	108	
辛 集 市	243	243		

9—10 续表 3　　（2019 年）　　计量单位：万元

行政单位	三、牧业产值						
	合计	（一）牲畜饲养	#（1）牛	（2）羊	（3）其他牲畜	（4）奶产品	（5）毛绒产品
石家庄市	**2914326**	**854749**	**432917**	**133210**	**21848**	**251785**	**2939**
#长安区	2778	1542	466	527		549	
桥西区	1	1		1			
新华区	77	70		70			
裕华区	225	151		75		76	
矿　区	3348	210		205			5
藁城区	336803	67286	38090	13685	1694	13764	53
鹿泉区	68076	23381	6063	1554	15	15749	
栾城区	118816	21446	9007	2344		10095	
高新区	1616	37	30	7			
循环化工园区	6178	3610	2645	78		887	
井 陉 县	62522	22023	14637	5728	303	896	459
正 定 县	303280	75314	46248	4342		24724	
行 唐 县	269758	168556	75385	7280	10799	75092	
灵 寿 县	142875	36893	17812	5759		12293	1029
高 邑 县	35727	5061	2111	1669		1225	56
深 泽 县	84736	27920	6904	9103	6757	5156	
赞 皇 县	117860	64664	58547	6117			
无 极 县	224577	77345	49501	14101		13743	
平 山 县	88921	21090	10601	8211		2225	53
元 氏 县	182171	67983	43550	16036		8397	
赵　　县	62421	10881	4286	3432	300	2797	66
晋 州 市	162126	20668	7244	8344		5080	
新 乐 市	261286	73331	16082	3587	1480	39337	795
辛 集 市	378148	65286	23708	20955	500	19700	423

9—10 续表 4 （2019 年） 计量单位：万元

行政单位	三、牧业产值（续）					
	（二）猪的饲养	（三）家禽饲养	1. 肉禽	2. 禽蛋	（四）其他畜牧业	# 家兔
石家庄市	**960919**	**957663**	**205478**	**752185**	**138725**	**2015**
# 长安区	743	493	95	398		
桥西区						
新华区		7	1	6		
裕华区	28	46	5	41		
矿　区	2871	267	55	212		
藁城区	127474	124623	35538	89085	17420	
鹿泉区	11269	25224	4431	20793	8202	2
栾城区	10933	79912	14004	65908	6525	25
高新区	653	926	9	917		
循环化工园区	911	1420	427	993	237	
井 陉 县	17826	20877	3281	17596	546	3
正 定 县	120770	103076	24988	78088	3100	
行 唐 县	37361	55255	10938	44317	8586	14
灵 寿 县	54876	20289	5480	14809	30817	1
高 邑 县	12659	13405	2943	10462	4602	2
深 泽 县	33471	20385	3891	16494	2960	
赞 皇 县	24490	25081	5142	19939	3625	
无 极 县	60537	81513	18704	62809	5182	2
平 山 县	39056	13524	2729	10795	15251	21
元 氏 县	46643	45545	13015	32530	22000	
赵　县	24764	22242	4028	18214	4534	7
晋 州 市	86909	54549	9300	45249		
新 乐 市	106715	76613	17474	59139	4627	1427
辛 集 市	139960	172391	29000	143391	511	511

9—10 续表 5　　（2019 年）　　计量单位：万元

行政单位	四、渔业产值	#1. 淡水鱼类	2. 淡水虾蟹类	五、农林牧渔服务业产值
石家庄市	**28837**	**23263**	**2770**	**562122**
# 长安区				3905
桥西区				336
新华区				1238
裕华区				39
矿　区	16	16		77
藁城区	8	8		45330
鹿泉区	8638	6838		23371
栾城区				64196
高新区				152
循环化工园区				1534
井 陉 县	824	824		16945
正 定 县				37599
行 唐 县	246	246		51368
灵 寿 县	8693	7276	1401	12035
高 邑 县				10543
深 泽 县	374	99		33750
赞 皇 县	439	439		26344
无 极 县	1			36445
平 山 县	9296	7224	1360	43719
元 氏 县	261	252	9	10070
赵　县				32565
晋 州 市				30113
新 乐 市				53434
辛 集 市	41	41		27014

农林牧渔业中间消耗

9—11 （2019 年） 计量单位：万元

行政单位	农林牧渔业中间消耗	一、农业中间消耗		
		合计	1. 物质消耗	2. 生产服务支出
石家庄市	**2485114**	**814585**	**574897**	**175080**
# 长安区	5099	1824	1495	329
桥西区	446	277		
新华区	1845	1191	771	420
裕华区	305	178	137	41
矿 区	2215	520	445	75
藁城区	253477	81685	62081	19604
鹿泉区	87357	38123	30647	7476
栾城区	114026	29122	26706	2416
高新区	1287	520	475	45
循环化工园区	5548	1889	1769	120
井 陉 县	51706	13447	11073	2374
正 定 县	212923	62636	50324	12312
行 唐 县	206073	55247	44838	10409
灵 寿 县	125114	45423	34183	11240
高 邑 县	53523	31743	25565	6178
深 泽 县	88628	33312	22289	11023
赞 皇 县	97622	26230	21732	4498
无 极 县	177150	56282	44043	12239
平 山 县	103783	25961	22574	3387
元 氏 县	114701	22315	11400	10915
赵 县	108109	64331		
晋 州 市	129424	40360	37638	2722
新 乐 市	190436	50043	43974	6069
辛 集 市	354317	131926	80738	51188

9—11 续表 1　　(2019 年)　　计量单位:万元

行政单位	二、林业中间消耗			三、牧业中间消耗		
	合计	1. 物质消耗	2. 生产服务支出	合计	1. 物质消耗	2. 生产服务支出
石家庄市	**50700**	**38312**	**12169**	**1323231**	**1179426**	**116555**
# 长安区				1312	1253	59
桥西区						
新华区	7	4	3	26	20	6
裕华区				108	103	5
矿　区	78	69	9	1576	1505	71
藁城区	1888	1575	313	147126	138298	8828
鹿泉区	3058	2464	594	30118	28673	1445
栾城区	1275	1059	216	51375	49000	2375
高新区				714	542	172
循环化工园区	90	40	50	2718	2436	282
井 陉 县	2272	1711	561	27033	25306	1727
正 定 县	3291	2475	816	128108	120460	7648
行 唐 县	2867	2354	513	122026	106625	15401
灵 寿 县	5642	3786	1856	63877	60806	3071
高 邑 县	323	265	58	16163	14994	1169
深 泽 县	267	240	27	37927	37226	701
赞 皇 县	5696	5662	34	52248	48868	3380
无 极 县	1658	1270	388	100901	95543	5358
平 山 县	12924	9693	3231	38482	30280	8202
元 氏 县	8515	5094	3421	79414	51241	28173
赵　县	219			27250		
晋 州 市	398	383	15	73356	67500	5856
新 乐 市	152	128	24	113397	108923	4474
辛 集 市	80	40	40	207976	189824	18152

9—11 续表 2 （2019 年） 计量单位：万元

行政单位	四、渔业中间消耗			五、农林牧渔服务业中间消耗		
	合计	1. 物质消耗	2. 生产服务支出	合计	1. 物质消耗	2. 生产服务支出
石家庄市	**13865**	**11786**	**2079**	**282733**	**184239**	**82016**
#长安区				1963	1852	111
桥西区				169		
新华区				621		621
裕华区				19	17	2
矿　区	4	3	1	37	29	8
藁城区	4	3	1	22774	3416	19358
鹿泉区	4316	3558	758	11742	5886	5856
栾城区				32254	27412	4842
高新区				53	49	4
循环化工园区				851	531	320
井 陉 县	440	351	89	8514	7941	573
正 定 县				18888	18688	200
行 唐 县	125	93	32	25808	19616	6192
灵 寿 县	4126	3469	657	6046	2106	3940
高 邑 县				5294	1102	4192
深 泽 县	165	130	35	16957	16449	508
赞 皇 县	213	184	29	13235	11955	1280
无 极 县				18309	16623	1686
平 山 县	4451	3984	467	21965	19847	2118
元 氏 县	5		5	4452	2238	2214
赵 县				16309		
晋 州 市				15310	12358	2952
新 乐 市				26844	3373	23471
辛 集 市	16	11	5	14319	12751	1568

农林牧渔业增加值

9—12　　（2019 年）　　计量单位：万元

行政单位	农林牧渔业增加值	1. 农业	2. 林业	3. 牧业	4. 渔业	5. 农林牧渔服务业
石家庄市	**4774340**	**2748535**	**140349**	**1591095**	**14972**	**279389**
# 长安区	9047	5363	276	1466		1942
桥西区	1061	893		1		167
新华区	4643	3755	220	51		617
裕华区	712	575		117		20
矿　区	3776	1771	181	1772	12	40
藁城区	476173	259215	4721	189677	4	22556
鹿泉区	191529	127902	9718	37958	4322	11629
栾城区	183505	81456	2666	67441		31942
高新区	2967	1966		902		99
循环化工园区	11815	6817	855	3460		683
井 陉 县	106303	42298	19701	35489	384	8431
正 定 县	412786	209336	9567	175172		18711
行 唐 县	372841	191751	7677	147732	121	25560
灵 寿 县	274753	168986	16213	78998	4567	5989
高 邑 县	136085	110170	1102	19564		5249
深 泽 县	160869	95998	1060	46809	209	16793
赞 皇 县	201332	105249	17136	65612	226	13109
无 极 县	309181	166650	718	123676	1	18136
平 山 县	173215	60371	35806	50439	4845	21754
元 氏 县	204994	89953	6410	102757	256	5618
赵　县	259875	207243	1205	35171		16256
晋 州 市	390830	284456	2801	88770		14803
新 乐 市	355830	179198	2153	147889		26590
辛 集 市	530218	347163	163	170172	25	12695

农林牧渔业商品产值

9—13 （2019 年） 计量单位：万元

行政单位	农林牧渔业商品产值	一、农业商品产值			
		合计	（一）谷物及其他作物		
			小计	1. 谷物	2. 薯类
石家庄市	**5275664**	**2699762**	**849404**	**703669**	**59183**
#长安区	7777	5276	3518	3295	47
桥西区	25	25	25	25	
新华区	3367	3295	543	489	
裕华区	922	708	125	109	13
矿　区	4707	1478	17	17	
藁城区	569990	273282	82821	67300	3720
鹿泉区	195522	122829	25642	17111	2620
栾城区	190551	77186	31843	28808	367
高新区	3339	1887	1186	909	
循环化工园区	11573	6462	5104	3870	
井 陉 县	84177	26129	7936	5740	1365
正 定 县	470606	195576	64760	38972	3167
行 唐 县	444358	205802	77641	56989	11564
灵 寿 县	321740	185243	25794	16408	6471
高 邑 县	126871	96415	22630	21790	319
深 泽 县	205945	129240	45395	41524	1291
赞 皇 县	191072	92853	11743	7763	2652
无 极 县	344335	153871	45898	40482	1037
平 山 县	167027	71287	23205	16770	3266
元 氏 县	213920	75823	58901	50154	6060
赵　县	285925	229546	103419	102272	848
晋 州 市	376628	233488	42664	35891	5093
新 乐 市	393169	161953	56002	41387	3963
辛 集 市	662118	350108	112592	105594	5320

9—13 续表 1　　（2019 年）　　计量单位：万元

行政单位	一、农业商品产值（续）				
	（一）谷物及其他作物（续）				
	3. 油料	4. 豆类	5. 棉花	6. 烟叶	7. 其他农作物
石家庄市	**28140**	**26674**	**285**		**31453**
# 长安区	40	128	8		
桥西区					
新华区		54			
裕华区	3				
矿　区					
藁城区	2027	9770	4		
鹿泉区	669	1517	25		3700
栾城区		1234			
高新区	25	2636	7		
循环化工园区	8	268	1		
井 陉 县	480	333	18		
正 定 县	4237	2896			15488
行 唐 县	5589	92			3407
灵 寿 县		92			2823
高 邑 县	471	50			
深 泽 县	1962	618			
赞 皇 县	1158	167	3		
无 极 县		4379			
平 山 县	2923	165	81		
元 氏 县	2139	498	50		
赵　县		299			
晋 州 市	1027	653			
新 乐 市	5001	196			5455
辛 集 市	381	629	88		580

9—13 续表 2　　(2019 年)　　计量单位:万元

行政单位	一、农业商品产值(续)						
	(二)蔬菜、园艺作物					(三)水果、坚果、饮料和香料作物	(四)中药材
	合计	1. 蔬菜	2. 食用菌	3. 花卉	4. 盆景园艺		
石家庄市	**1068223**	**914616**	**140514**	**6593**	**6500**	**716411**	**65724**
#长安区	116	116				1642	
桥西区							
新华区	1917	1425	83	409		835	
裕华区	262	262				321	
矿　区	188	177		11		1195	78
藁城区	138395	129401	6031	2963		51981	85
鹿泉区	88419	88201	32	186		8343	425
栾城区	21893	13876	1327	190	6500	23335	115
高新区	306	300	6			395	
循环化工园区	1295	1295				63	
井陉县	9748	9748				8445	
正定县	118767	114130	4566	71		7072	4977
行唐县	40394	39519	875			58189	29578
灵寿县	143309	36093	107216			11447	4693
高邑县	70615	70055		560		3170	
深泽县	39893	39808	74	11		35199	8753
赞皇县	11026	9183	1786	57		70084	
无极县	95433	94875	558			5103	7437
平山县	24019	21421	526	2072		16680	7383
元氏县	8552	8443	56	53		8370	
赵　县	14174	13196	968	10		111683	270
晋州市	28275	28275				162549	
新乐市	80834	80521	313			25117	
辛集市	130393	114296	16097			105193	1930

9—13 续表 3 （2019 年） 计量单位：万元

行政单位	二、林业商品产值		三、牧业商品产值		
	总计	#林产品	总计	（一）牲畜的饲养	
				合计	1. 牛
石家庄市	**48261**	**2200**	**2500016**	**734434**	**391601**
#长安区			2501	1379	411
桥西区					
新华区			72	68	
裕华区			214	150	
矿　区	9		3205	189	
藁城区	81		296619	58898	34280
鹿泉区	138		64176	22681	5881
栾城区	3747		109618	20832	8937
高新区			1452		
循环化工园区	662		4449	2528	1852
井陉县	685		56558	21282	14197
正定县	4248		270782	67113	40237
行唐县	9249		229096	147579	73727
灵寿县	6888	2200	120975	30083	13083
高邑县			30456	4303	1795
深泽县	1327		75004	21161	6904
赞皇县	1268		96512	57698	52496
无极县			190463	66455	42724
平山县	19738		67542	19527	9999
元氏县			137836	49997	40556
赵　县			56379	10532	4124
晋州市	20		143120	15742	4708
新乐市	201		231015	66409	14474
辛集市			311972	49828	21216

9—13 续表 4　　（2019 年）　　计量单位：万元

行政单位	三、牧业商品产值（续）				
	（一）牲畜的饲养（续）				（二）猪的饲养
	2. 羊	3. 其他牲畜	4. 奶类	5. 毛绒类	
石家庄市	**96110**	**473**	**233256**	**2744**	**876248**
# 长安区	447		521		669
桥西区					
新华区	68				
裕华区	75		75		24
矿　区	189				2792
藁城区	12321		12249	48	112194
鹿泉区	1508	15	15277		10933
栾城区	2303		9592		10915
高新区					601
循环化工园区	55		621		638
井 陉 县	5496	258	887	444	16939
正 定 县	3385		23491		111105
行 唐 县	5553		68299		36460
灵 寿 县	3778		12219	1003	53429
高 邑 县	1419		1041	48	10758
深 泽 县	9103		5154		33470
赞 皇 县	5202				20717
无 极 县	10971		12760		52463
平 山 县	7411		2069	48	36153
元 氏 县	1114		8327		46452
赵　县	3383	200	2759	66	23577
晋 州 市	6665		4369		79943
新 乐 市	2870		38075	740	92842
辛 集 市	12794		15471	347	123174

9—13 续表 5　　（2019 年）　　计量单位：万元

行政单位	三、牧业商品产值（续）				四、渔业商品产值
	（三）家禽的饲养（续）			（四）其他畜牧业	
	合计	1. 肉禽	2. 禽蛋		
石家庄市	**831317**	**178001**	**653316**	**57517**	**27625**
# 长安区	453	86	367		
桥西区					
新华区	4		4		
裕华区	40	5	35		
矿　区	224	46	178		15
藁城区	110023	31630	78393	15504	8
鹿泉区	22360	3855	18505	8202	8379
栾城区	74848	13349	61499	3023	
高新区	851	8	843		
循环化工园区	1093	299	794	190	
井 陉 县	18334	2870	15464	3	805
正 定 县	89305	21717	67588	2759	
行 唐 县	45056	9074	35982	1	211
灵 寿 县	19814	5349	14465	17649	8634
高 邑 县	11393	2501	8892	4002	
深 泽 县	20373	3887	16486		374
赞 皇 县	18097	4142	13955		439
无 极 县	71544	16079	55465	1	1
平 山 县	11846	2347	9499	16	8460
元 氏 县	41387	9803	31584		261
赵　县	20964	3736	17228	1306	
晋 州 市	47435	7607	39828		
新 乐 市	67337	15783	51554	4427	
辛 集 市	138536	23828	114708	434	38

十、工业 交通 邮政

资料来源：市统计局、交通运输局、邮政管理局

全市规模以上工业企业主要产品产量

10—1　　（2019 年）

产品名称	计量单位	2019 年	2018 年	增长速度（%）
石灰石	吨	4461066	0	0
小麦粉	吨	1824629	1626530	12.2
饲料◇	吨	1155701	1228524	-5.9
其中：◇配合饲料	吨	653189	702034	-7.0
◇混合饲料	吨	118627	81721	45.2
精制食用植物油	吨	366699	238372	53.8
鲜、冷藏肉	吨	105946	135004	-21.5
冻肉	吨	18052	17085	5.7
糖果	吨	12720	10776	18.0
速冻食品◇	吨	5102	4573	11.6
其中：◇速冻米面食品	吨	5102	4573	11.6
方便面	吨	488	902	-45.9
乳制品◆	吨	809618	752972	7.5
◆液体乳	吨	748514	704252	6.3
◆固体及半固体乳制品△	吨	61104	48720	25.4
其中：○婴幼儿配方乳粉	吨	17118	17331	-1.2
其中：△乳粉○	吨	33302	23176	43.7
罐头	吨	9369	12656	-26.0
酱油	吨	28814	29130	-1.1
食醋	吨	30124	31923	-5.6
冷冻饮品	吨	8462	6480	30.6
食品添加剂	吨	10568	9637	9.7
饲料添加剂	吨	70098	61152	14.6
饮料酒◇	千升	363602	350590	3.7
其中：◇白酒（折 65 度，商品量）	千升	105	149	-29.3
◇啤酒	千升	363497	350441	3.7
饮料◇	吨	743690	1058136	-29.7
其中：◇碳酸型饮料（汽水）	吨	336329	365325	-7.9
◇包装饮用水	吨	52564	75625	-30.5
◇果汁和蔬菜汁类饮料	吨	166801	164829	1.2
◇蛋白饮料	吨	1167	2000	-41.7

10—1 续表 1

（2019 年）

产品名称	计量单位	2019 年	2018 年	增长速度（%）
卷烟	万支	2223540	2235000	-0.5
纱◆	吨	241916	343100	-29.5
◆棉纱	吨	135609	146678	-7.6
◆棉混纺纱	吨	97367	173273	-43.8
◆化学纤维纱	吨	13414	25608	-47.6
布◇★	万米	95807	113985	-16.0
其中：◇色织布（含牛仔布）	万米	2684	2879	-6.8
其中：★棉布	万米	42985	48859	-12.0
★棉混纺布	万米	52807	65053	-18.8
★化学纤维短纤布	万米	14	73	-80.8
印染布	万米	1533	1311	17.0
化纤长丝机织物	万米	3316	8074	-58.9
非织造布（无纺布）	吨	37564	32282	16.4
服装◆	万件	4081	3817	6.9
◆梭织服装△	万件	3002	3034	-1.1
其中：△羽绒服装	万件	40	40	0.5
△西服套装	万件	2	4	-54.6
△衬衫	万件	43	45	-3.8
◆针织服装	万件	1080	783	37.9
轻革	平方米	187116245	178769624	4.7
皮革服装	万件	1463	1545	-5.4
衣箱、提箱及类似容器	万个	39	57	-32.0
手提包（袋）、背包	万个	11	9	13.9
天然毛皮服装	万件	4	4	-7.7
鞋◇	万双	1302	1252	4.0
其中：◇纺织面鞋	万双	77	97	-20.6
◇皮革鞋靴	万双	795	823	-3.5
人造板◇	立方米	275934	280665	-1.7
其中：◇胶合板	立方米	14960	13664	9.5
◇纤维板	立方米	259597	267001	-2.8
人造板表面装饰板	平方米	703160	864691	-18.7
家具◇	件	238680	255304	-6.5

10—1 续表 2　　　　（2019 年）

产品名称	计量单位	2019 年	2018 年	增长速度（%）
其中：◇木质家具	件	178968	174670	2.5
◇软体家具	件	24830	20648	20.3
机制纸及纸板（外购原纸加工除外）◇	吨	362014	393322	-8.0
其中：◇未涂布印刷书写用纸△	吨	259349	247902	4.6
其中：△新闻纸	吨	259349	247902	4.6
◇涂布类印刷用纸	吨	329	42	691.1
◇包装用纸及纸板△	吨	22217	56980	-61.0
其中：△箱纸板	吨	22217	56980	-61.0
纸制品◇	吨	78610	108805	-27.8
其中：◇瓦楞纸箱	吨	66849	50582	32.2
◇卫生用纸制品	吨	31	29	6.5
单色印刷品	令	88297	92497	-4.5
多色印刷品	对开色令	595245	406388	46.5
硫酸（折 100%）	吨	745596	675817	10.3
烧碱（折 100%）◇	吨	107966	108474	-0.5
其中：◇离子膜法烧碱（折 100%）	吨	107966	108474	-0.5
纯苯	吨	106865	120910	-11.6
甲醛 *	吨	112550	106367	5.8
精甲醇	吨	128802	236828	-45.6
冰乙酸（冰醋酸）	吨	912	16437	-94.5
硫磺	吨	87025	89047	-2.3
合成氨（无水氨）	吨	392596	637732	-38.4
农用氮、磷、钾化学肥料（折纯）◆	吨	153979	251945	-38.9
◆氮肥（折含氮 100%）△	吨	153979	251945	-38.9
其中：△尿素（折含氮 100%）	吨	122628	199985	-38.7
化学农药原药（折有效成分 100%）◇	吨	17348	12409	39.8
其中：◇杀虫剂（杀螨剂）原药	吨	3406	2513	35.5
◇杀菌剂原药	吨	5497	3540	55.3
◇除草剂原药	吨	2158	1445	49.3
涂料	吨	67018	59939	11.8
初级形态塑料◇	吨	334499	322426	3.7
其中：◇低密度聚乙烯树脂（LDPE）	吨	4852	4960	-2.2

10—1 续表 3　　（2019 年）

产品名称	计量单位	2019 年	2018 年	增长速度（%）
◇线型低密度聚乙烯树脂（LLDPE）	吨	0	0	0.0
◇聚丙烯树脂	吨	244919	235339	4.1
合成纤维单体◇	吨	100167	110777	-9.6
合成纤维聚合物◇	吨	21766	21863	-0.4
其中：◇聚酯	吨	21766	21863	-0.44
化学试剂	吨	83117	82777	0.4
表面活性剂	吨	8723	8232	6.0
活性炭	吨	8600	8934	-3.7
合成洗涤剂◇	吨	32627	37613	-13.3
化学药品原药	吨	97509	89626	8.8
中成药	吨	12047	11442	5.3
兽用药品	吨	10463	10556	-0.9
化学纤维◆	吨	106229	83399	27.4
◆人造纤维（纤维素纤维）△	吨	32779	34763	-5.7
其中：△粘胶短纤维	吨	32779	34763	-5.7
◆合成纤维△	吨	73450	48636	51.0
△涤纶纤维	吨	13691	9014	51.9
△腈纶纤维	吨	59759	39622	50.8
塑料制品◇	吨	157465	133325	18.1
其中：◇塑料薄膜△	吨	8110	7901	2.6
◇泡沫塑料	吨	9128	9963	-8.4
◇塑料人造革、合成革	吨	38334	33280	15.2
◇日用塑料制品	吨	31597	14787	113.7
硅酸盐水泥熟料◇	吨	14737121	12145552	21.3
其中：◇窑外分解窑水泥熟料	吨	13697619	10861565	26.1
水泥◇	吨	17762296	16741910	6.1
其中：◇强度等级 42.5 水泥（含 R 型）	吨	6703540	6564342	2.1
◇强度等级 52.5 水泥（含 R 型）	吨	44747	39255	14.0
商品混凝土	立方米	9054275	7171466	26.3
水泥混凝土排水管	千米	72	81	-11.2
石膏板	万平方米	0	2822	-100.0
瓦	万片	11483	11031	4.1

10—1 续表 4　　　　（2019 年）

产品名称	计量单位	2019 年	2018 年	增长速度（%）
天然大理石建筑板材	平方米	142640	75440	89.1
沥青和改性沥青防水卷材	平方米	15379541	10518127	46.2
隔热、隔音人造矿物材料及其制品	吨	94571	144885	−34.7
平板玻璃	重量箱	12572425	12622442	−0.4
钢化玻璃	平方米	7511	2049	266.6
夹层玻璃	平方米	1213	2924	−58.5
中空玻璃	平方米	6099	9766	−37.6
日用玻璃制品	吨	9676	11907	−18.7
玻璃包装容器	吨	109123	259734	−58.0
瓷质砖	平方米	203294586	200060974	1.6
耐火材料制品	吨	29764	22569	31.9
石墨及碳素制品	吨	397928	381677	4.3
生铁	吨	14935478	14363225	4.0
粗钢	吨	17943052	15545312	15.4
钢材◆	吨	17797753	15229883	16.9
◆棒材	吨	1226029	1306821	−6.2
◆钢筋	吨	6013877	5398248	11.4
◆线材（盘条）	吨	4259537	3097408	37.5
◆厚钢板	吨	2175	1803	20.63
◆中板	吨	2419706	2158661	12.09
◆中厚宽钢带	吨	2732933	2322373	17.7
◆热轧窄钢带	吨	986539	853749	15.55
◆焊接钢管	吨	154236	87718	75.8
◆其他钢材	吨	2721	3102	−12.3
铜合金	吨	4425	4094	8.1
铝材◇	吨	6373	9192	−30.7
钢结构	吨	111464	79549	40.1
金属门窗及类似制品	吨	360	391	−7.9
金属切削工具	万件	5370	9478	−43.3
金属压力容器	吨	7905	8566	−7.7
金属包装容器	吨	5982.7	4112	45.5
钢丝	吨	225	109	106.3

10—1 续表 5　　（2019 年）

产品名称	计量单位	2019 年	2018 年	增长速度（%）
铸铁件	吨	232938	212399	9.7
铸钢件	吨	4877	5482	-11.0
粉末冶金零件	吨	0	0	0.0
泵◇	台	2482	3231	-23.2
气体压缩机◆	台	30227	24078	25.5
◆制冷设备用压缩机	台	4428	4107	7.8
◆非制冷设备用压缩机	台	25799	19971	29.2
阀门	吨	158301	152339	3.9
液压元件	件	1209	1506	-19.72
滚动轴承	万套	954.5	929.3	2.71
齿轮	吨	1945	2424	-19.76
金属密封件	万件	4.6	10.1	-54.44
矿山专用设备	吨	7048	102765	-93.1
石油钻井设备	台（套）	13	20	-35.0
炼油、化工生产专用设备	吨	3190	2430	31.3
塑料加工专用设备	台	98	260	-62.3
农产品初加工机械◇	台	960	909	5.6
机械化农业及园艺机具◇	台	56645	53695	5.5
◇种植施肥机械	台	55680	52190	6.7
◇收获机械△	台	903	1373	-34.2
△玉米收获机械	台	649	1173	-44.67
医疗仪器设备及器械	台	1678	2315	-27.52
眼睛成镜	副	1077799	1945824	-44.6
环境污染防治专用设备◆	台（套）	4584	4912	-6.68
◆大气污染防治设备	台（套）	4584	4912	-6.7
汽车◇☆	辆	262	0	0.0
其中：☆新能源汽车	辆	262	0	0.0
改装汽车	辆	12087	16516	-26.8
铁路货车	辆	868	1597	-45.7
城市轨道车辆	辆	72	0	0.0

10—1 续表 6　　（2019 年）

产品名称	计量单位	2019 年	2018 年	增长速度（%）
电动机◇	千瓦	4521688	5884548	−23.2
◇交流电动机	千瓦	2168186	2893209	−25.1
变压器◇	千伏安	15364	56253	−72.7
互感器	台	58829207	51462588	14.3
低压开关板	面	3042	2000	52.1
通信及电子网络用电缆	对千米	14033	8424	66.6
电力电缆	千米	57766	76322	−24.3
光缆	芯千米	597743	957588	−37.6
绝缘制品	吨	960	0	0.0
房间空气调节器	台	4442567	5066398	−12.3
家用电风扇	台	2019628	2440623	−17.3
电饭锅	个	0	27	−100.0
家用电热取暖器具	台	48248	42961	12.31
灯具及照明装置	套（台、个	143848	77855	84.76
程控交换机◇	线	382000	250356	52.58
其中：◇数字程控交换机	线	382000	250356	52.58
传感器	万只	120.8	139	−13.09
集成电路	万块	436	148	195.3
光电子器件◇	万只（片）	280248	463377	−39.5
其中：◇发光二极管（LED 管）	万只	278368	460956	−39.6
◇液晶显示屏	万片	39	41	−4.4
电子元件◇	万只	3195	2283	39.9
工业自动调节仪表与控制系统	台（套）	119215	73533	62.1
电工仪器仪表	台	3138602	2244713	39.8
环境监测专用仪器仪表	台	242040	210973	14.7
汽车仪器仪表	台	341872	381208	−10.32
表	只	368276	692489	−46.82
衡器（秤）	台	158	144	9.7
自来水生产量	万立方米	23178	21168.8	9.49

全市规模以上工业企业主要经济指标

10—2　　（2019 年）　　计量单位：千元

项目名称	工业企业单位数（个）	工业企业总产值	资产合计	#流动资产合计
总　计	**2097**	**509604777**	**757524631**	**424674836**
一、按登记注册类型分组				
内资企业	2026	460936847	680739589	380618151
国有企业	10	2711404	6016054	3583051
集体企业	6	304154	598430	307082
股份合作企业	3	119837	143417	51644
联营企业	0	0	0	0
有限责任公司	287	158093260	413784611	242565005
股份有限公司	64	66445837	84014900	37643608
私营企业	1656	233262355	176182177	96467761
其他企业	0	0	0	0
港、澳、台商投资企业	33	28902073	45709417	28330894
外商投资企业	38	19765857	31075625	15725791
二、按经济组织类型分组				
独资企业	97	55358770	63289254	40276694
合作、合伙企业	122	77686565	95146042	43741527
股份有限公司	23	4560679	2829105	1259358
有限责任公司	1855	371998763	596260230	339397257
三、在总计中：亏损企业	331	38183133	77658980	37634724
在总计中：国有控股企业	116	131928049	187169897	70608349
在总计中：大型企业	9	33512997	12495865	4572917
中型企业	30	16447959	6382136	2241799
小型企业	182	55928974	34295473	8454131
微型企业	11	649724	251648	211640

10—2 续表 1　　（2019 年）　　计量单位：千元

项目名称	固定资产原价	累计折旧
总　计	**301931018**	**136684223**
一、按登记注册类型分组		
内资企业	275931299	126623397
国有企业	2867016	1357118
集体企业	100390	33326
股份合作企业	130649	43811
联营企业	0	0
有限责任公司	161722063	77669366
股份有限公司	49164175	22249708
私营企业	61947006	25270068
其他企业	0	0
港、澳、台商投资企业	11461374	4314810
外商投资企业	14538345	5746016
二、按经济组织类型分组		
独资企业	25639162	12355591
合作、合伙企业	52702142	23451020
股份有限公司	782243	282723
有限责任公司	222807471	100594889
三、在总计中：亏损企业	36318114	13068103
在总计中：国有控股企业	160646987	77025318
在总计中：大型企业	8326142	4546659
中型企业	2026135	896942
小型企业	9277136	2233737
微型企业	25944	8043

10—2 续表 2　　（2019 年）　　计量单位：千元

项目名称	负债合计	#流动负债合计	所有者权益	#实收资本
总　计	**475489039**	**407961883**	**280297179**	**126828904**
一、按登记注册类型分组				
内资企业	441580523	377535498	237469199	116325144
国有企业	3387338	3058097	2628716	292149
集体企业	301759	224765	72857	17661
股份合作企业	111975	78877	31443	20300
联营企业	0	0	0	0
有限责任公司	312770744	263403364	101010786	73857312
股份有限公司	37271693	31439051	46641909	13504695
私营企业	87737014	79331344	87083488	28633027
其他企业	0	0	0	0
港、澳、台商投资企业	23377097	21381779	22283777	4816197
外商投资企业	10531419	9044606	20544203	5687563
二、按经济组织类型分组				
独资企业	23848723	21704664	39168172	7446633
合作、合伙企业	42706998	36113096	52337745	15820318
股份有限公司	1131139	1081460	1697966	155833
有限责任公司	407802179	349062663	187093296	103406120
三、在总计中：亏损企业	56870073	44297534	20589329	18962311
在总计中：国有控股企业	112470428	84453924	74598167	38035086
在总计中：大型企业	2645338	2532665	9850527	798419
中型企业	2310693	2190328	4071442	692738
小型企业	10491106	9667690	23804356	2398289
微型企业	166672	162052	83207	53812

10—2 续表 3　　　　（2019 年）　　　　计量单位：千元

项目名称	实收资本中：		营业收入	营业成本	税金及附加
	# 国家资本	集体资本			
总　计	**26514795**	**1507966**	**561144409**	**449539473**	**15412632**
一、按登记注册类型分组					
内资企业	23521862	1304682	502024139	411130247	14947097
国有企业	289149	0	3131699	2483059	39099
集体企业	0	16396	533629	508099	2030
股份合作企业	0	0	119339	100235	1554
联营企业	0	0	0	0	0
有限责任公司	19273739	495821	196789443	162288571	5718130
股份有限公司	3799035	177625	68564862	48936638	8211145
私营企业	159939	614840	232885167	196813645	975139
其他企业	0	0	0	0	0
港、澳、台商投资企业	1688390	0	30995399	17365640	292446
外商投资企业	1304543	203284	28124871	21043586	173089
二、按经济组织类型分组					
独资企业	2331179	16446	61598408	37315611	4917454
合作、合伙企业	3799035	238000	80310242	58282547	8276265
股份有限公司	0	0	4546731	3602481	16671
有限责任公司	20384581	1253520	414689028	350338834	2202242
三、在总计中：亏损企业	4799499	201363	42638995	40415755	401167
在总计中：国有控股企业	25015370	81521	153720314	126368939	13277111
在总计中：大型企业	61919	0	34500133	27710315	122061
中型企业	0	0	16392823	13444051	72858
小型企业	50000	11591	56692489	45543249	135075
微型企业	0	0	623751	586508	2022

10—2 续表 4　　（2019 年）　　计量单位：千元

项目名称	管理费用	财务费用	营业利润
总　计	**8774200**	**9219207**	**40620408**
一、按登记注册类型分组			
内资企业	8702420	8851813	31451088
国有企业	–510	12976	130655
集体企业	616	153	10525
股份合作企业	2354	2385	5510
联营企业	0	0	0
有限责任公司	5045075	5157682	9734150
股份有限公司	883069	995093	3677507
私营企业	2771816	2683524	17892741
其他企业	0	0	0
港、澳、台商投资企业	15692	176052	5251696
外商投资企业	56088	191342	3917624
二、按经济组织类型分组			
独资企业	37294	232514	8691308
合作、合伙企业	1035210	1142285	4568544
股份有限公司	94139	95407	520686
有限责任公司	7607557	7749001	26839870
三、在总计中：亏损企业	1249576	1268156	–3653503
在总计中：国有控股企业	2564494	2813729	3561647
在总计中：大型企业	187734	193098	4082671
中型企业	162085	162465	1432361
小型企业	1778940	1762821	5316976
微型企业	223	139	17885

10—2 续表 5　　　　（2019 年）　　　　计量单位：千元、人

项目名称	投资收益	利润总额	所得税费用	本年应付职工薪酬	全部从业人员年平均人数
总　计	**4184060**	**41847054**	**4721618**	**37657214**	**376709**
一、按登记注册类型分组					
内资企业	3349533	32578742	3326279	32971885	336777
国有企业	1772	132794	23431	759340	6320
集体企业	0	10757	35	31428	550
股份合作企业	0	5721	735	7587	121
联营企业	0	0	0	0	0
有限责任公司	1091170	10311861	1371206	12832470	104571
股份有限公司	939470	3716134	546943	3541448	34256
私营企业	1317121	18401475	1383929	15799612	190959
其他企业	0	0	0	0	0
港、澳、台商投资企业	566111	5245452	686450	2995094	23312
外商投资企业	268416	4022860	708889	1690235	16620
二、按经济组织类型分组					
独资企业	562965	8778435	1190431	5208314	40746
合作、合伙企业	1005467	4635219	630756	4665423	49602
股份有限公司	12910	522505	37725	423088	2536
有限责任公司	2602718	27910895	2862706	27360389	283825
三、在总计中：亏损企业	13824	–3539407	36456	3583188	56209
在总计中：国有控股企业	756789	4141132	1181428	11410394	73936
在总计中：大型企业	16525	4099456	502761	2464824	25391
中型企业	12438	1446953	17915	2011630	17178
小型企业	3106	5439734	91145	5810847	19394
微型企业	0	17848	2920	4950	142

市区规模以上工业企业主要经济指标

10—3　　（2019 年）　　计量单位：千元

项目名称	工业企业单位数（个）	工业企业总产值	资产合计	# 流动资产合　计
总　计	**752**	**247754182**	**421532482**	**200685341**
一、按登记注册类型分组				
内资企业	704	203426847	352123748	160504961
国有企业	9	2160512	4690962	2884878
集体企业	5	130628	312248	232454
股份合作企业	2	63172	57399	33620
有限责任公司	167	97992680	235057563	96767561
股份有限公司	43	57274775	70190123	32754356
私营企业	478	45805080	41815453	27832092
其他企业	0	0	0	0
港、澳、台商投资企业	20	26695791	43378872	27350431
外商投资企业	28	17631544	26029862	12829949
二、按经济组织类型分组				
独资企业	56	46238607	56017000	36855572
合作、合伙企业	68	59870607	74780849	35517692
股份有限公司	7	1565360	1186848	919891
有限责任公司	621	140079608	289547785	127392186
三、在总计中：亏损企业	119	20196680	47988147	21716222
在总计中：国有控股企业	86	114943473	160778865	61477326
在总计中：大型企业	33	136005620	170883673	81794181
中型企业	91	49843360	86755930	36987386
小型企业	549	59199897	160505773	79706018
微型企业	79	2705305	3387106	2197756

10—3 续表 1　　　　（2019 年）　　　　计量单位：千元

项目名称	固定资产原价	累计折旧
总　计	**184599951**	**81350764**
一、按登记注册类型分组		
内资企业	162744854	73106465
国有企业	2433954	1077730
集体企业	100390	33326
股份合作企业	29992	11148
有限责任公司	112751976	52044082
股份有限公司	34098354	14224177
私营企业	13330188	5716002
其他企业	0	0
港、澳、台商投资企业	9783091	3451246
外商投资企业	12072006	4793053
二、按经济组织类型分组		
独资企业	22648173	11007215
合作、合伙企业	35582055	14825030
股份有限公司	325154	180112
有限责任公司	126044569	55338407
三、在总计中：亏损企业	23731319	7613592
在总计中：国有控股企业	128436687	58429622
在总计中：大型企业	104320878	49010568
中型企业	54410389	21261158
小型企业	24947600	10797145
微型企业	921084	281893

10—3 续表 2　　（2019 年）　　计量单位：千元

项目名称	负债合计	#流动负债	所有者权益	#实收资本
总　计	**248899978**	**192582709**	**172583898**	**93342077**
一、按登记注册类型分组				
内资企业	217730582	164616840	134393103	84476328
国有企业	2966109	2678092	1724853	227405
集体企业	239391	224765	72857	17661
股份合作企业	35146	35048	22253	11300
有限责任公司	161925314	116198159	73132235	62897731
股份有限公司	29711808	24708583	40478309	9697711
私营企业	22852814	20772193	18962596	11624520
其他企业	0	0	0	0
港、澳、台商投资企业	21869402	19938366	21460929	4389837
外商投资企业	9299994	8027503	16729866	4475912
二、按经济组织类型分组				
独资企业	21482160	19851450	34486297	6465893
合作、合伙企业	31520566	26242690	43260280	10773699
股份有限公司	545342	541554	641506	89598
有限责任公司	195351910	145947015	94195815	76012887
三、在总计中：亏损企业	34298696	23786400	13640894	11456457
在总计中：国有控股企业	98126963	72028436	62651894	29032474
在总计中：大型企业	89668461	75513308	81215215	22153742
中型企业	49686577	35992946	37069347	17762575
小型企业	107453955	79287096	53051764	52470465
微型企业	2090985	1789359	1247572	955295

10—3 续表 3　　（2019 年）　　计量单位：千元

项目名称	实收资本中：		营业收入	营业成本	税金及附加
	# 国家资本	集体资本			
总　计	**18335463**	**789147**	**285039563**	**216660795**	**14259923**
一、按登记注册类型分组					
内资企业	15604320	786143	230254548	181774059	13828020
国有企业	224405	0	2595663	2011956	36725
集体企业	0	16396	388643	374524	1915
股份合作企业	0	0	62674	51032	517
有限责任公司	13828357	473421	118739722	95046163	5386497
股份有限公司	1551058	27075	59927120	42684269	8111142
私营企业	500	269251	48540726	41606115	291224
其他企业	0	0	0	0	0
港、澳、台商投资企业	1501350	0	28831276	15464731	278084
外商投资企业	1229793	3004	25953739	19422005	153819
二、按经济组织类型分组					
独资企业	2156435	16396	52560148	29721836	4878416
合作、合伙企业	1551058	87450	62785869	44668273	8137487
股份有限公司	0	0	1521678	1159373	9673
有限责任公司	14627970	685301	168171868	141111313	1234347
三、在总计中：亏损企业	3104558	200863	22953192	21463238	289179
在总计中：国有控股企业	18106087	74421	136810948	112727686	13090109
在总计中：大型企业	10633439	0	159433027	113506074	13336731
中型企业	4621632	357000	62874620	52151182	523520
小型企业	3060638	421147	59899023	48426283	373759
微型企业	19754	11000	2832893	2577256	25913

10—3 续表 4 （2019 年） 计量单位：千元

项目名称	管理费用	财务费用	营业利润
总　计	**9383161**	**5474333**	**18054765**
一、按登记注册类型分组			
内资企业	7948933	5405964	9313758
国有企业	258682	1952	105229
集体企业	9128	469	–331
股份合作企业	3207	–12	3739
有限责任公司	3980903	4511287	3631229
股份有限公司	1909504	632856	3180944
私营企业	1787509	259412	2392948
其他企业	0	0	0
港、澳、台商投资企业	727178	–9856	5166334
外商投资企业	707050	78225	3574673
二、按经济组织类型分组			
独资企业	1882170	–50409	7981548
合作、合伙企业	2142977	674233	3531048
股份有限公司	72415	1192	241917
有限责任公司	5285599	4849317	6300252
三、在总计中：亏损企业	1510190	921776	–2450094
在总计中：国有控股企业	4069131	2122718	2222502
在总计中：大型企业	4543816	1205280	10731367
中型企业	2193040	1187798	3900333
小型企业	2563105	3065754	3336160
微型企业	83200	15501	86905

10—3 续表 5　　　　（2019 年）　　　　计量单位：千元、人

项目名称	投资收益	利润总额	所得税费用	本年应付职工薪酬	全部从业人员年平均人数
总　计	**2983861**	**19075165**	**3007956**	**20352158**	**182899**
一、按登记注册类型分组					
内资企业	2149334	10277165	1716314	16037700	147969
国有企业	1772	104277	16302	564841	4393
集体企业	0	-99	35	31428	550
股份合作企业	0	3970	297	4865	69
有限责任公司	1101311	4328918	975674	9720114	67789
股份有限公司	936828	3218739	441025	3123141	29454
私营企业	109423	2621360	282981	2593311	45714
其他企业	0	0	0	0	0
港、澳、台商投资企业	566111	5159972	682516	2762225	20812
外商投资企业	268416	3638028	609126	1552233	14118
二、按经济组织类型分组					
独资企业	552233	8024325	1128569	4275894	30818
合作、合伙企业	1000567	3589274	475090	3409651	33462
股份有限公司	12910	243389	35012	109362	1316
有限责任公司	1418151	7218177	1369285	12557251	117303
三、在总计中：亏损企业	23444	-2377816	10668	2559145	29843
在总计中：国有控股企业	765656	2799624	833544	9801364	60356
在总计中：大型企业	1737601	11179416	1510224	12421829	80871
中型企业	397972	4195031	1005913	4670652	50348
小型企业	848288	3617952	467051	3203120	50497
微型企业	0	82766	24768	56557	1183

全市规模以上工业企业分行业主要经济指标

10—4　　　　（2019 年）　　　　计量单位：千元

项目名称	工业企业单位数（个）	工业企业总产值	资产合计	#流动资产合计
石家庄市	**2097**	**509604777**	**757524631**	**424674836**
采矿业	3	252904	542925	275782
有色金属矿采选业	1	184411	329381	106437
非金属矿采选业	2	68493	213544	169345
制造业	2023	463379423	673836604	406809597
农副食品加工业	128	17245304	8212979	4834903
食品制造业	40	13092077	16484913	8534118
酒、饮料和精制茶制造业	17	2385724	2991258	1434918
烟草制品业	1	7295704	7774195	6812020
纺织业	148	13072040	16596669	7124289
纺织服装、服饰业	44	3407503	2987527	2075298
皮革、毛皮、羽毛及其制品和制鞋业	208	75557234	35972749	6593244
木材加工和木、竹、藤、棕、草制品业	17	999257	4579729	2307461
家具制造业	22	766134	377016	186003
造纸和纸制品业	33	3041990	2864381	1424196
印刷和记录媒介复制业	35	4325048	5251972	3111462
文教、工美、体育和娱乐用品制造业	20	786122	834341	483020
石油加工、炼焦和核燃料加工业	21	43959825	19997652	8108587
化学原料和化学制品制造业	263	42984007	46116461	24719848
医药制造业	103	52078228	86029376	48974400
化学纤维制造业	16	3101635	2072523	868485
橡胶和塑料制品业	96	6565379	4898458	2996797
非金属矿物制品业	223	27091344	30626751	16192395
黑色金属冶炼和压延加工业	17	68610410	177544153	152561043
有色金属冶炼和压延加工业	17	1247956	495537	375978
金属制品业	111	10342321	14968562	9789511
通用设备制造业	108	8396514	14107946	8992604
专用设备制造业	99	15925769	119419438	54899676
汽车制造业	49	5545995	8581974	5660335
铁路、船舶、航空航天和其他运输设备制造业	11	3617492	6436189	3519003
电气机械和器材制造业	98	17075657	13403151	8218677
计算机、通信和其他电子设备制造业	43	8315968	12553601	8134891
仪器仪表制造业	20	3772162	6765005	4848205
其他制造业	4	168688	198294	124819
废弃资源综合利用业	9	1481500	2193651	1117869
金属制品、机械和设备修理业	2	1124436	2500153	1785542
电力、热力、燃气及水生产和供应业	71	45972450	83145102	17589457
电力、热力生产和供应业	38	39330960	65074631	12037683
燃气生产和供应业	25	5374522	13234164	3976233
水的生产和供应业	8	1266968	4836307	1575541

自 2011 年报始，行业分类按照国家统计局修订的《国民经济行业分类》（2011 版）执行。

10—4 续表 1　　（2019 年）　　计量单位：千元

项目名称	固定资产原价	累计折旧
石家庄市	**301931018**	**136684223**
采矿业	393124	201561
有色金属矿采选业	349344	189311
非金属矿采选业	43780	12250
制造业	196545387	83336222
农副食品加工业	3124122	1050574
食品制造业	5294703	1764878
酒、饮料和精制茶制造业	2321390	1025338
烟草制品业	2077249	1377633
纺织业	6361593	1846320
纺织服装、服饰业	849322	433982
皮革、毛皮、羽毛及其制品和制鞋业	7806489	1711402
木材加工和木、竹、藤、棕、草制品业	545099	226583
家具制造业	167557	56289
造纸和纸制品业	2851090	1605930
印刷和记录媒介复制业	4121924	2598430
文教、工美、体育和娱乐用品制造业	398015	129627
石油加工、炼焦和核燃料加工业	20334211	9375790
化学原料和化学制品制造业	21458843	8248764
医药制造业	31656704	11801679
化学纤维制造业	1329584	427543
橡胶和塑料制品业	2631435	1328478
非金属矿物制品业	17593238	7627157
黑色金属冶炼和压延加工业	35653549	18574285
有色金属冶炼和压延加工业	117121	68650
金属制品业	3457723	1632521
通用设备制造业	4247886	1979220
专用设备制造业	5603621	2016984
汽车制造业	2125229	788982
铁路、船舶、航空航天和其他运输设备制造业	1963539	713589
电气机械和器材制造业	4080558	1615740
计算机、通信和其他电子设备制造业	5165609	1868132
仪器仪表制造业	889243	309401
其他制造业	49574	28767
废弃资源综合利用业	1198435	504333
金属制品、机械和设备修理业	1070732	599221
电力、热力、燃气及水生产和供应业	104992507	53146440
电力、热力生产和供应业	95057956	49937328
燃气生产和供应业	6592181	1555389
水的生产和供应业	3342370	1653723

10—4 续表 2　　（2019 年）　　计量单位：千元

项目名称	负债合计	#流动负债合计	所有者权益	#实收资本
石家庄市	**475489039**	**407961883**	**280297179**	**126828904**
采矿业	210758	156309	332166	95270
有色金属矿采选业	94326	68889	235055	15270
非金属矿采选业	116432	87420	97111	80000
制造业	422162373	370547064	249935828	107320524
农副食品加工业	4212788	3967760	3935562	1467203
食品制造业	11017219	9158223	5467695	3675881
酒、饮料和精制茶制造业	1699786	1627319	1291468	1385758
烟草制品业	2575123	2575123	5199072	1000000
纺织业	8559935	6824538	7693442	3241415
纺织服装、服饰业	1434040	1181071	1252401	417210
皮革、毛皮、羽毛及其制品和制鞋业	8622928	8472488	27349806	1608690
木材加工和木、竹、藤、棕、草制品业	2602822	2212507	1976906	1732699
家具制造业	156692	151651	220324	168769
造纸和纸制品业	1631775	1478321	1232604	1844940
印刷和记录媒介复制业	1774199	1512231	3477779	1859235
文教、工美、体育和娱乐用品制造业	497215	467059	337123	175485
石油加工、炼焦和核燃料加工业	13240718	12048281	6755164	1162434
化学原料和化学制品制造业	24025015	16964884	21675754	5351134
医药制造业	36754099	32622606	49275290	11695608
化学纤维制造业	2226141	1454930	-153622	390514
橡胶和塑料制品业	2733315	2469564	2115428	1192080
非金属矿物制品业	17914655	16567470	12694240	7362927
黑色金属冶炼和压延加工业	153271637	150867642	24272513	2951109
有色金属冶炼和压延加工业	187395	176838	308141	127107
金属制品业	9033372	8321948	5935168	2691184
通用设备制造业	5810801	5355345	8293992	4987006
专用设备制造业	85320196	60553712	34099230	39274251
汽车制造业	5847897	5107107	2734075	1449442
铁路、船舶、航空航天和其他运输设备制造业	3114439	2166504	3321751	1320190
电气机械和器材制造业	6678418	6028211	6183585	2933511
计算机、通信和其他电子设备制造业	5909945	5207192	6643650	4162870
仪器仪表制造业	2043362	1814851	4721637	1375889
其他制造业	106246	106120	92047	79500
废弃资源综合利用业	1595622	1581374	598029	165715
金属制品、机械和设备修理业	1564578	1504194	935574	70768
电力、热力、燃气及水生产和供应业	53115908	37258510	30029185	19413110
电力、热力生产和供应业	41954704	29194697	23119925	15709994
燃气生产和供应业	7465271	5991154	5768885	2559443
水的生产和供应业	3695933	2072659	1140375	1143673

10—4 续表 3　　　　（2019 年）　　　　计量单位：千元

项目名称	实收资本中：		营业收入	营业成本	税金及附加
	国家资本	集体资本			
石家庄市	**26514795**	**1507966**	**561144409**	449539473	15412632
采矿业	15270	0	239745	126504	3921
有色金属矿采选业	15270	0	179295	93718	3859
非金属矿采选业	0	0	60450	32786	62
制造业	12665799	1445916	503655158	397644223	14931410
农副食品加工业	0	31838	18056513	16640778	41836
食品制造业	2162726	0	20142288	15162677	99008
酒、饮料和精制茶制造业	91500	500	3503935	2582309	133774
烟草制品业	1000000	0	12096696	6875973	4497067
纺织业	455296	93804	17143592	16314009	77585
纺织服装、服饰业	60000	0	3347039	3006368	13475
皮革、毛皮、羽毛及其制品和制鞋业	187504	224400	75896526	60167841	205788
木材加工和木、竹、藤、棕、草制品业	896030	10000	777121	690671	9367
家具制造业	0	50000	554603	462190	10800
造纸和纸制品业	3000	10000	3231976	2999995	12481
印刷和记录媒介复制业	73472	0	4405298	3602978	31493
文教、工美、体育和娱乐用品制造业	0	0	727782	630484	3722
石油加工、炼焦和核燃料加工业	615390	0	44380063	34634341	7884779
化学原料和化学制品制造业	627954	62555	46052011	38604201	246283
医药制造业	142750	7100	50355264	24080066	574741
化学纤维制造业	0	0	2950407	2770431	28844
橡胶和塑料制品业	0	44224	6760205	6102557	39191
非金属矿物制品业	2379014	507015	27218417	22410835	223653
黑色金属冶炼和压延加工业	1500000	0	86504508	75737414	289544
有色金属冶炼和压延加工业	0	0	1231171	1151558	4933
金属制品业	234241	187603	11534382	10416492	54100
通用设备制造业	100903	10946	8754673	7083945	62151
专用设备制造业	15597	56043	15684141	10949955	94567
汽车制造业	199208	2583	6191304	5433865	32396
铁路、船舶、航空航天和其他运输设备制造业	389265	0	3402801	2677282	31668
电气机械和器材制造业	0	70567	17726247	14970608	144710
计算机、通信和其他电子设备制造业	1466181	30538	8044307	6354134	41863
仪器仪表制造业	0	46200	4031953	2542187	30675
其他制造业	0	0	151047	126539	602
废弃资源综合利用业	0	0	1588552	1461587	8070
金属制品、机械和设备修理业	65768	0	1210336	999953	2244
电力、热力、燃气及水生产和供应业	13833726	62050	57249506	51768746	477301
电力、热力生产和供应业	11581037	4050	42197587	38766732	336477
燃气生产和供应业	1312664	58000	13765927	12181620	28989
水的生产和供应业	940025	0	1285992	820394	111835

10—4 续表 4　　（2019 年）　　计量单位：千元

项目名称	管理费用	财务费用	营业利润
石家庄市	**17232770**	**8774200**	**40620408**
采矿业	38456	3306	52548
有色金属矿采选业	35067	701	36299
非金属矿采选业	3389	2605	16249
制造业	16103561	7639167	37647042
农副食品加工业	322868	80480	485965
食品制造业	548031	61072	741687
酒、饮料和精制茶制造业	108671	-8292	182404
烟草制品业	472356	-5220	125635
纺织业	321436	224125	371622
纺织服装、服饰业	162106	26974	44551
皮革、毛皮、羽毛及其制品和制鞋业	3214312	1995987	7807521
木材加工和木、竹、藤、棕、草制品业	48860	26184	-11576
家具制造业	24572	3656	39440
造纸和纸制品业	93019	25018	7317
印刷和记录媒介复制业	334597	7010	341895
文教、工美、体育和娱乐用品制造业	30838	13234	21146
石油加工、炼焦和核燃料加工业	790540	123765	498640
化学原料和化学制品制造业	1743080	543170	2769948
医药制造业	2032066	487695	9431607
化学纤维制造业	60593	104594	-70175
橡胶和塑料制品业	197341	52751	198093
非金属矿物制品业	1133385	362665	2271458
黑色金属冶炼和压延加工业	715159	187831	8172841
有色金属冶炼和压延加工业	20379	533	22170
金属制品业	434241	88377	262951
通用设备制造业	563358	131769	461654
专用设备制造业	828618	2811512	758820
汽车制造业	260927	55900	93943
铁路、船舶、航空航天和其他运输设备制造业	328966	28677	181278
电气机械和器材制造业	511516	156043	1067419
计算机、通信和其他电子设备制造业	329193	45670	635159
仪器仪表制造业	261881	1206	653661
其他制造业	9338	1068	6728
废弃资源综合利用业	41571	8326	40136
金属制品、机械和设备修理业	159743	-2613	33104
电力、热力、燃气及水生产和供应业	1090753	1131727	2920818
电力、热力生产和供应业	633765	945313	1484479
燃气生产和供应业	272051	121859	1404181
水的生产和供应业	184937	64555	32158

10—4 续表 5　　（2019 年）　　计量单位：千元、人

项目名称	投资收益	利润总额	所得税费用	本年应付职工薪酬	全部从业人员年平均人数
石家庄市	**2101805**	**41847054**	**4721618**	**37657214**	**376709**
采矿业	100	53986	4767	46439	574
有色金属矿采选业	0	38252	4267	43875	474
非金属矿采选业	100	15734	500	2564	100
制造业	2094079	38245247	3974678	33031857	356014
农副食品加工业	5406	495619	56285	423779	8213
食品制造业	328401	814689	11949	1095541	13945
酒、饮料和精制茶制造业	2802	188865	55199	363170	3618
烟草制品业	0	129417	962	490261	1295
纺织业	205068	391875	26592	826468	19470
纺织服装、服饰业	3385	47092	8049	463989	9205
皮革、毛皮、羽毛及其制品和制鞋业	10118	7836644	29255	9286892	42730
木材加工和木、竹、藤、棕、草制品业	1263	–2593	204	52479	1462
家具制造业	1069	34727	408	32553	1025
造纸和纸制品业	1545	–3104	5878	112421	2556
印刷和记录媒介复制业	12214	349288	82904	600426	5171
文教、工美、体育和娱乐用品制造业	1267	24314	1052	47989	1744
石油加工、炼焦和核燃料加工业	2574	565301	135044	756127	6588
化学原料和化学制品制造业	48193	2784265	630528	2382892	38462
医药制造业	368028	9460313	1245708	5012542	49205
化学纤维制造业	5732	–65907	4380	167859	2472
橡胶和塑料制品业	28246	215439	19455	371704	9263
非金属矿物制品业	54619	2338996	575294	1277432	28169
黑色金属冶炼和压延加工业	49384	7906021	504181	2010237	24368
有色金属冶炼和压延加工业	926	25502	3058	38818	1046
金属制品业	85646	364559	50852	802372	13972
通用设备制造业	32586	491669	54895	1068189	14848
专用设备制造业	747595	845090	51179	1129252	14465
汽车制造业	4721	111172	47886	520365	7493
铁路、船舶、航空航天和其他运输设备制造业	45809	222051	48869	522459	5149
电气机械和器材制造业	807	1086024	151683	1333731	14080
计算机、通信和其他电子设备制造业	14531	686381	86736	751077	6356
仪器仪表制造业	30137	676330	68603	638788	6066
其他制造业	396	6775	1340	16970	386
废弃资源综合利用业	1161	182288	15878	68187	1079
金属制品、机械和设备修理业	450	36145	372	366888	2113
电力、热力、燃气及水生产和供应业	7626	3547821	742173	4578918	20121
电力、热力生产和供应业	1208	2042320	412433	3743599	13416
燃气生产和供应业	2028	1472117	308369	409306	3009
水的生产和供应业	4390	33384	21371	426013	3696

市区规模以上工业企业分行业主要经济指标

10—5　　（2019 年）　　计量单位：千元

项目名称	工业企业单位数（个）	工业企业总产值	资产合计	# 流动资产合计
石家庄市	**752**	**247754182**	**421532482**	**200685341**
制造业	716	213592007	362796606	192361430
农副食品加工业	42	7304004	4038385	2429883
食品制造业	21	9081907	10849791	5228124
酒、饮料和精制茶制造业	8	2056653	2574983	1250910
烟草制品业	1	7295704	7774195	6812020
纺织业	29	4073846	11072087	4446530
纺织服装、服饰业	18	709407	668847	375031
皮革、毛皮、羽毛及其制品和制鞋业	7	903075	1244767	839673
木材加工和木、竹、藤、棕、草制品业	4	481355	381471	146170
家具制造业	2	59594	81307	19429
造纸和纸制品业	12	360935	337665	251581
印刷和记录媒介复制业	25	3408965	4454907	2639927
文教、工美、体育和娱乐用品制造业	4	154381	128312	108082
石油加工、炼焦和核燃料加工业	7	40649030	18245929	7155553
化学原料和化学制品制造业	85	16919274	18528707	8742824
医药制造业	58	44586275	76310670	43339132
化学纤维制造业	2	1716976	1454499	565505
橡胶和塑料制品业	34	2201789	1633892	898624
非金属矿物制品业	58	11897245	13060912	7587832
黑色金属冶炼和压延加工业	6	6670461	15132160	8298595
有色金属冶炼和压延加工业	2	252371	209879	134006
金属制品业	46	5175692	9915001	6321262
通用设备制造业	62	5512400	10514983	6899230
专用设备制造业	57	12858811	115717742	52604740
汽车制造业	14	1930695	2889120	2429175
铁路、船舶、航空航天和其他运输设备制造业	7	3087702	5524801	2978880
电气机械和器材制造业	48	12154874	9493650	5990740
计算机、通信和其他电子设备制造业	37	7193706	11214051	7090900
仪器仪表制造业	15	3335731	6305396	4486261
其他制造业	2	74586	84115	79719
废弃资源综合利用业	1	360127	454229	425550
金属制品、机械和设备修理业	2	1124436	2500153	1785542
电力、热力、燃气及水生产和供应业	36	34162175	58735876	8323911
电力、热力生产和供应业	17	28852381	43548184	3819800
燃气生产和供应业	14	4146312	11100323	3035267
水的生产和供应业	5	1163482	4087369	1468844

10—5 续表 1　　（2019 年）　　计量单位：千元

项目名称	固定资产原价	累计折旧
石家庄市	**184599951**	**81350764**
制造业	109841806	45621060
农副食品加工业	1596531	544425
食品制造业	3036811	1053424
酒、饮料和精制茶制造业	2030412	932057
烟草制品业	2077249	1377633
纺织业	3601124	1021448
纺织服装、服饰业	376789	140415
皮革、毛皮、羽毛及其制品和制鞋业	262515	121454
木材加工和木、竹、藤、棕、草制品业	276572	114118
家具制造业	23326	13177
造纸和纸制品业	144701	66759
印刷和记录媒介复制业	3851029	2522397
文教、工美、体育和娱乐用品制造业	44227	29169
石油加工、炼焦和核燃料加工业	19479599	9085723
化学原料和化学制品制造业	10796621	3543554
医药制造业	28375694	10914489
化学纤维制造业	1039460	319422
橡胶和塑料制品业	803004	302679
非金属矿物制品业	8001203	4145946
黑色金属冶炼和压延加工业	1791430	205895
有色金属冶炼和压延加工业	51996	35964
金属制品业	2375705	1285706
通用设备制造业	2752457	1276278
专用设备制造业	4520278	1569572
汽车制造业	655941	368671
铁路、船舶、航空航天和其他运输设备制造业	1633898	546843
电气机械和器材制造业	3448530	1398780
计算机、通信和其他电子设备制造业	4899792	1796511
仪器仪表制造业	788921	268702
其他制造业	17456	13098
废弃资源综合利用业	17803	7530
金属制品、机械和设备修理业	1070732	599221
电力、热力、燃气及水生产和供应业	74758145	35729704
电力、热力生产和供应业	66094805	32724943
燃气生产和供应业	5555285	1409991
水的生产和供应业	3108055	1594770

10—5 续表 2　　（2019 年）　　计量单位：千元

项目名称	负债合计	# 流动负债合计	所有者权益	# 实收资本
石家庄市	**248899978**	**192582709**	**172583898**	**93342077**
制造业	211778244	168259906	150969757	79449253
农副食品加工业	1909547	1758473	2080291	695439
食品制造业	8960802	7562883	1888989	926282
酒、饮料和精制茶制造业	1515123	1444026	1059858	1152664
烟草制品业	2575123	2575123	5199072	1000000
纺织业	5117765	3804707	5954314	2100903
纺织服装、服饰业	204550	195733	464296	94560
皮革、毛皮、羽毛及其制品和制鞋业	502944	437352	741822	252616
木材加工和木、竹、藤、棕、草制品业	265833	230418	115638	54220
家具制造业	53515	50359	27792	35125
造纸和纸制品业	190694	190694	146970	114832
印刷和记录媒介复制业	1363769	1149343	3091146	1654346
文教、工美、体育和娱乐用品制造业	45955	45955	82356	58402
石油加工、炼焦和核燃料加工业	12102331	11220751	6143597	819190
化学原料和化学制品制造业	12850795	7075780	5677903	2132961
医药制造业	32728047	29146487	43582638	9423516
化学纤维制造业	1871704	1108915	–417205	253928
橡胶和塑料制品业	1015668	861495	618216	326130
非金属矿物制品业	8072055	7475629	4988845	3130392
黑色金属冶炼和压延加工业	8915457	7369019	6216702	2082100
有色金属冶炼和压延加工业	25629	25629	184250	49700
金属制品业	5480485	5354789	4434508	1686940
通用设备制造业	3940811	3633778	6574161	4404334
专用设备制造业	83372262	58910058	32345479	38524521
汽车制造业	1961792	1907156	927323	248759
铁路、船舶、航空航天和其他运输设备制造业	2746541	1878331	2778259	1165950
电气机械和器材制造业	5105875	4930244	4387777	1606850
计算机、通信和其他电子设备制造业	4987097	4301546	6226948	4044909
仪器仪表制造业	1900182	1680010	4405210	1277916
其他制造业	28825	28825	55289	56000
废弃资源综合利用业	402490	402204	51739	5000
金属制品、机械和设备修理业	1564578	1504194	935574	70768
电力、热力、燃气及水生产和供应业	37121734	24322803	21614141	13892824
电力、热力生产和供应业	27906050	17404976	15642133	10738266
燃气生产和供应业	5989779	4895554	5110543	2215725
水的生产和供应业	3225905	2022273	861465	938833

10—5 续表 3　　（2019 年）　　计量单位：千元

项目名称	实收资本中:		主营业务收入	主营业务成　本	主营业务税金及附加
	国家资本	集体资本			
石家庄市	**18335463**	**789147**	**285039563**	**216660795**	**14259923**
制造业	7720203	727097	240879441	175737849	13914830
农副食品加工业	0	31838	7981451	7203517	25415
食品制造业	5000	0	16220492	12024493	71486
酒、饮料和精制茶制造业	41500	0	3215826	2336120	130847
烟草制品业	1000000	0	12096696	6875973	4497067
纺织业	455296	68304	8287446	7905759	51043
纺织服装、服饰业	60000	0	743832	646800	4559
皮革、毛皮、羽毛及其制品和制鞋业	187504	0	1115918	977623	5519
木材加工和木、竹、藤、棕、草制品业	0	10000	451872	400513	5226
家具制造业	0	0	58485	47766	1067
造纸和纸制品业	3000	10000	572982	513470	2329
印刷和记录媒介复制业	73472	0	3461437	2791377	27928
文教、工美、体育和娱乐用品制造业	0	0	153657	113207	1773
石油加工、炼焦和核燃料加工业	615390	0	41169629	31650169	7872695
化学原料和化学制品制造业	71600	61555	20428712	17462171	106148
医药制造业	129520	0	43538419	19958184	521466
化学纤维制造业	0	0	1587854	1472438	9280
橡胶和塑料制品业	0	44000	2375872	2118804	12671
非金属矿物制品业	1357504	361790	12749723	9997938	103833
黑色金属冶炼和压延加工业	1500000	0	8844662	8358911	60160
有色金属冶炼和压延加工业	0	0	203819	158638	2379
金属制品业	234241	42893	5655536	4926584	34396
通用设备制造业	35659	6396	5919147	4678385	48362
专用设备制造业	15597	11000	12816900	8591101	76176
汽车制造业	13706	2583	2237198	1849178	11704
铁路、船舶、航空航天和其他运输设备制造业	389265	0	2931057	2350528	25669
电气机械和器材制造业	0	0	13695486	11156410	134484
计算机、通信和其他电子设备制造业	1466181	30538	7058698	5550119	40444
仪器仪表制造业	0	46200	3683288	2281573	28138
其他制造业	0	0	75508	68432	201
废弃资源综合利用业	0	0	337503	271715	121
金属制品、机械和设备修理业	65768	0	1210336	999953	2244
电力、热力、燃气及水生产和供应业	10615260	62050	44160122	40922946	345093
电力、热力生产和供应业	8539727	4050	31215901	29918527	208453
燃气生产和供应业	1136700	58000	11763407	10262681	26818
水的生产和供应业	938833	0	1180814	741738	109822
电力、燃气及水生产和供应业	8718859	14000	34522666	32552462	280213
电力、热力生产和供应业	7662679	14000	30717057	29635566	195960
燃气生产和供应业	120000	0	2845831	2332330	7345
水的生产和供应业	936180	0	959778	584566	76908

10—5 续表 4　　　　（2019 年）　　　　计量单位：千元

项目名称	管理费用	财务费用	营业利润
石家庄市	**9383161**	**5474333**	**18054765**
制造业	8659175	4755435	16537657
农副食品加工业	153445	32936	352592
食品制造业	368424	58767	507213
酒、饮料和精制茶制造业	68695	−11400	197499
烟草制品业	472356	−5220	125635
纺织业	208705	163841	215023
纺织服装、服饰业	100090	958	−20486
皮革、毛皮、羽毛及其制品和制鞋业	42054	4174	25589
木材加工和木、竹、藤、棕、草制品业	18421	6970	15483
家具制造业	2396	2700	−2106
造纸和纸制品业	29588	1492	9538
印刷和记录媒介复制业	300166	−432	294975
文教、工美、体育和娱乐用品制造业	14923	2151	1938
石油加工、炼焦和核燃料加工业	742343	109217	507511
化学原料和化学制品制造业	738552	530284	582566
医药制造业	1633560	394223	8773525
化学纤维制造业	40187	99113	−83834
橡胶和塑料制品业	79406	23506	98135
非金属矿物制品业	553262	136341	1455833
黑色金属冶炼和压延加工业	174040	60461	−147067
有色金属冶炼和压延加工业	10452	−1768	15707
金属制品业	299875	69472	174566
通用设备制造业	400361	101334	337469
专用设备制造业	672086	2781149	611558
汽车制造业	99984	27947	124726
铁路、船舶、航空航天和其他运输设备制造业	285524	14632	129212
电气机械和器材制造业	427597	117473	1045700
计算机、通信和其他电子设备制造业	304078	38588	517327
仪器仪表制造业	241486	−891	610464
其他制造业	2507	393	827
废弃资源综合利用业	14869	−363	27435
金属制品、机械和设备修理业	159743	−2613	33104
电力、热力、燃气及水生产和供应业	723986	718898	1517108
电力、热力生产和供应业	330067	548567	200063
燃气生产和供应业	215912	115560	1294477
水的生产和供应业	178007	54771	22568

10—5 续表 5　　　　（2019 年）　　　　计量单位：千元、人

项目名称	投资收益	利润总额	所得税费用	本年应付职工薪酬	全部从业人员年平均人数
石家庄市	**1953144**	**19075165**	**3007956**	**20352158**	**182899**
制造业	1948034	17017405	2524161	16410510	167627
农副食品加工业	1980	341487	43720	197687	2580
食品制造业	326550	561948	-39478	782656	9772
酒、饮料和精制茶制造业	2203	200512	53767	332090	2992
烟草制品业	0	129417	962	490261	1295
纺织业	196218	221017	23291	333204	5763
纺织服装、服饰业	999	-16020	809	148453	2919
皮革、毛皮、羽毛及其制品和制鞋业	414	51459	7421	94526	1387
木材加工和木、竹、藤、棕、草制品业	281	22567	10	22135	493
家具制造业	202	804	14	7416	198
造纸和纸制品业	645	9375	3738	25479	631
印刷和记录媒介复制业	11982	302631	77249	536712	3819
文教、工美、体育和娱乐用品制造业	345	2101	166	15744	390
石油加工、炼焦和核燃料加工业	1999	504574	131764	708817	5342
化学原料和化学制品制造业	16886	581891	208142	1049760	14052
医药制造业	364619	8797369	1165382	4555294	42406
化学纤维制造业	718	-84275	116	118282	1298
橡胶和塑料制品业	23869	103164	5498	118337	2745
非金属矿物制品业	44771	1485455	382842	512698	7815
黑色金属冶炼和压延加工业	20011	-146353	436	615707	4698
有色金属冶炼和压延加工业	218	16087	2357	11207	255
金属制品业	79741	269218	39213	497680	7145
通用设备制造业	30133	346430	39062	717690	9088
专用设备制造业	745344	692652	37761	883669	9788
汽车制造业	1066	133120	15758	218865	3068
铁路、船舶、航空航天和其他运输设备制造业	34891	167781	42297	493436	4392
电气机械和器材制造业	-2067	1061978	149040	1225608	10072
计算机、通信和其他电子设备制造业	14343	565264	61751	719512	5898
仪器仪表制造业	28818	631253	63773	578909	4811
其他制造业	173	781	35	10222	170
废弃资源综合利用业	232	27573	6893	21566	232
金属制品、机械和设备修理业	450	36145	372	366888	2113
电力、热力、燃气及水生产和供应业	5110	2057760	483795	3941648	15272
电力、热力生产和供应业	-514	689055	176034	3159387	9335
燃气生产和供应业	1382	1344893	287096	363173	2392
水的生产和供应业	4242	23812	20665	419088	3545

分县（市、区）规模以上工业企业主要经济指标

10—6　（2019 年）　计量单位：个、千元

行政单位	企业单位数	工业总产值	资产合计	# 流动资产 小计
石家庄市	**2097**	**509604777**	**757524631**	**424674836**
市　区	752	247754182	421532482	200685341
长安区	20	17053390	53716425	24892143
桥西区	11	1094613	7441976	2717403
新华区	12	1010710	1255546	857289
裕华区	9	2499026	3186722	2122611
矿　区	26	10541114	9751322	5688637
藁城区	218	59864113	66426991	40371769
鹿泉区	134	30630779	42112502	23546778
栾城区	125	18229723	25723986	14127816
高新区	164	44766887	163223726	78527540
循环化工园区	30	40747589	22943957	7096928
井陉县	52	8815256	16776321	6746967
正定县	150	14103131	21529347	12032427
行唐县	39	3889758	5697426	2966853
灵寿县	34	3099194	3999921	1802878
高邑县	66	6117806	5768014	2819877
深泽县	60	3841118	2155399	1248807
赞皇县	28	4221932	5577313	2639890
无极县	169	7561612	6648492	4537385
平山县	41	52563499	169757879	148014427
元氏县	62	13619767	15031519	9429919
赵　县	75	8213344	7287067	3971056
晋州市	227	18211924	12604970	6627867
新乐市	110	11052600	9733359	5670655
辛集市	232	106539654	53425122	15480487

10—6 续表 1　　（2019 年）　　计量单位：千元

行政单位	固定资产原价	累计折旧
石家庄市	**301931018**	**136684223**
市　区	184599951	81350764
长安区	20271843	8214813
桥西区	3232079	1219152
新华区	646402	462010
裕华区	2949970	2112282
矿　区	4801815	2012549
藁城区	26245736	10115701
鹿泉区	18525935	7911231
栾城区	12601615	5285859
高新区	23972733	9666107
循环化工园区	25284283	10249126
井陉县	16207467	8747720
正定县	5823976	1793780
行唐县	3127977	1269376
灵寿县	2333113	818152
高邑县	2767375	957425
深泽县	907748	413462
赞皇县	3951143	1348364
无极县	1786612	468356
平山县	43666124	24931375
元氏县	4205028	1732409
赵　县	4699762	2250220
晋州市	4352017	1408420
新乐市	3847368	1509019
辛集市	19655357	7685381

10—6 续表 2　　（2019 年）　　计量单位：千元

行政单位	负债合计	# 流动负债合计	所有者权益合计	# 实收资本
石家庄市	**475489039**	**407961883**	**280297179**	**126828904**
市　区	248899978	192582709	172583898	93342077
长安区	32716929	22797095	20999497	8399521
桥西区	3767652	2718671	3674323	1899444
新华区	884038	803477	371505	489051
裕华区	476378	296653	2710343	1474138
矿　区	7373542	5937150	2377773	1487511
藁城区	34598596	32023854	31828375	10883700
鹿泉区	26071126	22820404	16041349	7429418
栾城区	11462297	9389411	14213151	4090802
高新区	98473190	73031460	64750531	49702699
循环化工园区	16696736	11472623	6247216	1614681
井陉县	11525391	10839710	5250931	3215827
正定县	11528622	8860603	10000714	5336671
行唐县	3803344	3056479	1883674	1189800
灵寿县	2660141	2399303	1339776	1249705
高邑县	2991360	2579558	2761511	1043943
深泽县	1143828	982807	1008571	559173
赞皇县	2864058	2706358	2713254	1372910
无极县	3680016	3598056	2968457	1499893
平山县	150583567	148866862	19174304	3543066
元氏县	4563413	3586877	10468099	1168312
赵县	4004795	3673603	3282255	2939777
晋州市	6674585	5399836	4372285	2679803
新乐市	4952132	4276387	4679918	3744689
辛集市	15613809	14552735	37809532	3943258

10—6 续表 3　　（2019 年）　　计量单位：千元

行政单位	实收资本中：		营业收入	营业成本	税金及附加
	# 国家资本	集体资本			
石家庄市	**26514795**	**1507966**	**561144409**	**449539473**	**15412632**
市　区	18335463	789147	285039563	216660795	14259923
长安区	2878447	0	23039242	20569735	347542
桥西区	1006903	0	9431946	8511949	25614
新华区	280765	30538	1040555	943923	6946
裕华区	21930	2583	2488832	1880019	22946
矿　区	615390	60501	11993331	10524319	73156
藁城区	2556567	106300	66769204	43499349	4969384
鹿泉区	3328066	329939	38311426	29031651	244884
栾城区	1206181	177836	17529493	14103506	155658
高新区	494002	81450	47770265	31376587	442896
循环化工园区	76100	0	43036388	33246212	7879083
井陉县	2113146	28405	8736079	7637204	90823
正定县	896030	75660	12474930	9659501	81549
行唐县	80773	50000	3937121	3318154	18096
灵寿县	329990	0	2832662	2340662	21302
高邑县	50000	0	5365693	4773153	37129
深泽县	0	0	3644754	3352204	23315
赞皇县	700000	80000	3930243	3147422	43181
无极县	500	224400	7602950	6860708	31107
平山县	1106370	125050	69482455	61078819	252209
元氏县	74950	1000	13224511	9990099	67347
赵　县	80000	7100	8296243	7351934	33275
晋州市	21214	115593	18323718	17236235	64952
新乐市	2614440	20	10044291	8848460	56408
辛集市	111919	11591	108209196	87284123	332016

10—6 续表 4　　（2019 年）　　计量单位：千元

行政单位	管理费用	财务费用	营业利润
石家庄市	**17232770**	**8774200**	**40620408**
市　区	9383161	5474333	18054765
长 安 区	829252	665097	82288
桥 西 区	196640	114982	730216
新 华 区	60970	16503	–28993
裕 华 区	233144	–10392	310097
矿　区	276292	85289	492298
藁 城 区	1969993	395875	7036103
鹿 泉 区	1573369	223902	2990747
栾 城 区	822562	87487	1457089
高 新 区	2143310	3041953	5337529
循环化工园区	990942	518047	–214861
井 陉 县	242164	248256	358367
正 定 县	585710	154329	469856
行 唐 县	147786	81518	235200
灵 寿 县	188855	55779	15536
高 邑 县	164977	72931	130481
深 泽 县	108431	18433	81764
赞 皇 县	183579	79433	405708
无 极 县	191984	43246	314510
平 山 县	691331	238389	6902447
元 氏 县	424999	–22100	1965480
赵　县	322906	48593	213533
晋 州 市	297761	105196	408832
新 乐 市	483604	46882	214036
辛 集 市	3815522	2128982	10849893

10—6 续表 5　　（2019 年）　　计量单位：千元、人

行政单位	投资收益	利润总额	所得税费用	本年应付职工薪酬	全部从业人员年平均人数
石家庄市	**2101805**	**41847054**	**4721618**	**37657214**	**376709**
市　　区	1953144	19075165	3007956	20352158	182899
长 安 区	221646	121530	66380	2160076	18772
桥 西 区	1795	809697	146935	261183	2332
新 华 区	3635	-9371	6212	88185	1668
裕 华 区	8118	312745	78038	390755	2072
矿　　区	3029	514306	139768	477881	6348
藁 城 区	76098	7084070	895566	4476483	43614
鹿 泉 区	411627	3132552	444523	2860517	29062
栾 城 区	53117	1542336	254792	1624817	22245
高 新 区	1164756	5569205	804451	4515219	42197
循环化工园区	4212	-224778	132962	981523	9236
井 陉 县	-1020	517927	91038	685879	9536
正 定 县	8687	510311	112282	863079	14133
行 唐 县	2286	263084	52571	202063	4545
灵 寿 县	2083	26110	15642	173322	3825
高 邑 县	4927	158352	7362	359077	11494
深 泽 县	2075	85886	2950	192495	3733
赞 皇 县	1669	419032	103580	226424	6005
无 极 县	5595	322997	49694	263486	7202
平 山 县	17999	6618402	206191	1657431	21459
元 氏 县	27256	1965693	348060	671431	10334
赵　　县	13534	215033	43117	503669	11515
晋 州 市	12130	422592	25636	671141	17946
新 乐 市	6666	242479	40798	543308	9978
辛 集 市	44774	11003991	614741	10292251	62105

分县（市、区）规模以上国有控股工业企业主要经济指标

10—7　　（2019 年）　　计量单位：个、千元

行政单位	企业单位数	工业总产值	资产合计	# 流动资产合计
石家庄市	**116**	**131928049**	**187169897**	**70608349**
市　区	86	114943473	160778865	61477326
长安区	9	15261908	51540506	23217182
桥西区	5	235841	5847940	1658984
新华区	1	81239	401289	292602
裕华区	3	2006694	2518504	1619940
矿　区	5	5379605	4773462	2979720
藁城区	14	15482982	20353095	10817468
鹿泉区	18	10662377	16450560	8749568
栾城区	10	4538754	9142173	3224336
高新区	13	3737380	6169400	3975488
循环化工园区	5	36240455	17832607	4205611
井陉县	4	5561132	10001081	3110228
正定县	1	70852	55608	35917
行唐县	1	177960	513471	137972
灵寿县	2	210862	1063643	185305
高邑县	0	0	0	0
深泽县	0	0	0	0
赞皇县	1	1235868	1933545	854582
无极县	0	0	0	0
平山县	7	5151649	6761718	2219727
元氏县	1	0	112502	9821
赵　县	2	388525	909535	284620
晋州市	3	475727	457114	192935
新乐市	5	2090366	3908462	1981441
辛集市	3	1621635	674353	118475

10—7 续表 1　　（2019 年）　　计量单位：千元

行政单位	固定资产原价	累计折旧
石家庄市	**160646987**	**77025318**
市　区	128436687	58429622
长安区	19373153	7589053
桥西区	2718301	866239
新华区	363344	301150
裕华区	2719749	1937550
矿　区	2272170	933812
藁城区	12866641	5420074
鹿泉区	9973521	4407613
栾城区	7304791	2865985
高新区	2419521	1151370
循环化工园区	22357956	8854842
井陉县	13788382	7958813
正定县	28061	8370
行唐县	292570	218317
灵寿县	1212376	468020
高邑县	0	0
深泽县	0	0
赞皇县	1643101	705559
无极县	0	0
平山县	12449648	8522533
元氏县	75830	3480
赵　县	514235	24507
晋州市	467087	177726
新乐市	1595432	479722
辛集市	143578	28649

10—7 续表 2　　（2019 年）　　计量单位：千元

行政单位	负债合计	# 流动负债合计	所有者权益合计	# 实收资本
石家庄市	**112470428**	**84453924**	**74598167**	**38035086**
市　　区	98126963	72028436	62651894	29032474
长 安 区	31628835	21796292	19911672	7787473
桥 西 区	2829329	1831451	3018611	1729303
新 华 区	212011	161391	189278	311304
裕 华 区	216312	215753	2302191	1322565
矿　　区	3677555	3080910	1095906	637188
藁 城 区	11199326	9854569	9153768	4184365
鹿 泉 区	8589111	7406576	7861446	3591810
栾 城 区	6100520	4405709	3041652	1893490
高 新 区	2894078	2719311	3275321	1600509
循环化工园区	14400392	9264563	3432214	103355
井 陉 县	6338477	5856794	3662604	2351721
正 定 县	55448	55448	160	1000
行 唐 县	442490	203922	70981	60000
灵 寿 县	683335	657155	380309	526270
高 邑 县	0	0	0	0
深 泽 县	0	0	0	0
赞 皇 县	845806	805316	1087739	700000
无 极 县	0	0	0	0
平 山 县	3340126	2712034	3421590	2287347
元 氏 县	74171	74171	38331	45000
赵　　县	590884	440884	318650	290000
晋 州 市	653015	582462	-195902	93714
新 乐 市	1150212	867801	2656959	2637960
辛 集 市	169501	169501	504852	9600

10—7 续表 3　　　　（2019 年）　　　　计量单位：千元

行政单位	实收资本中：国家资本	营业收入	营业成本	税金及附加
石家庄市	**25015370**	**153720314**	**126368939**	**13277111**
市　区	18106087	136810948	112727686	13090109
长安区	2878447	20973038	19012709	292258
桥西区	1006903	7801985	7125381	15225
新华区	280765	78039	65316	2592
裕华区	21930	2053743	1540340	18326
矿　区	615390	5721033	5215059	35892
藁城区	2513067	20348112	13559027	4595813
鹿泉区	3285446	11144381	8483787	77983
栾城区	1182925	4701617	4051851	61914
高新区	374002	4558107	3628542	48994
循环化工园区	76100	35802012	27072129	7849298
井陉县	2112721	5561038	4786576	62098
正定县	0	105275	102586	329
行唐县	60000	172123	105639	728
灵寿县	316760	203252	118135	5313
高邑县	0	0	0	0
深泽县	0	0	0	0
赞皇县	700000	1244294	647472	23442
无极县	0	0	0	0
平山县	980610	4984692	4120448	59400
元氏县	24750	79117	75256	44
赵　县	80000	375267	346632	2239
晋州市	21214	633450	576322	2577
新乐市	2613228	1929223	1510434	28185
辛集市	0	1621635	1251753	2647

10—7 续表 4 （2019 年） 计量单位：千元

行政单位	管理费用	财务费用	营业利润
石家庄市	**4987730**	**2564494**	**3561647**
市　区	4069131	2122718	2222502
长安区	709381	659222	–47513
桥西区	112980	76905	707136
新华区	17418	12375	–19630
裕华区	202827	–7493	284580
矿　区	114273	44529	184196
藁城区	735857	274150	348759
鹿泉区	609496	109623	1256976
栾城区	366985	107155	–80678
高新区	157354	24971	236897
循环化工园区	755873	485691	–510473
井陉县	115635	228493	322617
正定县	2637	413	–4633
行唐县	25713	14441	25869
灵寿县	95821	20245	–45941
高邑县	0	0	0
深泽县	0	0	0
赞皇县	112157	18425	416535
无极县	0	0	0
平山县	178947	86341	533417
元氏县	2137	162	1478
赵　县	31155	5287	6334
晋州市	17409	18008	–418
新乐市	274345	–16191	–100382
辛集市	62643	66152	184269

10—7 续表 5　　（2019 年）　　计量单位：千元、人

行政单位	投资收益	利润总额	所得税费用	本年应付职工薪酬	全部从业人员年平均人数
石家庄市	**324094**	**4141132**	**1181428**	**11410394**	**73936**
市　区	321182	2799624	833544	9801364	60356
长安区	221100	-11362	41885	1898065	15964
桥西区	1039	785900	143299	188153	1036
新华区	2395	-16114	0	27103	299
裕华区	7383	286630	74417	351303	1303
矿　区	1200	199338	62135	280757	2565
藁城区	5628	343551	84531	1308397	9194
鹿泉区	40956	1297623	207923	1311753	9203
栾城区	2976	-21154	37994	789531	6838
高新区	32029	231835	56848	527196	4608
循环化工园区	1365	-519496	86183	603587	3993
井陉县	225	326065	74482	556106	5782
正定县	121	-4584	0	5402	101
行唐县	132	27819	4235	4906	120
灵寿县	225	-44309	4267	62817	702
高邑县	0	0	0	0	0
深泽县	0	0	0	0	0
赞皇县	0	416779	100240	66394	563
无极县	0	0	0	0	0
平山县	369	530218	143805	394479	2560
元氏县	15	1479	-10	3361	15
赵　县	634	7241	1810	57493	559
晋州市	205	-1046	6625	24168	205
新乐市	750	-102423	12430	223603	2656
辛集市	236	184269	0	210301	317

分县（市、区）规模以上集体工业企业主要经济指标

10—8　　（2019 年）　　计量单位：个、千元

行政单位	企业单位数	工业总产值	资产合计	#流动资产合计
石家庄市	**6**	**304154**	**598430**	**307082**
市　区	5	130628	312248	232454
长安区				
桥西区				
新华区				
裕华区				
矿　区	1	12217	57585	49446
藁城区	1	38887	77365	47012
鹿泉区	1	24232	31967	18465
栾城区	1	27870	7331	6281
高新区				
循环化工园区	1	27422	138000	111250
井陉县				
正定县				
行唐县				
灵寿县				
高邑县				
深泽县				
赞皇县				
无极县				
平山县				
元氏县				
赵　县				
晋州市	1	173526	286182	74628
新乐市				
辛集市				

10—8 续表 1 （2019 年） 计量单位：千元

行政单位	固定资产原价	累计折旧
石家庄市	**100390**	**33326**
市　　区	100390	33326
长 安 区		
桥 西 区		
新 华 区		
裕 华 区		
矿　　区	13956	7526
藁 城 区	38122	10359
鹿 泉 区	21908	8420
栾 城 区	9404	6371
高 新 区		
循环化工园区	17000	650
井 陉 县		
正 定 县		
行 唐 县		
灵 寿 县		
高 邑 县		
深 泽 县		
赞 皇 县		
无 极 县		
平 山 县		
元 氏 县		
赵　　县		
晋 州 市		
新 乐 市		
辛 集 市		

10—8 续表 2　　（2019 年）　　计量单位：千元

行政单位	负债合计	#流动负债合计	所有者权益合计	#实收资本
石家庄市	**301759**	**224765**	**72857**	**17661**
市　区	239391	224765	72857	17661
长安区				
桥西区				
新华区				
裕华区				
矿　区	62163	56683	–4578	3536
藁城区	67365	67365	10000	10000
鹿泉区	25731	16585	6236	2860
栾城区	4592	4592	2739	295
高新区				
循环化工园区	79540	79540	58460	970
井陉县				
正定县				
行唐县				
灵寿县				
高邑县				
深泽县				
赞皇县				
无极县				
平山县				
元氏县				
赵　县				
晋州市	62368			
新乐市				
辛集市				

10—8 续表 3　　（2019 年）　　计量单位：千元

行政单位	实收资本中：集体资本	营业收入	营业成本	税金及附加
石家庄市	**16396**	**533629**	**508099**	**2030**
市　区	16396	388643	374524	1915
长安区				
桥西区				
新华区				
裕华区				
矿　区	3536	21612	16705	756
藁城区	10000	40830	41681	229
鹿泉区	2860	24110	18677	354
栾城区		27870	26881	51
高新区				
循环化工园区		274221	270580	525
井陉县				
正定县				
行唐县				
灵寿县				
高邑县				
深泽县				
赞皇县				
无极县				
平山县				
元氏县				
赵　县				
晋州市		144986	133575	115
新乐市				
辛集市				

10—8 续表 4　　（2019 年）　　计量单位：千元

行政单位	管理费用	财务费用	营业利润
石家庄市	**9268**	**616**	**10525**
市　区	9128	469	–331
长安区			
桥西区			
新华区			
裕华区			
矿　区	3756	129	264
藁城区	591	117	–1788
鹿泉区	2654	–3	1515
栾城区	227	211	279
高新区			
循环化工园区	1900	15	–601
井陉县			
正定县			
行唐县			
灵寿县			
高邑县			
深泽县			
赞皇县			
无极县			
平山县			
元氏县			
赵　县			
晋州市	140	147	10856
新乐市			
辛集市			

10—8 续表 5　　　　（2019 年）　　　　计量单位：千元、人

行政单位	投资收益	利润总额	所得税费用	本年应付职工薪酬	全部从业人员年平均人数
石家庄市	**392**	**10757**	**35**	**31428**	**550**
市　区	392	−99	35	31428	550
长安区					
桥西区					
新华区					
裕华区					
矿　区	119	220		11322	118
藁城区	85	−1434		1752	85
鹿泉区	110	1437	35	4956	131
栾城区	78	279		3398	78
高新区					
循环化工园区		−601		10000	138
井陉县					
正定县					
行唐县					
灵寿县					
高邑县					
深泽县					
赞皇县					
无极县					
平山县					
元氏县					
赵　县					
晋州市		10856			
新乐市					
辛集市					

历年规模以上工业总产值、工业增加值指数

10—9　　（上年 = 100）　　计量单位 :%

年份	工业总产值	年份	工业总产值	工业增加值
1953	131.85	1987	117.69	
1954	132.48	1988	117.15	
1955	119.29	1989	106.14	
1956	119.97	1990	103.07	
1957	109.47	1991	115.30	
1958	157.78	1992	115.41	
1959	167.58	1993	119.56	117.11
1960	110.79	1994	112.20	110.67
1961	59.75	1995	117.01	114.89
1962	68.62	1996	123.51	120.57
1963	100.13	1997	119.10	116.71
1964	121.64	1998	102.73	102.39
1965	134.86	1999	117.40	115.23
1966	113.18	2000	112.82	111.22
1967	104.34	2001	114.79	112.94
1968	131.46	2002	116.91	114.80
1969	118.92	2003	124.23	121.20
1970	115.84	2004	128.62	125.04
1971	96.74	2005	127.94	122.85
1972	97.12	2006	126.60	119.80
1973	111.47	2007	128.63	120.40
1974	108.05	2008	127.07	113.20
1975	118.80	2009	107.99	113.00
1976	111.41	2010	132.90	116.50
1977	114.86	2011	130.40	116.20
1978	98.54	2012	111.10	113.50
1979	103.44	2013	109.40	110.80
1980	105.44	2014	105.70	108.00
1981	103.20	2015	103.80	106.00
1982	104.17	2016	105.40	104.60
1983	109.92	2017	108.80	103.60
1984	116.80	2018	108.60	105.40
1985	113.55	2019	99.20	101.30
1986	108.66			

营运车辆拥有量

10—10　　（2019 年）　　计量单位：辆

指标名称	2019 年	2018 年	2017 年	2016 年	2015 年	2014 年
客运车辆总计 3	2887	2978	3256	3133	3018	3116
载客汽车	2887	2978	3256	3133	3018	3116
# 大型	1634	1744	1786	1707	1550	1527
# 班车客运客车	1902	2102	2377	2416	2417	2511
包车客车	985	876	834	674	601	605
货运车辆总计	188533	208581	255952	253564	266842	261876
载货汽车	188533	208437	249062	246201	259509	254358
# 大型	99986	108084	97515	90468	89344	87510
箱式货车	2592	2138	10061	10640	10312	10494
集装箱挂车	6	20	20	20	20	20
罐式整车	781	1304	2003	1684	1636	1534
罐式挂车	2903					
牵引车	72111					
普通挂车（按车型结构分）	40513					
# 普通载货汽车(按经营范围分类）	116422	131605	119383	123972	142054	143229
专用载货汽车(按经营范围分类）	5106	5182	1749	1249	1132	991
其它载货机动车	0	144	6890	7363	7333	7518

线路长度及运输量

10—11

（2019 年）

指标名称	单位	2019 年	2018 年	2017 年	2016 年	2015 年	2014 年
境内公路里程	公里	19592.087	19385.71	19543.244	19178.4	18862.4	17974.3
＃境内等级公路里程	公里	18846.243	18555.168	18040.482	18251.0	17301.1	16969.6
＃境内高速公路里程	公里	752	702.626	609.76	610.8	611.1	559.7
公路客运量（不含辛集）	万人	2983.83	3303.12	3824.04	4582.3	5811.5	6179.2
民航客运量	万人						560.1
公路货运量（不含辛集）	万吨	52403.93	52291.17	45802.11	40639.4	27980.7	24141.6
民航货运量	万吨						4.6
公路客运周转量（不含辛集）	万人公里	219267.49	226195.55	258197	320918.1	307039.1	375277.9
公路货运周转量（不含辛集）	万吨公里	23697575.76	23456949.56	21231581	19452991.2	1148067.9	10247049.6

注：本表数据不包含辛集市。

邮政业务量

10—12

（2019 年）

指标名称	单位	2019 年	2018 年	2017 年	2016 年	2015 年	2014 年
邮政业务总量合计	**亿元**	**155.37**	**110.46**	**76.78**	**55.71**	**34.58**	**23.88**
函件	万件	2045.37	1496.95	1976.80	2389.57	2769.24	7052.00
包裹	万件	47.41	43.14	41.66	39.75	46.62	45.64
快递	万件	65741.14	50110.81	29765.52	22009.21	10252.11	6091.88
报纸	万件	11370.25	11949.68	11683.84	12417.98	12986.87	13089.90
杂志	万件	477.76	513.43	475.58	555.18	743.43	876.89
汇兑	万笔	7.14	11.65	15.47	14.01	24.43	47.96

十一、贸易 外经

资料来源：市统计局

全市限额以上住宿和餐饮业企业经营状况

11—1　　（2019 年）　　计量单位：个、人、万元

指标名称	法人企业	从业人员期末人数	营业额	# 客房收入	餐费收入	商品销售收入	其他收入
总　计	**169**	**18341**	**396240.6**	**123350.4**	**215125.9**	**4167.7**	**53596.6**
一、住宿业	97	12051	252454.6	113276.2	102384.3	3577.2	33216.9
旅游饭店	52	9223	205742.6	86489.0	86988.7	3114.8	29150.1
旅游饭店	52	9223	205742.6	86489.0	86988.7	3114.8	29150.1
一般旅馆	44	2817	46422.6	26497.8	15395.6	462.4	4066.8
经济型连锁酒店	11	175	4077.9	3730.7	65.7	22.4	259.1
其他一般旅馆	33	2642	42344.7	22767.1	15329.9	440.0	3807.7
其他住宿业	1	11	289.4	289.4			
其他住宿业	1	11	289.4	289.4			
内资企业	95	11887	249839.1	111849.8	101561.2	3577.2	32850.9
国有企业	18	2552	42107.5	15343.7	15540.8	1055.7	10167.3
集体企业	1	30	1232.0	403.4	493.7		334.9
有限责任公司	33	5640	129224.1	54427.9	55680.7	1104.6	18010.9
国有独资公司	2	361	8498.6	3077.0	3323.0	16.7	2081.9
其他有限责任公司	31	5279	120725.5	51350.9	52357.7	1087.9	15929.0
股份有限公司	1	380	2572.9	1711.2	861.7		
私营企业	42	3285	74702.6	39963.6	28984.3	1416.9	4337.8
私营独资企业	3	416	4841.1	4389.4	451.7		
私营有限责任公司	39	2869	69861.5	35574.2	28532.6	1416.9	4337.8
港、澳、台商投资企业	2	164	2615.5	1426.4	823.1		366.0
与港澳台商合资经营企业	2	164	2615.5	1426.4	823.1		366.0
国有控股	26	4183	80162.5	29627.8	30928.9	760.7	18845.1
集体控股	1	30	1232.0	403.4	493.7		334.9
私人控股	59	6270	127228.9	63951.5	50080.7	1950.8	11245.9
港澳台商控股	1	100	1410.1	757.6	616.8		35.7
其他	9	1403	41597.3	18424.9	19894.8	522.3	2755.3
独立门店	87	11819	246799.4	109188.8	101177.1	3564.8	32868.7
连锁总店（总部）	2	38	1124.2	818.1	36.9	11.0	258.2
连锁加盟店	7	105	2310.1	2253.9	54.8	1.4	
其他	1	89	2220.9	1015.4	1115.5		90.0
大型	2	985	32447.5	11415.6	17885.9	194.0	2952.0
中型	26	7436	147013.3	60538.5	58533.8	2410.7	25530.3
小型	66	3616	71590.4	40149.4	25744.8	962.5	4733.7
微型	3	14	1403.4	1172.7	219.8	10.0	0.9
五星	3	1244	42717	14525	21745	1040	5408
四星	19	4043	80291	31595	30550	807	17339
三星	12	1932	32742	15051	14744	553	2394
二星	2	110	1532	403	1129		
其他	61	4722	95173	51703	34216	1178	8076
城镇	95	11590	246745	110846	100353	3424	32123

11—1 续表　　（2019 年）　　计量单位：个、人、万元

指标名称	法人企业	从业人员期末人数	营业额	# 客房收入	餐费收入	商品销售收入	其他收入
城区	69	9417	212729	95478	84054	2566	30632
乡村	2	461	5709	2430	2031	154	1094
港商投资	2	164	2616	1426	823		366
二、餐饮业	72	6290	143786	10074	112742	591	20380
正餐服务	67	6149	140639	10074	110176	591	19798
正餐服务	67	6149	140639	10074	110176	591	19798
快餐服务	3	76	2034		1452		582
快餐服务	3	76	2034		1452		582
餐饮配送及外卖送餐服务	2	65	1113		1113		
餐饮配送服务	1	51	726		726		
外卖送餐服务	1	14	387		387		
内资企业	71	5916	135656	7500	109393	591	18173
国有企业	2	104	984	211	768		5
有限责任公司	20	1903	39925	4965	33281	117	1562
国有独资公司	2	84	1539	279	1209	52	
其他有限责任公司	18	1819	38386	4686	32073	65	1562
股份有限公司	1	1742	46301		30324	374	15603
私营企业	48	2167	48445	2324	45020	99	1003
私营独资企业	5	368	5050	681	4328	27	14
私营合伙企业	2	41	2218	524	1694		
私营有限责任公司	40	1758	40717	1118	38538	72	989
私营股份有限公司	1		460		460		
港、澳、台商投资企业	1	374	8131	2575	3349		2207
与港澳台商合资经营企业	1	374	8131	2575	3349		2207
国有控股	7	639	10624	3364	7056	52	152
私人控股	59	4912	117224	3973	94862	539	17851
其他	6	739	15938	2738	10824		2376
独立门店	65	3785	76372	10074	61305	216	4777
连锁总店（总部）	2	499	11495		11495		
连锁直营店	3	224	8696		8696		
其他	2	1782	47223		31245	374	15603
大型	1	1742	46301		30324	374	15603
中型	9	2033	43151	6704	32986	8	3453
小型	56	2500	52641	3371	48320	208	743
微型	6	15	1693		1111		582
城镇	71	6250	143509	9990	112549	591	20380
其中：城区	58	3996	90091	8582	76806	182	4522
乡村	1	40	277	84	193		
港商投资	1	374	8131	2575	3349		2207

市区限额以上住宿和餐饮业企业经营状况

11—2　　　　（2019 年）　　　　计量单位：个、人、万元

指标名称	法人企业	从业人员期末人数	营业额	# 客房收入	餐费收入	商品销售收入	其他收入
总　计	**131**	**13899**	**315257.9**	**108278.0**	**168332.5**	**2787.1**	**35860.3**
一、住宿业	71	9890	223736.8	99868.0	89925.0	2605.3	31338.5
旅游饭店	40	7590	185172.9	77752.0	77462.2	2487.7	27471.0
旅游饭店	40	7590	185172.9	77752.0	77462.2	2487.7	27471.0
一般旅馆	30	2289	38274.5	21826.6	12462.8	117.6	3867.5
经济型连锁酒店	8	129	3119.0	2776.3	62.6	21.0	259.1
其他一般旅馆	22	2160	35155.5	19050.3	12400.2	96.6	3608.4
其他住宿业	1	11	289.4	289.4			
其他住宿业	1	11	289.4	289.4			
内资企业	70	9826	222531.4	99199.2	89718.7	2605.3	31008.2
国有企业	13	2284	37473.1	13454.7	13225.0	712.3	10081.1
集体企业	1	30	1232.0	403.4	493.7		334.9
有限责任公司	28	4691	118667.5	50161.4	51181.0	827.8	16497.3
国有独资公司	2	361	8498.6	3077.0	3323.0	16.7	2081.9
其他有限责任公司	26	4330	110168.9	47084.4	47858.0	811.1	14415.4
股份有限公司	1	380	2572.9	1711.2	861.7		
私营企业	27	2441	62585.9	33468.5	23957.3	1065.2	4094.9
私营独资企业	1	352	3844.5	3830.3	14.2		
私营有限责任公司	26	2089	58741.4	29638.2	23943.1	1065.2	4094.9
港、澳、台商投资企业	1	64	1205.4	668.8	206.3		330.3
与港澳台商合资经营企业	1	64	1205.4	668.8	206.3		330.3
国有控股	21	3879	75814.2	27645.8	28748.9	760.7	18658.8
集体控股	1	30	1232.0	403.4	493.7		334.9
私人控股	41	4752	106743.8	54090.0	41615.9	1329.0	9708.9
其他	8	1229	39946.8	17728.8	19066.5	515.6	2635.9
独立门店	64	9704	219040.5	96735.0	88720.9	2594.3	30990.3
连锁总店（总部）	2	38	1124.2	818.1	36.9	11.0	258.2
连锁加盟店	4	59	1351.2	1299.5	51.7		
其他	1	89	2220.9	1015.4	1115.5		90.0
大型	2	985	32447.5	11415.6	17885.9	194.0	2952.0
中型	24	6889	140125.0	57786.7	55604.1	2235.0	24499.2
小型	43	2011	50440.5	29981.0	16406.8	166.3	3886.4
微型	2	5	723.8	684.7	28.2	10.0	0.9
五星	3	1244	42716.7	14524.6	21744.5	1039.8	5407.8
四星	12	2829	65821	25385	24381	180	15875
三星	11	1844	31310	14367	13995	553	2394
二星	1	60	512	165	347		
其他	44	3913	83378	45426	29457	833	7662
城镇	71	9890	223737	99868	89925	2605	31339

11—2 续表　（2019 年）　计量单位：个、人、万元

指标名称	法人企业	从业人员期末人数	营业额				
				#客房收入	餐费收入	商品销售收入	其他收入
城区	65	9286	210069	94403	82468	2566	30632
港商投资	1	64	1205	669	206		330
二、餐饮业	60	4009	91521.1	8410.0	78407.5	181.8	4521.8
正餐服务	56	3894	88676.9	8410.0	76144.9	181.8	3940.2
正餐服务	56	3894	88676.9	8410.0	76144.9	181.8	3940.2
快餐服务	2	50	1730.8		1149.2		581.6
快餐服务	2	50	1730.8		1149.2		581.6
餐饮配送及外卖送餐服务	2	65	1113.4		1113.4		
餐饮配送服务	1	51	726.0		726.0		
外卖送餐服务	1	14	387.4		387.4		
内资企业	59	3635	83390.6	5835.5	75058.6	181.8	2314.7
有限责任公司	19	1870	39302.2	4685.9	32938.2	115.8	1562.3
国有独资公司	1	51	916.0		865.6	50.4	
其他有限责任公司	18	1819	38386.2	4685.9	32072.6	65.4	1562.3
私营企业	40	1765	44088.4	1149.6	42120.4	66.0	752.4
私营独资企业	3	246	3409.7		3409.7		
私营合伙企业	2	41	2218.4	524.4	1694.0		
私营有限责任公司	34	1478	38000.3	625.2	36556.7	66.0	752.4
私营股份有限公司	1		460.0		460.0		
港、澳、台商投资企业	1	374	8130.5	2574.5	3348.9		2207.1
与港澳台商合资经营企业	1	374	8130.5	2574.5	3348.9		2207.1
国有控股	4	502	9017.5	2874.2	5945.3	50.4	147.6
私人控股	50	2768	66566.1	2798.3	61638.4	131.4	1998.0
其他	6	739	15937.5	2737.5	10823.8		2376.2
独立门店	54	3246	70408.4	8410.0	57294.8	181.8	4521.8
连锁总店（总部）	2	499	11494.8		11494.8		
连锁直营店	3	224	8696.4		8696.4		
其他	1	40	921.5		921.5		
中型	9	2033	43150.9	6703.5	32986.3	8.4	3452.7
小型	45	1961	46677.4	1706.5	44310.0	173.4	487.5
微型	6	15	1692.8		1111.2		581.6
城镇	60	4009	91521.1	8410.0	78407.5	181.8	4521.8
其中：城区	55	3894	88923.9	8410.0	75810.3	181.8	4521.8
港商投资	1	374	8131	2575	3349		2207

全市亿元以上商品交易市场基本情况

11—3　（2019 年）　计量单位：个、万元

指标名称	市场数量（个）	成交额
总　计	**42**	**13846837**
一、按市场类别分组		
1. 综合市场	12	7101798
2. 专业市场	30	6745039
生产资料市场	3	135635
农产品市场	8	177221
纺织、服装、鞋帽市场	2	4980659
电器、通讯器材、电子设备市场	1	44235
家具、五金及装饰材料市场	13	693789
汽车、摩托车及零配件市场	3	713500
二、按营业状态分组		
1. 常年营业	42	13846837
三、按经营方式分组		
1. 以批发为主	30	12887339
2. 以零售为主	12	959498
四、按经营环境分组		
1. 露天式	7	171181
2. 封闭式	25	11821038
3. 其他	10	1854618

全市限额以上批发贸易业商品购销存总额

11—4　　(2019年)　　计量单位：个、万元

项　　目	法人企业	商品购进额	商品销售额	#批发	零售	期末商品库存额
总　计	**571**	**34537189**	**37486604**	**36969007**	**499238**	**1849027**
农、林、牧、渔产品批发	26	401991	440619	440127	492	34808
谷物、豆及薯类批发	7	156296	160207	160207		8881
种子批发	4	24304	27840	27840		6084
畜牧渔业饲料批发	7	62119	69821	69821		972
棉、麻批发	2	130010	149381	149381		12571
林业产品批发	2	7980	9625	9133	492	1189
牲畜批发	1	10091	11724	11724		909
其他农牧产品批发	3	11191	12021	12021		4203
食品、饮料及烟草制品批发	40	1036043	1429285	1418830	10455	103751
米、面制品及食用油批发	10	105338	153572	153572		34737
糕点、糖果及糖批发	2	20407	23480	23480		4590
果品、蔬菜批发	4	19364	19278	19278		95
肉、禽、蛋、奶及水产品批发	4	26202	33827	32508	1319	239
盐及调味品批发	3	41263	51829	51829		1860
营养和保健品批发	2	2272	5539	5539		156
酒、饮料及茶叶批发	10	105653	134776	129377	5399	21543
烟草制品批发	1	675726	962698	962698		38557
其他食品批发	4	39817	44286	40549	3737	1974
纺织、服装及家庭用品批发	69	1455801	1566436	1510902	55533	232282
纺织品、针织品及原料批发	19	317544	334037	331182	2855	19510
服装批发	23	217896	246248	217287	28961	37375
鞋帽批发	3	18610	20249	20249		3067
化妆品及卫生用品批发	7	76872	86534	82840	3695	10404
厨具卫具及日用杂品批发	1	12860	14075	12667	1408	3014
灯具、装饰物品批发	2	14798	15493	15493		374
家用视听设备批发	3	18982	20392	20392		192
日用家电批发	9	758468	805812	788800	17012	154825
其他家庭用品批发	2	19771	23598	21994	1604	3522
文化、体育用品及器材批发	14	448895	641146	490393	150753	39322
文具用品批发	8	118981	129483	126501	2982	17433
体育用品及器材批发	1	24124	34977	34977		9736
图书批发	2	271056	436423	291353	145070	9609
首饰、工艺品及收藏品批发	2	18350	22288	22288		2543
其他文化用品批发	1	16384	17974	15274	2700	1
医药及医疗器材批发	109	5135460	6279732	6235744	43988	606206
西药批发	55	4490592	5508844	5492405	16439	532785
中药批发	17	369709	386041	386041		35897
动物用药品批发	4	34627	35640	35640		687
医疗用品及器材批发	33	240533	349208	321658	27550	36837
矿产品、建材及化工产品批发	202	23520134	24371804	24176533	180524	617610
煤炭及制品批发	27	2452856	2833188	2812419	13760	262406
石油及制品批发	21	1593510	1837482	1759788	77694	47345

11—4 续表　　　　（2019 年）　　　　计量单位：个、万元

项　　目	法人企业	商品购进额	商品销售额			期末商品库存额
				# 批发	零售	
非金属矿及制品批发	1	3049	3442	3442		250
金属及金属矿批发	48	17520444	17666345	17578079	88267	164260
建材批发	18	227307	241935	241132	803	13943
化肥批发	6	562786	598018	593268		75212
农药批发	9	84729	90160	90160		15420
其他化工产品批发	72	1075454	1101234	1098245		38775
机械设备、五金产品及电子产品批发	100	2433180	2644271	2583181	57479	210903
农业机械批发	4	13329	14821	13542	1279	767
汽车及零配件批发	25	439215	540434	510967	29467	59242
五金产品批发	10	212625	222064	222064		14222
电气设备批发	5	74129	83337	83337		2759
计算机、软件及辅助设备批发	12	169667	183229	165794	13824	6770
通讯设备批发	10	222524	243526	240900	2626	9218
其他机械设备及电子产品批发	34	1301691	1356860	1346578	10283	117926
贸易经纪与代理	4	74954	79288	79288		4007
贸易代理	4	74954	79288	79288		4007
其他批发业	7	30731	34023	34008	15	138
其他未列明批发业	7	30731	34023	34008	15	138
内资企业	571	34537189	37486604	36969007	499238	1849027
国有企业	6	829480	1121683	1117561	4122	43071
集体企业	2	12560	15749	15749		1677
有限责任公司	135	17213674	18657247	18317853	339285	1016919
国有独资公司	14	1784804	1987247	1979192	8055	49204
其他有限责任公司	121	15428870	16670000	16338661	331230	967715
股份有限公司	10	1954588	2328651	2328651		264548
私营企业	418	14526888	15363274	15189193	155831	522812
私营独资企业	1	2917	3372		3372	569
私营合伙企业	1	1071	1186	1171	15	29
私营有限责任公司	413	14499127	15333849	15167189	148411	517360
私营股份有限公司	3	23773	24867	20833	4033	4853
国有控股	56	15933734	17268471	17071824	196646	819426
集体控股	6	186282	225543	225543		22851
私人控股	495	17679861	18745542	18425936	301248	858654
其他	14	737313	1247047	1245704	1344	148096
独立门店	467	27634702	29962740	29547093	397288	1367216
连锁总店（总部）	3	147059	190946	135295	55651	8934
其他	101	6755428	7332918	7286619	46299	472876
大型	13	11793168	13311823	13107134	204689	812602
中型	212	17730373	18820717	18605956	214761	782184
小型	294	4723492	5028108	4954540	73568	225756
微型	52	290156	325956	301377	6221	28484
城镇	552	33021703	35767144	35258193	497601	1806466
其中：城区	356	21019800	22818113	22556557	256697	1401714
乡村	19	1515486	1719459	1710814	1637	42561

全市限额以上零售贸易业商品购销存总额

11—5　　(2019 年)　　计量单位：个、万元

项　　目	法人企业	购进总额	销售总额	# 批发	零售	期末商品库存额
总　计	**348**	**7294343**	**9646616**	**489032**	**9157584**	**1012663**
综合零售	54	2575153	4178913	1085	4177828	372426
百货零售	33	2394469	3980767	42	3980724	356070
超级市场零售	16	95116	108968	1043	107925	13442
便利店零售	3	82685	85395		85395	1414
其他综合零售	2	2884	3784		3784	1499
食品、饮料及烟草制品专门零售	21	93267	147817	31457	116360	20995
粮油零售	6	15218	14364		14364	5917
糕点、面包零售	3	8979	18570		18570	186
果品、蔬菜零售	2	1027	2650		2650	175
肉、禽、蛋、奶及水产品零售	2	28334	39440	18072	21368	0
营养和保健品零售	1	7371	8457	8427	30	0
酒、饮料及茶叶零售	5	30962	61997	4959	57038	14561
其他食品零售	2	1377	2339		2339	157
纺织、服装及日用品专门零售	19	158838	270244	9544	260700	32553
纺织品及针织品零售	1	991	1128		1128	1
服装零售	11	72359	85495	9544	75951	18951
鞋帽零售	2	36811	112186		112186	7825
化妆品及卫生用品零售	3	40093	62431		62431	5520
钟表、眼镜零售	1	902	1322		1322	256
其他日用品零售	1	7682	7682		7682	
文化、体育用品及器材专门零售	11	100568	131591	9228	122363	47831
文具用品零售	2	2770	3211		3211	587
图书、报刊零售	2	44397	46491	4442	42049	2732
音像制品、电子和数字出版物零售	1	2668	3227	3227		2016
珠宝首饰零售	3	49088	61815		61815	41602
乐器零售	2	1348	16467	1353	15114	883
其他文化用品零售	1	296	380	206	174	11
医药及医疗器材专门零售	18	217578	267401	5436	261965	46779
西药零售	14	198949	244986	3136	241851	37251
中药零售	3	11103	13772	2300	11472	5945
医疗用品及器材零售	1	7527	8642		8642	3583
汽车、摩托车、零配件和燃料及其他动力销售	173	3911005	4325282	401119	3924163	459059
汽车新车零售	131	2668686	2999161	94967	2904194	412501
汽车零配件零售	2	79069	84806		84806	5580
摩托车及零配件零售	1	1935	1999	100	1900	505

11—5 续表 1 （2019 年） 计量单位：个、万元

项 目	法人企业	购进总额	销售总额			期末商品库存额
				# 批发	零售	
机动车燃油零售	37	1132044	1203333	287856	915477	40456
机动车燃气零售	2	29272	35982	18196	17786	17
家用电器及电子产品专门零售	39	194868	270155	8775	261381	28990
家用视听设备零售	20	68911	126206	2539	123666	17929
日用家电零售	7	88549	100441	1204	99237	1189
计算机、软件及辅助设备零售	4	9532	12579	461	12118	3442
通信设备零售	7	24965	28110	4571	23539	6339
其他电子产品零售	1	2912	2820		2820	92
五金、家具及室内装饰材料专门零售	6	24488	32753	16969	15784	2749
五金零售	1	5283	6150	6150		20
家具零售	3	9537	13623	10819	2804	1223
涂料零售	1	1461	1568		1568	394
木质装饰材料零售	1	8208	11413		11413	1112
货摊、无店铺及其他零售业	7	18577	22461	5420	17040	1281
互联网零售	3	6979	8724	3046	5678	731
生活用燃料零售	3	10825	13007	2375	10633	506
宠物食品用品零售	1	774	730		730	44
内资企业	342	6086765	8396847	243583	8153264	949082
国有企业	1	6695	9062	1697	7364	231
集体企业	8	12825	19201	1447	17754	1392
股份合作企业	3	4720	5474		5474	111
有限责任公司	118	2747481	3117079	75282	3041797	431340
国有独资公司	6	59726	61772		61772	11148
其他有限责任公司	112	2687756	3055307	75282	2980026	420192
股份有限公司	3	1317530	1372146	39525	1332621	101488
私营企业	209	1997514	3873885	125632	3748253	414520
私营独资企业	15	13337	18336	353	17983	2740
私营合伙企业	7	7498	9114	106	9008	237
私营有限责任公司	186	1974848	3843761	123970	3719791	410760
私营股份有限公司	1	1832	2675	1204	1471	783
港、澳、台商投资企业	4	302908	339066		339066	22138
与港澳台商合资经营企业	1	184213	183734		183734	2663
港澳台商独资企业	3	118695	155332		155332	19476

11—5 续表 2　　（2019 年）　　计量单位：个、万元

项　　目	法人企业	购进总额	销售总额			期末商品库存额
				# 批发	零售	
外商投资企业	2	904671	910704	245449	665255	41443
中外合资经营企业	1	850391	850254	245449	604805	35151
外资企业	1	54280	60450		60450	6292
国有控股	33	1736953	1908970	317379	1591592	189521
集体控股	15	93009	118887	1466	117420	10259
私人控股	273	3243001	5340726	147258	5193468	615098
港澳台商控股	3	118695	155332		155332	19476
外商控股	3	356753	357378	18196	339182	45673
其他	21	1745931	1765324	4733	1760591	132636
独立门店	307	4054887	6193273	188592	6004682	712100
连锁总店（总部）	24	2827229	2990810	289123	2701688	238205
连锁直营店	2	82708	92366		92366	66
连锁加盟店	2	44739	55911	591	55320	39702
其他	13	284780	314256	10727	303529	22590
大型	25	3634296	3845316	288109	3557207	335023
中型	125	2992091	5004724	53637	4951088	567313
小型	145	589627	653907	101980	551928	103148
微型	53	78329	142668	45307	97362	7178
有店铺零售	339	7275784	9623088	479244	9143844	1007725
便利店	4	85369	88452		88452	2016
超市	18	31923	38472	1043	37429	6412
大型超市	6	359788	358197		358197	49971
百货店	30	1802133	3395076	42	3395033	347888
专业店	132	2035075	2334104	355906	1978198	175873
专卖店	140	2589634	3012036	122254	2889782	411710
家居建材商店	1	1100	1350		1350	280
购物中心	4	365895	382917		382917	9246
厂家直销中心	4	4867	12486		12486	4329
无店铺零售	9	18559	23528	9788	13740	4938
网上商店	4	7674	9448	3046	6402	731
其他	5	10886	14081	6742	7338	4207
城镇	339	7283148	9631071	485701	9145370	1007956
其中：城区	248	5877701	8060556	193039	7867516	908788
乡村	9	11195	15545	3331	12214	4708
港商投资	4	302908	339066		339066	22138

市区限额以上批发贸易业商品购销存总额

11—6 （2019 年） 计量单位：个、万元

项　　目	法人企业	商品购进额	商品销售额	#批发	零售	期末商品库存额
总　计	**529**	**24249011.3**	**26980611.8**	**26478897.3**	**483355.6**	**1719815.6**
农、林、牧、渔产品批发	21	387828.2	423289.6	423289.6		25720.2
谷物、豆及薯类批发	6	153877.3	158193.7	158193.7		941.0
种子批发	4	24304.3	27840.2	27840.2		6084.0
畜牧渔业饲料批发	7	62118.7	69821.1	69821.1		971.5
棉、麻批发	1	126878.6	144877.3	144877.3		12569.9
林业产品批发	1	6840.0	7098.5	7098.5		48.8
牲畜批发	1	10091.1	11724.2	11724.2		909.2
其他农牧产品批发	1	3718.2	3734.6	3734.6		4195.8
食品、饮料及烟草制品批发	37	1018474.3	1411969.6	1405004.3	6965.3	102200.2
米、面制品及食用油批发	9	99805.3	147910.0	147910.0		34736.5
糕点、糖果及糖批发	2	20406.7	23480.4	23480.4		4590.4
果品、蔬菜批发	3	17228.7	17248.9	17248.9		95.4
肉、禽、蛋、奶及水产品批发	4	26201.5	33827.0	32508.1	1318.9	238.5
盐及调味品批发	3	41263.2	51828.7	51828.7		1859.5
营养和保健品批发	2	2272.4	5538.6	5538.6		156.3
酒、饮料及茶叶批发	9	95753.4	125152.0	123242.1	1909.9	19992.7
烟草制品批发	1	675726.2	962698.2	962698.2		38557.4
其他食品批发	4	39816.9	44285.8	40549.3	3736.5	1973.5
纺织、服装及家庭用品批发	69	1455800.5	1566435.7	1510902.4	55533.3	232281.8
纺织品、针织品及原料批发	19	317544.3	334037.0	331181.6	2855.4	19509.8
服装批发	23	217895.5	246247.6	217287.0	28960.6	37375.4
鞋帽批发	3	18610.4	20248.5	20248.5		3066.9
化妆品及卫生用品批发	7	76872.3	86534.0	82839.5	3694.5	10403.6
厨具卫具及日用杂品批发	1	12859.8	14074.7	12667.2	1407.5	3013.8
灯具、装饰物品批发	2	14798.0	15492.8	15492.8		373.6
家用视听设备批发	3	18981.7	20391.6	20391.6		191.7
日用家电批发	9	758467.7	805811.9	788800.1	17011.8	154825.4
其他家庭用品批发	2	19770.8	23597.6	21994.1	1603.5	3521.6
文化、体育用品及器材批发	14	448895.0	641145.8	490393.2	150752.6	39321.9
文具用品批发	8	118980.9	129483.4	126501.1	2982.3	17432.7
体育用品及器材批发	1	24124.0	34977.0	34977.0		9736.4
图书批发	2	271056.3	436423.1	291353.0	145070.1	9609.0
首饰、工艺品及收藏品批发	2	18350.0	22288.0	22288.0		2542.6
其他文化用品批发	1	16383.8	17974.3	15274.1	2700.2	1.2
医药及医疗器材批发	107	5109677.5	6253169.1	6212938.2	40230.9	604355.1
西药批发	53	4464809.0	5482280.5	5469599.3	12681.2	530933.8
中药批发	17	369709.2	386041.0	386041.0		35897.4
动物用药品批发	4	34626.5	35640.1	35640.1		687.0
医疗用品及器材批发	33	240532.8	349207.5	321657.8	27549.7	36836.9
矿产品、建材及化工产品批发	178	14343305.1	14974338.1	14782412.9	177178.0	570838.8
煤炭及制品批发	20	2316356.2	2686490.5	2668310.4	11171.5	259340.9

11—6 续表　　　　（2019 年）　　　　计量单位：个、万元

项　　目	法人企业	商品购进额	商品销售额			期末商品库存额
				# 批发	零售	
石油及制品批发	18	461973	559072	482037	77035	8049
金属及金属矿批发	44	9714248	9812277	9724010	88267	162813
建材批发	15	197657	208157	207453	704	13176
化肥批发	4	523588	554763	550013		73921
农药批发	9	84729	90160	90160		15420
其他化工产品批发	68	1044753	1063419	1060430		38120
机械设备、五金产品及电子产品批发	92	1379345	1596953	1540660	52681	140952
农业机械批发	2	5674	6246	6246		54
汽车及零配件批发	21	290379	382381	355534	26847	42231
五金产品批发	9	210610	219966	219966		14177
电气设备批发	5	74129	83337	83337		2759
计算机、软件及辅助设备批发	12	169667	183229	165794	13824	6770
通讯设备批发	10	222524	243526	240900	2626	9218
其他机械设备及电子产品批发	33	406362	478269	468884	9385	65744
贸易经纪与代理	4	74954	79288	79288		4007
贸易代理	4	74954	79288	79288		4007
其他批发业	7	30731	34023	34008	15	138
其他未列明批发业	7	30731	34023	34008	15	138
内资企业	529	24249011	26980612	26478897	483356	1719816
国有企业	5	815080	1107857	1107493	364	42475
集体企业	1	12560	15749	15749		1677
有限责任公司	127	16212684	17670313	17333370	336834	954893
国有独资公司	12	1776853	1979571	1971516	8055	41264
其他有限责任公司	115	14435831	15690742	15361854	328779	913630
股份有限公司	10	1954588	2328651	2328651		264548
私营企业	386	5254101	5858042	5693635	146157	456223
私营独资企业	1	2917	3372		3372	569
私营合伙企业	1	1071	1186	1171	15	29
私营有限责任公司	381	5226340	5828617	5671630	138737	450771
私营股份有限公司	3	23773	24867	20833	4033	4853
国有控股	53	15911383	17246969	17054080	192889	810890
集体控股	5	186282	225543	225543		22851
私人控股	457	7414035	8261052	7953570	289123	737979
其他	14	737313	1247047	1245704	1344	148096
独立门店	429	18541344	20670937	20270101	382478	1291720
连锁总店（总部）	3	147059	190946	135295	55651	8934
其他	97	5560609	6118729	6073502	45227	419162
大型	12	11715963	13233748	13029233	204515	812141
中型	199	7940219	8872172	8669574	202598	670047
小型	269	4318861	4564998	4494976	70022	209219
微型	49	273969	309694	285114	6221	28409
城镇	522	24179587	26899346	26404655	483341	1716480
其中：城区	354	21005203	22801314	22539758	256697	1400299
乡村	7	69424	81266	74242	15	3336

市区限额以上零售贸易业商品购销存总额

11—7 （2019 年） 计量单位：个、万元

项　　目	法人企业	商品购进额	商品销售额	＃批发	零售	期末商品库存额
总　计	**254**	**6768214**	**7539512**	**477667**	**7061845**	**811681**
综合零售	28	2189387	2242992	42	2242949	190089
百货零售	16	2014871	2052432	42	2052390	175121
超级市场零售	9	90637	104004		104004	12960
便利店零售	2	82282	84636		84636	1284
其他综合零售	1	1598	1919		1919	724
食品、饮料及烟草制品专门零售	11	83484	133089	31231	101858	19478
粮油零售	3	10981	9824		9824	5094
糕点、面包零售	2	8979	16489		16489	103
肉、禽、蛋、奶及水产品零售	1	27262	38153	18072	20081	
营养和保健品零售	1	7371	8457	8427	30	0
酒、饮料及茶叶零售	4	28891	60166	4733	55434	14281
纺织、服装及日用品专门零售	15	148893	259147	9544	249603	31004
服装零售	9	63985	76130	9544	66587	17408
鞋帽零售	2	36811	112186		112186	7825
化妆品及卫生用品零售	2	39513	61827		61827	5515
钟表、眼镜零售	1	902	1322		1322	256
其他日用品零售	1	7682	7682		7682	
文化、体育用品及器材专门零售	10	100271	131211	9022	122189	47820
文具用品零售	2	2770	3211		3211	587
图书、报刊零售	2	44397	46491	4442	42049	2732
音像制品、电子和数字出版物零售	1	2668	3227	3227		2016
珠宝首饰零售	3	49088	61815		61815	41602
乐器零售	2	1348	16467	1353	15114	883
医药及医疗器材专门零售	14	210173	259193	3136	256057	41840
西药零售	11	194732	240711	3136	237575	36322
中药零售	2	7914	9840		9840	1936
医疗用品及器材零售	1	7527	8642		8642	3583
汽车、摩托车、零配件和燃料及其他动力销售	152	3835340	4232188	398458	3833730	453863
汽车新车零售	121	2602727	2917939	93897	2824042	407766
汽车零配件零售	2	79069	84806		84806	5580
摩托车及零配件零售	1	1935	1999	100	1900	505

11—7 续表 1　　　　（2019 年）　　　　计量单位：个、万元

项　　目	法人企业	商品购进额	商品销售额	#批发	零售	期末商品库存额
机动车燃油零售	26	1122338	1191462	286266	905196	39996
机动车燃气零售	2	29272	35982	18196	17786	17
家用电器及电子产品专门零售	16	162826	232340	4220	228120	24187
家用视听设备零售	5	52042	105428	2456	102972	13754
日用家电零售	4	81849	92881	1204	91678	967
计算机、软件及辅助设备零售	2	8974	11328		11328	3377
通信设备零售	5	19961	22703	560	22143	6088
五金、家具及室内装饰材料专门零售	5	23388	31403	16969	14434	2469
五金零售	1	5283	6150	6150		20
家具零售	2	8437	12273	10819	1454	943
涂料零售	1	1461	1568		1568	394
木质装饰材料零售	1	8208	11413		11413	1112
货摊、无店铺及其他零售业	3	14452	17950	5045	12905	931
互联网零售	1	6196	7239	3046	4193	700
生活用燃料零售	2	8256	10711	1999	8712	231
内资企业	248	5560636	6289742	232218	6057524	748099
国有企业	1	6695	9062	1697	7364	231
集体企业	5	12234	17743	1242	16501	1059
股份合作企业	3	4720	5474		5474	111
有限责任公司	102	2575245	2910680	75056	2835624	407160
国有独资公司	5	55684	56374		56374	10554
其他有限责任公司	97	2519562	2854306	75056	2779250	396606
股份有限公司	3	1317530	1372146	39525	1332621	101488
私营企业	134	1644212	1974638	114699	1859940	238051
私营独资企业	9	9663	11865	353	11513	2241
私营合伙企业	5	6006	7452		7452	201
私营有限责任公司	119	1626712	1952645	113142	1839503	234827
私营股份有限公司	1	1832	2675	1204	1471	783
港、澳、台商投资企业	4	302908	339066		339066	22138
与港澳台商合资经营企业	1	184213	183734		183734	2663
港澳台商独资企业	3	118695	155332		155332	19476
外商投资企业	2	904671	910704	245449	665255	41443

11—7 续表 2　　　　（2019 年）　　　　计量单位：个、万元

项　　目	法人企业	商品购进额	商品销售额	# 批发	零售	期末商品库存额
中外合资经营企业	1	850391	850254	245449	604805	35151
外资企业	1	54280	60450		60450	6292
国有控股	28	1708472	1870660	317379	1553281	186969
集体控股	8	35708	49667	1261	48407	4531
私人控股	194	2841532	3392898	136099	3256799	429884
港澳台商控股	3	118695	155332		155332	19476
外商控股	3	356753	357378	18196	339182	45673
其他	18	1707055	1713577	4733	1708844	125148
独立门店	222	3615360	4192892	179527	4013366	526901
连锁总店（总部）	21	2823013	2986535	289123	2697413	237276
连锁直营店	2	82708	92366		92366	66
连锁加盟店	2	44739	55911	591	55320	39702
其他	7	202395	211808	8427	203381	7735
大型	19	3433749	3597797	288109	3309688	300057
中型	114	2784107	3285890	53637	3232253	421358
小型	93	490753	536961	95973	440988	85122
微型	28	59606	118864	39948	78916	5144
有店铺零售	250	6755698	7523648	470179	7053469	810903
便利店	2	82282	84636		84636	1284
超市	9	25312	31421		31421	5705
大型超市	5	355746	352799		352799	49377
百货店	12	1486799	1547662	42	1547620	171045
专业店	90	1966145	2255362	352374	1902988	169746
专卖店	128	2541408	2950924	117763	2833161	408871
购物中心	2	296708	296200		296200	3226
厂家直销中心	2	1299	4645		4645	1649
无店铺零售	4	12517	15863	7488	8375	778
网上商店	1	6196	7239	3046	4193	700
其他	3	6320	8625	4442	4182	78
城镇	254	6768214	7539512	477667	7061845	811681
其中：城区	232	5605496	6285582	189544	6096037	747636
港商投资	4	302908	339066		339066	22138

分县（市、区）限额以上批发零售贸易业商品购销存总额

11—8　　　　（2019 年）　　　　计量单位：个、万元

行政单位	法人企业	购进总额	销售总额	# 批发	零售	年末库存总额
石家庄市	**919**	**41831533**	**47133219**	**37458039**	**9656822**	**2861690**
市　　区	783	31017226	34520123	26956564	7545200	2531496
# 长安区	115	4669770	5201692	3691052	1510640	514302
桥西区	122	4493141	4983184	2784657	2198526	513079
新华区	143	10946105	11392065	10330042	1061913	366028
矿　区	12	83039	100191	87547	2924	2633
裕华区	119	4993650	5785387	4601035	1184353	546641
藁城区	25	599988	676730	457783	214198	61504
鹿泉区	44	857024	996951	593386	403565	131557
栾城区	22	526562	608846	582441	26404	27519
高新区	161	3706841	4632206	3687984	940610	362139
循环化工园区	20	141105	142873	140638	2067	6094
井 陉 县	17	1180522	1342575	1327226	15349	39571
正 定 县	26	376467	422376	291313	131063	40416
行 唐 县	5	12112	12149	9273	2877	221
灵 寿 县	9	23118	27924	11139	16785	2715
高 邑 县						
深 泽 县	11	9019	15262	3777	11485	1318
赞 皇 县	8	24151	24570	12949	11620	5575
无 极 县	17	43229	49754	32304	17450	4184
平 山 县	10	8765141	8799696	8778652	21043	56236
元 氏 县	6	32920	43216	5916	37300	7230
赵　　县	6	57786	79052	6532	72519	9941
晋 州 市	14	237946	1734239	9304	1724935	153819
新 乐 市	7	51898	62284	13090	49194	8969
辛 集 市	13	91210	110344	32608	77737	16807

全市限额以上批发贸易企业财务状况

11—9　　　　（2019 年）　　　　计量单位：个、万元

指标名称	企业数	流动资产合计	#存货	固定资产原价	累计折旧	#本年折旧
总　计	**571**	**13943113**	**1719018**	**586525**	**221065**	**34917**
农、林、牧、渔产品批发	26	205942	32749	13515	5173	564
谷物、豆及薯类批发	7	97791	8882	6044	1427	219
种子批发	4	27662	6084	3163	1498	258
畜牧渔业饲料批发	7	7500	1096	45	19	9
棉、麻批发	2	46001	11533	1624	419	48
林业产品批发	2	13243	42	2308	1512	4
牲畜批发	1	4388	909	332	298	26
其他农牧产品批发	3	9358	4203	0	0	0
食品、饮料及烟草制品批发	40	566892	83756	91418	31890	2458
米、面制品及食用油批发	10	80891	33218	6520	2003	434
糕点、糖果及糖批发	2	5843	4590			
果品、蔬菜批发	4	3637	84	539	508	36
肉、禽、蛋、奶及水产品批发	4	5071	237	408	156	28
盐及调味品批发	3	149326	1847	34959	4425	888
营养和保健品批发	2	2117	210	21	7	4
酒、饮料及茶叶批发	10	68376	7136	9695	4625	793
烟草制品批发	1	239481	34318	37382	19647	237
其他食品批发	4	12150	2114	1894	520	38
纺织、服装及家庭用品批发	69	845840	215681	22734	12468	2046
纺织品、针织品及原料批发	19	75289	18448	9722	4479	739
服装批发	23	86908	29787	5719	4169	782
鞋帽批发	3	9513	3067	337	289	16
化妆品及卫生用品批发	7	25355	9695	1336	1013	79
厨具卫具及日用杂品批发	1	7541	3014	1934	489	154
灯具、装饰物品批发	2	3034	331	57	35	10
家用视听设备批发	3	496	170	8	4	-3
日用家电批发	9	633296	147855	2723	1222	104
其他家庭用品批发	2	4408	3315	899	767	165
文化、体育用品及器材批发	14	351329	52817	31712	11154	1284
文具用品批发	8	56482	16246	932	588	52
体育用品及器材批发	1	10762	9736	608	335	96
图书批发	2	272284	24291	29370	9536	1072
首饰、工艺品及收藏品批发	2	9218	2543	753	650	62
其他文化用品批发	1	2584	1	50	45	1
医药及医疗器材批发	109	2800801	547892	159590	44885	8933
西药批发	55	2399219	476851	139561	36991	7064
中药批发	17	154840	34565	8766	2725	304
动物用药品批发	4	5829	661	301	186	22
医疗用品及器材批发	33	240913	35816	10962	4984	1543
矿产品、建材及化工产品批发	202	8466965	589891	225258	92086	15870
煤炭及制品批发	27	3935498	239394	27792	4903	1580
石油及制品批发	21	356119	46707	122943	65377	9070

注：本表为不含辛集数据

11—9 续表 1　　（2019 年）　　计量单位：个、万元

指标名称	企业数	流动资产合计	# 存货	固定资产原价	累计折旧	# 本年折旧
非金属矿及制品批发	1	2990	103	0	0	0
金属及金属矿批发	48	3551722	167648	41077	12152	2809
建材批发	18	50240	11242	1194	731	210
化肥批发	6	258511	69638	21882	2883	527
农药批发	9	29322	16548	447	353	44
其他化工产品批发	72	282563	38612	9923	5688	1630
机械设备、五金产品及电子产品批发	100	654103	192570	35937	21100	3003
农业机械批发	4	5759	2108	1038	528	51
汽车及零配件批发	25	181996	41073	9275	5294	875
五金产品批发	10	105181	12466	5371	3755	389
电气设备批发	5	20040	2485	1690	1100	168
计算机、软件及辅助设备批发	12	48003	6468	1674	741	133
通讯设备批发	10	30811	10410	240	177	23
其他机械设备及电子产品批发	34	262314	117560	16651	9505	1364
贸易经纪与代理	4	30130	3525	1967	660	95
贸易代理	4	30130	3525	1967	660	95
其他批发业	7	21110	137	4393	1650	664
其他未列明批发业	7	21110	137	4393	1650	664
内资企业	571	13943113	1719018	586525	221065	34917
国有企业	6	273899	40249	45065	22754	301
集体企业	2	127508	1677	34594	4098	908
有限责任公司	135	6498410	944862	267562	112470	15577
国有独资公司	14	725153	52713	14601	5138	720
其他有限责任公司	121	5773257	892149	252961	107332	14858
股份有限公司	10	3943749	232244	37424	10163	1745
私营企业	418	3099547	499986	201879	71581	16386
私营独资企业	1	1523	626	30	29	
私营合伙企业	1	87	27	570	99	42
私营有限责任公司	413	3087075	494480	199243	70870	16184
私营股份有限公司	3	10863	4853	2036	582	160
国有控股	56	8884995	738426	222890	94669	8214
集体控股	6	206166	6295	42398	8902	1432
私人控股	495	4316781	826753	291680	107021	23635
其他	14	535170	147544	29557	10473	1635
独立门店	467	8787266	1282279	475226	177454	25816
连锁总店（总部）	3	23359	8292	36019	15800	3117
其他	101	5132488	428447	75280	27811	5984
大型	13	7964182	737420	200927	72333	9252
中型	212	4412328	756535	331781	126006	20412
小型	294	1467082	202977	52648	21508	5109
微型	52	99520	22085	1170	1218	143
城镇	552	13630962	1678591	536641	200766	30771
其中：城区	356	10982902	1254327	310173	130379	20838
乡村	19	312150	40426	49884	20300	4146

11—9 续表 2　　（2019 年）　　计量单位：万元

指标名称	资产总计	负债合计	所有者权益合计	
				# 实收资本
总　计	**19891576**	**12696768**	**7193019**	**1977752**
农、林、牧、渔产品批发	284541	196578	87963	38060
谷物、豆及薯类批发	166743	104707	62036	19770
种子批发	32471	18057	14414	12486
畜牧渔业饲料批发	7784	6487	1297	675
棉、麻批发	47896	42506	5391	2560
林业产品批发	14315	11237	3077	1920
牲畜批发	4421	4157	265	100
其他农牧产品批发	10911	9427	1485	550
食品、饮料及烟草制品批发	727985	376932	351053	34794
米、面制品及食用油批发	98917	86441	12476	7168
糕点、糖果及糖批发	5843	5000	844	1000
果品、蔬菜批发	3683	2694	989	1200
肉、禽、蛋、奶及水产品批发	5416	4953	464	850
盐及调味品批发	244590	162700	81891	14420
营养和保健品批发	2162	2248	–86	300
酒、饮料及茶叶批发	86912	51299	35613	5278
烟草制品批发	266936	44089	222848	2307
其他食品批发	13524	17509	–3984	2271
纺织、服装及家庭用品批发	875442	695182	180260	55959
纺织品、针织品及原料批发	81531	59881	21651	16424
服装批发	93257	69004	24253	19603
鞋帽批发	9561	8352	1209	551
化妆品及卫生用品批发	28915	19117	9799	7386
厨具卫具及日用杂品批发	10375	9285	1090	955
灯具、装饰物品批发	3055	2436	620	682
家用视听设备批发	503	3424	–2921	738
日用家电批发	643693	520699	122994	8120
其他家庭用品批发	4551	2985	1566	1500
文化、体育用品及器材批发	592070	320285	271784	15721
文具用品批发	57690	43389	14302	6579
体育用品及器材批发	12096	2960	9137	1100
图书批发	510070	263223	246847	7242
首饰、工艺品及收藏品批发	9624	8405	1219	500
其他文化用品批发	2589	2309	280	300
医药及医疗器材批发	3088142	2689953	398189	261636
西药批发	2669641	2358426	311214	162803
中药批发	156934	134846	22088	66900
动物用药品批发	6190	4983	1207	250
医疗用品及器材批发	255378	191698	63680	31683
矿产品、建材及化工产品批发	13529470	7795717	5732280	1457449
煤炭及制品批发	8400398	3288044	5112353	1086849
石油及制品批发	635940	390238	245703	121095
非金属矿及制品批发	2990	680	2310	

11—9 续表 3　　（2019 年）　　计量单位：万元

指标名称	资产总计	负债合计	所有者权益合计	#实收资本
金属及金属矿批发	3815478	3582177	233301	161292
建材批发	50798	39084	11713	8928
化肥批发	297497	259684	36457	11060
农药批发	30999	26647	4352	2449
其他化工产品批发	295370	209163	86091	65777
机械设备、五金产品及电子产品批发	731799	574734	156749	88508
农业机械批发	6435	4985	1450	1110
汽车及零配件批发	191030	166138	24892	17870
五金产品批发	148705	106734	41971	12107
电气设备批发	20824	14460	6364	2228
计算机、软件及辅助设备批发	48976	28457	20203	10403
通讯设备批发	32542	22171	10371	12250
其他机械设备及电子产品批发	283288	231790	51498	32541
贸易经纪与代理	31599	27420	4178	3150
贸易代理	31599	27420	4178	3150
其他批发业	30529	19967	10562	22473
其他未列明批发业	30529	19967	10562	22473
内资企业	19891576	12696768	7193019	1977752
国有企业	306116	79554	226562	7349
集体企业	217413	151547	65865	12170
有限责任公司	7592837	6379674	1212987	476968
国有独资公司	815761	664915	150846	71280
其他有限责任公司	6777076	5714758	1062141	405689
股份有限公司	8424027	3308365	5115662	1084169
私营企业	3351184	2777628	571943	397096
私营独资企业	1524	1578	–53	30
私营合伙企业	557	99	458	500
私营有限责任公司	3333811	2763479	568718	390360
私营股份有限公司	15291	12472	2819	6205
国有控股	14169298	7989277	6180021	1386898
集体控股	312227	216238	95988	18148
私人控股	4754265	3896840	855635	533038
其他	655786	594412	61374	39668
独立门店	10067449	8243722	1821938	695487
连锁总店（总部）	128075	88586	39489	30000
其他	9696052	4364460	5331592	1252265
大型	13206426	7175796	6030630	1243526
中型	5015668	4165464	850204	465673
小型	1563113	1270273	292840	253023
微型	106369	85235	19345	15529
城镇	19483902	12420477	7061637	1918232
其中：城区	16258697	9808622	6448543	1711009
乡村	407674	276291	131382	59520

11—9 续表 4　　（2019 年）　　计量单位：万元

指标名称	主营业务收入	主营业务税金及附加	其他业务利润
总　计	**33261057**	**146838**	**17767**
农、林、牧、渔产品批发	407141	249	306
谷物、豆及薯类批发	153015	36	142
种子批发	21821	22	164
畜牧渔业饲料批发	64544	22	
棉、麻批发	137046	60	
林业产品批发	8559	18	
牲畜批发	10872	81	
其他农牧产品批发	11284	11	
食品、饮料及烟草制品批发	1273500	119954	3270
米、面制品及食用油批发	142718	63	2871
糕点、糖果及糖批发	21311	9	
果品、蔬菜批发	19110	8	
肉、禽、蛋、奶及水产品批发	30193	86	37
盐及调味品批发	46606	339	
营养和保健品批发	4888	44	
酒、饮料及茶叶批发	119542	496	42
烟草制品批发	848900	118857	291
其他食品批发	40232	54	30
纺织、服装及家庭用品批发	1428932	1164	395
纺织品、针织品及原料批发	307626	278	175
服装批发	222836	147	26
鞋帽批发	18916	13	85
化妆品及卫生用品批发	75982	103	80
厨具卫具及日用杂品批发	12386	22	
灯具、装饰物品批发	13633	8	
家用视听设备批发	17904	32	3
日用家电批发	738901	521	26
其他家庭用品批发	20748	41	
文化、体育用品及器材批发	622611	768	
文具用品批发	116063	170	
体育用品及器材批发	30930	106	
图书批发	436423	479	
首饰、工艺品及收藏品批发	21222	7	
其他文化用品批发	17973	6	
医药及医疗器材批发	5554754	11038	3475
西药批发	4859217	9674	3396
中药批发	346011	449	
动物用药品批发	32278	18	
医疗用品及器材批发	317249	897	79
矿产品、建材及化工产品批发	21476002	11805	2763
煤炭及制品批发	2520807	2099	472
石油及制品批发	1628332	1539	784
非金属矿及制品批发	3377	25	
金属及金属矿批发	15481658	6862	741

11—9 续表 5　　（2019 年）　　计量单位：万元

指标名称	主营业务收入	主营业务税金及附加	其他业务利润
建材批发	217786	279	
化肥批发	551699	159	0
农药批发	85945	33	101
其他化工产品批发	986397	810	666
机械设备、五金产品及电子产品批发	2392523	1807	7491
农业机械批发	14294	3	
汽车及零配件批发	482492	277	7116
五金产品批发	215324	63	73
电气设备批发	76508	97	
计算机、软件及辅助设备批发	163435	210	
通讯设备批发	216577	127	
其他机械设备及电子产品批发	1223893	1030	303
贸易经纪与代理	73509	29	68
贸易代理	73509	29	68
其他批发业	32085	25	-2
其他未列明批发业	32085	25	-2
内资企业	33261057	146838	17767
国有企业	989596	119153	321
集体企业	13461	278	
有限责任公司	16535383	13618	6759
国有独资公司	1768985	3468	214
其他有限责任公司	14766398	10150	6545
股份有限公司	2067782	2111	778
私营企业	13654834	11678	9909
私营独资企业	3102	2	
私营合伙企业	1086	1	
私营有限责任公司	13628657	11651	9909
私营股份有限公司	21990	24	
国有控股	15260410	129277	2726
集体控股	204592	644	1075
私人控股	16720372	14587	13877
其他	1075684	2331	89
独立门店	26572604	138964	15746
连锁总店（总部）	168707	35	
其他	6519747	7840	2021
大型	11795362	126164	812
中型	16680072	14603	15906
小型	4493256	5822	647
微型	292368	249	402
城镇	31735563	142934	17573
其中：城区	20273115	134207	9828
乡村	1525494	3904	194

11—9 续表 6 （2019 年） 计量单位：万元

指标名称	销售费用	管理费用	财务费用	# 利息支出
总 计	**656972**	**246323**	**107975**	**154649**
农、林、牧、渔产品批发	7310	6333	4395	3896
谷物、豆及薯类批发	2713	2187	3502	3087
种子批发	1229	2388	254	244
畜牧渔业饲料批发	1453	470	28	2
棉、麻批发	465	554	470	534
林业产品批发	525	177	117	7
牲畜批发	884	85	23	22
其他农牧产品批发	40	472	0	
食品、饮料及烟草制品批发	34798	36439	2461	10357
米、面制品及食用油批发	2352	1948	1686	1291
糕点、糖果及糖批发		68	1	
果品、蔬菜批发	592	233	35	8
肉、禽、蛋、奶及水产品批发	5889	1097	1	6
盐及调味品批发	1445	5157	6907	9029
营养和保健品批发	3050	80	–4	
酒、饮料及茶叶批发	6629	3400	–124	11
烟草制品批发	14516	23478	–6412	
其他食品批发	327	979	371	12
纺织、服装及家庭用品批发	42667	23047	3552	2249
纺织品、针织品及原料批发	9253	6302	1087	1035
服装批发	11340	6764	797	128
鞋帽批发	1042	565	–33	–1
化妆品及卫生用品批发	5123	4169	142	106
厨具卫具及日用杂品批发	480	789	41	
灯具、装饰物品批发	8	602	5	4
家用视听设备批发	1456	200	1	
日用家电批发	12839	3483	1515	978
其他家庭用品批发	1127	173	–1	
文化、体育用品及器材批发	16770	15125	177	590
文具用品批发	1623	2670	447	503
体育用品及器材批发	2723	2197	42	
图书批发	8820	8687	–621	0
首饰、工艺品及收藏品批发	2746	1066	171	86
其他文化用品批发	858	505	138	
医药及医疗器材批发	388334	72336	18536	24211
西药批发	353441	51832	15993	22344
中药批发	9548	3945	701	136
动物用药品批发	137	541	57	1
医疗用品及器材批发	25208	16019	1785	1730
矿产品、建材及化工产品批发	112936	60151	75623	111688
煤炭及制品批发	14728	8354	12755	36279
石油及制品批发	46054	13346	5451	4174

11—9 续表 7　　　　（2019 年）　　　　计量单位：万元

指标名称	销售费用	管理费用	财务费用	# 利息支出
非金属矿及制品批发		39	-63	-72
金属及金属矿批发	20091	20974	51936	64158
建材批发	6413	2651	780	378
化肥批发	1952	2780	1662	5042
农药批发	2238	1403	-107	16
其他化工产品批发	21461	10605	3210	1713
机械设备、五金产品及电子产品批发	49996	30563	2732	1557
农业机械批发	295	435	154	
汽车及零配件批发	5159	5868	588	364
五金产品批发	7635	4789	61	6
电气设备批发	4083	1289	104	46
计算机、软件及辅助设备批发	2637	2127	257	242
通讯设备批发	3117	1305	106	102
其他机械设备及电子产品批发	27071	14750	1462	798
贸易经纪与代理	2951	1332	367	49
贸易代理	2951	1332	367	49
其他批发业	1209	996	133	52
其他未列明批发业	1209	996	133	52
内资企业	656972	246323	107975	154649
国有企业	17705	25458	-6360	141
集体企业	735	2988	8521	8660
有限责任公司	415025	100665	65435	67189
国有独资公司	130837	11153	10649	8380
其他有限责任公司	284188	89512	54786	58810
股份有限公司	8285	12253	11705	36311
私营企业	215223	104959	28674	42347
私营独资企业		382	0	0
私营合伙企业	62	7	0	
私营有限责任公司	214510	103680	28564	42279
私营股份有限公司	651	890	111	68
国有控股	197022	84819	62356	98957
集体控股	4568	4580	8740	9194
私人控股	322690	149025	35447	46460
其他	132692	7899	1434	38
独立门店	562666	197691	78135	104363
连锁总店（总部）	27896	8474	2354	1782
其他	66410	40157	27487	48504
大型	195556	77821	38038	65614
中型	379670	123551	60319	82632
小型	76162	42324	9612	6494
微型	5585	2627	7	-92
城镇	630881	243505	106240	153877
其中：城区	394174	179286	78789	106620
乡村	26091	2818	1736	771

11—9 续表 8 （2019 年） 计量单位：万元

指标名称	营业利润	利润总额	应交所得税	应付职工薪酬（本年贷方累计发生额）	应交增值税
总 计	**322546**	**339105**	**62683**	**184934**	**181331**
农、林、牧、渔产品批发	-1135	390	679	3818	212
谷物、豆及薯类批发	-3858	-2995	66	1556	-96
种子批发	-51	239	0	451	10
畜牧渔业饲料批发	77	102	11	274	37
棉、麻批发	1726	2074	574	561	95
林业产品批发	587	587	9	145	2
牲畜批发	127	127	11	391	67
其他农牧产品批发	257	257	8	441	96
食品、饮料及烟草制品批发	100193	103334	27198	14335	38610
米、面制品及食用油批发	-558	766	42	1261	153
糕点、糖果及糖批发	44	44	2	42	17
果品、蔬菜批发	78	101	5	151	12
肉、禽、蛋、奶及水产品批发	-636	-464	55	3243	572
盐及调味品批发	-3436	-1185	899	331	773
营养和保健品批发	-465	-467	5	1382	347
酒、饮料及茶叶批发	8244	7616	1894	2918	1371
烟草制品批发	96424	96426	24131	4579	35117
其他食品批发	497	497	165	429	248
纺织、服装及家庭用品批发	12619	14188	2159	22362	5805
纺织品、针织品及原料批发	97	825	260	5771	576
服装批发	1311	1417	269	5610	596
鞋帽批发	87	127	9	588	59
化妆品及卫生用品批发	-1285	-1100	297	3222	656
厨具卫具及日用杂品批发	182	183	20	501	185
灯具、装饰物品批发	7	7	0	203	30
家用视听设备批发	-149	-88	1	1503	105
日用家电批发	12227	12675	1281	4440	3309
其他家庭用品批发	141	142	22	524	290
文化、体育用品及器材批发	25564	28215	771	12903	3083
文具用品批发	1470	1459	17	1608	1155
体育用品及器材批发	4427	4488	674	119	767
图书批发	19420	21993	1	10632	1158
首饰、工艺品及收藏品批发	221	226	77	345	1
其他文化用品批发	26	48	2	199	2
医药及医疗器材批发	107919	107459	18868	60619	70760
西药批发	87922	87343	15177	47975	62242
中药批发	3884	3871	909	4362	1721
动物用药品批发	264	268	22	208	123
医疗用品及器材批发	15849	15976	2761	8075	6674
矿产品、建材及化工产品批发	60591	68847	9190	41692	54875
煤炭及制品批发	51883	52265	-374	6502	8614
石油及制品批发	20007	20114	3464	10129	5504

11—9 续表 9　　（2019 年）　　计量单位：万元

指标名称	营业利润	利润总额	应交所得税	应付职工薪酬（本年贷方累计发生额）	应交增值税
非金属矿及制品批发	387	387	5	24	463
金属及金属矿批发	-16040	-8709	4662	16348	37362
建材批发	1626	1699	266	808	278
化肥批发	-5385	-5385	70	1345	27
农药批发	956	1024	183	943	45
其他化工产品批发	7157	7454	915	5593	2583
机械设备、五金产品及电子产品批发	16682	16577	3772	27320	7944
农业机械批发	94	88	4	173	1
汽车及零配件批发	1501	1526	288	4295	2049
五金产品批发	3503	3547	1162	2281	48
电气设备批发	967	969	271	2367	427
计算机、软件及辅助设备批发	1292	1341	242	1308	983
通讯设备批发	1170	1162	225	2063	617
其他机械设备及电子产品批发	8156	7945	1581	14834	3819
贸易经纪与代理	486	508	43	665	118
贸易代理	486	508	43	665	118
其他批发业	-371	-412	4	1220	-76
其他未列明批发业	-371	-412	4	1220	-76
内资企业	322546	339105	62683	184934	181331
国有企业	96364	96832	24592	7186	35496
集体企业	-4077	-2293	520	192	384
有限责任公司	113187	120111	24082	107379	79985
国有独资公司	22664	25082	4557	19384	23117
其他有限责任公司	90523	95029	19525	87995	56868
股份有限公司	47988	48357	-755	8731	2482
私营企业	69085	76099	14244	61448	62983
私营独资企业	21	16		18	1
私营合伙企业	10	11		26	0
私营有限责任公司	68927	75946	14223	60794	62453
私营股份有限公司	127	126	22	610	530
国有控股	226941	233475	38541	75511	91019
集体控股	-1095	1036	1441	1680	548
私人控股	84048	91745	19440	95080	73754
其他	12653	12849	3260	12664	16010
独立门店	246397	256478	55619	148369	134133
连锁总店（总部）	-10845	-10834	-1975	5162	313
其他	86995	93461	9039	31404	46885
大型	221443	224316	33103	55956	70175
中型	68819	73426	22651	102749	60637
小型	31469	40545	6729	25546	49042
微型	815	818	200	683	1476
城镇	306855	317886	57596	180641	150064
其中：城区	261309	264356	46995	129686	113560
乡村	15691	21219	5087	4294	31267

全市限额以上零售贸易企业财务状况

11—10　　　　（2019 年）　　　　计量单位：个、万元

指标名称	企业数	流动资产合计	#存货	固定资产原价	累计折旧	#本年折旧
总　计	**348**	**2612005**	**865227**	**1198594**	**376721**	**64755**
综合零售	54	799244	309988	648040	203594	30565
百货零售	33	742680	296266	609111	178919	29356
超级市场零售	16	26204	11303	29925	20137	414
便利店零售	3	27917	1403	8231	4259	514
其他综合零售	2	2445	1016	773	281	281
食品、饮料及烟草制品专门零售	21	76426	21967	180059	4593	1692
粮油零售	6	11207	5228	7511	1717	451
糕点、面包零售	3	16941	2042	165399	780	366
果品、蔬菜零售	2	3125	493	1630	441	83
肉、禽、蛋、奶及水产品零售	2	7926	26	971	63	46
营养和保健品零售	1	2537		59	15	15
酒、饮料及茶叶零售	5	32184	13386	3186	1382	715
其他食品零售	2	2506	792	1303	196	17
纺织、服装及日用品专门零售	19	63083	33557	7938	3648	1034
纺织品及针织品零售	1	349		0	0	0
服装零售	11	31636	19953	1988	943	144
鞋帽零售	2	19046	7825	1417	755	686
化妆品及卫生用品零售	3	5854	5523	4151	1683	145
钟表、眼镜零售	1	287	256	186	145	15
其他日用品零售	1	5911		196	122	44
文化、体育用品及器材专门零售	11	110354	52223	16953	9323	3092
文具用品零售	2	1193	519	5	5	0
图书、报刊零售	2	38437	2732	11024	4991	263
音像制品、电子和数字出版物零售	1	7782	2016	1326	889	
珠宝首饰零售	3	56550	42633	3862	3032	2801
乐器零售	2	5986	4312	437	367	23
其他文化用品零售	1	406	11	300	40	5
医药及医疗器材专门零售	18	157097	47500	13636	7354	1289
西药零售	14	135269	37965	9593	5296	1087
中药零售	3	8242	5945	3430	1487	189
医疗用品及器材零售	1	13586	3589	613	571	13
汽车、摩托车、零配件和燃料及其他动力销售	173	1221261	374149	314061	136349	25192
汽车新车零售	131	916956	339104	168688	66914	18080

11—10 续表 1　（2019 年）　计量单位：个、万元

指标名称	企业数	流动资产合计	#存货	固定资产原价	累计折旧	#本年折旧
汽车零配件零售	2	26783	5591	2737	200	49
摩托车及零配件零售	1	559	447	36	0	0
机动车燃油零售	37	272515	28854	135150	66426	6769
机动车燃气零售	2	4448	154	7450	2808	293
家用电器及电子产品专门零售	39	164496	21651	5109	3240	1418
家用视听设备零售	20	129410	9427	1757	1230	516
日用家电零售	7	12940	2260	1133	729	59
计算机、软件及辅助设备零售	4	6387	3381	1446	785	785
通信设备零售	7	14938	6488	764	488	59
其他电子产品零售	1	820	95	9	9	0
五金、家具及室内装饰材料专门零售	6	10173	3291	703	407	68
五金零售	1	1230	130			
家具零售	3	5783	1131	570	297	57
涂料零售	1	922	922	9	5	5
木质装饰材料零售	1	2239	1108	124	105	6
货摊、无店铺及其他零售业	7	9870	903	12094	8212	405
互联网零售	3	2167	650	155	49	18
生活用燃料零售	3	7649	249	11940	8163	387
宠物食品用品零售	1	55	5			
内资企业	342	2463105	813605	1033088	303690	57961
国有企业	1	6632	237	11785	8015	373
集体企业	8	8431	945	2108	853	275
股份合作企业	3	1174	85	217	124	14
有限责任公司	118	1002670	380576	422818	156027	35306
国有独资公司	6	53935	11352	20461	7485	762
其他有限责任公司	112	948735	369224	402357	148541	34544
股份有限公司	3	446272	99411	205364	79884	3589
私营企业	209	997928	332352	390797	58788	18404
私营独资企业	15	2929	750	1418	398	90
私营合伙企业	7	1730	250	334	88	66
私营有限责任公司	186	991852	330569	389028	58293	18247
私营股份有限公司	1	1416	783	16	10	1
港、澳、台商投资企业	4	49718	21898	74403	27675	3380
合资经营企业（港或澳、台资）	1	29175	2694	67506	24947	2190
港、澳、台商独资经营企业	3	20543	19204	6897	2728	1190

11—10 续表 2　　（2019 年）　　计量单位：个、万元

指标名称	企业数	流动资产合计	# 存货	固定资产原价	累计折旧	# 本年折旧
外商投资企业	2	99182	29724	91102	45356	3414
中外合资经营企业	1	87681	23706	79807	37577	4092
外资企业	1	11501	6019	11296	7779	-677
国有控股	33	586338	163545	291341	158374	17040
集体控股	15	48067	10847	18970	11158	1245
私人控股	273	1439758	494400	478947	91880	26896
港澳台商控股	3	20543	19204	6897	2728	1190
外商控股	3	83416	45530	27621	12925	1954
其他	21	433884	131701	374817	99656	16430
独立门店	307	1593222	587545	713757	210959	38178
连锁总店（总部）	24	894584	215899	328847	139860	11119
连锁直营店	2	4779	63	1167	704	67
连锁加盟店	2	48586	37283	3652	2847	2800
其他	13	70834	24438	151171	22351	12592
大型	25	1078201	317036	499215	209761	24857
中型	125	1183085	439511	649208	147000	34944
小型	145	272651	98865	46510	18075	4407
微型	53	78068	9815	3661	1884	547
有店铺零售	339	2601545	859754	1194136	375330	64580
便利店	4	28169	1427	8252	4269	524
超市	18	11749	5399	2477	873	537
大型超市	6	88418	48501	38070	22119	2540
百货店	30	658402	280684	410718	135830	17323
专业店	132	872942	165563	208141	103039	13248
专卖店	140	872617	342787	333088	65655	17831
家居建材商店	1	135	90	51	2	0
购物中心	4	63238	11035	193071	43477	12562
厂家直销中心	4	5874	4267	268	65	14
无店铺零售	9	10460	5473	4458	1392	175
网上商店	4	2217	650	156	49	18
其他	5	8244	4824	4303	1343	157
城镇	8	5781	1464	1515	260	41
其中：城区	4	4221	1314	127	74	40
乡村	1	4680	4010	2943	1132	134

11—10 续表 3　　（2019 年）　　计量单位：万元

指标名称	资产总计	负债合计	所有者权益合计	# 实收资本
总　计	**9923640**	**8464463**	**1457518**	**1239688**
综合零售	7492930	6667668	825202	872320
百货零售	7387166	6530158	857008	738066
超级市场零售	47388	90391	–43063	123972
便利店零售	55447	44897	10550	10120
其他综合零售	2929	2222	707	163
食品、饮料及烟草制品专门零售	95968	69323	26702	13694
粮油零售	21215	16899	4316	2306
糕点、面包零售	20347	21005	–658	2280
果品、蔬菜零售	4314	2689	1625	800
肉、禽、蛋、奶及水产品零售	9168	7873	1296	600
营养和保健品零售	2581	2502	79	80
酒、饮料及茶叶零售	34258	15040	19218	7551
其他食品零售	4086	3316	827	77
纺织、服装及日用品专门零售	74829	61269	13560	14835
纺织品及针织品零售	349	304	45	30
服装零售	35630	38795	–3165	9170
鞋帽零售	20367	12779	7588	2928
化妆品及卫生用品零售	12153	5345	6808	2157
钟表、眼镜零售	330	237	94	50
其他日用品零售	6000	3810	2190	500
文化、体育用品及器材专门零售	142510	93500	49010	12888
文具用品零售	1194	280	914	400
图书、报刊零售	51505	23852	27652	2120
音像制品、电子和数字出版物零售	15372	10919	4452	4568
珠宝首饰零售	67714	53377	14336	4400
乐器零售	6069	4804	1266	1100
其他文化用品零售	657	267	390	300
医药及医疗器材专门零售	263921	132453	131468	92696
西药零售	239492	113640	125852	83046
中药零售	10801	5358	5443	9550
医疗用品及器材零售	13628	13454	174	100
汽车、摩托车、零配件和燃料及其他动力销售	1655287	1275875	377798	188314
汽车新车零售	1068385	901080	166177	164243
汽车零配件零售	29335	23051	6283	1501

11—10 续表 4　　（2019 年）　　计量单位：万元

指标名称	资产总计	负债合计	所有者权益合计	#实收资本
摩托车及零配件零售	598	592	5	
机动车燃油零售	546957	346481	199990	22270
机动车燃气零售	10012	4670	5342	300
家用电器及电子产品专门零售	173122	139077	34006	32189
家用视听设备零售	130411	124458	5915	6606
日用家电零售	17712	8015	9698	7886
计算机、软件及辅助设备零售	7044	4534	2510	2325
通信设备零售	17134	1997	15136	15072
其他电子产品零售	820	73	748	300
五金、家具及室内装饰材料专门零售	10480	5261	5219	3622
五金零售	1230	1211	19	
家具零售	6064	2387	3677	2322
涂料零售	926	58	868	800
木质装饰材料零售	2262	1606	655	500
货摊、无店铺及其他零售业	14594	20039	-5448	9131
互联网零售	2795	1623	1170	483
生活用燃料零售	11734	18361	-6627	8648
宠物食品用品零售	65	55	10	
内资企业	9544472	8276003	1266810	1173333
国有企业	10459	18150	-7690	7648
集体企业	9866	6419	3434	1056
股份合作企业	1933	847	1087	205
有限责任公司	1531952	1010058	521950	443021
国有独资公司	78162	47156	31007	4400
其他有限责任公司	1453790	962903	490944	438621
股份有限公司	639470	635680	3790	
私营企业	7350791	6604850	744240	721404
私营独资企业	4532	2502	1816	800
私营合伙企业	2073	1392	681	182
私营有限责任公司	7342761	6599848	741427	720122
私营股份有限公司	1425	1109	316	300
港、澳、台商投资企业	106941	46383	60558	13355
合资经营企业（港或澳、台资）	76994	29408	47586	5500
港、澳、台商独资经营企业	29947	16974	12972	7855
外商投资企业	272227	142077	130150	53000

11—10 续表 5 （2019 年） 计量单位：万元

指标名称	资产总计	负债合计	所有者权益合计	# 实收资本
中外合资经营企业	254466	77404	177062	
外资企业	17761	64673	–46912	53000
国有控股	949689	620488	329202	57577
集体控股	57088	24948	32126	18130
私人控股	7979456	7076155	901656	932509
港澳台商控股	29947	16974	12972	7855
外商控股	120496	138928	–18431	73100
其他	786964	586971	199993	150517
独立门店	8167710	7173377	992677	897827
连锁总店（总部）	1424382	1123554	300828	177213
连锁直营店	11072	12072	–1000	4636
连锁加盟店	59714	50375	9339	1020
其他	260763	105086	155675	158993
大型	1740234	1219374	520860	219131
中型	7777742	6934177	843566	926480
小型	322038	251530	70482	77708
微型	83627	59382	22611	16369
有店铺零售	9908880	8458346	1448877	1235221
便利店	55710	44904	10806	10226
超市	14475	13220	1195	2355
大型超市	133325	151274	–17950	142260
百货店	7100485	6434243	666229	580116
专业店	1319697	892475	426710	187633
专卖店	1027257	846854	179332	171103
家居建材商店	190	50	140	100
购物中心	251668	70367	181302	140800
厂家直销中心	6074	4959	1114	630
无店铺零售	14760	6117	8641	4467
网上商店	2845	1623	1220	483
其他	11915	4494	7421	3984
城镇	7711	4579	3129	1467
其中：城区	4289	2678	1611	1232
乡村	7050	1538	5512	3000

11—10 续表 6　　（2019 年）　　计量单位：万元

指标名称	主营业务收入	主营业务税金及附加	其他业务利润
总　计	**8433022**	**36826**	**85757**
综合零售	3595971	26103	49651
百货零售	3418537	25237	43768
超级市场零售	99563	604	2669
便利店零售	74346	236	3214
其他综合零售	3525	26	
食品、饮料及烟草制品专门零售	132891	421	340
粮油零售	13475	4	
糕点、面包零售	17712	73	11
果品、蔬菜零售	2650	1	
肉、禽、蛋、奶及水产品零售	34820	121	
营养和保健品零售	7497	2	
酒、饮料及茶叶零售	54812	217	329
其他食品零售	1925	3	
纺织、服装及日用品专门零售	237383	1114	5279
纺织品及针织品零售	999	1	
服装零售	75381	585	1401
鞋帽零售	93118	260	2809
化妆品及卫生用品零售	55200	241	1070
钟表、眼镜零售	1170	4	
其他日用品零售	11515	23	
文化、体育用品及器材专门零售	118815	583	233
文具用品零售	3051	11	
图书、报刊零售	42165	271	
音像制品、电子和数字出版物零售	2856	29	233
珠宝首饰零售	54078	201	
乐器零售	16297	69	
其他文化用品零售	369	3	
医药及医疗器材专门零售	248089	1013	2350
西药零售	227393	991	2350
中药零售	13045	19	
医疗用品及器材零售	7651	3	
汽车、摩托车、零配件和燃料及其他动力销售	3813888	6787	25477
汽车新车零售	2700001	5205	23112
汽车零配件零售	76165	114	772

11—10 续表 7　　（2019 年）　　计量单位：万元

指标名称	主营业务收入	主营业务税金及附加	其他业务利润
摩托车及零配件零售	1762	1	
机动车燃油零售	1003737	1370	1594
机动车燃气零售	32223	98	
家用电器及电子产品专门零售	241082	600	48
家用视听设备零售	112921	231	4
日用家电零售	88278	321	
计算机、软件及辅助设备零售	11430	20	
通信设备零售	25831	21	
其他电子产品零售	2623	7	45
五金、家具及室内装饰材料专门零售	29496	125	
五金零售	5410	4	
家具零售	12646	65	
涂料零售	1387	2	
木质装饰材料零售	10053	54	
货摊、无店铺及其他零售业	15408	81	2378
互联网零售	7845	5	
生活用燃料零售	6834	75	2378
宠物食品用品零售	729	1	
内资企业	7386834	33418	75689
国有企业	3296	74	2378
集体企业	16836	90	
股份合作企业	5339	32	
有限责任公司	2777824	11527	46805
国有独资公司	56217	314	12
其他有限责任公司	2721607	11213	46792
股份有限公司	1125598	15692	1223
私营企业	3457941	6002	25284
私营独资企业	16707	219	
私营合伙企业	8157	21	
私营有限责任公司	3430765	5756	25284
私营股份有限公司	2312	6	
港、澳、台商投资企业	289037	2600	10067
合资经营企业（港或澳、台资）	146547	2161	9274
港、澳、台商独资经营企业	142490	439	793

11—10 续表 8　　（2019 年）　　计量单位：万元

指标名称	主营业务收入	主营业务税金及附加	其他业务利润
外商投资企业	757151	809	1
中外合资经营企业	701342	780	
外资企业	55808	29	1
国有控股	1630528	4731	19618
集体控股	105805	381	1004
私人控股	4775386	10210	32196
港澳台商控股	142490	439	793
外商控股	337037	621	17585
其他	1441776	20445	14561
独立门店	5513385	15712	58276
连锁总店（总部）	2536354	18529	26405
连锁直营店	81371	179	
连锁加盟店	48989	179	
其他	252924	2228	1076
大型	3272209	25250	46481
中型	4444909	9919	35064
小型	588390	1277	4212
微型	127515	381	
有店铺零售	8410967	36798	85757
便利店	77127	236	3214
超市	35310	197	724
大型超市	337685	998	19529
百货店	2923067	21295	15907
专业店	2032315	4252	12481
专卖店	2695620	5826	23625
家居建材商店	1232	10	
购物中心	297189	3979	10278
厂家直销中心	11423	6	
无店铺零售	22055	29	
网上商店	8565	10	
其他	13491	19	
城镇	18154	29	
其中：城区	14562	19	
乡村	3901	0	

11—10 续表 9　　（2019 年）　　计量单位：万元

指标名称	销售费用	管理费用	财务费用	# 利息支出
总　计	**507151**	**316615**	**56451**	**20926**
综合零售	216057	209224	32507	9907
百货零售	192203	197563	29684	7195
超级市场零售	16191	6536	2164	2067
便利店零售	7440	4750	657	645
其他综合零售	223	376	1	
食品、饮料及烟草制品专门零售	14318	7969	998	909
粮油零售	721	1699	248	219
糕点、面包零售	2755	2973	390	371
果品、蔬菜零售	29	113	118	118
肉、禽、蛋、奶及水产品零售	8999	58	–5	1
营养和保健品零售	48	658		
酒、饮料及茶叶零售	1628	2359	155	109
其他食品零售	138	109	92	92
纺织、服装及日用品专门零售	36878	7367	589	519
纺织品及针织品零售	137	6	0	
服装零售	12819	1918	575	519
鞋帽零售	10180	1377	–142	
化妆品及卫生用品零售	11744	3274	143	
钟表、眼镜零售	116	135	7	
其他日用品零售	1883	657	6	
文化、体育用品及器材专门零售	12266	10218	63	31
文具用品零售	188	78	6	
图书、报刊零售	6124	5130	–53	
音像制品、电子和数字出版物零售	170	95	15	15
珠宝首饰零售	3648	3755	75	16
乐器零售	2112	1132	22	
其他文化用品零售	25	28	–2	
医药及医疗器材专门零售	55293	8362	643	134
西药零售	51980	7250	552	54
中药零售	2624	844	91	80
医疗用品及器材零售	689	268	0	0
汽车、摩托车、零配件和燃料及其他动力销售	142615	62353	20829	9108
汽车新车零售	77010	53354	15238	8538
汽车零配件零售	2103	888	450	452
摩托车及零配件零售		81	0	

11—10 续表 10　　　　（2019 年）　　　　计量单位：万元

指标名称	销售费用	管理费用	财务费用	# 利息支出
机动车燃油零售	63367	7628	5142	101
机动车燃气零售	136	402	–2	18
家用电器及电子产品专门零售	24281	8970	834	292
家用视听设备零售	11936	5224	331	15
日用家电零售	10233	2291	179	37
计算机、软件及辅助设备零售	1039	164	52	0
通信设备零售	976	1183	262	239
其他电子产品零售	97	109	9	
五金、家具及室内装饰材料专门零售	4384	378	27	23
五金零售		125	2	
家具零售	2667	20	22	18
涂料零售	83	15	1	
木质装饰材料零售	1634	219	2	5
货摊、无店铺及其他零售业	1059	1774	–39	2
互联网零售	302	886	2	2
生活用燃料零售	740	887	–42	
宠物食品用品零售	18	2	1	
内资企业	438756	298678	50509	18871
国有企业	737	796	–43	
集体企业	2359	942	139	15
股份合作企业	783	132	6	2
有限责任公司	222285	87339	15007	7741
国有独资公司	8104	5702	370	381
其他有限责任公司	214181	81637	14637	7360
股份有限公司	76315	58439	10859	5937
私营企业	136278	151030	24541	5176
私营独资企业	998	912	37	0
私营合伙企业	323	587	106	
私营有限责任公司	134927	149402	24355	5145
私营股份有限公司	30	129	43	30
港、澳、台商投资企业	21717	12944	725	

11—10 续表 11　　（2019 年）　　计量单位：万元

指标名称	销售费用	管理费用	财务费用	# 利息支出
合资经营企业（港或澳、台资）	4166	7851	467	
港、澳、台商独资经营企业	17551	5093	258	
外商投资企业	46678	4993	5217	2055
中外合资经营企业	36454	4104	3187	
外资企业	10224	889	2030	2055
国有控股	92578	32378	7450	2037
集体控股	9318	4809	–39	145
私人控股	243465	182319	31882	7342
港澳台商控股	17551	5093	258	
外商控股	56042	5477	2439	2073
其他	88196	86539	14460	9329
独立门店	214098	210660	36885	11547
连锁总店（总部）	246558	85307	18038	8689
连锁直营店	15443	1923	119	
连锁加盟店	3289	3490	384	325
其他	27763	15235	1025	365
大型	308774	109328	21413	8709
中型	161097	185335	30623	9828
小型	26257	20179	4238	2245
微型	11023	1772	177	144
有店铺零售	506462	313829	56308	20782
便利店	7446	4782	657	645
超市	2273	3614	105	1
大型超市	61634	8772	2517	2066
百货店	133437	175316	28875	7165
专业店	183038	42136	8241	1172
专卖店	102909	57821	15429	9682
家居建材商店	11	3	1	0
购物中心	15582	20897	461	50
厂家直销中心	131	488	21	
无店铺零售	689	2786	143	144
网上商店	319	891	3	2
其他	370	1896	140	143
城镇	605	2666	63	64
其中：城区	432	2550	–2	1
乡村	84	120	80	80

11—10 续表 12　　（2019 年）　　计量单位：万元

指标名称	营业利润	利润总额	应交所得税	应付职工薪酬（本年贷方累计发生额）	应交增值税
总　计	**88918**	**94728**	**24961**	**269090**	**243949**
综合零售	79097	79746	10687	113017	195619
百货零售	95272	95364	10635	102220	194794
超级市场零售	-9160	-9402	8	6324	400
便利店零售	-7018	-6234	43	4119	408
其他综合零售	3	18	1	354	18
食品、饮料及烟草制品专门零售	8064	10913	1315	5754	1954
粮油零售	-2375	145	9	1003	-1
糕点、面包零售	-741	-493	17	3174	542
果品、蔬菜零售	269	286		326	1
肉、禽、蛋、奶及水产品零售	937	958	242	66	897
营养和保健品零售	7	7	0	23	9
酒、饮料及茶叶零售	10038	10014	1048	1102	496
其他食品零售	-71	-4	0	60	10
纺织、服装及日用品专门零售	7351	8176	1934	14897	4641
纺织品及针织品零售	8	8	0	62	5
服装零售	-507	385	240	7554	1616
鞋帽零售	593	593	208	3475	2015
化妆品及卫生用品零售	4798	4729	1188	2522	809
钟表、眼镜零售	13	14	1	174	27
其他日用品零售	2446	2448	298	1110	168
文化、体育用品及器材专门零售	7449	7381	1045	13277	1059
文具用品零售	143	143	9	99	65
图书、报刊零售	3189	3124		8117	782
音像制品、电子和数字出版物零售	14	14	4	93	14
珠宝首饰零售	4007	4004	1027	4388	16
乐器零售	66	66	5	549	180
其他文化用品零售	30	30	1	31	3
医药及医疗器材专门零售	6802	6963	2673	19559	10284
西药零售	8176	8335	2670	18204	9438
中药零售	-1403.5	-1401.7	0.2	1338.4	845.8
医疗用品及器材零售	29.6	29.6	3.1	17.2	
汽车、摩托车、零配件和燃料及其他动力销售	-17169.4	-16561.4	6808.4	76354.3	24199.1
汽车新车零售	9298.8	10561.2	6409	49978.9	21276.6
汽车零配件零售	630.8	734.4	153.7	1755.1	170.7

11—10 续表 13　　（2019 年）　　计量单位：万元

指标名称	营业利润	利润总额	应交所得税	应付职工薪酬（本年贷方累计发生额）	应交增值税
摩托车及零配件零售	4.6	4.6		32.6	1
机动车燃油零售	−27452.4	−28181.6	238.6	22268.9	2132
机动车燃气零售	348.8	320	7.1	2318.8	618.8
家用电器及电子产品专门零售	−2013	−2035	257	19599	5110
家用视听设备零售	−1103	−1083	229	13082	1144
日用家电零售	−914	−808	5	5384	3665
计算机、软件及辅助设备零售	61	61	4	273	130
通信设备零售	−145	−293	15	798	123
其他电子产品零售	87	87	4	63	48
五金、家具及室内装饰材料专门零售	1057	1060	236	1478	883
五金零售	11	14	1	116	6
家具零售	865	865	195	720	430
涂料零售	95	95	4	41	20
木质装饰材料零售	87	87	36	602	428
货摊、无店铺及其他零售业	−1720	−915	5	5154	201
互联网零售	208	208	4	207	11
生活用燃料零售	−1930	−1125	1	4937	189
宠物食品用品零售	2	2		10	1
内资企业	101368	107825	20380	242809	239936
国有企业	−1950	−1145		4887	181
集体企业	500	530	164	1414	133
股份合作企业	34	55	3	144	126
有限责任公司	32534	37224	12604	100023	28317
国有独资公司	543	2989	0	8644	756
其他有限责任公司	31991	34236	12604	91379	27561
股份有限公司	52054	51680	367	44696	4790
私营企业	18196	19480	7242	91645	206389
私营独资企业	299	309	25	536	328
私营合伙企业	297	293	6	431	66
私营有限责任公司	17619	18867	7211	90646	205993
私营股份有限公司	−20	10	1	32	2

11—10 续表 14 （2019 年） 计量单位：万元

指标名称	营业利润	利润总额	应交所得税	应付职工薪酬（本年贷方累计发生额）	应交增值税
港、澳、台商投资企业	15176	15156	4581	9859	4000
合资经营企业（港或澳、台资）	12021	12080	3047	3949	1718
港、澳、台商独资经营企业	3154.9	3076.5	1533.9	5910.2	2281.9
外商投资企业	−27626.1	−28253.2		16421.5	13.3
中外合资经营企业	−20814.6	−21324.7		13751.3	13.3
外资企业	−6811.5	−6928.5		2670.2	
国有控股	−12722	−9634	4214	55080	6551
集体控股	3415	3685	780	6757	1376
私人控股	29568.8	32247.3	13760.4	137679.1	223441
港澳台商控股	3154.9	3076.5	1533.9	5910.2	2281.9
外商控股	−6043	−6134.5	−66.2	6350.4	617.6
其他	71544.6	71487	4739.2	57312.5	9681.1
独立门店	59011.6	64461.8	18730.2	158499.2	220263.2
连锁总店（总部）	31122.6	30291	4031.6	89032.3	16409.4
连锁直营店	−6818	−5935.3		7367.6	3606.7
连锁加盟店	3660.6	3655.5	1022.8	4142.9	6.8
其他	1941.6	2254.6	1176.8	10047.9	3662.8
大型	90345.9	89653.1	15422	144703	29241.2
中型	−8916.9	−4243.7	8256.4	97900	208713.8
小型	502.9	2335.5	985	25414.5	4380
微型	6986.5	6982.7	298	1072.4	1613.9
有店铺零售	88342	94081.4	24952.5	267584	243792
便利店	−6958.6	−6174.3	48.1	4120.1	408.1
超市	343.2	419.1	164.8	1733.4	377.7
大型超市	−8425	−8620.5	−73.2	7097	201
百货店	88160.1	87774.2	8118	96669	191997.9
专业店	−13706	−10658.3	5939.8	86794.4	22056.1
专卖店	17363.3	19413.7	6889.7	60990	25765.5
家居建材商店	96	96	4.5	30	5.5
购物中心	11269.4	11645.1	3849.1	9879	2966.6
厂家直销中心	199.6	186.4	11.7	271.1	13.6
无店铺零售	576.4	646.2	8.9	1505.9	156.9
网上商店	207.7	207.7	4.3	207.3	11
其他	368.7	438.5	4.6	1298.6	145.9
城镇	208.2	278	8.7	1455.9	156.9
其中：城区	146.9	149.9	8.2	1392.6	142.9
乡村	368.2	368.2	0.2	50	

市区限额以上批发贸易企业财务状况

11—11　　（2019 年）　　计量单位：个、万元

指标名称	企业数	流动资产合计	#存货	固定资产原价	累计折旧	#本年折旧
总　计	**529**	**12697426**	**1595828**	**507972**	**193778**	**28812**
农、林、牧、渔产品批发	21	186262	24800	6422	2958	488
谷物、豆及薯类批发	6	88210	941	1513	772	154
种子批发	4	27662	6084	3163	1498	258
畜牧渔业饲料批发	7	7500	1096	45	19	9
棉、麻批发	1	45596	11532	1351	360	37
林业产品批发	1	8104	42	18	10	4
牲畜批发	1	4388	909	332	298	26
其他农牧产品批发	1	4802	4196	0	0	0
食品、饮料及烟草制品批发	37	563197	81936	88269	30966	2316
米、面制品及食用油批发	9	79805	33218	4066	1632	362
糕点、糖果及糖批发	2	5843	4590			
果品、蔬菜批发	3	3070	84	20	17	2
肉、禽、蛋、奶及水产品批发	4	5071	237	408	156	28
盐及调味品批发	3	149326	1847	34959	4425	888
营养和保健品批发	2	2117	210	21	7	4
酒、饮料及茶叶批发	9	66334	5316	9520	4562	758
烟草制品批发	1	239481	34318	37382	19647	237
其他食品批发	4	12150	2114	1894	520	38
纺织、服装及家庭用品批发	69	845840	215681	22734	12468	2046
纺织品、针织品及原料批发	19	75289	18448	9722	4479	739
服装批发	23	86908	29787	5719	4169	782
鞋帽批发	3	9513	3067	337	289	16
化妆品及卫生用品批发	7	25355	9695	1336	1013	79
厨具卫具及日用杂品批发	1	7541	3014	1934	489	154
灯具、装饰物品批发	2	3034	331	57	35	10
家用视听设备批发	3	496	170	8	4	-3
日用家电批发	9	633296	147855	2723	1222	104
其他家庭用品批发	2	4408	3315	899	767	165
文化、体育用品及器材批发	14	351329	52817	31712	11154	1284
文具用品批发	8	56482	16246	932	588	52
体育用品及器材批发	1	10762	9736	608	335	96
图书批发	2	272284	24291	29370	9536	1072
首饰、工艺品及收藏品批发	2	9218	2543	753	650	62
其他文化用品批发	1	2584	1	50	45	1
医药及医疗器材批发	107	2789120	544315	158461	44635	8925
西药批发	53	2387539	473273	138431	36741	7057
中药批发	17	154840	34565	8766	2725	304
动物用药品批发	4	5829	661	301	186	22
医疗用品及器材批发	33	240913	35816	10962	4984	1543
矿产品、建材及化工产品批发	178	7367953	543774	161544	70112	10234
煤炭及制品批发	20	3909565	236376	24133	4314	1191
石油及制品批发	18	115596	7470	76959	45962	5270

11—11 续表 1　　（2019 年）　　计量单位：个、万元

指标名称	企业数	流动资产合计	#存货	固定资产原价	累计折旧	#本年折旧
金属及金属矿批发	44	2744575	166546	27534	10443	1438
建材批发	15	43091	10530	1095	656	206
化肥批发	4	254645	68347	21839	2865	527
农药批发	9	29322	16548	447	353	44
其他化工产品批发	68	271160	37957	9539	5520	1559
机械设备、五金产品及电子产品批发	92	542485	128844	32470	19176	2759
农业机械批发	2	1793	54	492	271	32
汽车及零配件批发	21	124192	25618	6439	3713	650
五金产品批发	9	105046	12421	5371	3755	389
电气设备批发	5	20040	2485	1690	1100	168
计算机、软件及辅助设备批发	12	48003	6468	1674	741	133
通讯设备批发	10	30811	10410	240	177	23
其他机械设备及电子产品批发	33	212601	71388	16566	9420	1364
贸易经纪与代理	4	30130	3525	1967	660	95
贸易代理	4	30130	3525	1967	660	95
其他批发业	7	21110	137	4393	1650	664
其他未列明批发业	7	21110	137	4393	1650	664
内资企业	529	12697426	1595828	507972	193778	28812
国有企业	5	265688	38028	44720	22673	299
集体企业	1	127508	1677	34594	4098	908
有限责任公司	127	6414850	889149	257574	110835	15105
国有独资公司	12	714488	44772	7616	4112	582
其他有限责任公司	115	5700363	844377	249958	106723	14522
股份有限公司	10	3943749	232244	37424	10163	1745
私营企业	386	1945631	434731	133661	46008	10755
私营独资企业	1	1523	626	30	29	
私营合伙企业	1	87	27	570	99	42
私营有限责任公司	381	1933158	429225	131025	45298	10553
私营股份有限公司	3	10863	4853	2036	582	160
国有控股	53	8866119	728264	215559	93563	8075
集体控股	5	206166	6295	42398	8902	1432
私人控股	457	3089970	713726	220459	80840	17670
其他	14	535170	147544	29557	10473	1635
独立门店	429	7626284	1206749	399085	150699	20001
连锁总店（总部）	3	23359	8292	36019	15800	3117
其他	97	5047783	380787	72869	27279	5694
大型	12	7952680	737011	198760	71924	8984
中型	199	3267034	650015	267628	102853	14923
小型	269	1379214	186779	40416	17784	4762
微型	49	98498	22023	1169	1218	143
城镇	522	12670034	1593272	506778	193117	28742
其中：城区	354	10976114	1251469	308910	129985	20819
乡村	7	27392	2556	1195	661	70

11—11 续表 2　　（2019 年）　　计量单位：万元

指标名称	资产总计	负债合计	所有者权益合计	# 实收资本
总　计	**18522832**	**11452797**	**7068245**	**1898864**
农、林、牧、渔产品批发	259715	179219	80496	35830
谷物、豆及薯类批发	153286	95508	57779	18570
种子批发	32471	18057	14414	12486
畜牧渔业饲料批发	7784	6487	1297	675
棉、麻批发	47286	42503	4784	2000
林业产品批发	8111	6667	1444	1500
牲畜批发	4421	4157	265	100
其他农牧产品批发	6355	5841	514	500
食品、饮料及烟草制品批发	721617	373172	348444	31994
米、面制品及食用油批发	95300	84867	10433	4868
糕点、糖果及糖批发	5843	5000	844	1000
果品、蔬菜批发	3087	2302	786	700
肉、禽、蛋、奶及水产品批发	5416	4953	464	850
盐及调味品批发	244590	162700	81891	14420
营养和保健品批发	2162	2248	–86	300
酒、饮料及茶叶批发	84757	49507	35251	5278
烟草制品批发	266936	44089	222848	2307
其他食品批发	13524	17509	–3984	2271
纺织、服装及家庭用品批发	875442	695182	180260	55959
纺织品、针织品及原料批发	81531	59881	21651	16424
服装批发	93257	69004	24253	19603
鞋帽批发	9561	8352	1209	551
化妆品及卫生用品批发	28915	19117	9799	7386
厨具卫具及日用杂品批发	10375	9285	1090	955
灯具、装饰物品批发	3055	2436	620	682
家用视听设备批发	503	3424	–2921	738
日用家电批发	643693	520699	122994	8120
其他家庭用品批发	4551	2985	1566	1500
文化、体育用品及器材批发	592070	320285	271784	15721
文具用品批发	57690	43389	14302	6579
体育用品及器材批发	12096	2960	9137	1100
图书批发	510070	263223	246847	7242
首饰、工艺品及收藏品批发	9624	8405	1219	500
其他文化用品批发	2589	2309	280	300
医药及医疗器材批发	3074996	2677800	397196	260536
西药批发	2656494	2346274	310221	161703
中药批发	156934	134846	22088	66900
动物用药品批发	6190	4983	1207	250
医疗用品及器材批发	255378	191698	63680	31683
矿产品、建材及化工产品批发	12323068	6700356	5621239	1389154
煤炭及制品批发	8369697	3263927	5105769	1081818
石油及制品批发	304898	158339	146558	64962

11—11 续表 3 （2019 年） 计量单位：万元

指标名称	资产总计	负债合计	所有者权益合计	# 实收资本
金属及金属矿批发	2996496	2761304	235192	158892
建材批发	43625	35567	8058	4928
化肥批发	293606	256051	36199	11000
农药批发	30999	26647	4352	2449
其他化工产品批发	283748	198521	85111	65105
机械设备、五金产品及电子产品批发	613797	459395	154085	84046
农业机械批发	2181	1625	556	350
汽车及零配件批发	127210	106018	21192	15170
五金产品批发	148490	106711	41778	12105
电气设备批发	20824	14460	6364	2228
计算机、软件及辅助设备批发	48976	28457	20203	10403
通讯设备批发	32542	22171	10371	12250
其他机械设备及电子产品批发	233574	179953	53621	31541
贸易经纪与代理	31599	27420	4178	3150
贸易代理	31599	27420	4178	3150
其他批发业	30529	19967	10562	22473
其他未列明批发业	30529	19967	10562	22473
内资企业	18522832	11452797	7068245	1898864
国有企业	297638	71223	226415	7349
集体企业	217413	151547	65865	12170
有限责任公司	7498996	6297379	1201442	468258
国有独资公司	798687	654142	144546	67780
其他有限责任公司	6700309	5643237	1056896	400479
股份有限公司	8424027	3308365	5115662	1084169
私营企业	2084758	1624283	458861	326918
私营独资企业	1524	1578	-53	30
私营合伙企业	557	99	458	500
私营有限责任公司	2067385	1610135	455637	320183
私营股份有限公司	15291	12472	2819	6205
国有控股	14143747	7970172	6173574	1383398
集体控股	312227	216238	95988	18148
私人控股	3411072	2671974	737309	457650
其他	655786	594412	61374	39668
独立门店	8786786	7080679	1704318	619025
连锁总店（总部）	128075	88586	39489	30000
其他	9607971	4283532	5324439	1249839
大型	13191670	7165305	6026364	1243026
中型	3760077	3004485	755592	404240
小型	1466019	1198734	267285	236576
微型	105066	84272	19004	15023
城镇	18494890	11447498	7045604	1895924
其中：城区	16250454	9801819	6447104	1709409
乡村	27942	5299	22641	2940

11—11 续表 4　　（2019 年）　　计量单位：万元

指标名称	主营业务收入	主营业务税金及附加	其他业务利润
总　计	**24002356**	**140448**	**10797**
农、林、牧、渔产品批发	391010	227	306
谷物、豆及薯类批发	150910	36	142
种子批发	21821	22	164
畜牧渔业饲料批发	64544	22	
棉、麻批发	132915	57	
林业产品批发	6241	5	
牲畜批发	10872	81	
其他农牧产品批发	3708	4	
食品、饮料及烟草制品批发	1256606	119950	3115
米、面制品及食用油批发	137058	61	2716
糕点、糖果及糖批发	21311	9	
果品、蔬菜批发	17081	7	
肉、禽、蛋、奶及水产品批发	30193	86	37
盐及调味品批发	46606	339	
营养和保健品批发	4888	44	
酒、饮料及茶叶批发	110337	495	42
烟草制品批发	848900	118857	291
其他食品批发	40232	54	30
纺织、服装及家庭用品批发	1428932	1164	395
纺织品、针织品及原料批发	307626	278	175
服装批发	222836	147	26
鞋帽批发	18916	13	85
化妆品及卫生用品批发	75982	103	80
厨具卫具及日用杂品批发	12386	22	
灯具、装饰物品批发	13633	8	
家用视听设备批发	17904	32	3
日用家电批发	738901	521	26
其他家庭用品批发	20748	41	
文化、体育用品及器材批发	622611	768	
文具用品批发	116063	170	
体育用品及器材批发	30930	106	
图书批发	436423	479	
首饰、工艺品及收藏品批发	21222	7	
其他文化用品批发	17972.8	5.6	
医药及医疗器材批发	5534477.9	11011.4	3475
西药批发	4838940.3	9647.5	3395.7
中药批发	346010.8	448.9	
动物用药品批发	32278.1	18	
医疗用品及器材批发	317248.7	897	79.3
矿产品、建材及化工产品批发	13196987.3	5779.3	2568.6
煤炭及制品批发	2376388.3	1975.8	277.4
石油及制品批发	504747.1	869.8	783.5

11—11 续表 5　　　　（2019 年）　　　　计量单位：万元

指标名称	主营业务收入	主营业务税金及附加	其他业务利润
金属及金属矿批发	8581201.1	1776.7	741.3
建材批发	187932.4	230.5	
化肥批发	508466.2	143.8	0.2
农药批发	85944.7	33.2	100.6
其他化工产品批发	952307.5	749.5	665.6
机械设备、五金产品及电子产品批发	1466138	1495	871
农业机械批发	6246	1	
汽车及零配件批发	342923	236	496
五金产品批发	213309	27	73
电气设备批发	76508	97	
计算机、软件及辅助设备批发	163435	210	
通讯设备批发	216577	127	
其他机械设备及电子产品批发	447140	797	303
贸易经纪与代理	73509	29	68
贸易代理	73509	29	68
其他批发业	32085	25	–2
其他未列明批发业	32085	25	–2
内资企业	24002356	140448	10797
国有企业	980497	119141	321
集体企业	13461	278	
有限责任公司	15649679	13306	6410
国有独资公司	1761219	3466	59
其他有限责任公司	13888460	9840	6351
股份有限公司	2067782	2111	778
私营企业	5290936	5612	3288
私营独资企业	3102	2	
私营合伙企业	1086	1	
私营有限责任公司	5264759	5584	3288
私营股份有限公司	21990	24	
国有控股	15243544	129263	2571
集体控股	204592	644	1075
私人控股	7478535.5	8210.8	7062.6
其他	1075683.7	2330.6	89.4
独立门店	18398331.9	135927	8970.4
连锁总店（总部）	168707	34.5	
其他	5435316.6	4486.5	1827
大型	11714251.5	126098.7	617.7
中型	7933116.1	11584.6	9285.2
小型	4077038.2	2559.9	492.4
微型	277949.7	204.8	402.1
城镇	23930903.1	140387.5	10797.4
其中：城区	20257875.5	134192.2	9828.1
乡村	71452.4	60.5	

11—11 续表 6　　（2019 年）　　计量单位：万元

指标名称	销售费用	管理费用	财务费用	# 利息支出
总　计	**626903**	**237236**	**89464**	**116895**
农、林、牧、渔产品批发	6697	5524	3971	3582
谷物、豆及薯类批发	2473	2015	3188	2773
种子批发	1229	2388	254	244
畜牧渔业饲料批发	1453	470	28	2
棉、麻批发	465	539	470	534
林业产品批发	187	15	7	7
牲畜批发	884	85	23	22
其他农牧产品批发	5	12		
食品、饮料及烟草制品批发	34205	36105	2357	10252
米、面制品及食用油批发	2290	1701	1585	1189
糕点、糖果及糖批发		68	1	
果品、蔬菜批发	538	178	35	8
肉、禽、蛋、奶及水产品批发	5889	1097	1	6
盐及调味品批发	1445	5157	6907	9029
营养和保健品批发	3050	80	–4	
酒、饮料及茶叶批发	6151	3367	–126	8
烟草制品批发	14516	23478	–6412	
其他食品批发	327	979	371	12
纺织、服装及家庭用品批发	42667	23047	3552	2249
纺织品、针织品及原料批发	9253	6302	1087	1035
服装批发	11340	6764	797	128
鞋帽批发	1042	565	–33	–1
化妆品及卫生用品批发	5123	4169	142	106
厨具卫具及日用杂品批发	480	789	41	
灯具、装饰物品批发	8	602	5	4
家用视听设备批发	1456	200	1	
日用家电批发	12839	3483	1515	978
其他家庭用品批发	1127	173	–1	
文化、体育用品及器材批发	16770	15125	177	590
文具用品批发	1623	2670	447	503
体育用品及器材批发	2723	2197	42	
图书批发	8820	8687	–621	0
首饰、工艺品及收藏品批发	2746	1066	171	86
其他文化用品批发	858.4	504.5	137.7	
医药及医疗器材批发	388111.5	71911.6	18535.5	24226.9
西药批发	353218.2	51407.1	15992.5	22360.5
中药批发	9548.2	3945.1	700.5	135.8
动物用药品批发	137.3	540.6	57.1	0.5
医疗用品及器材批发	25207.8	16018.8	1785.4	1730.1
矿产品、建材及化工产品批发	84564	54650.8	58575.6	74670.2
煤炭及制品批发	10050.4	6972	12363.3	36139.5
石油及制品批发	29818.9	12151.9	4138.9	3743.1

11—11 续表 7　　　　（2019 年）　　　　计量单位：万元

指标名称	销售费用	管理费用	财务费用	# 利息支出
金属及金属矿批发	19454.4	18725.6	37377.8	28146.6
建材批发	3027.8	2482.1	447.8	54.1
化肥批发	1657.3	2707.9	1658.5	5039.4
农药批发	2237.7	1402.8	–107.4	16.3
其他化工产品批发	18317.5	10208.5	2696.7	1531.2
机械设备、五金产品及电子产品批发	49730	28545	1796	1224
农业机械批发	205	323	4	
汽车及零配件批发	5048	4428	–512	31
五金产品批发	7570	4766	61	6
电气设备批发	4083	1289	104	46
计算机、软件及辅助设备批发	2637	2127	257	242
通讯设备批发	3117	1305	106	102
其他机械设备及电子产品批发	27071	14306	1776	798
贸易经纪与代理	2951	1332	367	49
贸易代理	2951	1332	367	49
其他批发业	1209	996	133	52
其他未列明批发业	1209	996	133	52
内资企业	626903	237236	89464	116895
国有企业	17607	25409	–6367	141
集体企业	735	2988	8521	8660
有限责任公司	414633	98615	64911	66529
国有独资公司	130535	10734	10235	7964
其他有限责任公司	284098	87881	54676	58566
股份有限公司	8285	12253	11705	36311
私营企业	185644	97971	10694	5254
私营独资企业		382	0	0
私营合伙企业	62	7	0	
私营有限责任公司	184931	96692	10584	5185
私营股份有限公司	651	890	111	68
国有控股	196622	84351	61934	98541
集体控股	4568	4580	8740	9194
私人控股	293021.6	140405.4	17356.2	9122.6
其他	132692.1	7899.3	1433.7	37.9
独立门店	532953.7	190189.3	59533.3	66695
连锁总店（总部）	27895.8	8474.3	2353.9	1781.7
其他	66053.9	38572	27576.7	48418
大型	195555.6	76815.2	37858.9	65613.3
中型	358791.2	117810.8	43781	46061.5
小型	67117.6	40008.4	7818.8	5313.5
微型	5439	2601.2	5.2	–93.6
城镇	624086.3	237086.7	89492.4	116880.5
其中：城区	394043.1	178820.8	78646.1	106636.3
乡村	2817.1	148.9	–28.5	14.2

11—11 续表 8　　（2019 年）　　计量单位：万元

指标名称	营业利润	利润总额	应交所得税	应付职工薪酬（本年贷方累计发生额）	应交增值税
总　计	**315444**	**324646**	**57145**	**178302**	**148532**
农、林、牧、渔产品批发	–1342	–539	663	3042	16
谷物、豆及薯类批发	–3225	–3085	66	1392	–96
种子批发	–51	239	0	451	10
畜牧渔业饲料批发	77	102	11	274	37
棉、麻批发	1718	2066	574	525	74
林业产品批发	2	2	1	9	–104
牲畜批发	127	127	11	391	67
其他农牧产品批发	10	10	1	1	27
食品、饮料及烟草制品批发	100204	102922	27178	14093	38605
米、面制品及食用油批发	–445	456	36	1200	151
糕点、糖果及糖批发	44	44	2	42	17
果品、蔬菜批发	70	93	5	108	12
肉、禽、蛋、奶及水产品批发	–636	–464	55	3243	572
盐及调味品批发	–3436	–1185	899	331	773
营养和保健品批发	–465	–467	5	1382	347
酒、饮料及茶叶批发	8150	7522	1879	2780	1368
烟草制品批发	96424	96426	24131	4579	35117
其他食品批发	497	497	165	429	248
纺织、服装及家庭用品批发	12619	14188	2159	22362	5805
纺织品、针织品及原料批发	97	825	260	5771	576
服装批发	1311	1417	269	5610	596
鞋帽批发	87	127	9	588	59
化妆品及卫生用品批发	–1285	–1100	297	3222	656
厨具卫具及日用杂品批发	182	183	20	501	185
灯具、装饰物品批发	7	7	0	203	30
家用视听设备批发	–149	–88	1	1503	105
日用家电批发	12227	12675	1281	4440	3309
其他家庭用品批发	141	142	22	524	290
文化、体育用品及器材批发	25564	28215	771	12903	3083
文具用品批发	1470	1459	17	1608	1155
体育用品及器材批发	4427	4488	674	119	767
图书批发	19420	21993	1	10632	1158
首饰、工艺品及收藏品批发	221	226	77	345	1
其他文化用品批发	25.5	48.3	2.4	199.2	1.5
医药及医疗器材批发	107855.1	107324.8	18564.3	60288	70633.5
西药批发	87857.7	87209.5	14872.7	47643.6	62115.6
中药批发	3884.2	3870.9	908.7	4361.7	1720.9
动物用药品批发	263.8	268	22.3	207.9	123.4
医疗用品及器材批发	15849.4	15976.4	2760.6	8074.8	6673.6
矿产品、建材及化工产品批发	54241.5	56421.4	4126.7	37748.2	22618.3
煤炭及制品批发	48227.1	48600.9	–1024.6	5030.4	7421
石油及制品批发	10979.9	11091.6	1393	8944.8	5318.7

11—11 续表 9　（2019 年）　计量单位：万元

指标名称	营业利润	利润总额	应交所得税	应付职工薪酬（本年贷方累计发生额）	应交增值税
金属及金属矿批发	-8975	-7719.2	2408.9	15556.7	7474.8
建材批发	1510.7	1583.8	264.8	634.1	215.4
化肥批发	-5470.5	-5470.8	65.5	1288.4	5.3
农药批发	956.4	1024	182.7	942.9	44.5
其他化工产品批发	7012.9	7311.1	836.4	5350.9	2138.6
机械设备、五金产品及电子产品批发	16188	16019	3637	25981	7729
农业机械批发	75	72	3	38	
汽车及零配件批发	1013	1027	165	3633	1844
五金产品批发	3503	3546	1150	2272	39
电气设备批发	967	969	271	2367	427
计算机、软件及辅助设备批发	1292	1341	242	1308	983
通讯设备批发	1170	1162	225	2063	617
其他机械设备及电子产品批发	8170	7903	1581	14302	3819
贸易经纪与代理	486	508	43	665	118
贸易代理	486	508	43	665	118
其他批发业	-371	-412	4	1220	-76
其他未列明批发业	-371	-412	4	1220	-76
内资企业	315444	324646	57145	178302	148532
国有企业	96327	96720	24288	6994	35409
集体企业	-4077	-2293	520	192	384
有限责任公司	110303	116006	23436	105187	79148
国有独资公司	23410	24682	4551	19159	23115
其他有限责任公司	86892	91324	18885	86027	56033
股份有限公司	47988	48357	-755	8731	2482
私营企业	64904	65857	9657	57199	31109
私营独资企业	21	16		18	1
私营合伙企业	10	11		26	0
私营有限责任公司	64746	65704	9635	56545	30579
私营股份有限公司	127	126	22	610	530
国有控股	227650	232963	38231	75094	90930
集体控股	-1095	1036	1441	1680	548
私人控股	76236.3	77798.3	14212.1	88864.1	41044.6
其他	12652.6	12849.1	3260.2	12663.6	16009.9
独立门店	244743.5	253061.3	52965.6	143622.2	131555.1
连锁总店（总部）	-10845	-10833.5	-1974.8	5162.1	312.8
其他	81545.5	82418.4	6154.1	29517.8	16664.4
大型	217608.7	220462.8	32462	54716.2	69848.3
中型	67744.5	71668.6	20130.3	99196.2	59957.8
小型	29347	31762.9	4364.8	23727.3	17294.2
微型	743.8	751.9	187.8	662.4	1432
城镇	314986.2	324199.6	57029.8	177168	148221.2
其中：城区	261278.7	264333.3	46995.2	129480.6	113520.7
乡村	457.8	446.6	115.1	1134.1	311.1

市区限额以上零售贸易企业财务状况

11—12　　　　（2019 年）　　　　计量单位：个、万元

指标名称	法人企业数	流动资产合计	# 存货	固定资产原价	累计折旧	# 本年折旧
总　计	**254**	**2322462**	**720124**	**876942**	**352659**	**57796**
综合零售	28	581451	184949	503987	184008	24456
百货零售	16	529078	172782	465961	159679	23477
超级市场零售	9	24173	10419	29135	19870	249
便利店零售	2	27355	1273	8188	4239	510
其他综合零售	1	845	476	702	220	220
食品、饮料及烟草制品专门零售	11	60866	19246	11936	3769	1429
粮油零售	3	10476	4983	7484	1705	440
糕点、面包零售	2	8096	1157	1238	678	263
肉、禽、蛋、奶及水产品零售	1	7852		0		
营养和保健品零售	1	2537		59	15	15
酒、饮料及茶叶零售	4	31904	13107	3155	1372	710
纺织、服装及日用品专门零售	15	59401	32170	7283	3586	1023
服装零售	9	28332	18574	1333	881	134
鞋帽零售	2	19046	7825	1417	755	686
化妆品及卫生用品零售	2	5824	5515	4150	1683	145
钟表、眼镜零售	1	287	256	186	145	15
其他日用品零售	1	5911		196	122	44
文化、体育用品及器材专门零售	10	109948	52212	16653	9283	3087
文具用品零售	2	1193	519	5	5	0
图书、报刊零售	2	38437	2732	11024	4991	263
音像制品、电子和数字出版物零售	1	7782	2016	1326	889	
珠宝首饰零售	3	56550	42633	3862	3032	2801
乐器零售	2	5986	4312	437	367	23
医药及医疗器材专门零售	14	150105	42589	10677	6216	1155
西药零售	11	132957	37064	9577	5289	1086
中药零售	2	3562	1936	487	355	55
医疗用品及器材零售	1	13586	3589	613	571	13
汽车、摩托车、零配件和燃料及其他动力销售	152	1193294	369325	308989	134097	24799
汽车新车零售	121	891750	334728	165383	65548	17805
汽车零配件零售	2	26783	5591	2737	200	49
摩托车及零配件零售	1	559	447	36	0	0
机动车燃油零售	26	269755	28406	133383	65541	6652
机动车燃气零售	2	4448	154	7450	2808	293
家用电器及电子产品专门零售	16	148438	15576	4756	3089	1376
家用视听设备零售	5	122665	5161	1574	1114	493
日用家电零售	4	6608	950	993	704	41
计算机、软件及辅助设备零售	2	6354	3377	1428	783	783
通信设备零售	5	12812	6088	761	487	58
五金、家具及室内装饰材料专门零售	5	10038	3201	652	404	68
五金零售	1	1230	130			
家具零售	2	5648	1041	519	295	57
涂料零售	1	922	922	9	5	5
木质装饰材料零售	1	2239	1108	124	105	6
货摊、无店铺及其他零售业	3	8922	856	12009	8206	404
互联网零售	1	1974	620	70	42	17
生活用燃料零售	2	6947	237	11940	8163	387

11—12　续表 1　（2019 年）　计量单位：个、万元

指标名称	法人企业数	流动资产合计	# 存货	固定资产原价	累计折旧	# 本年折旧
内资企业	248	2173562	668502	711436	279628	51002
国有企业	1	6632	237	11785	8015	373
集体企业	5	7652	801	1715	811	269
股份合作企业	3	1174	85	217	124	14
有限责任公司	102	938382	354893	384420	141964	32473
国有独资公司	5	52950	10752	20209	7292	760
其他有限责任公司	97	885432	344141	364211	134672	31713
股份有限公司	3	446272	99411	205364	79884	3589
私营企业	134	773450	213075	107934	48830	14284
私营独资企业	9	1173	282	984	375	76
私营合伙企业	5	1475	201	159	33	11
私营有限责任公司	119	769387	211809	106776	48412	14196
私营股份有限公司	1	1416	783	16	10	1
港、澳、台商投资企业	4	49718	21898	74403	27675	3380
合资经营企业（港或澳、台资）	1	29175	2694	67506	24947	2190
港、澳、台商独资经营企业	3	20543	19204	6897	2728	1190
外商投资企业	2	99182	29724	91102	45356	3414
中外合资经营企业	1	87681	23706	79807	37577	4092
外资企业	1	11501	6019	11296	7779	−677
国有控股	28	581020	161206	290466	157688	17021
集体控股	8	16727	4294	5418	2574	425
私人控股	194	1200989	365721	189416	79348	22441
港澳台商控股	3	20543	19204	6897	2728	1190
外商控股	3	83416	45530	27621	12925	1954
其他	18	419767	124169	357124	97396	14767
独立门店	222	1351771	460123	425165	198231	33672
连锁总店（总部）	21	892272	214998	328831	139854	11118
连锁直营店	2	4779	63	1167	704	67
连锁加盟店	2	48586	37283	3652	2847	2800
其他	7	25054	7657	118127	11023	10139
大型	19	999884	280275	452489	193777	21640
中型	114	1034389	352524	384086	141997	31894
小型	93	218177	80961	37276	15176	3809
微型	28	70012	6363	3092	1708	453
有店铺零售	250	2318241	718810	876815	352585	57756
便利店	2	27355	1273	8188	4239	510
超市	9	9209	4287	1680	605	371
大型超市	5	87434	47902	37818	21926	2538
百货店	12	473153	163659	280779	125633	12188
专业店	90	843929	157878	202933	101021	12908
专卖店	128	843193	338782	165890	64621	17483
购物中心	2	30778	3257	179387	34506	11749
厂家直销中心	2	3190	1773	139	34	8
无店铺零售	4	4221	1314	127	74	40
网上商店	1	1974	620	70	42	17
其他	3	2247	694	57	31	23
城镇	4	4221	1314	127	74	40
其中：城区	4	4221	1314	127	74	40

11—12 续表 2　　（2019 年）　　计量单位：万元

指标名称	资产总计	负债合计	所有者权益合计	
				# 实收资本
总　计	**3391138**	**2510616**	**879143**	**690433**
综合零售	1046705	770176	276469	343818
百货零售	946136	636363	309773	210126
超级市场零售	44378	87715	–43397	123530
便利店零售	54862	44869	9993	10000
其他综合零售	1329	1229	101	163
食品、饮料及烟草制品专门零售	74136	48088	26048	10611
粮油零售	20458	16754	3704	1900
糕点、面包零售	9308	6655	2653	1280
肉、禽、蛋、奶及水产品零售	7853	7179	674	100
营养和保健品零售	2581	2502	79	80
酒、饮料及茶叶零售	33936	14999	18938	7251
纺织、服装及日用品专门零售	70553	59959	10594	12775
服装零售	31734	37789	–6055	7170
鞋帽零售	20367	12779	7588	2928
化妆品及卫生用品零售	12122	5345	6778	2127
钟表、眼镜零售	330	237	94	50
其他日用品零售	6000	3810	2190	500
文化、体育用品及器材专门零售	141853	93232	48620	12588
文具用品零售	1194	280	914	400
图书、报刊零售	51505	23852	27652	2120
音像制品、电子和数字出版物零售	15372	10919	4452	4568
珠宝首饰零售	67714	53377	14336	4400
乐器零售	6069	4804	1266	1100
医药及医疗器材专门零售	254534	128982	125552	89386
西药零售	237155	111708	125447	82736
中药零售	3751	3820	–69	6550
医疗用品及器材零售	13628	13454	174	100
汽车、摩托车、零配件和燃料及其他动力销售	1622822	1254047	367457	181494
汽车新车零售	1040164	880640	158396	158523
汽车零配件零售	29335	23051	6283	1501
摩托车及零配件零售	598	592	5	
机动车燃油零售	542714	345094	197430	21170
机动车燃气零售	10012	4670	5342	300
家用电器及电子产品专门零售	157210	131288	25922	27766
家用视听设备零售	123907	120492	3414	5250
日用家电零售	11299	5594	5704	5236
计算机、软件及辅助设备零售	6999	4513	2486	2308
通信设备零售	15007	689	14318	14972
五金、家具及室内装饰材料专门零售	10290	5211	5079	3522
五金零售	1230	1211	19	
家具零售	5874	2337	3537	2222
涂料零售	926	58	868	800
木质装饰材料零售	2262	1606	655	500
货摊、无店铺及其他零售业	13034	19633	–6599	8473
互联网零售	2002	1473	528	325
生活用燃料零售	11032	18160	–7127	8148

11—12 续表 3　　　　（2019 年）　　　　计量单位：万元

指标名称	资产总计	负债合计	所有者权益合计	
				# 实收资本
内资企业	3011970	2322156	688435	624078
国有企业	10459	18150	−7690	7648
集体企业	8570	5736	2834	546
股份合作企业	1933	847	1087	205
有限责任公司	1440822	957335	483487	422569
国有独资公司	77120	46162	30958	4400
其他有限责任公司	1363702	911173	452529	418169
股份有限公司	639470	635680	3790	
私营企业	910715	704408	204928	193112
私营独资企业	2662	1209	1262	720
私营合伙企业	1669	1316	353	182
私营有限责任公司	904960	700774	202997	191910
私营股份有限公司	1425	1109	316	300
港、澳、台商投资企业	106941	46383	60558	13355
合资经营企业（港或澳、台资）	76994	29408	47586	5500
港、澳、台商独资经营企业	29947	16974	12972	7855
外商投资企业	272227	142077	130150	53000
中外合资经营企业	254466	77404	177062	
外资企业	17761	64673	−46912	53000
国有控股	943632	618033	325599	57157
集体控股	20614	12309	8305	1887
私人控股	1519678	1162632	355668	400918
港澳台商控股	29947	16974	12972	7855
外商控股	120496	138928	−18431	73100
其他	756771	561740	195031	149517
独立门店	1706241	1258399	446464	366959
连锁总店（总部）	1422044	1121621	300423	176903
连锁直营店	11072	12072	−1000	4636
连锁加盟店	59714	50375	9339	1020
其他	192067	68149	123917	140916
大型	1625924	1150530	475395	194664
中型	1432104	1089689	342416	419380
小型	258801	216835	41966	61402
微型	74309	53563	19367	14987
有店铺零售	3386849	2507939	877532	689201
便利店	54862	44869	9993	10000
超市	10941	10406	475	1583
大型超市	132282	150281	−17999	142260
百货店	692363	552152	140211	65476
专业店	1286595	874940	411465	177533
专卖店	992571	815551	175891	166550
购物中心	213944	57258	156686	125500
厂家直销中心	3291	2481	810	300
无店铺零售	4289	2678	1611	1232
网上商店	2002	1473	528	325
其他	2287	1204	1083	907
城镇	4289	2678	1611	1232
其中：城区	4289	2678	1611	1232

11—12 续表 4　　（2019 年）　　计量单位：万元

指标名称	主营业务收入	主营业务税金及附加	其他业务利润
总　计	**6556045**	**34473**	**83111**
综合零售	1872299	24344	47180
百货零售	1701957	23525	41322
超级市场零售	94998	566	2644
便利店零售	73586	228	3214
其他综合零售	1757	25	
食品、饮料及烟草制品专门零售	119589	393	335
粮油零售	9343	4	
糕点、面包零售	15869	72	6
肉、禽、蛋、奶及水产品零售	33689	115	
营养和保健品零售	7497	2	
酒、饮料及茶叶零售	53192	201	329
纺织、服装及日用品专门零售	227432	727	5279
服装零售	67015	200	1401
鞋帽零售	93118	260	2809
化妆品及卫生用品零售	54613	241	1070
钟表、眼镜零售	1170	4	
其他日用品零售	11515	23	
文化、体育用品及器材专门零售	118446	581	233
文具用品零售	3051	11	
图书、报刊零售	42165	271	
音像制品、电子和数字出版物零售	2856	29	233
珠宝首饰零售	54078	201	
乐器零售	16297	69	
医药及医疗器材专门零售	240348	1009	2350
西药零售	223554	987	2350
中药零售	9144	19	
医疗用品及器材零售	7651	3	
汽车、摩托车、零配件和燃料及其他动力销售	3730968	6725	25353
汽车新车零售	2627769	5160	22988
汽车零配件零售	76165	114	772
摩托车及零配件零售	1762	1	
机动车燃油零售	993049	1353	1594
机动车燃气零售	32223	98	
家用电器及电子产品专门零售	207527	502	4
家用视听设备零售	94471	157	4
日用家电零售	81754	312	
计算机、软件及辅助设备零售	10244	16	
通信设备零售	21059	18	
五金、家具及室内装饰材料专门零售	28264	115	
五金零售	5410	4	
家具零售	11414	55	
涂料零售	1387	2	
木质装饰材料零售	10053	54	
货摊、无店铺及其他零售业	11171	78	2378
互联网零售	6365	3	
生活用燃料零售	4807	75	2378

11—12 续表 5　　（2019 年）　　计量单位：万元

指标名称	主营业务收入	主营业务税金及附加	其他业务利润
内资企业	5509857	31064	73043
国有企业	3296	74	2378
集体企业	15661	81	
股份合作企业	5339	32	
有限责任公司	2594995	10532	44614
国有独资公司	51381	291	12
其他有限责任公司	2543614	10242	44601
股份有限公司	1125598	15692	1223
私营企业	1764968	4652	24829
私营独资企业	10864	209	
私营合伙企业	6577	18	
私营有限责任公司	1745215	4420	24829
私营股份有限公司	2312	6	
港、澳、台商投资企业	289037	2600	10067
合资经营企业（港或澳、台资）	146547	2161	9274
港、澳、台商独资经营企业	142490	439	793
外商投资企业	757151	809	1
中外合资经营企业	701342	780	
外资企业	55808	29	1
国有控股	1596258	4570	19618
集体控股	44189	184	
私人控股	3039689	8510	30554
港澳台商控股	142490	439	793
外商控股	337037	621	17585
其他	1396382	20149	14561
独立门店	3731572	13806	56634
连锁总店（总部）	2532514	18525	26405
连锁直营店	81371	179	
连锁加盟店	48989	179	
其他	161598	1783	72
大型	3052937	23804	44290
中型	2914334	9268	34688
小型	482593	1074	4133
微型	106180	326	
有店铺零售	6541483	34454	83111
便利店	73586	228	3214
超市	28807	158	698
大型超市	332849	975	19529
百货店	1278407	19519	14464
专业店	1961487	4120	12321
专卖店	2641918	5772	23611
购物中心	220264	3679	9274
厂家直销中心	4165	3	
无店铺零售	14562	19	
网上商店	6365	3	
其他	8198	16	
城镇	14562	19	
其中：城区	14562	19	

11—12 续表 6　　　　（2019 年）　　　　计量单位：万元

指标名称	销售费用	管理费用	财务费用	# 利息支出
总　计	**465384**	**207384**	**39087**	**19034**
综合零售	178684	103667	15922	8668
百货零售	155457	92737	13103	5957
超级市场零售	15782	6059	2157	2066
便利店零售	7440	4528	663	645
其他综合零售	5	343	1	
食品、饮料及烟草制品专门零售	13689	7215	412	328
粮油零售	709	1610	244	219
糕点、面包零售	2320	2629	18	0
肉、禽、蛋、奶及水产品零售	8985	0	–5	1
营养和保健品零售	48	658		
酒、饮料及茶叶零售	1628	2317	155	109
纺织、服装及日用品专门零售	36657	7310	582	515
服装零售	12735	1870	568	515
鞋帽零售	10180	1377	–142	
化妆品及卫生用品零售	11744	3271	143	
钟表、眼镜零售	116	135	7	
其他日用品零售	1883	657	6	
文化、体育用品及器材专门零售	12242	10190	65	31
文具用品零售	188	78	6	
图书、报刊零售	6124	5130	–53	
音像制品、电子和数字出版物零售	170	95	15	15
珠宝首饰零售	3648	3755	75	16
乐器零售	2112	1132	22	
医药及医疗器材专门零售	54987	8147	561	54
西药零售	51759	7155	550	54
中药零售	2540	724	11	
医疗用品及器材零售	689	268	0	0
汽车、摩托车、零配件和燃料及其他动力销售	140898	60826	20819	9137
汽车新车零售	75865	52214	15240	8578
汽车零配件零售	2103	888	450	452
摩托车及零配件零售		81	0	
机动车燃油零售	62794	7241	5131	91
机动车燃气零售	136	402	–2	18
家用电器及电子产品专门零售	22879	7964	741	277
家用视听设备零售	11281	4555	273	
日用家电零售	9642	2119	156	37
计算机、软件及辅助设备零售	1008	161	51	0
通信设备零售	948	1129	260	239
五金、家具及室内装饰材料专门零售	4373	375	27	23
五金零售		124.9	2.4	
家具零售	2656.4	16.5	21.8	18
涂料零售	82.7	14.5	0.5	
木质装饰材料零售	1633.9	219.1	2.1	4.8
货摊、无店铺及其他零售业	975	1690	–42	1
互联网零售	235	819	0	1
生活用燃料零售	740	871	–42	

11—12 续表 7　　（2019 年）　　计量单位：万元

指标名称	销售费用	管理费用	财务费用	# 利息支出
内资企业	396989	189447	33145	16979
国有企业	737	796	–43	
集体企业	2262	859	122	
股份合作企业	783	132	6	2
有限责任公司	199111	81370	14380	7545
国有独资公司	7327	5204	348	381
其他有限责任公司	191783	76166	14032	7164
股份有限公司	76315	58439	10859	5937
私营企业	117782	47852	7821	3495
私营独资企业	382	599	28	0
私营合伙企业	226	525	106	
私营有限责任公司	117144	46599	7644	3465
私营股份有限公司	30	129	43	30
港、澳、台商投资企业	21717	12944	725	
合资经营企业（港或澳、台资）	4166	7851	467	
港、澳、台商独资经营企业	17551	5092.7	258.3	
外商投资企业	46677.9	4993.2	5216.8	2055.2
中外合资经营企业	36454	4104.2	3187.1	
外资企业	10223.9	889	2029.7	2055.2
国有控股	89228.3	29750.9	7328.6	2037.1
集体控股	4029	2655.9	256.9	79.3
私人控股	217438.6	79037	14891.1	5631.7
港澳台商控股	17551	5092.7	258.3	
外商控股	56042.2	5476.5	2438.5	2072.9
其他	81094.9	85370.7	13913.1	9212.8
独立门店	183699.7	103357.9	19733	9847.4
连锁总店（总部）	246336.5	85212.4	18036.3	8688.2
连锁直营店	15443	1922.8	118.9	
连锁加盟店	3289.1	3489.9	383.9	325
其他	16615.7	13400.7	814.4	173.2
大型	276097	105954.8	20395.1	8637.1
中型	156222.5	83540.9	14740.9	8209.1
小型	22689.6	16460	3829.6	2090.2
微型	10374.9	1428	120.9	97.4
有店铺零售	464952.3	204834.2	39088	19032.6
便利店	7440	4527.7	662.5	645.4
超市	1858.3	3078	93.5	
大型超市	60857.3	8274.2	2495	2065.8
百货店	104622.7	74273	12061.6	5957
专业店	180283.6	40343.2	8052.3	1084.4
专卖店	101803	56414.7	15019.9	9280
购物中心	8085.9	17523.9	689.3	
厂家直销中心	1.5	399.5	13.9	
无店铺零售	431.7	2549.5	–1.5	1.2
网上商店	235.1	818.9	0.4	0.6
其他	196.6	1730.6	–1.9	0.6
城镇	431.7	2549.5	–1.5	1.2
其中：城区	431.7	2549.5	–1.5	1.2

11—12 续表 8　　（2019 年）　　计量单位：万元

指标名称	营业利润	利润总额	应交所得税	应付职工薪酬（本年贷方累计发生额）	应交增值税
总　计	**76467**	**81735**	**21843**	**225973**	**57741**
综合零售	67403	67849	7943	84131	11454
百货零售	83540	83434	7905	73934	10726
超级市场零售	–8960	–9207	6	5906	304
便利店零售	–7163	–6379	32	3946	406
其他综合零售	–13	2	0	344	18
食品、饮料及烟草制品专门零售	8776	11260	1307	4803	1913
粮油零售	–2442	71	1	996	–2
糕点、面包零售	197	193	17	2718	540
肉、禽、蛋、奶及水产品零售	956	956	241		870
营养和保健品零售	7	7	0	23	9
酒、饮料及茶叶零售	10058	10034	1048	1066	496
纺织、服装及日用品专门零售	6746	7571	1703	12649	4409
服装零售	–1102	–210	8	5368	1389
鞋帽零售	593	593	208	3475	2015
化妆品及卫生用品零售	4796	4726	1188	2522	809
钟表、眼镜零售	13	14	1	174	27
其他日用品零售	2446	2448	298	1110	168
文化、体育用品及器材专门零售	7420	7351	1044	13246	1057
文具用品零售	143	143	9	99	65
图书、报刊零售	3189	3124		8117	782
音像制品、电子和数字出版物零售	14	14	4	93	14
珠宝首饰零售	4007	4004	1027	4388	16
乐器零售	66	66	5	549	180
医药及医疗器材专门零售	6397	6557	2671	19239	10280
西药零售	8139	8298	2668	17934	9434
中药零售	–1772	–1770		1288	846
医疗用品及器材零售	30	30	3	17	
汽车、摩托车、零配件和燃料及其他动力销售	–16696	–16061	6753	75095	23228
汽车新车零售	9969	11255	6377	49050	20398
汽车零配件零售	631	734	154	1755	171
摩托车及零配件零售	5	5		33	1
机动车燃油零售	–27650	–28375	216	21939	2040
机动车燃气零售	349	320	7	2319	619
家用电器及电子产品专门零售	–2673	–2697	186	10243	4336
家用视听设备零售	–1540	–1522	169	4066	486
日用家电零售	–967	–862	1	5171	3609
计算机、软件及辅助设备零售	34	34	4	261	128
通信设备零售	–200	–348	13	745	113
五金、家具及室内装饰材料专门零售	961	964	231	1448	878
五金零售	11.1	13.8	1.2	115.6	5.6
家具零售	768.5	768.5	190.7	689.6	424.3
涂料零售	94.6	94.6	3.5	40.8	19.5
木质装饰材料零售	86.7	86.7	35.7	601.9	428.1
货摊、无店铺及其他零售业	–1865	–1060	5	5118	188
互联网零售	84	84	4	204	6
生活用燃料零售	–1949	–1144	0	4914	182

11—12 续表 9　　　　（2019 年）　　　　计量单位：万元

指标名称	营业利润	利润总额	应交所得税	应付职工薪酬（本年贷方累计发生额）	应交增值税
内资企业	88917	94832	17262	199692	53728
国有企业	-1950	-1145		4887	181
集体企业	458	473	158	1280	128
股份合作企业	34	55	3	144	126
有限责任公司	24259	28736	10903	83563	24680
国有独资公司	477	2922		8153	717
其他有限责任公司	23782	25814	10903	75410	23964
股份有限公司	52054	51680	367	44696	4790
私营企业	14061	15033	5831	65122	23823
私营独资企业	133	145	4	312	196
私营合伙企业	235	231	6	363	60
私营有限责任公司	13713	14647	5821	64415	23565
私营股份有限公司	-20	10	1	32	2
港、澳、台商投资企业	15176	15156	4581	9859	4000
合资经营企业（港或澳、台资）	12021	12080	3047	3949	1718
港、澳、台商独资经营企业	3154.9	3076.5	1533.9	5910.2	2281.9
外商投资企业	-27626.1	-28253.2		16421.5	13.3
中外合资经营企业	-20814.6	-21324.7		13751.3	13.3
外资企业	-6811.5	-6928.5		2670.2	
国有控股	-13835.7	-10759.1	4002.7	51689.7	6119.7
集体控股	1138.9	1152.6	169.9	3569.5	391
私人控股	23485.1	25878.1	11857.2	105577.6	39614
港澳台商控股	3154.9	3076.5	1533.9	5910.2	2281.9
外商控股	-6043	-6134.5	-66.2	6350.4	617.6
其他	68567.2	68521	4345.6	52875.2	8716.9
独立门店	51605.7	56792.1	16610	122041.1	35824.7
连锁总店（总部）	31085	30253.4	4029.3	88762.5	16405.6
连锁直营店	-6818	-5935.3		7367.6	3606.7
连锁加盟店	3660.6	3655.5	1022.8	4142.9	6.8
其他	-3065.9	-3031.1	181	3658.5	1897.3
大型	77140.7	76270.5	12704.1	124227	23871.9
中型	-7246.1	-2844.7	7983.5	87046.5	28836.6
小型	-13.8	1725.8	895.6	13958.9	3508.7
微型	6586.6	6583	259.9	740.2	1523.9
有店铺零售	76320.5	81584.7	21834.9	224580	57598.2
便利店	-7163.4	-6379.2	31.5	3946.1	405.7
超市	533.9	596.8	160.6	1309.2	280.8
大型超市	-8490.4	-8687.6	-73.3	6606.3	161.9
百货店	78810.6	78479.2	5952.3	72287.6	8989.4
专业店	-14946.7	-11915.6	5819.2	76354.6	20260.3
专卖店	19087.4	20876.3	6886	59662.1	25776.9
购物中心	8313.5	8438.2	3047.4	4270.5	1717.8
厂家直销中心	175.6	176.6	11.2	143.6	5.4
无店铺零售	146.9	149.9	8.2	1392.6	142.9
网上商店	84	84	4.2	204	6.4
其他	62.9	65.9	4	1188.6	136.5
城镇	146.9	149.9	8.2	1392.6	142.9
其中：城区	146.9	149.9	8.2	1392.6	142.9

分县（市、区）限额以上批发零售贸易企业财务状况

11—13　　（2019 年）　　计量单位：万元

行政单位	资产总计	负债合计	主营业务收入	营业成本	其他业务利润
石家庄市	**29815216**	**21161231**	**41694079**	**39386777**	**103524**
市　区	21913969	13963413	30558400	28493495	93909
#长安区	2456713	2047099	4633102	4259732	24970
桥西区	2402568	1751378	4392827	3795171	35602
新华区	3667642	3167933	10052083	9816955	12582
矿　区	28195	22522	88972	83176	0
裕华区	9854958	4549327	5238689	4996578	13666
藁城区	240544	184934	582889	551563	3124
鹿泉区	752979	472831	866831	784637	2150
栾城区	191300	163205	542349	517713	0
高新区	2287509	1582061	4034261	3564042	1809
循环化工园区	31563	22123	126399	123927	6
井 陉 县	348937	244886	1184289	1149934	24
正 定 县	155639	113540	378691	367351	7624
行 唐 县	5235	2304	10827	10378	0
灵 寿 县	15809	8674	25963	22888	155
高 邑 县					
深 泽 县	2643	1384	13933	12523	0
赞 皇 县	23437	14910	19270	17588	0
无 极 县	17097	13309	44586	41270	0
平 山 县	882202	882527	7748277	7747642	196
元 氏 县	30082	30330	38838	31800	5
赵　县	28573	13416	70456	58846	0
晋 州 市	6356655	5842312	1545660	1386884	1603
新 乐 市	34938	30226	54889	46178	9

11—13 续表 1　　（2019 年）　　计量单位：万元

行政单位	销售费用	管理费用	财务费用	利润总额	应付职工薪酬（本年贷方累计发生额）	应交增值税
石家庄市	**1164123**	**562938**	**164426**	**433833**	**454024**	**425280**
市　区	1092287	444619	128550	406381	404275	206273
#长安区	231742	73208	22345	79326	88607	53957
桥西区	216662	143307	13875	193655	99616	57106
新华区	144429	72061	48032	6975	67688	24555
矿　区	3292	899	1020	516	362	133
裕华区	135629	52863	23723	74525	52347	23586
藁城区	19855	4619	966	8122	10012	1196
鹿泉区	49773	31938	10149	5784	13701	8053
栾城区	13087	4621	617	6212	4593	1564
高新区	276403	59995	7774	31028	66549	35912
循环化工园区	1416	1109	48	238	802	213
井 陉 县	26606	1655	1648	8748	1733	809
正 定 县	10136	6775	1915	3588	7842	1772
行 唐 县	81	235	17	86	283	23
灵 寿 县	1044	695	228	1515	1706	2247
高 邑 县						
深 泽 县	529	363	28	456	8978	30
赞 皇 县	427	442	265	664	366	113
无 极 县	1126	1268	230	517	761	306
平 山 县	1783	5008	14328	3075	3500	30768
元 氏 县	5363	1291	803	1439	3407	632
赵　县	8111	266	225	3827	3913	1559
晋 州 市	10260	99719	15791	1015	13396	179900
新 乐 市	6370	602	398	2524	3867	848

社会消费品零售总额

11—14　　（2019 年）　　计量单位：万元

行政单位	社会消费品零售总额	其中：限额以上企业（单位）消费品零售额
石家庄市	**23586154.2**	**8197598.4**
市　区	18681613.7	7600270.8
# 长安区	3762076.0	1535473.0
桥西区	4658827.2	2343934.5
新华区	2867621.6	1040989.8
裕华区	3130455.8	1203692.6
矿　区	124986.6	5076.8
藁城区	901222.0	141918.6
鹿泉区	1048716.5	347378.8
栾城区	477785.9	49048.3
高新区	1625782.6	930691.6
循环化工园区	84139.5	2066.8
井 陉 县	347656.9	16751.2
正 定 县	799542.7	171780.0
行 唐 县	294729.2	3589.3
灵 寿 县	206003.2	23094.1
高 邑 县	142372.2	16431.9
深 泽 县	151283.5	22421.3
赞 皇 县	123888.5	9104.4
无 极 县	390775.8	49072.9
平 山 县	434306.1	27545.3
元 氏 县	506973.2	37207.7
赵　县	425722.0	67606.3
晋 州 市	715950.6	101835.5
新 乐 市	365336.6	50887.7

注：不含辛集市数据。

实际利用外资情况

11—15　　　　（2019 年）　　　　计量单位：万美元

行政单位	实际利用外资	比上年增长（%）	实际利用外资中：	
			直接利用外资	比上年增长（%）
石家庄市	**148777**	**7.5**	**143955**	**11.3**
市　区				
#长安区	16396	-46.0	16396	-46.0
桥西区	12551	39.7	12551	36.1
新华区	1036	25.0	1036	25.0
裕华区	2775	-21.0	2775	-21.0
矿　区	75	294.7	75	294.7
藁城区	36342	20.4	36342	66.4
鹿泉区	7108	15.3	7108	19.8
栾城区	18599	0.9	18599	0.9
高新区	32739	27.1	32739	27.1
循环化工园区	308		308	
井陉县	1825	0.4	1825	0.4
正定县	1221	-20.6	1221	-20.6
行唐县	3522	6.7	3522	6.7
灵寿县	715		715	
高邑县	817	2.0	817	2.0
深泽县	29	38.1	29	38.1
赞皇县	210		210	
无极县	47	-88.0	47	-92.7
平山县	1797	794.0	1797	794.0
元氏县	176	131.6	176	131.6
赵　县	69	23.2	69	23.2
晋州市	4218	26.1	4218	26.1
新乐市	1380	172.2	1380	172.2
辛集市				

十二、教育 科技 文化

资料来源：市教育局、科技局、文广旅局

普通中学基本情况

12—1　　　　（2019 年）　　　　计量单位：人

行政单位	学校数（所）	毕业生数			招生人数		
			普通初中	普通高中		普通初中	普通高中
全市总计	**390**	**162801**	**105995**	**56806**	**173629**	**112052**	**61577**
市区合计	165	76844	44452	32392	83800	50983	32817
市 辖 区	17	13312	1917	11395	13824	2237	11587
# 长安区	25	8664	5627	3037	9217	6949	2268
桥西区	22	10011	6686	3325	13466	9133	4333
新华区	18	8771	5837	2934	8682	5992	2690
矿　区	3	856	515	341	971	629	342
裕华区	10	7102	5804	1298	7250	5910	1340
藁城区	28	10805	7137	3668	11340	7506	3834
鹿泉区	20	6096	4233	1863	6096	4339	1757
栾城区	12	4434	3090	1344	5443	3977	1466
高新区	8	6464	3277	3187	7074	3874	3200
循环化工园区	2	329	329	0	437	437	0
井 陉 县	11	4583	2975	1608	4512	2982	1530
正 定 县	23	8723	6529	2194	8983	6185	2798
行 唐 县	17	9872	6964	2908	9233	5369	3864
灵 寿 县	15	6312	4645	1667	5074	3024	2050
高 邑 县	10	3261	2289	972	3637	2320	1317
深 泽 县	8	3001	2242	759	2851	1994	857
赞 皇 县	9	4241	3523	718	4967	3761	1206
无 极 县	17	6388	4518	1870	7900	5610	2290
平 山 县	23	7986	5372	2614	8871	6324	2547
元 氏 县	16	7323	5462	1861	6693	4718	1975
赵　县	24	7930	5552	2378	9817	7204	2613
晋 州 市	22	6847	4889	1958	7656	5580	2076
新 乐 市	30	9490	6583	2907	9635	5998	3637

注：本表数据不含辛集市。

12—1续表　　　　（2019年）　　　　计量单位：人

行政单位	在校学生数	普通初中	普通高中	教职工数	#专任教师
全市总计	**516771**	**342761**	**174010**	**48311**	**38556**
市　　区	295830	153035	96318	23700	19312
市 辖 区	41011	6811	34200	3397	2830
#长安区	27952	20419	7533	2897	2238
桥西区	38512	26340	12172	3735	3062
新华区	26202	18670	7532	2348	1957
矿　区	2886	1837	1049	290	265
裕华区	22283	18358	3925	1940	1712
藁城区	33766	22588	11178	3040	2490
鹿泉区	19022	13646	5376	2189	1821
栾城区	15233	11035	4198	1452	1276
高新区	41011	12100	9155	2303	1566
循环化工园	27952	1231	0	109	95
井 陉 县	13874	9397	4477	1144	941
正 定 县	27074	19872	7202	2439	1923
行 唐 县	27810	18000	9810	2276	1994
灵 寿 县	17463	11614	5849	1723	1313
高 邑 县	10717	7250	3467	870	744
深 泽 县	8869	6527	2342	606	592
赞 皇 县	14570	11746	2824	1314	962
无 极 县	22619	15968	6651	1657	1425
平 山 县	23992	16604	7388	2484	1886
元 氏 县	21259	15693	5566	2375	1768
赵　　县	26869	19854	7015	2909	1943
晋 州 市	22977	17011	5966	1928	1605
新 乐 市	29325	20190	9135	2886	2148

职业中学基本情况

12—2　　　　　　　　　　　　　　　　（2019 年）　　　　　　　　　　　　　　　　计量单位：人

行政单位	学校数（所）	毕业生数	招生人数	在校学生数	教职工数	# 专任教师
全市总计	**135**	**60150**	**74728**	**214642**	**12227**	**9164**
市区合计	92	51507	61928	181906	8593	6210
市 辖 区	18	20840	13254	39794	2126	1591
# 长安区	10	2690	4131	10965	590	509
桥西区	13	3942	9505	24550	1050	694
新华区	14	10013	15920	43204	2000	1419
矿　区	2	126	316	666	75	65
裕华区	9	7929	4513	29618	840	443
藁城区	5	1567	2797	7238	482	409
鹿泉区	9	2513	4519	10250	544	452
栾城区	5	1467	3587	7725	542	432
高新区	7	420	3386	7896	344	196
循环化工园区	0	0	0	0	0	0
井 陉 县	3	256	424	1086	252	227
正 定 县	7	1189	1622	4659	404	336
行 唐 县	2	99	271	761	148	99
灵 寿 县	3	383	855	2107	283	227
高 邑 县	2	139	210	496	105	95
深 泽 县	2	156	322	746	88	74
赞 皇 县	2	145	266	608	137	116
无 极 县	3	713	1591	3717	385	309
平 山 县	4	1269	1708	4602	570	351
元 氏 县	6	1091	1509	3612	315	281
赵　县	3	1467	1583	4402	369	351
晋 州 市	4	1137	1434	3634	359	287
新 乐 市	2	599	1005	2306	219	201

注：本表数据不含辛集市。

小学基本情况

12—3　　　　（2019 年）　　　　计量单位：人

行政单位	学校数（所）	毕业生数	招生人数	在校学生数	教职工数	#专任教师
全市总计	**1371**	**112062**	**162903**	**894858**	**45815**	**47767**
市区合计	514	50261	83395	419871	20626	20790
市 辖 区	0	156	195	1211	0	47
#长安区	63	7805	14047	67688	2758	2873
桥西区	53	8823	14656	70433	3137	3088
新华区	52	7580	11337	58180	2506	2525
矿 区	13	746	862	4309	414	383
裕华区	46	6020	9920	51042	2774	2735
藁城区	112	7803	13140	69739	3961	3852
鹿泉区	88	4499	7465	39467	1963	2020
栾城区	56	4141	5858	31420	1882	1780
高新区	24	2255	5165	22977	997	1279
循环化工园区	7	433	750	3405	234	208
井 陉 县	49	3141	2734	17320	1506	1448
正 定 县	92	5160	8702	48510	2365	2507
行 唐 县	62	5204	6604	42734	2929	2644
灵 寿 县	73	3197	4622	28493	1918	1952
高 邑 县	42	2463	3535	20317	1207	1221
深 泽 县	34	2176	2851	17083	1033	1031
赞 皇 县	50	3950	4982	30880	1581	1684
无 极 县	82	6231	7687	43874	2176	2127
平 山 县	68	6275	6858	41865	2369	2656
元 氏 县	71	4592	6540	38139	2045	2337
赵 县	60	7444	8249	48640	1772	2539
晋 州 市	82	5968	7695	43767	2300	2288
新 乐 市	92	6000	8449	53365	1988	2543

规模以上工业企业 R&D 活动基本情况

12—4　　（2019 年）　　计量单位：个

指标名称	企业数	# 有 R&D 活动单位数	# 有科技机构单位数
总　计	**2097**	**319**	**239**
一、按企业规模分组			
大型	50	29	31
中型	199	71	51
小型	1538	209	154
微型	310	10	3
二、按登记注册类型分组			
内资企业	2023	292	217
国有企业	10	1	2
集体企业	8		
股份合作企业	3	1	1
联营企业			
国有联营企业			
集体联营企业			
国有与集体联营企业			
其他联营企业			
有限责任公司	290	76	67
国有独资公司	16	2	3
其他有限责任公司	274	74	64
股份有限公司	65	35	28
私营企业	1647	179	119
私营独资企业	32	1	1
私营合伙企业	14		
私营有限责任公司	1555	151	107
私营股份有限公司	46	27	11
其他企业			
港、澳、台商投资企业	35	12	9
合资经营企业（港或澳、台资）	19	7	5
合作经营企业（港或澳、台资）	3		
港、澳、台商独资经营企业	12	4	3
港、澳、台商投资股份有限公司	1	1	1
其他港澳台投资企业	0	0	0
外商投资企业	39	15	13
中外合资经营企业	19	6	5
中外合作经营企业	3	3	2
外资企业	17	6	6
外商投资股份有限公司	0	0	0
其他外商投资企业	0	0	0

12—4 续表 1　　（2019 年）　　计量单位：个

指标名称	企业数	# 有 R&D 活动单位数	# 有科技机构单位数
三、按国民经济行业大类分组			
采矿业	3	1	
煤炭开采和洗选业			
石油和天然气开采业			
黑色金属矿采选业			
有色金属矿采选业	1	1	
非金属矿采选业	2		
开采辅助活动			
其他采矿业			
制造业	2023	316	236
农副食品加工业	128	7	3
食品制造业	41	4	7
酒、饮料和精制茶制造业	17		
烟草制品业	1		
纺织业	148	7	5
纺织服装、服饰业	43	1	1
皮革、毛皮、羽毛及其制品和制鞋业	209	1	1
木材加工和木、竹、藤、棕、草制品业	17	2	1
家具制造业	22	1	
造纸和纸制品业	33	1	3
印刷和记录媒介复制业	35	4	2
文教、工美、体育和娱乐用品制造业	20	1	1
石油加工、炼焦和核燃料加工业	21	2	
化学原料和化学制品制造业	264	54	40
医药制造业	102	48	42
化学纤维制造业	16		1
橡胶和塑料制品业	94	15	5
非金属矿物制品业	224	11	8
黑色金属冶炼和压延加工业	17	6	6
有色金属冶炼和压延加工业	17	1	1
金属制品业	109	17	13
通用设备制造业	109	22	15
专用设备制造业	99	39	28
汽车制造业	51	10	8
铁路、船舶、航空航天和其他运输设备制造业	10	5	4
电气机械和器材制造业	98	20	15
计算机、通信和其他电子设备制造业	43	21	14
仪器仪表制造业	20	12	10
其他制造业	4	2	
废弃资源综合利用业	9	1	1
金属制品、机械和设备修理业	2	1	1
电力、热力、燃气及水生产和供应业	71	2	3
电力、热力生产和供应业	38		2
燃气生产和供应业	25	2	
水的生产和供应业	8		

规模以上工业企业 R&D 活动人员情况

12—5　　　　（2019 年）　　　　计量单位：人

指标名称	R&D 人员合计	#1. 参加项目人员	2. 管理和服务人员	# 女性	# 研究人员	#1. 全时人员	2. 非全时人员
总　计	**14319**	**13479**	**840**	**4258**	**4271**	**11017**	**3302**
一、按企业规模分组							
大型	6765	6408	357	2190	1850	5268	1497
中型	4081	3851	230	1162	1276	3025	1056
小型	3409	3161	248	883	1117	2671	738
微型	64	59	5	23	28	53	11
二、按登记注册类型分组							
内资企业	11940	11228	712	3308	3388	9152	2788
国有企业	317	286	31	68	153	196	121
集体企业							
股份合作企业	8	8		1	4	7	1
联营企业							
国有联营企业							
集体联营企业							
国有与集体联营企业							
其他联营企业							
有限责任公司	4419	4224	195	1342	1207	3055	1364
国有独资公司	93	88	5	47	23	73	20
其他有限责任公司	4326	4136	190	1295	1184	2982	1344
股份有限公司	1894	1805	89	634	794	1550	344
私营企业	5302	4905	397	1263	1230	4344	958
私营独资企业	16	15	1	10	2	14	2
私营合伙企业							
私营有限责任公司	4383	4052	331	1024	1002	3615	768
私营股份有限公司	903	838	65	229	226	715	188
其他企业							
港、澳、台商投资企业	1460	1396	64	474	476	1091	369
合资经营企业（港或澳、台资）	913	880	33	196	232	635	278
合作经营企业（港或澳、台资）							
港、澳、台商独资经营企业	502	473	29	267	223	415	87
港、澳、台商投资股份有限公司	45	43	2	11	21	41	4
其他港澳台投资企业							
外商投资企业	919	855	64	476	407	774	145
中外合资经营企业	114	108	6	41	28	63	51
中外合作经营企业	89	87	2	15	22	69	20
外资企业	716	660	56	420	357	642	74
外商投资股份有限公司							
其他外商投资企业							

12—5 续表　　（2019 年）　　计量单位：人

行业名称	R&D 人员合计	#1. 参加项目人员	2. 管理和服务人员	# 女性	# 研究人员	#1. 全时人员	2. 非全时人员
三、按国民经济行业大类分组							
采矿业	34	31	3	5	18	8	26
煤炭开采和洗选业							
石油和天然气开采业							
黑色金属矿采选业							
有色金属矿采选业	34	31	3	5	18	8	26
非金属矿采选业							
开采辅助活动							
其他采矿业							
制造业	14209	13376	833	4228	4227	10975	3234
农副食品加工业	87	78	9	19	38	65	22
食品制造业	163	153	10	94	53	81	82
酒、饮料和精制茶制造业							
烟草制品业							
纺织业	271	253	18	118	35	196	75
纺织服装、服饰业	117	115	2	84	20	105	12
皮革、毛皮、羽毛及其制品和制鞋业	53	49	4	40	5	48	5
木材加工和木、竹、藤、棕、草制品业	20	18	2	8	3	13	7
家具制造业	6	5	1	4	2	5	1
造纸和纸制品业	14	13	1	5	3	8	6
印刷和记录媒介复制业	124	119	5	38	30	84	40
文教、工美、体育和娱乐用品制造业	5	5			2	1	4
石油加工、炼焦和核燃料加工业							
化学原料和化学制品制造业	2410	2323	87	794	664	1914	496
医药制造业	2698	2506	192	1452	1211	2098	600
化学纤维制造业							
橡胶和塑料制品业	270	243	27	45	64	175	95
非金属矿物制品业	276	256	20	37	39	180	96
黑色金属冶炼和压延加工业	2157	2010	147	371	152	1606	551
有色金属冶炼和压延加工业	25	24	1		8	23	2
金属制品业	464	428	36	71	131	366	98
通用设备制造业	589	539	50	127	232	509	80
专用设备制造业	889	836	53	132	347	766	123
汽车制造业	419	398	21	88	107	304	115
铁路、船舶、航空航天和其他运输设备制造业	329	301	28	82	120	229	100
电气机械和器材制造业	1131	1105	26	199	241	926	205
计算机、通信和其他电子设备制造业	694	660	34	195	289	541	153
仪器仪表制造业	654	627	27	153	275	530	124
其他制造业	10	9	1	2	2	3	7
废弃资源综合利用业	10	10					10
金属制品、机械和设备修理业	317	286	31	68	153	196	121
电力、热力、燃气及水生产和供应业	76	72	4	25	26	34	42
电力、热力生产和供应业							
燃气生产和供应业	76	72	4	25	26	34	42
水的生产和供应业							

规模以上工业企业 R&D 人员折合全时当量

12—6　　　　（2019 年）　　　　计量单位：人年

指标名称	R&D 人员折合全时当量合计	按活动类型分			
		# 研究人员	#1. 基础研究人员	2. 应用研究人员	3. 试验发展人员
总　计	**9273**	**2829**	**279**	**271**	**8723**
一、按企业规模分组					
大型	4264	1181	251	140	3872
中型	2743	896	26	85	2632
小型	2223	733	1	46	2176
微型	43	20	1		42
二、按登记注册类型分组					
内资企业	7591	2229	278	252	7060
国有企业	67	32			67
集体企业					
股份合作企业	5	3			5
联营企业					
国有联营企业					
集体联营企业					
国有与集体联营企业					
其他联营企业					
有限责任公司	2703	777	23	59	2621
国有独资公司	57	16		11	46
其他有限责任公司	2646	761	23	49	2575
股份有限公司	1417	608	255	54	1108
私营企业	3400	809	1	139	3261
私营独资企业	14	2			14
私营合伙企业					
私营有限责任公司	2784	649	1	139	2645
私营股份有限公司	601	159			601
其他企业					
港、澳、台商投资企业	1006	306			1006
合资经营企业（港或澳、台资）	643	159			643
合作经营企业（港或澳、台资）					
港、澳、台商独资经营企业	324	129			324
港、澳、台商投资股份有限公司	39	18			39
其他港澳台投资企业	0	0	0	0	0
外商投资企业	676	295	1	18	656
中外合资经营企业	91	24	0	0	91
中外合作经营企业	44	5	1	0	43
外资企业	540	267	0	18	522
外商投资股份有限公司	0	0	0	0	0
其他外商投资企业	0	0	0	0	0

12—6 续表　　　　（2019 年）　　　　计量单位：人年

行业名称	R&D 人员折合全时当量合计	按活动类型分			
		# 研究人员	#1. 基础研究人员	2. 应用研究人员	3. 试验发展人员
三、按国民经济行业大类分组					
采矿业	27	14			27
煤炭开采和洗选业					
石油和天然气开采业					
黑色金属矿采选业					
有色金属矿采选业	27	14			27
非金属矿采选业					
开采辅助活动					
其他采矿业					
制造业	9175	2792	279	271	8625
农副食品加工业	34	15	1		33
食品制造业	70	20			70
酒、饮料和精制茶制造业					
烟草制品业					
纺织业	141	18			141
纺织服装、服饰业	74	13			74
皮革、毛皮、羽毛及其制品和制鞋业	27	3			27
木材加工和木、竹、藤、棕、草制品业	10	1			10
家具制造业	1				1
造纸和纸制品业	7	1			7
印刷和记录媒介复制业	95	23		11	84
文教、工美、体育和娱乐用品制造业	2	1			2
石油加工、炼焦和核燃料加工业					
化学原料和化学制品制造业	1469	401		162	1307
医药制造业	1942	875	252	28	1662
化学纤维制造业					
橡胶和塑料制品业	194	48			194
非金属矿物制品业	181	25			181
黑色金属冶炼和压延加工业	1166	97			1166
有色金属冶炼和压延加工业	19	6			19
金属制品业	307	75		37	270
通用设备制造业	386	158	4		382
专用设备制造业	619	239			619
汽车制造业	229	58		9	220
铁路、船舶、航空航天和其他运输设备制造业	169	63	23		146
电气机械和器材制造业	925	201			925
计算机、通信和其他电子设备制造业	495	198		11	485
仪器仪表制造业	537	220		15	522
其他制造业	7	1			7
废弃资源综合利用业	3				3
金属制品、机械和设备修理业	67	32			67
电力、热力、燃气及水生产和供应业	71	24			71
电力、热力生产和供应业					
燃气生产和供应业	71	24			71
水的生产和供应业					

规模以上工业企业 R&D 经费内部支出来源情况

12—7　　（2019 年）　　计量单位：万元

指标名称	R&D 经费内部支出合计	# 政府资金	# 企业资金	# 境外资金	# 其他资金
总　计	**981900.5**	**41615.9**	**940277.9**		**6.7**
一、按企业规模分组					
大型	789395.6	34960.1	754428.8		6.7
中型	124575.9	2971.8	121604.1		
小型	66341.7	3630.6	62711.1		
微型	1587.3	53.4	1533.9		
二、按登记注册类型分组					
内资企业	878336.3	11591.4	866738.2		6.7
国有企业	8122.8		8122.8		
集体企业					
股份合作企业	38.1		38.1		
联营企业					
国有联营企业					
集体联营企业					
国有与集体联营企业					
其他联营企业					
有限责任公司	616063.6	6790.5	609266.4		6.7
国有独资公司	2634.7		2628.0		6.7
其他有限责任公司	613428.9	6790.5	606638.4		
股份有限公司	48819.6	3116.3	45703.3		
私营企业	205292.2	1684.6	203607.6		
私营独资企业	49.7		49.7		
私营合伙企业					
私营有限责任公司	187065.5	1302.3	185763.2		
私营股份有限公司	18177.0	382.3	17794.7		
其他企业					
港、澳、台商投资企业	83039.4	29039.2	54000.2		
合资经营企业（港或澳、台资）	39524.5	2963.6	36560.9		
合作经营企业（港或澳、台资）					
港、澳、台商独资经营企业	42637.4	26075.6	16561.8		
港、澳、台商投资股份有限公司	877.5		877.5		
其他港澳台投资企业					
外商投资企业	20524.8	985.3	19539.5		
中外合资经营企业	1272.8		1272.8		
中外合作经营企业	3522.5		3522.5		
外资企业	15729.5	985.3	14744.2		
外商投资股份有限公司					
其他外商投资企业					

12—7 续表　　（2019 年）　　计量单位：万元

行业名称	R&D 经费内部支出合计	# 政府资金	# 企业资金	# 境外资金	# 其他资金
三、按国民经济行业大类分组					
采矿业	677.6		677.6		
煤炭开采和洗选业					
石油和天然气开采业					
黑色金属矿采选业					
有色金属矿采选业	677.6		677.6		
非金属矿采选业					
开采辅助活动					
其他采矿业					
制造业	979664.2	41615.9	938041.6		6.7
农副食品加工业	1093.2	188.0	905.2		
食品制造业	8015.6	379.1	7636.5		
酒、饮料和精制茶制造业					
烟草制品业					
纺织业	5143.4		5143.4		
纺织服装、服饰业	3035.0	3035.0			
皮革、毛皮、羽毛及其制品和制鞋业	1750.5		1750.5		
木材加工和木、竹、藤、棕、草制品业	401.1		401.1		
家具制造业	228.4		228.4		
造纸和纸制品业	372.3		372.3		
印刷和记录媒介复制业	2211.0		2204.3		6.7
文教、工美、体育和娱乐用品制造业	16.5		16.5		
石油加工、炼焦和核燃料加工业	68.4		68.4		
化学原料和化学制品制造业	66885.1	672.8	66212.3		
医药制造业	103877.1	32116.4	71760.7		
化学纤维制造业					
橡胶和塑料制品业	4148.7	33.4	4115.3		
非金属矿物制品业	12450.9	39.7	12411.2		
黑色金属冶炼和压延加工业	654807.1	12.8	654794.3		
有色金属冶炼和压延加工业	304.6		304.6		
金属制品业	13208.4	317.4	12891.0		
通用设备制造业	7157.9	50.0	7107.9		
专用设备制造业	19154.6	1296.1	17858.5		
汽车制造业	7796.2	132.1	7664.1		
铁路、船舶、航空航天和其他运输设备制造业	3690.3	411.2	3279.1		
电气机械和器材制造业	26111.5	600.1	25511.4		
计算机、通信和其他电子设备制造业	17341.5	1777.7	15563.8		
仪器仪表制造业	11935.4	554.1	11381.3		
其他制造业	221.8		221.8		
废弃资源综合利用业	114.9		114.9		
金属制品、机械和设备修理业	8122.8		8122.8		
电力、热力、燃气及水生产和供应业	1558.7		1558.7		
电力、热力生产和供应业					
燃气生产和供应业	1558.7		1558.7		
水的生产和供应业					

规模以上工业企业 R&D 经费支出情况

12—8　　　　（2019 年）　　　　计量单位：万元

指标名称	R&D 经费内部支出合计	一、按活动类型分组			二、按支出用途分组		R&D 经费外部支出
		1. 基础研究	2. 应用研究	3. 试验发展	1. 经常费支出	2. 资产性支出	
总　计	**981900.5**	**7916.2**	**6697.8**	**967286.5**	**516436.8**	**465463.7**	**61389.1**
一、按企业规模分组							
大型	789395.6	7010.7	4241.6	778143.3	346735.4	442660.2	53185.5
中型	124575.9	501.6	1587.5	122486.8	106566.8	18009.1	2955.5
小型	66341.7	347.9	868.7	65125.1	61563.8	4777.9	5243.1
微型	1587.3	56.0		1531.3	1570.8	16.5	5.0
二、按登记注册类型分组							
内资企业	878336.3	7568.3	5858.3	864909.7	414222.3	464114.0	27002.0
国有企业	8122.8			8122.8	6094.6	2028.2	17.7
集体企业							
股份合作企业	38.1			38.1	35.8	2.3	
联营企业							
国有联营企业							
集体联营企业							
国有与集体联营企业							
其他联营企业							
有限责任公司	616063.6	409.6	1404.1	614249.9	189838.5	426225.1	1951.8
国有独资公司	2634.7		97.9	2536.8	2583.8	50.9	69.3
其他有限责任公司	613428.9	409.6	1306.2	611713.1	187254.7	426174.2	1882.5
股份有限公司	48819.6	7102.7	531.1	41185.8	47387.6	1432.0	19199.7
私营企业	205292.2	56.0	3923.1	201313.1	170865.8	34426.4	5832.8
私营独资企业	49.7			49.7	49.7		
私营合伙企业							
私营有限责任公司	187065.5	56.0	3923.1	183086.4	154290.4	32775.1	2933.1
私营股份有限公司	18177.0			18177.0	16525.7	1651.3	2899.7
其他企业							
港、澳、台商投资企业	83039.4			83039.4	82193.6	845.8	29656.4
合资经营企业（港或澳、台资）	39524.5			39524.5	38754.2	770.3	2199.7
合作经营企业（港或澳、台资）							
港、澳、台商独资经营企业	42637.4			42637.4	42564.8	72.6	27456.7
港、澳、台商投资股份有限公司	877.5			877.5	874.6	2.9	
其他港澳台投资企业							
外商投资企业	20524.8	347.9	839.5	19337.4	20020.9	503.9	4730.7
中外合资经营企业	1272.8			1272.8	1266.5	6.3	165.8
中外合作经营企业	3522.5	347.9		3174.6	3493.1	29.4	
外资企业	15729.5		839.5	14890.0	15261.3	468.2	4564.9
外商投资股份有限公司							
其他外商投资企业							

12—8 续表　　　　（2019 年）　　　　计量单位：万元

行业名称	R&D 经费内部支出合计	一、按活动类型分组			二、按支出用途分组		R&D 经费外部支出
		1. 基础研究	2. 应用研究	3. 试验发展	1. 经常费支出	2. 资产性支出	
三、按国民经济行业大类分组							
采矿业	677.6			677.6	677.6		
煤炭开采和洗选业							
石油和天然气开采业							
黑色金属矿采选业							
有色金属矿采选业	677.6			677.6	677.6		
非金属矿采选业							
开采辅助活动							
其他采矿业							
制造业	979664.2	7916.2	6697.8	965050.2	514200.5	465463.7	61389.1
农副食品加工业	1093.2	347.9		745.3	1007.9	85.3	18.1
食品制造业	8015.6			8015.6	7866.9	148.7	5.0
酒、饮料和精制茶制造业							
烟草制品业							
纺织业	5143.4			5143.4	5073.9	69.5	
纺织服装、服饰业	3035.0			3035.0	2839.5	195.5	1.4
皮革、毛皮、羽毛及其制品和制鞋业	1750.5			1750.5	1750.5		
木材加工和木、竹、藤、棕、草制品业	401.1			401.1	344.9	56.2	
家具制造业	228.4			228.4	228.4		
造纸和纸制品业	372.3			372.3	372.3		
印刷和记录媒介复制业	2211.0		97.9	2113.1	2141.2	69.8	69.3
文教、工美、体育和娱乐用品制造业	16.5			16.5	16.1	0.4	
石油加工、炼焦和核燃料加工业	68.4			68.4	68.4		12.3
化学原料和化学制品制造业	66885.1		5393.2	61491.9	62570.8	4314.3	2896.4
医药制造业	103877.1	7066.7	536.9	96273.5	101402.9	2474.2	55336.5
化学纤维制造业							
橡胶和塑料制品业	4148.7			4148.7	4100.5	48.2	2.0
非金属矿物制品业	12450.9			12450.9	12445.4	5.5	
黑色金属冶炼和压延加工业	654807.1			654807.1	204662.6	450144.5	495.7
有色金属冶炼和压延加工业	304.6			304.6	304.6		14.0
金属制品业	13208.4		257.2	12951.2	11716.4	1492.0	197.2
通用设备制造业	7157.9	92.0		7065.9	7108.0	49.9	192.5
专用设备制造业	19154.6			19154.6	18301.3	853.3	284.2
汽车制造业	7796.2		69.9	7726.3	7728.6	67.6	461.3
铁路、船舶、航空航天和其他运输设备制造业	3690.3	409.6		3280.7	3637.6	52.7	545.5
电气机械和器材制造业	26111.5			26111.5	25962.1	149.4	17.3
计算机、通信和其他电子设备制造业	17341.5		108.8	17232.7	15771.8	1569.7	565.9
仪器仪表制造业	11935.4		233.9	11701.5	10346.7	1588.7	255.1
其他制造业	221.8			221.8	221.7	0.1	1.7
废弃资源综合利用业	114.9			114.9	114.9		
金属制品、机械和设备修理业	8122.8			8122.8	6094.6	2028.2	17.7
电力、热力、燃气及水生产和供应业	1558.7			1558.7	1558.7		
电力、热力生产和供应业							
燃气生产和供应业	1558.7			1558.7	1558.7		
水的生产和供应业							

规模以上工业企业办科技机构情况

12—9　　　　（2019 年）　　　　计量单位：个、人、万元

指标名称	机构数	机构人员合　计	机构经费支出	机构内仪器和设备原价
总　计	**292**	**16407**	**725445.6**	**463546.6**
一、按企业规模分组				
大型	43	8051	529435.0	316892.5
中型	69	4145	118072.5	68038.6
小型	177	4203	77519.4	77983.8
微型	3	8	418.7	631.7
二、按登记注册类型分组				
内资企业	261	13949	563947.8	386361.6
国有企业	2	483	852.4	8020.8
集体企业				
股份合作企业	1	15	230.9	52.3
联营企业				
国有联营企业				
集体联营企业				
国有与集体联营企业				
其他联营企业				
有限责任公司	84	5951	298193.7	90285.8
国有独资公司	4	312	7180.1	5000.6
其他有限责任公司	80	5639	291013.6	85285.2
股份有限公司	38	2477	88856.6	47616.2
私营企业	136	5023	175814.2	240386.5
私营独资企业	1	16	106.8	195.7
私营合伙企业				
私营有限责任公司	120	4700	169285.0	234223.4
私营股份有限公司	15	307	6422.4	5967.4
其他企业				
港、澳、台商投资企业	14	1622	134086.6	19667.4
合资经营企业（港或澳、台资）	9	1338	58792.6	13640.0
合作经营企业（港或澳、台资）				
港、澳、台商独资经营企业	4	235	74359.9	5545.4
港、澳、台商投资股份有限公司	1	49	934.1	482.0
其他港澳台投资企业	15	789	[illegible]	[illegible]
外商投资企业	17	836	27411.2	57517.6
中外合资经营企业	5	119	3655.5	17173.7
中外合作经营企业	2	68	3361.7	1874.4
外资企业	10	649	20394.0	38469.5
外商投资股份有限公司				
其他外商投资企业				

12—9 续表　　（2019 年）　　计量单位：个、人、万元

指标名称	机构数	机构人员合　计	机构经费支出	机构内仪器和设备原价
三、按国民经济行业大类分组				
采矿业				
煤炭开采和洗选业				
石油和天然气开采业				
黑色金属矿采选业				
有色金属矿采选业				
非金属矿采选业				
开采辅助活动				
其他采矿业				
制造业	289	16324	719170.3	462513.8
农副食品加工业	3	21	20.8	130.0
食品制造业	9	426	6521.4	10712.7
酒、饮料和精制茶制造业				
烟草制品业				
纺织业	6	354	6611.0	17796.6
纺织服装、服饰业	1	310	6857.2	2153.0
皮革、毛皮、羽毛及其制品和制鞋业	1	105	3767.3	508.1
木材加工和木、竹、藤、棕、草制品业	1	2	1.0	56.0
家具制造业				
造纸和纸制品业	3	91	1684.2	1394.5
印刷和记录媒介复制业	2	303	4182.1	3985.6
文教、工美、体育和娱乐用品制造业	2	42	454.2	176.7
石油加工、炼焦和核燃料加工业				
化学原料和化学制品制造业	44	2125	68621.5	63751.1
医药制造业	54	2451	172080.1	81567.0
化学纤维制造业	1	59	356.4	11.6
橡胶和塑料制品业	5	55	780.3	3512.8
非金属矿物制品业	10	416	3698.1	5209.3
黑色金属冶炼和压延加工业	7	2932	308755.9	180435.9
有色金属冶炼和压延加工业	2	56	778.2	1161.1
金属制品业	16	403	6687.2	8320.1
通用设备制造业	20	595	11173.9	4053.0
专用设备制造业	33	1164	26840.7	25006.4
汽车制造业	9	388	4887.6	7526.7
铁路、船舶、航空航天和其他运输设备制造业	4	276	3341.1	2788.5
电气机械和器材制造业	21	1449	47988.2	17341.5
计算机、通信和其他电子设备制造业	22	803	14536.2	10244.4
仪器仪表制造业	11	1028	17857.4	6857.8
其他制造业				
废弃资源综合利用业	1	10	116.0	258.0
金属制品、机械和设备修理业	1	460	572.3	7555.4
电力、热力、燃气及水生产和供应业	3	83	6275.3	1032.8
电力、热力生产和供应业	2	62	5179.2	685.8
燃气生产和供应业				
水的生产和供应业				

规模以上工业企业新产品项目情况

12—10　　　（2019 年）　　　计量单位：万元、项

指标名称	新产品开发项目数	新产品开发经费支出
总　计	**2950**	**1523497.2**
一、按企业规模分组		
大型	595	1174840.6
中型	862	189341.0
小型	1462	157215.2
微型	31	2100.4
二、按登记注册类型分组		
内资企业	2639	1359517
国有企业	21	15254.7
集体企业		
股份合作企业	3	232.9
联营企业		
国有联营企业		
集体联营企业		
国有与集体联营企业		
其他联营企业		
有限责任公司	1021	1088932.7
国有独资公司	62	7219.2
其他有限责任公司	959	1081713.5
股份有限公司	463	75010.7
私营企业	1131	180085.8
私营独资企业	8	89.0
私营合伙企业		
私营有限责任公司	902	159330.3
私营股份有限公司	221	20666.5
其他企业		
港、澳、台商投资企业	173	130751.1
合资经营企业（港或澳、台资）	99	64688.8
合作经营企业（港或澳、台资）		
港、澳、台商独资经营企业	57	65139.0
港、澳、台商投资股份有限公司	17	923.3
其他港澳台投资企业		
外商投资企业	138	33229.3
中外合资经营企业	20	1909.6
中外合作经营企业	18	3747.7
外资企业	100	27572.0
外商投资股份有限公司		
其他外商投资企业		

12—10 续表 （2019 年） 计量单位：万元、项

行业名称	新产品开发项目数	新产品开发经费支出
三、按国民经济行业大类分组		
采矿业		
煤炭开采和洗选业		
石油和天然气开采业		
黑色金属矿采选业		
有色金属矿采选业		
非金属矿采选业		
开采辅助活动		
其他采矿业		
制造业	2934	1522111.6
农副食品加工业	11	1135.0
食品制造业	82	40548.4
酒、饮料和精制茶制造业		
烟草制品业		
纺织业	58	11383.0
纺织服装、服饰业	54	3739.9
皮革、毛皮、羽毛及其制品和制鞋业	10	2711.9
木材加工和木、竹、藤、棕、草制品业	14	411.6
家具制造业	1	228.4
造纸和纸制品业	13	1354.7
印刷和记录媒介复制业	63	5563.2
文教、工美、体育和娱乐用品制造业	9	629.0
石油加工、炼焦和核燃料加工业	3	1368.3
化学原料和化学制品制造业	379	48841.0
医药制造业	515	148075.4
化学纤维制造业	8	1726.1
橡胶和塑料制品业	69	5282.0
非金属矿物制品业	66	12471.7
黑色金属冶炼和压延加工业	171	1009287.7
有色金属冶炼和压延加工业	13	835.7
金属制品业	156	15167.2
通用设备制造业	134	17150.5
专用设备制造业	320	72878.0
汽车制造业	67	12807.2
铁路、船舶、航空航天和其他运输设备制造业	60	8271.0
电气机械和器材制造业	157	33129.0
计算机、通信和其他电子设备制造业	246	32005.8
仪器仪表制造业	231	18951.2
其他制造业	8	539.0
废弃资源综合利用业		
金属制品、机械和设备修理业	16	15619.7
电力、热力、燃气及水生产和供应业	16	1385.6
电力、热力生产和供应业		
燃气生产和供应业		
水的生产和供应业	4	338.4

规模以上工业企业科技活动产出情况

12—11　　　　（2019 年）　　　　计量单位：项、件、万元

行业名称	自主知识产权情况			新产品销售情况
	专利申请数	发明专利申请数	有效发明专利数	新产品销售收入
总　计	**2975**	**1104**	**4223**	**8665152.4**
一、按企业规模分组				
大型	690	319	1271	5850645.4
中型	839	356	1181	1588365.5
小型	1390	413	1726	1214096.7
微型	56	16	45	12044.8
二、按登记注册类型分组				
内资企业	2709	1001	3757	6864017.4
国有企业	45	11	39	66813.2
集体企业				
股份合作企业	4	3		111.0
联营企业				
国有联营企业				
集体联营企业				
国有与集体联营企业				
其他联营企业				
有限责任公司	1016	504	1346	2850740.1
国有独资公司	37	4	47	64854.6
其他有限责任公司	979	500	1299	2785885.5
股份有限公司	391	152	851	851816.6
私营企业	1253	331	1521	3094536.5
私营独资企业			17	1298.4
私营合伙企业				
私营有限责任公司	1102	299	1149	2943319.1
私营股份有限公司	151	32	355	149919.0
其他企业				
港、澳、台商投资企业	128	49	251	1255306.8
合资经营企业（港或澳、台资）	111	40	125	481295.6
合作经营企业（港或澳、台资）				
港、澳、台商独资经营企业	7	7	124	764645.8
港、澳、台商投资股份有限公司	10	2	2	9365.4
其他港澳台投资企业				
外商投资企业	138	54	215	545828.2
中外合资经营企业	27	3	22	4541.0
中外合作经营企业	18	1	4	89589.2
外资企业	93	50	189	451698.0
外商投资股份有限公司				
其他外商投资企业				

12—11 续表　　　　（2019 年）　　　　计量单位：项、件、万元

行业名称	自主知识产权情况			新产品销售情况
	专利申请数	发明专利申请数	有效发明专利数	新产品销售收入
三、按国民经济行业大类分组				
采矿业				
煤炭开采和洗选业				
石油和天然气开采业				
黑色金属矿采选业				
有色金属矿采选业				
非金属矿采选业				
开采辅助活动				
其他采矿业				
制造业	2940	1096	4207	8665152.4
农副食品加工业	7	3	18	11321.7
食品制造业	109	47	94	324878.7
酒、饮料和精制茶制造业				
烟草制品业				
纺织业	66	21	75	203916.3
纺织服装、服饰业	16	4	76	77414.4
皮革、毛皮、羽毛及其制品和制鞋业	36	2	25	27400.0
木材加工和木、竹、藤、棕、草制品业	3	3	2	3911.1
家具制造业	12		12	21.1
造纸和纸制品业	15	13	18	31654.7
印刷和记录媒介复制业	22	8	53	52453.9
文教、工美、体育和娱乐用品制造业	30	3	68	6097.6
石油加工、炼焦和核燃料加工业	46	12	65	67723.1
化学原料和化学制品制造业	377	239	795	1362257.1
医药制造业	387	172	1017	2049074.7
化学纤维制造业	2	2	12	6088.9
橡胶和塑料制品业	57	15	113	57380.5
非金属矿物制品业	107	19	30	63327.6
黑色金属冶炼和压延加工业	302	120	35	2356171.4
有色金属冶炼和压延加工业	18	2	12	21828.8
金属制品业	93	26	118	137447.4
通用设备制造业	122	30	424	199991.1
专用设备制造业	477	138	485	344586.6
汽车制造业	86	19	33	151591.9
铁路、船舶、航空航天和其他运输设备制造业	73	25	111	80922.9
电气机械和器材制造业	209	80	192	722580.1
计算机、通信和其他电子设备制造业	132	52	193	93780.8
仪器仪表制造业	96	30	85	140234.3
其他制造业	6		1	32.3
废弃资源综合利用业			1	
金属制品、机械和设备修理业	34	11	44	71063.4
电力、热力、燃气及水生产和供应业	35	8	16	
电力、热力生产和供应业	20	7	12	
燃气生产和供应业			3	
水的生产和供应业	15	1	1	

规模以上工业企业技术改造和技术获取情况

12—12 （2019 年） 计量单位：万元

指标名称	技术改造经费支出	技术引进经费支出	消化吸收经费支出	购买国内技术经费支出
总 计	**167449.2**	**1968.6**	**3041.8**	**57545.0**
一、按企业规模分组				
大型	103319.9	1866.7	3041.8	37390.4
中型	55489.2			19414.9
小型	8620.1	101.9		719.7
微型	20.0			20.0
二、按登记注册类型分组				
内资企业	159398.0	958.6	2056.8	23402.7
国有企业				
集体企业				
股份合作企业				
联营企业				
国有联营企业				
集体联营企业				
国有与集体联营企业				
其他联营企业				
有限责任公司	59455.8	856.7	2056.8	22853.7
国有独资公司	13337.8			
其他有限责任公司	46118.0	856.7	2056.8	22853.7
股份有限公司	45283.9	101.9		21.0
私营企业	54658.3			528.0
私营独资企业				
私营合伙企业				
私营有限责任公司	54367.2			528.0
私营股份有限公司	291.1			
其他企业				
港、澳、台商投资企业	3472.1	1010.0	985.0	33342.3
合资经营企业（港或澳、台资）	1792.1			2895.8
合作经营企业（港或澳、台资）				
港、澳、台商独资经营企业	1680.0	1010.0	985.0	30446.5
港、澳、台商投资股份有限公司				
其他港澳台投资企业				
外商投资企业	4579.1			800.0
中外合资经营企业				
中外合作经营企业				
外资企业	4579.1			800.0
外商投资股份有限公司				
其他外商投资企业				

12—12 续表　　（2019 年）　　计量单位：万元

行业名称	技术改造经费支出	技术引进经费支出	消化吸收经费支出	购买国内技术经费支出
三、按国民经济行业大类分组				
采矿业				
煤炭开采和洗选业				
石油和天然气开采业				
黑色金属矿采选业				
有色金属矿采选业				
非金属矿采选业				
开采辅助活动				
其他采矿业				
制造业	136258.4	1968.6	3041.8	39786.6
农副食品加工业	10.0			
食品制造业	3577.6			
酒、饮料和精制茶制造业				
烟草制品业				
纺织业	660.7			
纺织服装、服饰业	3049.5	856.7	2056.8	3056.5
皮革、毛皮、羽毛及其制品和制鞋业				
木材加工和木、竹、藤、棕、草制品业				
家具制造业	9.1			
造纸和纸制品业	30.0			
印刷和记录媒介复制业	13333.0			
文教、工美、体育和娱乐用品制造业				
石油加工、炼焦和核燃料加工业	41378.0			
化学原料和化学制品制造业	36304.4	101.9		89.0
医药制造业	14997.7	1010.0	985.0	36163.0
化学纤维制造业				
橡胶和塑料制品业	20.0			
非金属矿物制品业	204.5			
黑色金属冶炼和压延加工业	935.5			
有色金属冶炼和压延加工业	790.2			
金属制品业	2482.1			30.0
通用设备制造业	452.8			
专用设备制造业	16605.2			
汽车制造业	1191.7			28.9
铁路、船舶、航空航天和其他运输设备制造业	55.9			411.2
电气机械和器材制造业				
计算机、通信和其他电子设备制造业	99.5			
仪器仪表制造业	15.0			8.0
其他制造业				
废弃资源综合利用业	56.0			
金属制品、机械和设备修理业				
电力、热力、燃气及水生产和供应业	31190.8			17758.4
电力、热力生产和供应业	31190.8			17758.4
燃气生产和供应业				
水的生产和供应业				

分县（市、区）规模以上工业企业 R&D 活动基本情况

12—13　　（2019 年）　　计量单位：个

行政单位	企业数	# 有 R&D 活动单位数	# 有科技机构单位数
石家庄市	**2097**	**319**	**239**
市　　区	752	204	147
# 长安区	20	4	5
桥西区	11	2	2
新华区	12	4	2
裕华区	9	5	2
矿　区	26	4	4
藁城区	218	37	29
鹿泉区	134	42	21
栾城区	125	20	20
高新区	164	73	55
循环化工园区	30	13	7
井 陉 县	52	3	3
正 定 县	150	23	20
行 唐 县	39	6	3
灵 寿 县	34	4	3
高 邑 县	66	2	5
深 泽 县	60	5	3
赞 皇 县	28	10	5
无 极 县	169	2	2
平 山 县	41	5	6
元 氏 县	62	9	5
赵　　县	75	12	12
晋 州 市	227	6	5
新 乐 市	110	13	6
辛 集 市	232	15	14

分县（市、区）规模以上工业企业 R&D 活动人员情况

12—14　　　　（2019 年）　　　　计量单位：人

行政单位	R&D 人员合计	#1. 参加项目人员	2. 管理和服务人员	# 女性	# 研究人员	#1. 全时人员	2. 非全时人员
石家庄市	**14319**	**13479**	**840**	**4258**	**4271**	**11017**	**3302**
市　　区	9285	8804	481	2958	3332	7116	2169
# 长安区	811	776	35	197	213	546	265
桥西区	119	117	2	27	49	91	28
新华区	109	99	10	41	46	71	38
裕华区	82	78	4	15	29	62	20
矿　区	114	108	6	14	16	71	43
藁城区	1106	1030	76	513	476	734	372
鹿泉区	1608	1512	96	449	632	1208	400
栾城区	1172	1089	83	349	363	917	255
高新区	3654	3506	148	1139	1314	3049	605
循环化工园区	510	489	21	214	194	367	143
井 陉 县	132	129	3	85	22	118	14
正 定 县	765	715	50	220	243	593	172
行 唐 县	113	106	7	28	20	100	13
灵 寿 县	73	68	5	15	23	30	43
高 邑 县	43	41	2	14	1	27	16
深 泽 县	86	82	4	36	32	78	8
赞 皇 县	127	117	10	27	34	66	61
无 极 县	40	35	5	11	8	36	4
平 山 县	700	676	24	157	30	454	246
元 氏 县	1008	976	32	290	226	864	144
赵　　县	224	201	23	73	75	153	71
晋 州 市	118	110	8	41	28	83	35
新 乐 市	305	268	37	94	104	196	109
辛 集 市	1300	1151	149	209	93	1103	197

分县（市、区）规模以上工业企业 R&D 人员折合全时当量

12—15 （2019 年） 计量单位：人年

行政单位	R&D 人员折合全时当量合计	按活动类型分			
		# 研究人员	#1. 基础研究人员	2. 应用研究人员	3. 试验发展人员
石家庄市	**9273**	**2829**	**279**	**271**	**8723**
市　　区	6407	2251	278	146	5982
# 长安区	609	163			609
桥西区	81	33			81
新华区	63	28			63
裕华区	64	22		11	54
矿　区	75	7			75
藁城区	668	280	23		646
鹿泉区	927	353	5	11	912
栾城区	754	237		35	719
高新区	2893	1031	251	75	2567
循环化工园区	272	97		15	256
井 陉 县	75	13			75
正 定 县	504	169		6	498
行 唐 县	59	11			59
灵 寿 县	50	17			50
高 邑 县	25	1			25
深 泽 县	37	14			37
赞 皇 县	66	18	1		66
无 极 县	32	7			32
平 山 县	183	9			183
元 氏 县	604	131		115	489
赵　　县	132	47			132
晋 州 市	71	15			71
新 乐 市	211	66			211
辛 集 市	817	60		4	813

分县（市、区）规模以上工业企业 R&D 经费内部支出来源情况

12—16　　（2019 年）　　计量单位：万元

行政单位	R&D 经费内部支出合计	# 政府资金	# 企业资金	# 境外资金	# 其他资金
石家庄市	**981900.5**	**41615.9**	**940277.9**		**6.7**
市　区	269138.4	37334.2	231797.5		6.7
# 长安区	39237.3	233.8	39003.5		
桥西区	1643.6	25.0	1618.6		
新华区	846.8	163.7	683.1		
裕华区	1507.2		1500.5		6.7
矿　区	6617.2	8.0	6609.2		
藁城区	57418.5	29120.0	28298.5		
鹿泉区	44681.1	2313.0	42368.1		
栾城区	20222.2	637.6	19584.6		
高新区	82080.4	4793.8	77286.6		
循环化工园区	14884.1	39.3	14844.8		
井 陉 县	3095.5	3035.0	60.5		
正 定 县	25957.0	246.3	25710.7		
行 唐 县	917.1	28.0	889.1		
灵 寿 县	1270.3		1270.3		
高 邑 县	605.2		605.2		
深 泽 县	2433.2	29.0	2404.2		
赞 皇 县	7348.7	91.5	7257.2		
无 极 县	928.9		928.9		
平 山 县	538965.3		538965.3		
元 氏 县	30161.3	0.1	30161.2		
赵　县	6522.0	502.9	6019.1		
晋 州 市	1557.8	35.2	1522.6		
新 乐 市	4155.6	53.1	4102.5		
辛 集 市	88844.2	260.6	88583.6		

分县（市、区）规模以上工业企业 R&D 经费支出情况

12—17 （2019 年） 计量单位：万元

行政单位	R&D 经费内部支出合计	一、按活动类型分组			二、按支出用途分组		R&D 经费外部支出
		1. 基础研究	2. 应用研究	3. 试验发展	1. 经常费支出	2. 资产性支出	
石家庄市	**981900.5**	**7916.2**	**6697.8**	**967286.5**	**516436.8**	**465463.7**	**61389.1**
市 区	269138.4	7860.2	2512.0	258766.2	258268	10870.4	57034
# 长安区	39237.3			39237.3	38903.9	333.4	8475.2
桥西区	1643.6			1643.6	1592.6	51.0	
新华区	846.8			846.8	844.3	2.5	10.0
裕华区	1507.2		97.9	1409.3	1456.3	50.9	83.3
矿 区	6617.2			6617.2	6613.8	3.4	
藁城区	57418.5	409.6		57008.9	56402.0	1016.5	30797.8
鹿泉区	44681.1	439.9	108.8	44132.4	40843.4	3837.7	320.2
栾城区	20222.2		1132.8	19089.4	19512.0	710.2	1876.4
高新区	82080.4	7010.7	1042.1	74027.6	77675.3	4405.1	15201.7
循环化工园区	14884.1		130.4	14753.7	14424.4	459.7	269.4
井 陉 县	3095.5			3095.5	2900.0	195.5	1.4
正 定 县	25957.0		25.0	25932.0	24869.9	1087.1	1416.7
行 唐 县	917.1			917.1	916.0	1.1	
灵 寿 县	1270.3			1270.3	1267.3	3.0	9.7
高 邑 县	605.2			605.2	559.2	46.0	
深 泽 县	2433.2			2433.2	2333.3	99.9	14.5
赞 皇 县	7348.7	56.0		7292.7	5956.3	1392.4	13.1
无 极 县	928.9			928.9	928.9		
平 山 县	538965.3			538965.3	105473.6	433491.7	
元 氏 县	30161.3		3732.5	26428.8	28984.0	1177.3	2390.8
赵 县	6522.0			6522.0	6183.4	338.6	300.0
晋 州 市	1557.8			1557.8	1539.4	18.4	4.0
新 乐 市	4155.6			4155.6	4125.7	29.9	174.0
辛 集 市	88844.2		428.3	88415.9	72131.8	16712.4	30.9

分县（市、区）规模以上工业企业办科技机构情况

12—18　　（2019 年）　　计量单位：个、人、万元

行政单位	机构数	机构人员合　计	机构经费支出	机构内仪器和设备原价
石家庄市	**292**	**16407**	**725445.6**	**463546.6**
市　　区	192	11239	378842.5	210844.6
# 长安区	10	1316	56938.2	17259.0
桥西区	4	232	4612.6	1729.4
新华区	2	87	694.3	4583.5
裕华区	3	162	4159.0	3136.6
矿　区	5	176	1214.9	2917.9
藁城区	32	988	82941.1	22679.9
鹿泉区	33	2479	33750.1	30716.0
栾城区	20	926	27061.9	27873.7
高新区	74	4298	156667.2	91279.1
循环化工园区	9	575	10803.2	8669.5
井 陉 县	3	317	6876.1	2216.0
正 定 县	21	826	23130.8	12547.4
行 唐 县	5	110	1045.8	754.1
灵 寿 县	4	114	2351.7	1165.7
高 邑 县	6	58	754.8	928.3
深 泽 县	3	95	3843.5	3908.6
赞 皇 县	6	63	441.2	2522.3
无 极 县	2	62	2508.8	551.0
平 山 县	6	1271	192654.1	18714.4
元 氏 县	5	656	28246.9	21320.9
赵　　县	12	217	3324.2	3060.4
晋 州 市	6	114	1232.3	1954.9
新 乐 市	6	184	4853.1	5963.6
辛 集 市	15	1081	75339.8	177094.4

分县（市、区）规模以上工业企业新产品项目情况

12—19　（2019 年）　计量单位：项、万元

行政单位	新产品开发项目数	新产品开发经费支出
石家庄市	**2950**	**1523497.2**
市　　区	2049	461550.2
#长安区	144	57849.3
桥西区	78	5063.6
新华区	18	989.8
裕华区	50	3836.3
矿　区	29	2583.7
藁城区	367	105184.2
鹿泉区	445	100865.9
栾城区	163	29177.3
高新区	697	145146.1
循环化工园区	58	10854.0
井 陉 县	56	3840.6
正 定 县	155	30981.6
行 唐 县	28	1733.7
灵 寿 县	52	2768.4
高 邑 县	12	2079.0
深 泽 县	14	1100.1
赞 皇 县	10	5643.4
无 极 县	23	3021.1
平 山 县	129	950706.2
元 氏 县	72	13165.4
赵　　县	79	4216.3
晋 州 市	64	7003.7
新 乐 市	76	10718.5
辛 集 市	131	24969.0

分县（市、区）规模以上工业企业科技活动产出情况

12—20　　（2019 年）　　计量单位：项、件、万元

行政单位	自主知识产权情况			新产品销售情况
	专利申请数	发明专利申请数	有效发明专利数	新产品销售收入
石家庄市	**2975**	**1104**	**4223**	**8665152.4**
市　　区	2018	797	3268	4874616.6
#长安区	131	48	138	465014.5
桥西区	14	8	28	48744.3
新华区	5		11	11286.3
裕华区	7	3	28	15328.8
矿　区	17	4	30	39324.6
藁城区	236	73	581	1286275.2
鹿泉区	358	121	474	616476.2
栾城区	213	124	492	542826.6
高新区	952	392	1335	1610444.9
循环化工园区	72	18	142	238895.2
井 陉 县	16	4	86	78677.4
正 定 县	194	71	179	368397.1
行 唐 县	15	10	18	6923.2
灵 寿 县	23	11	30	24415.8
高 邑 县	26		33	6409.0
深 泽 县	6	2	17	40785.4
赞 皇 县	60	5	12	685.0
无 极 县	29	11	38	47164.3
平 山 县	167	86	13	753793.1
元 氏 县	76	28	68	644330.6
赵　　县	51	14	75	88672.3
晋 州 市	60	15	84	143811.2
新 乐 市	53	12	98	144588.7
辛 集 市	181	38	204	1441882.7

分县（市、区）规模以上工业企业技术改造和技术获取情况

12—21 （2019 年） 计量单位：万元

行政单位	技术改造经费支出	技术引进经费支出	消化吸收经费支出	购买国内技术经费支出
石家庄市	**167449.2**	**1968.6**	**3041.8**	**57545.0**
市　区	106355.1	1010.0	985.0	52189.2
#长安区	3453.5			21.0
桥西区	166.4			
新华区	128.3			
裕华区	14111.2			
矿　区	19.8			8.0
藁城区	13447.3	1010.0	985.0	33431.2
鹿泉区	19779.9			17758.4
栾城区	3162.5			170.6
高新区	5680.2			800.0
循环化工园区	46406.0			
井 陉 县	3049.5	856.7	2056.8	3056.5
正 定 县	16217.4			30.0
行 唐 县	10.0			
灵 寿 县				
高 邑 县	251.5			
深 泽 县	195.7			29.0
赞 皇 县	2060.7			20.0
无 极 县				
平 山 县	3675.3			
元 氏 县	31911.7			
赵　县	2027.8	101.9		1627.6
晋 州 市	12.0			
新 乐 市	1630.8			352.1
辛 集 市	51.7			240.6

分县（市、区）财政科技经费支出情况

12—22　　　　（2019 年）　　　　计量单位：万元、%

行政单位	科学技术支出	科学技术支出占财政支出比重
石家庄市	**123373**	**1.17**
市　　区	94205	1.66
# 长安区	2583	0.71
桥西区	2801	0.58
新华区	2673	1.00
裕华区	4916	2.08
矿　区	972	0.74
藁城区	3270	0.76
鹿泉区	7466	1.50
栾城区	3581	1.11
高新区	34620	13.10
循环化工园区	3168	1.99
井 陉 县	1443	0.62
正 定 县	3003	0.46
行 唐 县	5597	1.60
灵 寿 县	113	0.04
高 邑 县	649	0.39
深 泽 县	1878	1.09
赞 皇 县	240	0.12
无 极 县	740	0.17
平 山 县	325	0.08
元 氏 县	1362	0.50
赵　　县	2987	0.99
晋 州 市	2898	0.80
新 乐 市	2944	0.91
辛 集 市	4989	0.74

文化、广播、电视事业基本情况

12—23　　（2019 年）

指标名称	计量单位	全市	指标名称	计量单位	全市
一、艺术表演团体	个	19	总流通人次	人次	3109530
艺术表演团体人数	人	669	# 书刊文献外借人次	人次	1984294
本团原创首演剧目	台	6	书刊文献外借册次	册	2440928
演出场次	场	4065	为读者举办各种活动	次	569
# 农村演出场次	场	3456	参加人数	人次	55880
演出观众人次	千人次	4698	本年新购藏量	册、件、套	242273
# 农村观众人次	千人次	3630	公用房屋建筑面积	平方米	61317
二、艺术表演场馆	个	11	# 书库	平方米	12540
艺术表演场馆人数	人	110	阅览室	平方米	14596
座席数	个	6581	# 书刊阅览室	平方米	11064
演（映）出场次合计	场	10095	电子阅览室	平方米	2902
# 艺术演出场次	场	38	阅览室座席数	个	4937
观众人次合计	千人次	170	# 少儿阅览室座席数	个	1312
# 艺术演出观众人次	千人次	17	四、群众艺术馆、文化馆	个	23
三、公共图书馆	个	24	群众艺术馆、文化馆人数	人	268
公共图书馆人数	人	237	举办展览个数	个	188
# 高级职称	人	28	组织文艺活动次数	次	2358
中级职称	人	67	举办训练班班次	次	1014
藏书量	册、件、套	4061657	公益性讲座次数	次	357
# 图书	册、件、套	3472511	五、文化站	个	264
# 古籍	册、件、套	164357	从业人员	人	477
善本	册、件、套	1688	举办展览个数	个	481
报刊	册、件、套	353904	组织文艺活动次数	次	4562
视听文献、缩微制品	册、件、套	21454	藏书量	册	986390
当年购买的报刊种类	种	2523	计算机	台	892
书架单层总长度	米	48715	举办训练班班次	次	1475
累计发放有效借书证数	个	271336			

注：本表数据不含辛集市。

12—23 续表　　（2019 年）

指标名称	计量单位	全市	指标名称	计量单位	全市
六、广播节目套数	套	17	（二）按节目来源分		
全年公共广播节目播出时间	小时	84296	1. 转中央台	小时	4477
（一）按节目类型分			2. 转省级台	小时	2895
1. 新闻咨询	小时	11946	3. 转播地市级台节目	小时	395
2. 专题服务	小时	11659	4. 自制作	小时	26417
3. 综艺益智	小时	8116	5. 购买交换	小时	69562
4. 广播剧	小时	16198	八、广播综合覆盖率	%	99.49
5. 广告	小时	12761	# 中央广播节目覆盖率	%	99.07
6. 其他	小时	23616	省级广播节目覆盖率	%	98.34
（二）按节目来源分			地市级台覆盖率	%	97.25
1. 转中央台	小时	3149	县级台覆盖率	%	61.92
2. 转省级台	小时	9205	无线广播综合覆盖率	%	99.34
3. 转市级	小时	878	# 中央广播覆盖率	%	98.9
4. 自制节目	小时	43517	电视综合覆盖率	%	99.44
5. 购买交换节目	小时	27547	# 中央台电视节目覆盖率	%	99.43
七、电视播出节目套数	套	24	省级电视节目覆盖率	%	98.48
全年公共电视节目播出时间	小时	103746	地市级台覆盖率	%	96.04
（一）按节目类型分			县级台覆盖率	%	71.5
1. 新闻资讯	小时	12359	无线电视综合覆盖率	%	99.15
2. 专题服务	小时	11250	# 中央电视覆盖率	%	98.78
3. 综艺益智	小时	7409	省级电视覆盖率	%	98.17
4. 影视剧	小时	55025	地市级台覆盖率	%	95.57
5. 广告	小时	9098	县级台覆盖率	%	70.65
6. 其他	小时	8605			

注：本表数据不含辛集市。

十三、体育　卫生　民政

资料来源：市体育局、卫健委、民政局

全市体育事业基本情况

13—1

指标名称	计量单位	2019 年	指标名称	计量单位	2019 年
等级裁判员	人	453			
#男	人	326	健美操	人	0
女	人	127	武术	人	21
等级运动员	人	593	国际象棋	人	0
#男	人	404	中国象棋	人	0
女	人	189	社会指导员	人	1000
#田径	人	320	#二级	人	949
游泳	人	62	地市级群众体育项目活动		
举重	人	3	活动次数	次	3732
拳击	人	5	活动人数	万人次	630
柔道	人	1	#现代体育项目活动		
跆拳道	人	0	活动次数	次	2866
射击	人	5	活动人数	万人次	473
足球	人	0	民间传统体育活动		
篮球	人	41	活动次数	次	866
排球	人	5	活动人数	万人次	157
乒乓球	人	22	本年度体质受监测人数	人	2500
羽毛球	人	24	#体质监测达标人数	人	2250

全市卫生机构、床位和人员情况

13—2　　（2019 年）　　计量单位：个、张、人

机构分类	机构个数	床位数	在岗职工	# 卫生技术人员	卫生技术人员中：			
					执业（助理）医师	注册护士	药师（士）	技师（士）
总计	**7027**	**60926**	**104090**	**82882**	**37681**	**33221**	**3281**	**3926**
一、医院	250	49532	66255	55404	21458	26124	2259	2770
综合医院	155	32302	43659	36899	14135	17710	1471	1868
中医医院	36	7701	8451	7050	3065	2753	387	317
中西医结合医院	10	2261	3087	2590	1084	1169	86	104
民族医院	0	0	0	0	0	0	0	0
专科医院	49	7268	11058	8865	3174	4492	315	481
口腔医院	5	81	573	496	233	203	7	12
眼科医院	7	346	673	431	202	167	24	16
耳鼻喉科医院	0	0	0	0	0	0	0	0
肿瘤医院	1	80	53	38	14	12	4	4
心血管病医院	0	0	0	0	0	0	0	0
胸科医院	1	950	1072	893	311	488	28	57
血液病医院	0	0	0	0	0	0	0	0
妇产（科）医院	4	1224	3150	2448	805	1354	77	150
儿童医院	1	1200	1969	1763	555	946	54	73
精神病医院	8	1078	669	554	194	270	19	18
传染病医院	1	777	761	642	218	344	26	51
皮肤病医院	2	50	94	68	21	36	7	4
结核病医院	0	0	0	0	0	0	0	0
麻风病医院	0	0	0	0	0	0	0	0
职业病医院	1	20	94	60	36	6	1	13
骨科医院	0	0	0	0	0	0	0	0
康复医院	3	323	326	271	81	91	19	14
整形外科医院	1	24	109	96	35	58	2	1

13—2 续表 1　　　（2019 年）　　　计量单位：个、张、人

机构分类	机构个数	床位数	在岗职工	# 卫生技术人员	卫生技术人员中：			
					执业（助理）医师	注册护士	药师（士）	技师（士）
美容医院	8	160	524	318	139	149	15	15
其他专科医院	6	955	991	787	330	368	32	53
护理院	0	0	0	0	0	0	0	0
二 . 基层医疗卫生机构	6683	9991	31713	23168	14627	5982	916	690
社区卫生服务中心（站）	199	2066	4496	3935	1950	1436	245	183
社区卫生服务中心	49	1345	2404	2055	956	726	160	137
社区卫生服务站	150	721	2092	1880	994	710	85	46
卫生院	218	7867	6585	5611	3107	1190	296	326
街道卫生院	0	0	0	0	0	0	0	0
乡镇卫生院	218	7867	6585	5611	3107	1190	296	326
中心卫生院	62	2922	2242	1871	1060	370	86	122
乡卫生院	156	4945	4343	3740	2047	820	210	204
村卫生室	3663	0	9939	3538	3327	211	0	0
门诊部	168	58	2567	2148	1131	749	88	134
综合门诊部	83	11	1413	1224	634	425	45	98
中医门诊部	28	45	377	305	164	83	24	14
中西医结合门诊部	10	0	112	101	58	29	5	6
民族医门诊部	1	0	13	7	5	1	1	0
专科门诊部	46	2	652	511	270	211	13	16
诊所 . 卫生所 . 医务室	2435	0	8126	7936	5112	2396	287	47
诊所	2242	0	7504	7346	4732	2238	268	38
卫生所、医务室	193	0	622	590	380	158	19	9
护理站	0	0	0	0	0	0	0	0
三 . 专业公共卫生机构	80	1403	5560	4147	1567	1103	105	367
疾病预防控制中心	23	0	1292	873	414	30	15	145

13—2 续表 2　　（2019 年）　　计量单位：个、张、人

机构分类	机构个数	床位数	在岗职工	# 卫生技术人员	卫生技术人员中：执业（助理）医师	注册护士	药师（士）	技师（士）
省属	1	0	451	277	146	0	0	0
省辖市（地区）属	1	0	186	127	53	4	1	49
地辖市属	10	0	256	194	88	10	10	48
县属	11	0	399	275	127	16	4	48
其他	0	0	0	0	0	0	0	0
专科疾病防治院（所、站）	1	20	31	21	5	13	1	2
专科疾病防治院	1	20	31	21	5	13	1	2
传染病防治院	0	0	0	0	0	0	0	0
结核病防治院	0	0	0	0	0	0	0	0
职业病防治院	0	0	0	0	0	0	0	0
其他	1	20	31	21	5	13	1	2
专科疾病防治所（站、中心）	0	0	0	0	0	0	0	0
口腔病防治所（站、中心）	0	0	0	0	0	0	0	0
精神病防治所（站、中心）	0	0	0	0	0	0	0	0
皮肤病与性病防治所（中心）	0	0	0	0	0	0	0	0
结核病防治所（站、中心）	0	0	0	0	0	0	0	0
职业病防治所（站、中心）	0	0	0	0	0	0	0	0
地方病防治所（站、中心）	0	0	0	0	0	0	0	0
血吸虫病防治所(站、中心)	0	0	0	0	0	0	0	0
药物戒毒所（中心）	0	0	0	0	0	0	0	0
其他	0	0	0	0	0	0	0	0
健康教育所（站、中心）	0	0	0	0	0	0	0	0
妇幼保健院（所、站）	24	1363	2920	2306	1036	868	87	173
省属	1	0	82	51	25	17	3	6
省辖市（地区）属	1	500	1170	964	403	453	29	57

13—2 续表 3　　　　（2019 年）　　　　计量单位：个、张、人

机构分类	机构个数	床位数	在岗职工	#卫生技术人员	卫生技术人员中：			
					执业（助理）医师	注册护士	药师（士）	技师（士）
地辖市属	11	243	514	413	228	114	14	47
县属	11	620	1154	878	380	284	41	63
其他	0	0	0	0	0	0	0	0
妇幼保健院	13	1324	2458	1995	867	792	76	139
妇幼保健所	3	30	207	140	63	51	5	13
妇幼保健站	8	9	255	171	106	25	6	21
生殖保健中心	0	0	0	0	0	0	0	0
急救中心(站)	6	20	247	184	74	64	0	0
采供血机构	1	0	373	262	32	126	2	46
卫生监督所(中心)	24	0	679	492	0	0	0	0
省属	1	0	116	74	0	0	0	0
省辖市(地区)属	1	0	97	77	0	0	0	0
地辖市属	10	0	229	165	0	0	0	0
县属	12	0	237	176	0	0	0	0
其他	0	0	0	0	0	0	0	0
计划生育技术服务机构	1	0	18	9	6	2	0	1
四.其他卫生机构	14	0	562	163	29	12	1	99
疗养院	0	0	0	0	0	0	0	0
卫生监督检验(监测、检测)所(站)	0	0	0	0	0	0	0	0
医学科学研究机构	1	0	54	0	0	0	0	0
医学在职培训机构	0	0	0	0	0	0	0	0
临床检验中心（所、站）	7	0	420	137	15	6	0	98
统计信息中心	0	0	0	0	0	0	0	0
其他	6	0	88	26	14	6	1	1

分县（市、区）卫生机构、床位和人员情况

13—3　　　　（2019 年）　　　　计量单位：个、张、人

行政单位	机构个数	床位数	在岗职工				
			合计	卫生技术人员中			
				执业（助理）医师	注册护士	药师（士）	技师（士）
石家庄市	**7545**	**63227**	**109091**	**39508**	**34467**	**3440**	**4156**
# 长安区	459	10840	20483	6993	8043	720	810
桥西区	330	7277	12574	4428	4452	406	468
新华区	340	7237	13580	4558	5412	450	502
矿　区	88	1108	933	349	303	45	52
裕华区	521	7015	14135	5036	4749	466	632
藁城区	260	2072	3683	1268	864	64	114
鹿泉区	413	2042	3433	1390	840	103	135
栾城区	344	1265	2104	933	530	63	49
井陉县	400	1460	2289	837	588	78	53
正定县	541	2195	3835	1907	908	110	151
行唐县	389	1932	2897	1030	720	95	84
灵寿县	328	1628	2270	872	612	90	98
高邑县	149	725	1159	377	328	34	40
深泽县	157	946	1333	462	296	45	68
赞皇县	235	1171	1303	482	306	50	37
无极县	243	1378	2154	711	443	48	85
平山县	543	1881	2805	958	747	71	100
元氏县	322	2102	3263	1152	761	87	136
赵　县	396	2663	3994	1534	870	82	75
晋州市	291	1828	2621	1130	483	57	95
新乐市	278	2161	3242	1274	966	117	142
辛集市	518	2301	5001	1827	1246	159	230

婚姻登记情况

13—4　　　　（2019 年）　　　　计量单位：对、人

行政单位	登记结婚件数	登记结婚人数				离婚登记
			初婚人数	再婚人数	# 女性	
石家庄市	**58990**	**117980**	**84888**	**33092**	**17602**	**26912**
市　区						
# 长安区	4232	8464	5367	3097	1516	2659
桥西区	4604	9208	6205	3003	1451	2629
新华区	3336	6672	4402	2270	1102	1970
裕华区	3058	6116	4321	1795	602	1808
矿　区	485	970	681	289	159	161
藁城区	4624	9248	6274	2974	1650	2130
鹿泉区	2666	5332	3689	1643	892	1199
栾城区	2573	5146	4083	1063	602	821
高新区	1170	2340	1578	762	382	595
循环化工园区						
井 陉 县	1861	3722	2752	970	550	720
正 定 县	2979	5958	4294	1664	925	1241
行 唐 县	2332	4664	3472	1192	700	952
灵 寿 县	1495	2990	2159	831	499	635
高 邑 县	1021	2042	1580	462	270	348
深 泽 县	1643	3286	2354	932	510	671
赞 皇 县	1292	2584	2584			466
无 极 县	3030	6060	4350	1710	951	1378
平 山 县	2815	5630	3867	1763	1026	1227
元 氏 县	2803	5606	4451	1155	679	906
赵　县	4168	8336	6530	1806	1031	1485
晋 州 市	3284	6568	4617	1951	1106	1500
新 乐 市	3519	7038	5278	1760	999	1411
辛 集 市						

城镇低保情况

13—5　　（2019 年）　　计量单位：人、户

行政单位	城市居民最低生活保障人数	城市居民最低生活保障人中：					城市居民最低生活保障家庭数
		女性	残疾人	成年人	老年人	登记失业人员	
石家庄市	**12272**	**4949**	**5869**	**8822**	**1904**	**550**	**9322**
市　区							
#长安区	2649	1197	1962	1881	609	35	2303
桥西区	1903	869	1421	1502	327	74	1639
新华区	1669	361	717	1121	220	96	1425
裕华区	799	372	413	637	117	20	654
矿　区	840	381	278	512	202	33	540
藁城区	346	172	114	233	58	1	191
鹿泉区	97	45	40	61	22	5	79
栾城区	149	75	66	99	32	15	114
高新区	135	47	61	86	33		90
循环化工园区							
井 陉 县	228	122	2	175	20	4	147
正 定 县	474	194	253	409	21	1	347
行 唐 县	631	219	32	374	47	34	323
灵 寿 县	434	88	24	346	19	63	218
高 邑 县	118	50	28	93	11	26	103
深 泽 县	114	48	49	86	16	2	94
赞 皇 县	104	39	1	68	2	1	68
无 极 县	316	162	126	227	24	9	210
平 山 县	533	180	9	400	34	64	298
元 氏 县	68	28	44	56	9		61
赵　县	228	121	76	153	10	15	121
晋 州 市	202	113	110	137	35	12	155
新 乐 市	235	66	43	166	36	40	142
辛 集 市							

农村低保、救济情况

13—6　　　　（2019 年）　　　　计量单位：人、户

行政单位	农村居民最低生活保障人数	#女性	老年人	未成年人	残疾人	农村居民最低生活保障家庭数
石家庄市	**134595**	**54470**	**56212**	**16263**	**34074**	**94223**
市　区						
#长安区						
桥西区						
新华区						
裕华区						
矿　区						
藁城区	12079	5446	4120	1520	1938	6474
鹿泉区	4104	1553	2004	361	1102	3031
栾城区	4832	2053	1851	625	2485	3577
高新区						
循环化工园区	713	275	241	88	263	588
井 陉 县	7148	3040	2963	690	1077	5082
正 定 县	5627	2511	1618	696	1898	3433
行 唐 县	15314	4741	6874	2472	2140	11365
灵 寿 县	9288	3222	3725	1503	3739	5769
高 邑 县	5373	2548	2781	496	554	3763
深 泽 县	3580	1699	1563	235	1966	2924
赞 皇 县	8172	3698	3635	1371	547	6188
无 极 县	10109	3607	4866	1061	4818	7691
平 山 县	15280	7100	6469	1822	1555	10111
元 氏 县	7857	3156	3648	704	1290	6092
赵　县	7981	2764	3031	963	3167	6145
晋 州 市	7841	3020	3640	458	4728	6932
新 乐 市	9297	4037	3183	1198	807	5058
辛 集 市						

农村五保、医疗救助情况

13—7　　（2019 年）　　计量单位：人

行政单位	农村特困人员分散供养	全自理（三档）	半护理（二档）	全护理（一档）	医疗救助人数
石家庄市	**16738**	**15367**	**815**	**556**	**279237**
市　区					
#长安区					570
桥西区					968
新华区					272
裕华区					196
矿　区					229
藁城区	969	805	121	43	1755
鹿泉区	606	547	38	21	4655
栾城区	270	200	55	15	7902
高新区					41
循环化工园区	12	9	3		105
井 陉 县	791	665	99	27	8400
正 定 县	823	739	43	41	12376
行 唐 县	2144	2021	71	52	24000
灵 寿 县	1812	1758		54	58905
高 邑 县	493	470	8	15	33588
深 泽 县	513	502	1	10	12844
赞 皇 县	1143	1124	4	15	30207
无 极 县	1141	1011	65	65	14900
平 山 县	2565	2348	128	89	45344
元 氏 县	690	614	46	30	2870
赵　县	1045	926	86	33	5290
晋 州 市	971	930	14	27	6120
新 乐 市	750	698	33	19	7700
辛 集 市					

附录、分县（市、区）主要经济指标历史数据

资料来源：市统计局、国家统计局石家庄调查队、
中国人民银行石家庄中心支行

1996—2019年分县（市、区）固定资产投资（一）

14—1　　计量单位：万元、%

行政单位	1996年	增长速度	1997年	增长速度	1998年	增长速度
石家庄市	**1561921**	16.49	**1892936**	**21.19**	**2143072**	**13.21**
市　　区	1066962	6.84	1306535	22.45	1449117	10.91
#长安区	25200	53.00	33569	33.21	32706	-2.57
桥东区	17968	416.92	23161	28.90	19085	-17.60
桥西区	5333	22.80	8726	63.62	16010	83.47
新华区	32529	-16.87	29309	-9.90	34529	17.81
裕华区	131512	2183.19	183720	39.70	26625	-85.51
矿　区	10768	239.47	13091	21.57	3608	-72.44
高新区					151535	
井 陉 县	32213	106.97	26342	-18.23	34905	32.51
正 定 县	35234	-6.69	43586	23.70	58566	34.37
栾 城 县	34878	100.79	29868	-14.36	42271	41.53
行 唐 县	13171	42.73	26562	101.67	27325	2.87
灵 寿 县	24091	53.95	37441	55.41	44876	19.86
高 邑 县	7583	-18.66	12572	65.79	14308	13.81
深 泽 县	5672	-23.90	15604	175.11	16258	4.19
赞 皇 县	11798	-20.45	19725	67.19	20270	2.76
无 极 县	17003	4.30	19048	12.03	21394	12.32
平 山 县	19063	6.96	27583	44.69	29732	7.79
元 氏 县	23721	37.92	24591	3.67	22730	-7.57
赵　　县	18687	4.56	24548	31.36	24501	-0.19
藁 城 市	123911	184.13	98410	-20.58	99324	0.93
晋 州 市	19202	5.66	26495	37.98	31100	17.38
新 乐 市	40161	36.90	37015	-7.83	42705	15.37
鹿 泉 市	13655	-20.71	52533	284.72	47646	-9.30
辛 集 市	54916	46.78	64478	17.41	116044	79.97

注：2000年以前年度市内各区城镇固定资产投资统计范围为区属及以下单位，2000年及以后年度为各区行政区划内所有单位。自2011年起投资统计起点由50万元提高到500万元，城镇固定资产投资改为固定资产投资。

1996—2019 年分县（市、区）固定资产投资（二）

14—1 续 1 计量单位：万元、%

行政单位	1999 年	增长速度	2000 年	增长速度	2001 年	增长速度
石家庄市	**2460089**	**14.79**	**2408926**	**-2.08**	**2681187**	**11.30**
市 区	1498045	3.38	1457313	-2.72	1651933	13.35
# 长安区	36280	10.93	436525	1103.21	483590	10.78
桥东区	24548	28.62	341679	1291.88	339622	-0.60
桥西区	21099	31.79	191453	807.40	241500	26.14
新华区	32668	-5.39	178725	447.10	243422	36.20
裕华区	96400	262.07	128204	32.99	192260	49.96
矿 区	5540	53.55	7267	31.17	14534	100.00
高新区			98757		128005	29.62
井陉县	42770	22.53	49814	16.47	49981	0.34
正定县	95016	62.24	72045	-24.18	96457	33.88
栾城县	72583	71.71	92090	26.88	79287	-13.90
行唐县	35601	30.29	36143	1.52	37850	4.72
灵寿县	52743	17.53	54285	2.92	54820	0.99
高邑县	22025	53.93	22883	3.90	25621	11.97
深泽县	18877	16.11	19136	1.37	19435	1.56
赞皇县	20926	3.24	21291	1.74	28898	35.73
无极县	31579	47.61	28346	-10.24	30800	8.66
平山县	46136	55.17	49091	6.40	54300	10.61
元氏县	39667	74.51	33383	-15.84	38595	15.61
赵 县	53245	117.32	40030	-24.82	44623	11.47
藁城市	120461	21.28	104394	-13.34	123769	18.56
晋州市	54008	73.66	53726	-0.52	74579	38.81
新乐市	66199	55.01	54957	-16.98	40921	-25.54
鹿泉市	86837	82.25	89170	2.69	101988	14.37
辛集市	130156	12.16	107343	-17.53	127330	18.62

1996—2019年分县（市、区）固定资产投资（三）

14—1续2 计量单位：万元、%

行政单位	2002年	增长速度	2003年	增长速度	2004年	增长速度
石家庄市	**2952370**	**10.11**	**4155500**	**40.75**	**5771074**	**38.88**
市　区	1820166	10.18	2335548	28.32	3227794	38.20
#长安区	486618	0.63	581495	19.50	735097	26.42
桥东区	361390	6.41	290339	-19.66	461410	58.92
桥西区	255743	5.90	379839	48.52	525002	38.22
新华区	309961	27.33	427800	38.02	553389	29.36
裕华区	266972	38.86	473571	77.39	707898	49.48
矿　区	12786	-12.03	27070	111.72	42770	58.00
高新区	148011	15.63	155434	5.02	202228	30.11
井陉县	53288	6.62	90564	69.95	136390	50.60
正定县	97352	0.93	128751	32.25	181686	41.11
栾城县	79222	-0.08	131504	65.99	178350	35.62
行唐县	40912	8.09	66264	61.97	100890	52.25
灵寿县	57459	4.81	86077	49.81	124741	44.92
高邑县	26958	5.22	41406	53.59	63334	52.96
深泽县	21110	8.62	37429	77.30	47117	25.88
赞皇县	31864	10.26	51364	61.20	72418	40.99
无极县	33076	7.39	46578	40.82	69134	48.43
平山县	73294	34.98	111724	52.43	166075	48.65
元氏县	41375	7.20	66003	59.52	102120	54.72
赵　县	46480	4.16	89100	91.70	133374	49.69
藁城市	128771	4.04	219642	70.57	288596	31.39
晋州市	80164	7.49	125068	56.02	187782	50.14
新乐市	53522	30.79	97195	81.60	156816	61.34
鹿泉市	141746	38.98	249251	75.84	308832	23.90
辛集市	128196	0.68	182236	42.15	225623	23.81

1996—2019 年分县（市、区）固定资产投资（四）

14—1 续 3　　计量单位：万元、%

行政单位	2005 年	增长速度	2006 年	增长速度	2007 年	增长速度
石家庄市	**7947681**	**37.72**	**9981142**	**25.59**	**12641826**	**26.66**
市　　区	4282358	32.67	5025104	17.34	5877037	16.95
#长安区	927469	26.17	769447	-17.04	1035143	34.53
桥东区	675332	46.36	867367	28.44	1077663	24.25
桥西区	696763	32.72	875884	25.71	870603	-0.60
新华区	710154	28.33	922258	29.87	1136336	23.21
裕华区	958989	35.47	1192987	24.40	1231584	3.24
矿　区	71705	67.65	91949	28.23	141178	53.54
高新区	241946	19.64	305212	26.15	384530	25.99
井陉县	241872	77.34	359738	48.73	511177	42.10
正定县	223574	23.06	299703	34.05	465645	55.37
栾城县	262308	47.07	320344	22.13	391578	22.24
行唐县	161505	60.08	231453	43.31	326349	41.00
灵寿县	197768	58.54	283029	43.11	429516	51.76
高邑县	85669	35.27	115400	34.70	134700	16.72
深泽县	68357	45.08	96917	41.78	136014	40.34
赞皇县	102949	42.16	157339	52.83	255390	62.32
无极县	102701	48.55	146074	42.23	239373	63.87
平山县	268501	61.67	342339	27.50	280118	-18.18
元氏县	164340	60.93	236416	43.86	345522	46.15
赵　县	209271	56.91	298478	42.63	401399	34.48
藁城市	407731	41.28	513790	26.01	700458	36.33
晋州市	220049	17.18	321025	45.89	466385	45.28
新乐市	218848	39.56	293722	34.21	421760	43.59
鹿泉市	416437	34.84	519038	24.64	652829	25.78
辛集市	313443	38.92	421233	34.39	606576	44.00

1996—2019 年分县（市、区）固定资产投资（五）

14—1 续 4　　计量单位：万元、%

行政单位	2008 年	增长速度	2009 年	增长速度	2010 年	增长速度
石家庄市	**15778496**	**24.81**	**22287346**	**41.25**	**26968136**	**21.00**
市　区	6890730	17.25	9636908	39.85	11919374	23.68
#长安区	1269342	22.62	1752619	38.07	2141700	22.20
桥东区	1192978	10.70	1688780	41.56	2077199	23.00
桥西区	1047342	20.30	1596309	52.42	1965056	23.10
新华区	1299784	14.38	1714311	31.89	2094888	22.20
裕华区	1435136	16.53	1966002	36.99	2215612	21.50
矿　区	183531	30.00	260541	41.96	326968	25.50
高新区	462617	20.31	658346	42.31	1097951	27.93
井陉县	728193	42.45	1054642	44.83	1292980	22.60
正定县	651851	39.99	933450	43.20	1173481	25.71
栾城县	503725	28.64	712872	41.52	809434	23.50
行唐县	446251	36.74	631534	41.52	768576	21.70
灵寿县	615816	43.37	863127	40.16	534790	-38.04
高邑县	159765	18.61	226099	41.52	282172	24.80
深泽县	178997	31.60	251598	40.56	306446	21.80
赞皇县	336242	31.66	432909	28.75	588485	22.88
无极县	290447	21.34	408252	40.56	496387	21.59
平山县	393470	40.47	649804	65.15	715914	26.69
元氏县	494203	43.03	770439	55.90	847834	22.40
赵　县	468564	16.73	656511	40.11	829392	25.15
藁城市	889328	26.96	1224149	37.65	1578653	23.40
晋州市	609243	30.63	855061	40.35	1063859	22.30
新乐市	553034	31.13	774530	40.05	945701	22.10
鹿泉市	813405	24.60	1136070	39.67	1475667	25.44
辛集市	755232	24.51	1069391	41.60	1338991	25.21

1996—2019 年分县（市、区）固定资产投资（六）

14—1 续 5 计量单位：万元、%

行政单位	2011 年	增长速度	2012 年	增长速度	2013 年	增长速度
石家庄市	**30214978**	**26.00**	**36733348**	**21.35**	**43691969**	**19.4**
市　　区	13472206	29.80	16155584	20.12	19646919	21.6
#长安区	2345558	26.40	2756678	19.62	3297429	20.0
桥东区	2386581	31.60	2863006	19.04	3287946	20.0
桥西区	2401015	38.90	2909056	21.16	3472343	20.1
新华区	2202962	19.50	2630745	19.42	3166029	20.3
裕华区	2617635	34.30	3121798	19.26	3475663	11.3
矿　区	343203	24.60	426655	24.32	520500	22.0
高新区	1175252	29.00	1447646	23.18	1779927	23.0
循环化工园区					647082	21.0
井陉县	1338726	24.00	1607518	20.08	1952700	21.5
正定县	1226186	23.50	1504949	22.73	1822597	21.1
栾城县	1000182	26.90	1221569	22.13	1469749	21.0
行唐县	782482	27.20	956414	22.23	1164757	22.4
灵寿县	535437	26.20	661124	23.47	809184	22.4
高邑县	342098	28.00	428990	25.40	531237	23.8
深泽县	361068	27.50	447820	24.03	548453	22.5
赞皇县	693265	25.70	852522	22.97	1041704	22.2
无极县	619890	26.00	758628	22.38	931781	22.8
平山县	1016898	28.30	1253611	23.28	1519834	21.2
元氏县	990515	24.40	1219273	23.09	1430818	21.0
赵　县	733568	23.20	896820	22.25	1096647	22.3
藁城市	1711643	25.50	2182417	21.99	1917781	21.3
晋州市	1218304	27.60	1501439	23.24	1842723	22.7
新乐市	1071887	12.40	1307589	21.99	1607342	22.9
鹿泉市	1697889	23.90	2086598	22.89	2528236	21.2
辛集市	1402734	23.80	1690483	20.51	1829507	8.2

1996—2019 年分县（市、区）固定资产投资（七）

14—1 续 6　　　　计量单位：万元、%

行政单位	2014 年	增长速度	2015 年	增长速度	2016 年	增长速度
石家庄市	**50764384**	**16.20**	**56898536**	**12.10**	**59159897**	**4.00**
市　区	29410903		32689206	11.15	31494747	-3.68
#长安区	5503548	11.00	5835542	7.66	4728729	-13.60
桥西区	5700609	12.05	6082994	7.66	4927007	-13.59
新华区	3698049	16.80	3959663	7.80	3477245	-11.07
裕华区	4013056	15.46	4367252	8.80	4084424	-5.83
矿　区	635178	22.03	783571	23.36	832182	6.20
藁城区	2265302	18.12	2683145	18.45	3021638	12.62
鹿泉区	2973901	17.60	3484583	17.17	3661031	5.06
栾城区	1731115	17.78	2089835	22.00	2449780	16.98
高新区	2123321	19.29	2500806	18.50	2835740	13.39
循环化工园区	766824	18.50	901815	17.60	904816	0.33
井陉县	2313672	18.49	1465639	0.10	1705213	16.35
正定县	2145411	17.71	2596099	21.01	3027012	16.60
行唐县	1397550	19.99	1656774	18.55	1689513	1.98
灵寿县	961675	18.85	1144479	19.01	1299025	13.50
高邑县	647239	21.84	799340	23.80	934638	16.93
深泽县	667170	21.65	822671	23.70	959707	16.66
赞皇县	1232450	18.31	1448464	17.53	1638213	13.10
无极县	1105756	18.67	1309455	18.42	1522182	16.25
平山县	1802263	18.58	2138386	18.65	2426477	13.47
元氏县	1688230	17.99	2087952	23.68	2400827	14.98
赵　县	1294163	18.01	1576205	21.79	1852791	17.55
晋州市	2238581	21.48	2702009	23.90	3104553	14.90
新乐市	1904545	18.49	2333607	23.80	2729735	16.93
辛集市	1924776	5.20	2119720	10.13	2375264	12.06

1996—2019 年分县（市、区）固定资产投资（八）

14—1 续 7　　计量单位：万元、%

行政单位	2017 年增长速度	2018 年增长速度	2019 年增长速度
石家庄市	**6.7**	**6.4**	**6.1**
长 安 区	1.3	8.5	0.0
桥 西 区	1.2	–19.7	5.5
新 华 区	1.0	6.8	4.0
裕 华 区	1.4	7.8	5.8
矿　区	2.0	10.0	8.0
藁 城 区	9.5	6.2	10.5
鹿 泉 区	9.8	12.1	6.2
栾 城 区	9.1	1.8	10.2
高 新 区	2.7	7.4	7.5
循环化工园区	9.9	2.5	20.4
井 陉 县	9.7	8.6	10.7
正 定 县	9.0	7.7	11.0
行 唐 县	10.6	8.3	11.0
灵 寿 县	10.2	9.7	13.0
高 邑 县	9.2	7.5	9.5
深 泽 县	10.9	8.2	9.8
赞 皇 县	11.7	2.3	12.8
无 极 县	10.0	8.0	2.5
平 山 县	10.1	15.1	7.9
元 氏 县	9.1	11.8	2.1
赵　县	9.6	12.0	8.8
晋 州 市	11.8	14.7	1.2
新 乐 市	9.4	11.9	6.8
辛 集 市	7.0	6.5	7.9

1995—2019 年分县（市、区）全部财政收入（一）

14—2　　计量单位：万元、%

行政单位	1995 年	1996 年	增长速度	1997 年	增长速度
石家庄市	**328113**	**384211**	**17.10**	**454738**	**18.36**
市　区	201323	212181	5.39	259900	22.49
#长安区	10168	12288	20.85	14852	19.06
桥东区	10036	11858	18.15	12583	11.96
桥西区	8668	10043	15.86	11672	14.91
新华区	9613	11413	18.72	14151	19.04
裕华区	12878	18190	41.25	22189	29.64
矿　区	3425	4055	18.39	4840	17.31
高新区	5189	5832	12.39	8015	19.81
井陉县	12388	13188	6.46	16188	22.75
正定县	10089	13399	32.81	17994	34.29
栾城县	5601	7604	35.76	10293	35.36
行唐县	3564	5018	40.80	6226	24.07
灵寿县	3326	4854	45.94	6037	24.37
高邑县	3113	3908	25.54	5019	28.43
深泽县	3017	4009	32.88	5020	25.22
赞皇县	3540	4005	13.14	4352	8.66
无极县	5051	6967	37.93	8175	17.34
平山县	6039	7035	16.49	8569	21.81
元氏县	5269	6011	14.08	7098	18.08
赵　县	6152	8510	38.33	10033	17.90
藁城市	15821	20179	27.55	24000	18.94
晋州市	8305	10622	27.90	12224	15.08
新乐市	7549	10213	35.29	12347	20.89
鹿泉市	13643	16184	18.62	20200	24.81
辛集市	14323	18036	25.92	21063	16.78

1995—2019 年分县（市、区）全部财政收入（二）

14—2 续 1　　计量单位：万元、%

行政单位	1998 年	增长速度	1999 年	增长速度	2000 年	增长速度
全　市	**550236**	**21.00**	**581154**	**5.62**	**617026**	**6.17**
市　区	323636	24.52	345064	6.62	376882	9.22
# 长安区	17416	17.26	20118	15.51	22328	10.99
桥东区	13307	5.76	14727	10.67	15237	3.46
桥西区	13300	13.95	14702	10.54	14865	1.11
新华区	16888	19.35	19168	13.50	21569	12.53
裕华区	26188	18.02	31025	18.47	36699	18.29
矿　区	5625	16.22	6180	9.87	6467	4.64
高新区	10198	27.24	13050	27.97	16528	26.65
井陉县	15768	−2.59	12725	−19.30	13685	7.54
正定县	20538	14.14	22001	7.12	23667	7.57
栾城县	13005	26.35	15345	17.99	16159	5.30
行唐县	7421	19.19	7689	3.61	8294	7.87
灵寿县	7090	17.44	6707	−5.40	7019	4.65
高邑县	6007	19.69	6558	9.17	6962	6.16
深泽县	6179	23.09	6699	8.42	6916	3.24
赞皇县	4363	0.25	3080	−29.41	3916	27.14
无极县	10017	22.53	10016	−0.01	10501	4.84
平山县	10430	21.72	11713	12.30	11315	−3.40
元氏县	8289	16.78	9010	8.70	10011	11.11
赵　县	11352	13.15	10613	−6.51	10786	1.63
藁城市	27937	16.40	30287	8.41	27386	−9.58
晋州市	15187	24.24	16131	6.22	16755	3.87
新乐市	15001	21.50	15287	1.91	15781	3.23
鹿泉市	23750	17.57	25557	7.61	26136	2.27
辛集市	24266	15.21	25944	6.92	24855	−4.20

1995—2019 年分县（市、区）全部财政收入（三）

14—2 续 2

计量单位：万元、%

行政单位	2001 年	增长速度	2002 年	增长速度	2003 年	增长速度
全　市	**718953**	**16.52**	**1105294**	**7.15**	**1249873**	**13.08**
市　区	473752	25.70	783433	5.83	889785	13.58
# 长安区	32018	43.40	38515	19.95	47386	23.03
桥东区	18637	22.31	20825	11.43	22583	8.44
桥西区	24738	66.42	28390	14.73	31555	11.15
新华区	32618	51.23	39082	19.60	46274	18.40
裕华区	23812	-35.12	30068	25.85	37197	23.71
矿　区	6555	1.36	7645	11.83	10884	42.37
高新区	35639	115.63	37897	6.23	48359	27.61
井陉县	14901	8.89	18563	8.62	20970	12.97
正定县	17740	-25.04	23859	15.78	25300	6.04
栾城县	10724	-33.63	18875	24.17	22424	18.80
行唐县	8645	4.23	10083	5.05	10773	6.84
灵寿县	7700	9.70	8751	1.25	9674	10.55
高邑县	6491	-6.77	8000	10.91	8603	7.54
深泽县	7421	7.30	8014	-9.00	8628	7.66
赞皇县	4148	5.92	5184	6.12	6181	19.23
无极县	10701	1.90	13703	11.29	15301	11.66
平山县	12367	9.30	15272	8.01	17997	17.84
元氏县	10525	5.13	14502	26.19	16033	10.56
赵　县	10058	-6.75	13011	15.51	15009	15.36
藁城市	30011	9.59	51753	7.40	56314	8.81
晋州市	18021	7.56	21955	7.51	24115	9.84
新乐市	15070	-4.51	18037	10.12	20738	14.97
鹿泉市	31199	19.37	39121	10.99	43866	12.13
辛集市	26479	6.53	33178	11.51	38162	15.02

1995—2019 年分县（市、区）全部财政收入（四）

14—2 续 3　　计量单位：万元、%

行政单位	2004 年	增长速度	2005 年	增长速度	2006 年	增长速度
石家庄市	**1452944**	**16.25**	**1656402**	**13.68**	**1900632**	**14.70**
市　区	1026814	15.40	1123086	9.38	1267496	12.86
# 长安区	235391	12.50	240038	1.97	226796	–5.52
桥东区	88507	11.47	101338	14.5	120046	18.46
桥西区	207558	17.27	256119	23.4	318071	24.19
新华区	118088	18.51	140018	18.61	151299	8.06
裕华区	120160	8.85	112956	–6.00	130055	15.14
矿　区	16348	48.18	25216	54.00	30287	20.11
高新区	76641	29.13	100128	30.65	115728	15.58
井陉县	26864	28.11	34195	28.49	41766	22.14
正定县	30021	18.66	34914	18.04	40330	15.51
栾城县	25169	12.24	30208	22.43	36010	19.21
行唐县	11542	7.14	13168	19.19	15383	16.82
灵寿县	10973	13.43	13201	22.82	15756	19.35
高邑县	10002	16.26	11500	17.55	11618	1.03
深泽县	9535	10.51	10808	16.87	13494	24.85
赞皇县	8022	29.78	10529	32.69	13036	23.81
无极县	18504	20.93	21306	19.58	24882	16.78
平山县	31348	74.18	65002	12.76	83299	28.15
元氏县	18012	12.34	21033	19.55	24166	14.90
赵　县	16169	7.73	19136	27.68	24025	25.55
藁城市	60894	8.13	70530	18.60	80118	13.59
晋州市	26333	9.20	30248	18.62	37050	22.49
新乐市	23251	12.12	27068	19.71	31031	14.64
鹿泉市	52415	19.49	64469	23.10	75111	16.51
辛集市	47076	23.36	56001	22.43	66061	17.96

1995—2019 年分县（市、区）全部财政收入（五）

14—2 续 4　　计量单位：万元、%

行政单位	2007 年	增长速度	2008 年	增长速度	2009 年	增长速度
全　市	**2303474**	**21.20**	**2717217**	**17.96**	**3102454**	**14.18**
市　区	1474413	16.32	1691853	14.75	1815532	7.31
#长安区	263089	16.00	295125	12.18	318828	8.03
桥东区	147124	22.56	242220	64.64	281984	16.42
桥西区	403271	26.79	475805	17.99	479465	0.77
新华区	164370	8.64	176785	7.55	180104	1.88
裕华区	172426	32.58	198680	15.23	198771	0.05
矿　区	40019	32.13	54294	35.67	55055	1.40
高新区	131645	13.75	152769	16.05	173105	13.31
井陉县	50580	21.10	93838	85.52	100189	6.77
正定县	48893	21.23	59333	21.35	65525	10.44
栾城县	46366	28.76	56239	21.29	66000	17.36
行唐县	18664	21.33	21839	17.01	24025	10.01
灵寿县	20009	26.99	24112	20.51	24127	0.06
高邑县	13148	13.17	15600	18.65	16558	6.14
深泽县	16715	23.87	20406	22.08	21515	5.43
赞皇县	16165	24.00	20225	25.12	23026	13.85
无极县	30800	23.78	34000	10.39	28061	-17.47
平山县	140658	68.86	137803	-2.03	122816	-10.88
元氏县	30209	25.01	43083	42.62	48714	13.07
赵　县	30037	25.02	35174	17.10	33018	-6.13
藁城市	100296	25.19	161764	61.29	410813	153.96
晋州市	50022	35.01	57506	14.96	56055	-2.52
新乐市	36200	16.66	41542	14.76	35371	-14.85
鹿泉市	100239	33.45	110830	10.57	118102	6.56
辛集市	80060	21.19	92070	15.00	93007	1.02

1995—2019 年分县（市、区）全部财政收入（六）

14—2 续 5　　计量单位：万元、%

行政单位	2010 年	增长速度	2011 年	增长速度
全　市	**3879254**	**25.04**	**4889697**	**26.05**
市　区	2117388	16.63	2765631	30.62
# 长安区	383751	20.36	445185	16.01
桥东区	326630	15.83	416050	27.38
桥西区	464768	29.39	600034	29.1
新华区	226798	25.93	287559	26.79
裕华区	238951	20.21	358649	50.09
矿　区	45387	–17.56	50229	10.67
高新区	204555	18.17	251159	22.78
井陉县	106648	6.45	102298	–4.08
正定县	80656	23.09	101216	25.49
栾城县	73518	16.24	92612	25.97
行唐县	24808	3.26	32087	29.34
灵寿县	25265	4.72	33276	31.71
高邑县	20438	23.43	30600	49.72
深泽县	24309	12.99	30401	25.06
赞皇县	25060	8.83	33202	32.49
无极县	32573	16.08	43030	32.1
平山县	144176	17.39	183092	26.99
元氏县	55871	14.69	70026	25.34
赵　县	38039	15.21	45666	20.05
藁城市	760892	43.28	882959	16.04
晋州市	63819	13.85	80021	25.39
新乐市	40475	14.43	51223	26.55
鹿泉市	135280	14.55	171557	26.82
辛集市	110039	18.31	140800	27.95

1995—2019 年分县（市、区）全部财政收入（七）

14—2 续 6

计量单位：万元、%

行政单位	2012 年	增长速度	2013 年	增长速度
石家庄市	**5733903**	**17.26**	**6482919**	**13.06**
市　　区	3280745	18.63	3977332	21.23
#长安区	467903	5.10	589446	25.98
桥东区	508257	22.16	555395	9.27
桥西区	685345	14.22	777301	13.42
新华区	336521	17.03	375185	11.49
裕华区	428346	19.43	483101	12.78
矿　区	52088	3.70	55005	5.60
高新区	295294	17.57	331105	12.13
井陉县	117798	15.15	132002	12.06
正定县	130936	29.36	163758	25.07
栾城县	112516	21.49	147168	30.80
行唐县	35596	10.94	45608	28.13
灵寿县	35310	6.11	40039	13.39
高邑县	38075	24.43	43802	15.04
深泽县	36611	20.43	42927	17.25
赞皇县	41285	24.34	43329	4.95
无极县	55511	29.01	65701	18.36
平山县	183647	0.30	160263	-12.73
元氏县	86021	22.84	100752	17.12
赵　县	55151	20.77	63425	15.00
藁城市	1004675	13.79	851378	-15.26
晋州市	90958	13.67	104310	14.68
新乐市	59028	15.24	68549	16.13
鹿泉市	208036	21.26	244486	17.52
辛集市	162004	15.06	188090	16.10

1995—2018年分县（市、区）全部财政收入（八）

14—2 续7 计量单位：万元、%

行政单位	2014年	增长速度	2015年	增长速度	2016年	增长速度
石家庄市	**6808005**	**5.01**	**7764323**	**14.05**	**8473702**	**9.14**
市　区	5473871	37.63	6311203	15.30	6877607	8.97
#长安区	904913	10.22	1000029	10.51	1073727	7.37
桥西区	1202713	9.23	1299352	8.04	1463852	12.66
新华区	428346	14.17	448614	4.73	602847	34.38
裕华区	454699	−5.88	463243	1.88	570370	23.13
矿　区	43056	−21.72	48290	12.16	49522	2.55
藁城区	897071	5.37	1505028	67.77	1543665	2.57
鹿泉区	300099	22.75	321445	7.11	357046	11.08
栾城区	166567	13.18	176577	6.01	188154	6.56
高新区	408098	23.25	465001	13.94	551268	18.55
井陉县	135277	2.48	135821	0.40	129109	−4.94
正定县	190342	16.23	212001	11.38	251090	18.44
行唐县	51720	13.40	53352	3.16	62812	17.73
灵寿县	38758	−3.20	46779	20.70	51715	10.55
高邑县	48691	11.16	46227	−5.06	54572	18.05
深泽县	48046	11.92	51050	6.25	56713	11.09
赞皇县	43393	0.15	41590	−4.16	50331	21.02
无极县	75001	14.16	84287	12.38	87926	4.32
平山县	174764	9.05	200940	14.98	217218	8.10
元氏县	98031	−2.70	109083	11.27	129895	19.08
赵　县	68006	7.22	73682	8.35	81026	9.97
晋州市	88182	−15.46	101624	15.24	115139	13.30
新乐市	73492	7.21	82592	12.38	97473	18.02
辛集市	200431	6.56	214092	6.82	211076	−1.41

1995—2018 年分县（市、区）全部财政收入（九）

14—2 续 8　　　　计量单位：万元、%

行政单位	2017 年	增长速度	2018 年	增长速度	2019 年	增长速度
石家庄市	**9473470**	**11.80**	**10754898**	**13.53**	**11622710**	**8.07**
市　　区	7590647	10.37	8374661	10.33	8912277	6.42
# 长安区	1208497	12.55	1420723	17.56	1333425	−6.14
桥西区	1629247	11.30	1826821	12.13	1938689	6.12
新华区	686699	13.91	627522	−8.62	643767	2.59
裕华区	755591	32.47	869660	15.10	804038	−7.55
矿　区	60715	22.60	73030	20.28	81268	11.28
藁城区	1513138	−1.98	1736843	14.78	1963547	13.05
鹿泉区	414154	15.99	495385	19.61	560077	13.06
栾城区	209961	11.59	241359	14.95	261637	8.4
高新区	637502	15.64	734480	15.21	851340	15.91
井陉县	118738	−8.03	130469	9.88	142723	9.39
正定县	344948	37.38	429866	24.62	519420	20.83
行唐县	72075	14.75	80126	11.17	87166	8.79
灵寿县	60216	16.44	78894	31.02	84677	7.33
高邑县	62463	14.46	70311	12.56	68894	−2.02
深泽县	58188	2.60	66307	13.95	71027	7.12
赞皇县	65129	29.40	74437	14.29	77240	3.77
无极县	100426	14.22	113327	12.85	118814	4.84
平山县	244886	12.74	411962	68.23	476614	15.69
元氏县	144476	11.23	174661	20.89	192388	10.15
赵　县	95369	17.70	109591	14.91	115116	5.04
晋州市	129349	12.34	147139	13.75	151614	3.04
新乐市	118715	21.79	138161	16.38	147940	7.08
辛集市	267845	26.90	354986	32.53	456800	28.68

2000—2019 年分县（市、区）公共财政预算收入（一）

14—3　　计量单位：万元、%

行政单位	2000 年	增长速度	2001 年	增长速度	2002 年	增长速度
石家庄市	**377137**	**7.04**	**443554**	**17.61**	**444947**	**18.31**
市　区	200653	11.12	267217	33.17	280699	17.98
# 长安区	15155	11.16	19394	27.97	16534	22.40
桥东区	9985	8.00	12316	23.35	10527	24.34
桥西区	10432	3.49	16683	59.92	13135	13.02
新华区	13272	12.82	20302	52.97	14385	14.36
裕华区	21035	8.33	15577	–25.95	15675	30.97
矿　区	3428	6.39	3558	3.79	3031	16.58
高新区	9650	24.16	18490	91.61	13223	21.26
井陉县	9107	6.79	9795	7.55	9740	16.01
正定县	17175	10.21	13090	–23.78	13785	26.61
栾城县	11059	3.80	8264	–25.27	7975	34.30
行唐县	6566	10.26	6782	3.29	6097	10.65
灵寿县	5255	4.29	5768	9.76	4447	2.47
高邑县	5486	9.22	5045	–8.04	4646	17.12
深泽县	5226	2.77	5593	7.02	4406	0.09
赞皇县	2686	2.17	3098	15.34	2932	13.25
无极县	8472	3.38	8463	–0.11	6832	21.52
平山县	8912	–5.79	9667	8.47	9614	13.20
元氏县	7482	11.49	7819	4.50	7606	54.12
赵　县	8531	4.34	7625	–10.62	7795	30.61
藁城市	21456	–3.88	22186	3.40	24656	19.58
晋州市	12596	1.98	13670	8.53	12368	16.75
新乐市	12934	2.70	11753	–9.13	10282	11.79
鹿泉市	16305	3.46	20121	23.40	16035	15.64
辛集市	17236	–2.71	17598	2.10	15032	16.95

2000—2019 年分县（市、区）公共财政预算收入（二）

14—3 续 1　　计量单位：万元、%

行政单位	2003 年	增长速度	2004 年	增长速度	2005 年	增长速度
石家庄市	**493429**	**10.90**	**561644**	**13.82**	**658796**	**17.30**
市　　区	316341	12.70	366737	15.93	421211	14.85
# 长安区	21334	29.03	80633	18.15	86493	7.27
桥东区	11203	6.42	36213	15.54	45145	24.67
桥西区	14709	11.98	64216	17.38	78847	22.78
新华区	18337	27.47	42858	29.29	56187	31.10
裕华区	18542	18.29	49075	11.27	51162	4.25
矿　区	4169	37.55	5703	45.38	8738	53.22
高新区	17536	32.62	24115	41.98	36497	51.35
井陉县	10794	10.82	14502	34.35	17493	20.62
正定县	13458	–2.37	14682	9.09	17460	18.92
栾城县	9219	15.60	10128	9.86	12910	27.47
行唐县	6370	4.48	6662	4.58	7746	16.27
灵寿县	4753	6.88	5377	13.13	6439	19.75
高邑县	5152	10.89	6218	20.69	6528	4.99
深泽县	4723	7.19	5606	18.70	6295	12.29
赞皇县	3248	10.78	4111	26.57	4582	11.46
无极县	7430	8.75	9404	26.57	10436	10.97
平山县	9812	2.06	11962	21.91	20693	72.99
元氏县	8016	5.39	9344	16.57	9390	0.49
赵　县	9125	17.06	9634	5.58	10405	8.00
藁城市	26795	8.68	28794	7.46	32295	12.16
晋州市	12537	1.37	11289	–9.95	13977	23.81
新乐市	11628	13.09	12569	8.09	13285	5.70
鹿泉市	17437	8.74	21205	21.61	25269	19.17
辛集市	16591	10.37	13420	–19.11	22382	66.78

2000—2019 年分县（市、区）公共财政预算收入（三）

14—3 续 2　　计量单位：万元、%

行政单位	2006 年	增长速度	2007 年	增长速度	2008 年	增长速度
全　市	**773736**	**17.45**	**958720**	**23.91**	**1100366**	**14.77**
市　区	506104	20.15	608045	20.14	670759	10.31
# 长安区	89595	3.59	108884	21.53	118413	8.75
桥东区	56023	24.10	70091	25.11	97169	38.63
桥西区	97876	24.13	123524	26.20	143895	16.49
新华区	61557	9.56	76339	24.01	83766	9.73
裕华区	61812	20.82	83669	35.36	87103	4.10
矿　区	10710	22.57	14467	35.08	18041	24.70
高新区	46483	27.36	56359	21.25	54692	-2.96
井陉县	19853	13.49	24186	21.83	34955	44.53
正定县	20730	18.73	25210	21.61	32165	27.59
栾城县	15188	17.65	17931	18.06	24532	36.81
行唐县	8886	14.72	10039	12.98	12372	23.24
灵寿县	7151	11.06	9133	27.72	10489	14.85
高邑县	5287	-19.01	6061	14.64	6899	13.83
深泽县	7448	18.32	8761	17.63	11420	30.35
赞皇县	5684	24.05	6791	19.48	8884	30.82
无极县	11681	11.93	13914	19.12	14804	6.40
平山县	24297	17.42	44107	81.53	54456	23.46
元氏县	9883	5.25	12522	26.70	15983	27.64
赵　县	10058	-3.33	12504	24.32	15374	22.95
藁城市	35342	9.43	45410	28.49	53821	18.52
晋州市	15681	12.19	21689	38.31	24207	11.61
新乐市	14882	12.02	16853	13.24	21583	28.07
鹿泉市	29151	15.36	42441	45.59	50786	19.66
辛集市	26430	18.09	33123	25.32	36877	11.33

2000—2019 年分县（市、区）公共财政预算收入（四）

14—3 续 3　　计量单位：万元、%

行政单位	2009 年	增长速度	2010 年	增长速度
全　市	**1259614**	**14.47**	**1636303**	**29.91**
市　区	772553	15.18	1047751	35.62
# 长安区	135049	14.05	177229	31.23
桥东区	116752	20.15	143757	23.13
桥西区	163919	13.92	196341	33.08
新华区	93861	12.05	125305	33.50
裕华区	103872	19.25	134342	29.33
矿　区	18184	0.79	17614	-3.13
高新区	58847	7.60	71053	20.74
井陉县	35294	0.97	40167	13.81
正定县	38077	18.38	49990	31.29
栾城县	31096	26.76	36684	26.95
行唐县	15961	29.01	13478	-15.56
灵寿县	11231	7.07	12033	7.14
高邑县	9027	30.85	12285	36.09
深泽县	14467	26.68	15365	6.21
赞皇县	9888	11.30	12134	22.71
无极县	14453	-2.37	16938	17.19
平山县	52697	-3.23	59138	12.22
元氏县	18688	16.92	25034	33.96
赵　县	16687	8.54	18780	12.54
藁城市	63598	18.17	96220	33.63
晋州市	28199	16.49	33565	19.03
新乐市	20946	-2.95	23621	12.77
鹿泉市	57270	12.77	70307	22.76
辛集市	49482	34.18	52813	6.73

2000—2019 年分县（市、区）公共财政预算收入（五）

14—3 续 4 计量单位：万元、%

行政单位	2011 年	增长速度	2012 年	增长速度	2013 年	增长速度
全　市	**2212284**	**35.2**	**2722764**	**23.1**	**3151233**	**15.7**
市　区	1449754	38.4	1803141	24.4	2108968	17.0
#长安区	220384	24.4	251352	14.1	270665	7.7
桥东区	178668	24.3	192762	7.9	238809	23.9
桥西区	260853	32.9	332358	27.4	350023	5.3
新华区	155395	24.0	187462	20.6	215083	14.7
裕华区	225399	67.8	261565	16.0	282658	8.1
矿　区	19782	12.3	21253	7.4	24047	13.1
高新区	89867	26.5	120441	34.0	156288	29.8
井陉县	44620	11.1	48889	9.6	48171	-1.5
正定县	61735	23.5	81036	31.3	104072	28.4
栾城县	50425	37.5	57985	15.0	68217	17.6
行唐县	18367	36.3	19789	7.7	24922	25.9
灵寿县	15805	31.4	20025	26.7	22153	10.6
高邑县	16065	30.8	20456	27.3	30476	49.0
深泽县	19645	27.9	24421	24.3	30325	24.2
赞皇县	15132	24.7	19257	27.3	21998	14.2
无极县	22307	31.7	29429	31.9	35300	19.9
平山县	82985	40.3	95602	15.2	78388	-18.0
元氏县	32759	30.9	37811	15.4	45541	20.4
赵　县	24264	29.2	30009	23.7	36033	20.1
藁城市	120317	25.0	145523	20.9	154700	6.3
晋州市	42933	27.9	55344	28.9	61658	11.4
新乐市	31140	31.8	40088	28.7	48161	20.1
鹿泉市	93480	33.0	109058	16.7	134078	22.9
辛集市	70551	33.6	84901	20.3	98072	15.5

2000—2018 年分县（市、区）公共财政预算收入（六）

14—3 续 5

计量单位：万元、%

行政单位	2014 年	增长速度	2015 年	增长速度	2016 年	增长速度
石家庄市	**3434745**	**9.0**	**3750529**	**9.2**	**4107238**	**9.5**
市　　区	2639516	25.2	2862385	8.4	3149665	10.0
#长安区	434567	16.8	481355	10.8	436797	-9.3
桥西区	567350	16.4	599990	5.8	627615	4.6
新华区	246718	14.7	262846	6.5	252840	-3.8
裕华区	269352	-4.7	251292	-6.7	283417	12.8
矿　区	19036	-20.8	22230	16.8	26519	19.3
藁城区	183353	18.5	249793	36.2	315892	26.5
鹿泉区	171661	28.0	186928	8.9	197339	5.6
栾城区	80097	17.4	90728	13.3	101873	12.3
高新区	205738	31.6	236715	15.1	257633	8.8
井陉县	55045	14.3	60767	10.4	55086	-9.3
正定县	122388	17.6	140839	15.1	160017	13.6
行唐县	32662	31.1	36582	12.0	40406	10.5
灵寿县	25126	13.4	30726	22.3	35343	15.0
高邑县	35312	15.9	38202	8.2	42800	12.0
深泽县	34883	15.0	38937	11.6	43002	10.4
赞皇县	25173	14.4	27525	9.3	31450	14.3
无极县	42921	21.6	47475	10.6	52350	10.3
平山县	85070	8.5	93630	10.1	107802	15.1
元氏县	53226	16.9	65519	23.1	66631	1.7
赵　县	42469	17.9	46779	10.1	51971	11.1
晋州市	70321	14.1	77459	10.2	80099	3.4
新乐市	54975	14.1	61811	12.4	68026	10.1
辛集市	115658	17.9	121893	5.4	122590	0.6

2000—2019 年分县（市、区）公共财政预算收入（七）

14—3 续 6 计量单位：万元、%

行政单位	2017 年	增长速度	2018 年	增长速度	2019 年	增长速度
石家庄市	**4608886**	**12.2**	**5196778**	**12.8**	**5691283**	**9.5**
市　区	3476460	10.4	3811993	9.7	4070684	6.8
#长安区	486104	11.3	580265	19.4	498248	-14.1
桥西区	630011	0.4	724504	15.0	727154	0.4
新华区	272165	7.6	275232	1.1	290010	5.4
裕华区	310061	9.4	392821	26.7	336258	-14.4
矿　区	31252	17.8	36469	16.7	40204	10.2
藁城区	365702	15.8	425202	16.3	458004	7.7
鹿泉区	230078	16.6	278072	20.9	307729	10.7
栾城区	117618	15.5	136217	15.8	160870	18.1
高新区	298047	15.7	332815	11.7	398864	19.8
井陉县	62702	13.8	71105	13.4	82020	15.4
正定县	222061	38.8	290581	30.9	374221	28.8
行唐县	46464	15.0	53996	16.2	61208	13.4
灵寿县	40861	15.6	50228	22.9	59076	17.6
高邑县	48012	12.2	54072	12.6	55107	1.9
深泽县	42307	-1.6	48012	13.5	51652	7.6
赞皇县	35030	11.4	40358	15.2	44193	9.5
无极县	60270	15.1	68400	13.5	75859	10.9
平山县	123173	14.3	172105	39.7	195248	13.4
元氏县	76180	14.3	86560	13.6	101256	17.0
赵　县	59359	14.2	67067	13.0	74336	10.8
晋州市	91150	13.8	102700	12.7	104528	1.8
新乐市	78677	15.7	91600	16.4	101808	11.1
辛集市	146180	19.2	188001	28.6	240087	27.7

1995—2019 年分县（市、区）农林牧渔业总产值（一）

14—4　　计量单位：万元、%

行政单位	1995 年	1996 年	增长速度	1997 年	增长速度	1998 年	增长速度
石家庄市	**2094240**	**2460775**	**9.43**	**2751988**	**10.62**	**2874039**	**6.76**
市　区				82576			
#长安区							
桥东区							
桥西区							
新华区							
裕华区	51998	63166	20.71		6.88	70153	3.62
矿　区	7586	8016	4.43		4.17	8693	4.27
高新区		5404				5378	
井陉县	41718	53387	12.28	60802	12.81	67721	12.38
正定县	212194	225684	4.68	255122	13.71	263630	4.66
栾城县	131828	138841	12.98	166280	17.68	187079	19.31
行唐县	87430	103204	9.43	112032	8.78	118472	4.98
灵寿县	44836	62344	7.40	74061	11.05	78323	5.89
高邑县	63058	71095	11.28	74640	16.00	77664	7.43
深泽县	58304	62476	7.46	70511	16.28	73929	5.66
赞皇县	53938	55020	0.21	53152	−5.17	54116	20.26
无极县	123478	136868	10.35	151115	8.82	154844	6.27
平山县	101375	81939	−23.27	118712	55.74	128027	7.28
元氏县	74293	91597	8.52	108089	3.62	117005	13.77
赵　县	150068	195627	21.18	198029	10.77	209192	9.29
藁城市	292564	357743	10.67	391248	11.32	412864	7.81
晋州市	169708	184622	4.60	179006	3.81	188590	3.30
新乐市	176189	176770	3.69	184509	6.99	195373	6.76
鹿泉市	133678	128701	−4.25	142142	12.45	146211	4.36
辛集市	306071	331446	7.45	346546	11.64	384913	8.24

1995—2019 年分县（市、区）农林牧渔业总产值（二）

14—4 续 1　　计量单位：万元、%

行政单位	1999 年	增长速度	2000 年	增长速度	2001 年	增长速度
石家庄市	**2918680**	**5.5**	**2934472**	**5.0**	**3070012**	**4.2**
市　区						
# 长安区					32494	
桥东区					9210	
桥西区					16565	
新华区					31269	
裕华区	72500	5.8	73926	4.7	34893	–56.5
矿　区	8931	5.8	9000	3.7	9356	4.0
高新区	5177		5311		5752	
井陉县	67868	0.5	70698	8.0	68812	–2.9
正定县	271820	6.0	274880	3.9	244053	–11.1
栾城县	206178	11.0	227496	12.6	229880	–1.6
行唐县	116743	0.9	118200	7.6	122225	4.0
灵寿县	84381	11.7	85361	4.0	88971	2.9
高邑县	81241	10.4	87594	10.8	89177	4.5
深泽县	74695	5.0	76655	9.0	85300	9.5
赞皇县	58108	5.3	62316	5.1	65028	5.3
无极县	158854	5.0	159714	6.6	165798	4.0
平山县	135706	6.2	132100	–3.5	139195	6.9
元氏县	123348	8.2	124245	7.3	132728	6.4
赵　县	215345	8.2	215758	6.0	208906	–4.7
藁城市	423133	4.1	396434	–2.7	416404	5.0
晋州市	192334	3.9	192629	4.5	197083	2.1
新乐市	202124	5.1	212100	5.0	211015	–0.6
鹿泉市	146756	4.9	149594	3.3	153852	6.8
辛集市	387792	5.3	374760	0.3	391303	3.0

1995—2019 年分县（市、区）农林牧渔业总产值（三）

14—4 续 2

计量单位：万元、%

行政单位	2002 年	增长速度	2003 年	增长速度	2004 年	增长速度
石家庄市	3119674	4.3	3529558	5.7	4260467	6.4
市 区						
# 长安区	31657	-1.5	33169	-0.3	37982	-2.4
桥东区	9305	0.8	8276	-4.3	10088	3.4
桥西区	16651	-0.1	15014	0.4	18487	11.8
新华区	31597	3.4	25829	-5.0	31395	0.4
裕华区	35083	0.5	36536	0.6	40222	-4.8
矿 区	9728	4.0	9230	4.0	10171	1.9
高新区	5588		2125			
井陉县	69449	1.6	69984	9.0	86721	9.2
正定县	253376	5.1	258522	2.2	296679	4.6
栾城县	243141	5.7	256011	7.3	293005	4.3
行唐县	126340	4.0	143582	3.7	171943	5.9
灵寿县	88117	-0.8	96565	30.4	119804	15.8
高邑县	93377	4.9	89498	-0.3	110317	3.4
深泽县	90927	6.9	82562	11.0	100366	6.1
赞皇县	65927	-2.5	74492	14.7	95470	10.1
无极县	169611	3.0	215779	3.3	246375	3.4
平山县	142678	2.5	186346	1.5	212069	4.5
元氏县	138860	4.7	150195	3.2	187608	4.2
赵 县	221714	7.4	214916	5.1	264314	5.3
藁城市	431434	4.3	507429	3.6	574451	2.9
晋州市	200456	3.0	196509	4.8	239640	8.1
新乐市	220360	4.9	233952	5.9	289669	6.2
鹿泉市	159194	3.5	160228	5.2	206716	11.9
辛集市	407063	4.0	358971	6.9	435801	6.6

1995—2019 年分县（市、区）农林牧渔业总产值（四）

14—4 续 3　　计量单位：万元、%

行政单位	2005 年	增长速度	2006 年	增长速度	2007 年	增长速度
石家庄市	**4569477**	**5.4**	**4731008**	**4.2**	**4728044**	**2.1**
市　　区						
# 长安区	38467	-0.8	39910	3.4	34473	-4.0
桥东区	10191	-0.3	10593	3.0		
桥西区	18641	0.3	18542	-3.5	18619	-1.4
新华区	32504	-2.4	31526	-6.4	26697	9.7
裕华区	39484	-2.1	38516	-5.2	8842	4.5
矿　区	10814	3.3	10828		8491	-8.9
高新区					16568	-0.4
循环化工园区					26854	1.8
井 陉 县	95974	6.4	105237	7.2	109505	6.3
正 定 县	319891	3.4	344635	4.7	396413	2.3
栾 城 县	320011	5.5	336486	5.0	340605	-3.4
行 唐 县	186386	5.7	198067	4.7	228258	7.0
灵 寿 县	129835	6.4	136304	4.3	140832	2.8
高 邑 县	115473	1.3	118158	2.2	99256	-7.4
深 泽 县	112814	7.2	118394	5.0	124237	2.9
赞 皇 县	108186	9.8	111901	6.4	130559	2.3
无 极 县	253662	2.5	261197	2.3	285236	0.9
平 山 县	222149	3.7	231570	2.9	200950	3.7
元 氏 县	204239	3.9	216679	4.0	230810	3.2
赵　　县	284806	4.5	302501	4.1	318247	4.7
藁 城 市	610803	1.3	633505	1.1	602740	1.1
晋 州 市	255292	4.0	278872	5.8	285354	-0.9
新 乐 市	322104	7.4	332768	2.1	308330	1.5
鹿 泉 市	229711	8.2	240714	4.8	223314	2.2
辛 集 市	482007	5.4	527299	7.0	562856	1.5

1995—2019 年分县（市、区）农林牧渔业总产值（五）

14—4 续 4

计量单位：万元、%

行政单位	2008 年	增长速度	2009 年	增长速度	2010 年	增长速度
石家庄市	**5111293**	**2.7**	**5082921**	**2.6**	**5593625**	**1.9**
# 长安区	34299	-5.9	36800	4.3	37888	-0.1
桥西区	18076	-4.1	16834	-6.1	15956	-11.8
新华区	25611	-6.0	23178	-5.9	22591	-10.9
裕华区	9328	0.4	9550	1.3	9858	0.8
矿　区	8966	-0.9	9736	16.3	10140	1.5
藁城区	617767	1.2	633403	3.4	728055	4.3
鹿泉区	231433	0.0	232178	2.6	255636	1.0
栾城区	377302	5.0	364240	1.1	380354	0.9
高新区	17065	0.6	17025	-1.1	19025	-0.2
循环化工园区	24497	-16.5	18824	-17.2	30042	51.5
井 陉 县	122561	5.3	126544	5.2	128928	1.0
正 定 县	430178	2.4	414532	2.6	423296	0.1
行 唐 县	272042	6.9	256607	0.3	292682	1.7
灵 寿 县	164926	9.1	165245	4.4	176065	-1.0
高 邑 县	107225	4.0	109178	2.0	119135	3.3
深 泽 县	139845	4.5	136303	4.7	160176	5.7
赞 皇 县	146397	3.1	151666	3.7	150793	-2.0
无 极 县	310080	1.2	301745	3.3	332101	2.4
平 山 县	226529	6.1	241916	5.0	257967	-1.6
元 氏 县	253636	1.3	248710	3.2	276028	4.0
赵　县	338504	5.2	344356	3.0	386123	2.3
晋 州 市	299740	-0.5	296811	3.1	333389	2.9
新 乐 市	322718	1.5	310156	0.0	327539	2.0
辛 集 市	612567	1.6	617385	0.7	719857	3.9

1995—2019 年分县（市、区）农林牧渔业总产值（六）

14—4 续 5

计量单位：万元、%

行政单位	2011 年	增长速度	2012 年	增长速度	2013 年	增长速度
石家庄市	**6161634**	**2.8**	**6457266**	**3.6**	**6769669**	**2.4**
#长安区	35492	-6.8	34201	-8.0	34203	0.3
桥西区	16528	0.9	17509	-4.0	18575	0.2
新华区	24101	-0.2	22701	-9.2	24617	2.0
裕华区	10246	0.1	9955	-4.5	10263	2.0
矿　区	11003	3.8	11934	-4.9	12728	3.8
藁城区	804046	2.7	862866	7.7	915425	5.0
鹿泉区	281382	2.3	285536	2.0	298478	2.5
栾城区	419778	2.2	436974	3.0	430713	-1.9
高新区	19763	1.3	22979	11.2	22681	-9.2
循环化工园区	35057	5.8	35451	6.0	36778	2.5
井 陉 县	144661	5.3	162185	4.2	183638	4.8
正 定 县	461648	1.3	480599	3.8	496728	2.7
行 唐 县	324409	6.2	327394	1.4	343111	1.5
灵 寿 县	199967	3.6	211136	5.3	212680	3.0
高 邑 县	132323	3.5	138365	1.7	159954	8.9
深 泽 县	185271	5.5	194133	5.4	209223	7.0
赞 皇 县	170240	8.7	183948	4.7	198260	0.6
无 极 县	352230	-1.1	372232	4.4	380532	0.9
平 山 县	291188	6.4	301018	0.1	292501	-1.8
元 氏 县	311676	3.6	324785	2.1	338077	2.4
赵　　县	417601	3.3	443501	2.3	431318	-4.7
晋 州 市	363947	-0.4	375745	4.1	428377	7.2
新 乐 市	339391	1.5	366341	2.6	398913	6.0
辛 集 市	809687	0.3	835775	0.6	891897	0.5

1995—2019 年分县（市、区）农林牧渔业总产值（七）

14—4 续 6 计量单位：万元、%

行政单位	2014 年	增长速度	2015 年	增长速度	2016 年	增长速度
石家庄市	**6830437**	**3.1**	**6703905**	**2.3**	**6318668**	**1.4**
# 长安区	30704	–2.8	31878	4.2	22280	–12.2
桥西区	14070	–14.2	16955	21.4	9167	7.3
新华区	22014	2.4	23223	3.4	8398	–9.6
裕华区	8498	–9.4	8628	1.3	6212	–36.4
矿　区	12617	1.3	11062	–6.3	9255	–27.5
藁城区	882929	4.3	887573	1.3	603693	0.6
鹿泉区	291998	2.7	282362	1.5	300269	3.0
栾城区	417183	–3.0	374895	–3.6	269535	–1.9
高新区	21701	2.5	21920	0.8	8498	–3.1
循环化工园区	37644	3.5	39254	13.3	18910	–13.0
井 陉 县	194489	4.4	188593	0.5	178945	–5.3
正 定 县	504508	0.8	474629	0.4	545189	2.9
行 唐 县	382141	12.8	370126	3.2	457786	5.9
灵 寿 县	229181	8.3	239089	10.9	337742	3.8
高 邑 县	161558	7.2	154988	1.0	160487	3.3
深 泽 县	212032	4.7	209147	3.2	202874	2.2
赞 皇 县	218321	9.7	218882	5.1	223639	0.9
无 极 县	379804	0.1	376891	3.2	415555	1.2
平 山 县	266114	–7.4	278009	6.2	228607	4.4
元 氏 县	348818	5.4	325497	0.1	259282	2.9
赵　县	432386	0.6	434037	5.6	336518	1.0
晋 州 市	440156	3.5	432740	3.0	458237	2.4
新 乐 市	415474	5.9	391878	–0.1	481651	1.5
辛 集 市	906096	0.6	911649	1.6	775939	1.7

注：石家庄市及各县市区 2007 年以后数据为修订数据，辛集市 2016 年以后为修订数据

1995—2019 年分县（市、区）农林牧渔业总产值（八）

14—4 续 7　　计量单位：万元、%

行政单位	2017 年	增长速度	2018 年	增长速度	2019 年	增长速度
石家庄市	**6345669**	**1.0**	**6739068**	**3.1**	**7259454**	**1.6**
# 长安区	20170	-8.3	16013	-22.8	14146	-11.3
桥西区	7128	-21.2	3760	-49.7	1507	-62.9
新华区	6558	-21.6	6446	-5.2	6488	-4.2
裕华区	977	-83.9	986	-0.3	1017	-2
矿　区	8282	-8.0	7145	-14.9	5991	-28.2
藁城区	602014	2.8	657134	7.0	729650	2.6
鹿泉区	291034	-1.6	287084	-4.0	278886	-5.5
栾城区	269730	2.9	287991	3.3	297531	-1.6
高新区	6557	-21.7	4502	-31.5	4254	-11.6
循环化工园区	18797	1.9	16966	-12.6	17363	-0.2
井 陉 县	179474	1.0	193330	1.4	158009	-22.5
正 定 县	538201	2.0	555250	1.4	625709	2.1
行 唐 县	472734	5.7	521094	5.5	578914	5.9
灵 寿 县	362523	8.7	382539	4.6	399867	2.6
高 邑 县	163434	4.0	173397	5.1	189608	0.7
深 泽 县	210004	5.8	228649	5.0	249497	3.4
赞 皇 县	239228	8.4	262934	3.6	298954	8.4
无 极 县	416044	3.0	443494	3.6	486331	2.9
平 山 县	238440	3.8	259908	4.5	276998	0.8
元 氏 县	256496	1.7	274061	4.3	319695	7.7
赵　县	338368	2.3	346888	-0.5	367984	3.9
晋 州 市	447658	-0.4	504194	6.1	520254	1.9
新 乐 市	482285	2.7	502901	2.8	546266	1.9
辛 集 市	769533	1.8	802402	1.9	884535	1.2

1992—2019 年分县(市、区)社会消费品零售额(一)

14—5　　计量单位:万元、%

行政单位	1992 年	1993 年	1994 年	1995 年	1996 年	1997 年	1998 年
石家庄市	**669631.0**	**827493.2**	**1177743.1**	**1484066.4**	**1719127.3**	**2008952.6**	**2213412.2**
长安区	5680.3	10100.7	19350.5	50358.0	44401.8	59805.2	352360.5
桥东区	2742.9	3830.2	6997.1	12917.6	10456.7	14182.7	54607.6
桥西区	3391.4	7158.9	15083.9	44706.3	37424.9	51436.1	114874.3
新华区	22535.6	31451.2	49882.6	90250.3	92994.9	117342.6	386444.2
裕华区	21618.4	30677.3	49337.5	90280.4	93946.7	119566.1	389319.6
矿　区	2439.9	2857.3	4824.5	5087.2	3686.4	4917.0	50.0
藁城区	85868.6	104731.5	145261.8	181967.1	211378.8	241969.9	137897.1
鹿泉区	47576.9	58789.0	83070.0	105097.7	122861.4	142960.1	81151.4
栾城区	47607.9	58150.1	81238.7	44070.5	117260.2	134868.7	75402.7
井陉县	15172.0	18551.9	26665.2	22897.5	36601.1	42840.1	21562.4
正定县	75239.5	92336.1	128985.4	162496.8	189735.5	218669.3	125087.3
行唐县	24168.2	29173.7	40803.8	50024.9	56006.2	64121.6	33507.2
灵寿县	16498.2	19820.0	27925.9	33825.8	37009.3	42466.4	20848.9
高邑县	12816.9	15259.4	21550.4	25686.3	27325.4	31271.7	14215.5
深泽县	18066.8	21450.5	29789.1	35698.5	38663.5	43746.0	21249.3
赞皇县	15494.4	18174.3	25096.3	29577.6	31242.7	35024.0	16005.4
无极县	49035.7	58491.0	79804.5	97402.6	109633.6	123092.0	66738.8
平山县	19324.3	23704.5	33883.5	20537.5	23516.6	25198.8	29168.2
元氏县	22083.6	27331.6	39249.7	49328.5	56693.4	66651.7	36026.8
赵　县	51381.6	61614.5	84454.4	103676.9	117473.3	132559.4	72572.4
晋州市	50665.8	61923.8	86495.9	108262.3	125199.9	144026.1	80818.6
新乐市	60222.4	71915.7	97992.4	119916.2	135614.9	152237.1	83504.0

注:根据第四次全国经济普查数据对 1992 年以来社会消费品零售总额进行修正。由于修正了社会消费品零售总额,各年度增速与之前公布数据不可比

1992—2019 年分县（市、区）社会消费品零售额（二）

14—5 续 1

计量单位：万元、%

行政单位	1999 年	2000 年	2001 年	2002 年	2003	2004
石家庄市	**2398922.8**	**2629691.9**	**2891192.0**	**3175584.9**	**3466584.0**	**3957299.4**
长安区	325013.1	355012.8	411980.4	453825.5	494885.1	588001.5
桥东区	58028.0	63316.9	80341.4	89407.2	97578.2	157820.6
桥西区	126359.7	128950.4	136412.0	150592.5	176202.3	289167.3
新华区	444919.0	489309.1	614688.4	674473.0	713566.4	740332.8
裕华区	443850.6	495975.0	563688.4	621256.2	665543.0	726419.0
矿　区	57.0	68.0	72.0	79.0	679.9	10385.1
藁城区	143902.9	155817.8	168057.6	180745.4	196601.4	214310.0
鹿泉区	94790.8	107319.1	122190.5	139140.7	159704.1	173400.4
栾城区	87104.1	95369.2	62252.1	70100.9	79541.6	88990.5
井陉县	24131.4	28514.9	31453.4	34935.7	40189.8	51865.3
正定县	137588.0	151392.2	106433.5	117504.5	132654.3	144809.7
行唐县	36625.5	40217.7	45082.7	49426.1	56077.1	61704.6
灵寿县	22944.2	25158.3	27784.2	30262.6	33714.6	36633.6
高邑县	16227.6	18450.4	19855.3	22388.7	25208.9	27693.8
深泽县	22142.8	23830.4	25321.6	26982.3	30085.0	33498.5
赞皇县	17411.4	18482.7	19579.5	21165.5	23430.5	26589.9
无极县	73820.3	79819.5	85593.0	91446.2	98996.1	106269.3
平山县	33538.6	37832.2	42478.9	48252.1	55466.9	65417.0
元氏县	41342.0	46743.1	54031.4	61058.5	70172.5	73705.7
赵　县	81288.3	87614.3	92735.2	98128.7	103530.7	109600.1
晋州市	86916.4	94608.2	103040.8	112120.6	124283.4	137168.3
新乐市	80921.2	85889.5	78119.7	82293.0	88472.2	93516.5

1992—2019 年分县（市、区）社会消费品零售额（三）

14—5 续 2

计量单位：万元、%

行政单位	2005 年	2006 年	2007 年	2008 年	2009 年	2010 年
石家庄市	**4537637.8**	**5198294.2**	**6049499.6**	**7330013.7**	**8339155.1**	**9718518.5**
长安区	617285.4	710499.3	839823.8	951279.5	1028245.5	1254766.5
桥东区	244028.3	517351.8	612354.6	796510.6	826562.8	1096345.7
桥西区	406193.4	463336.6	549769.5	647190.1	678805.4	713476.3
新华区	793877.3	799234.6	886826.3	1010658.3	1116632.9	1253151.1
裕华区	791351.4	800388.3	993936.0	1297330.5	1459952.8	1220978.8
矿　区	14031.6	17819.0	21495.4	27354.4	32754.4	40048.2
藁城区	243019.0	273072.7	308284.0	365652.3	520478.9	570425.7
鹿泉区	202333.8	230751.5	264626.6	320910.8	475506.7	526148.4
栾城区	103994.2	118102.2	135030.0	162263.9	188130.6	217248.9
高新区						520369.0
井陉县	62301.0	72201.1	83640.8	102195.6	119770.0	140277.6
正定县	168865.3	191706.4	222199.5	267335.3	310363.9	359236.7
行唐县	71737.2	81165.8	91844.6	141986.6	163341.6	187298.6
灵寿县	43470.3	49748.4	56381.1	67744.6	78099.3	90044.9
高邑县	33044.9	37719.4	41902.5	49555.7	56132.6	64266.0
深泽县	39268.7	44413.4	49534.9	58480.8	66357.1	75208.8
赞皇县	31364.0	35425.3	39385.5	46360.1	52528.9	59646.7
无极县	120263.6	132683.9	146975.6	170127.5	191745.9	214371.6
平山县	78183.6	90254.6	104111.3	128986.2	152048.9	178578.9
元氏县	87589.8	101486.3	117197.9	143542.1	167068.5	194534.2
赵　县	121994.5	135367.0	151593.0	178251.1	201067.2	225275.3
晋州市	158426.8	179293.4	203554.7	244281.4	281673.0	323414.3
新乐市	105013.6	116273.1	129031.9	152016.1	171888.1	193406.6

1992—2019 年分县（市、区）社会消费品零售额（四）

14—5 续 3 计量单位：万元、%

行政单位	2011 年	2012 年	2013 年	2014 年	2015 年	增长速度
石家庄市	**11291150.0**	**12798321.6**	**14334670.9**	**15861005.2**	**17151065.8**	**8.1**
长安区	1448022.3	1596070.2	1831423.9	2473594.2	2703965.9	9.3
桥东区	1640082.5	1724691.9	1900979.3			
桥西区	775985.4	882643.6	1186106.3	3164656.7	3435541.3	8.6
新华区	1361742.7	1433029.7	1641151.0	1875979.5	2042052.7	8.9
裕华区	1379705.2	1472488.6	1695260.1	1962218.4	2164354.7	10.3
矿 区	52232.7	98461.4	67254.9	75575.1	84426.7	11.7
藁城区	575969.2	634980.6	843980.0	676269.0	711403.0	5.2
鹿泉区	532026.8	593675.8	660070.6	703973.9	755877.6	7.4
栾城区	247942.1	315005.2	346135.4	354906.8	375782.1	5.9
高新区	572578.3	666653.5	755509.4	865219.6	984809.1	13.8
循环化工园区				129998.8	113475.0	-12.7
井陉县	165541.4	224048.5	248987.5	250556.4	265534.3	6.0
正定县	447667.1	497107.4	548069.0	576750.5	612803.4	6.3
行唐县	163786.2	220056.8	197787.0	213684.2	227904.2	6.7
灵寿县	105625.0	156359.6	128994.1	161412.3	167605.3	3.8
高邑县	75841.0	122056.8	90172.6	97729.7	104967.9	7.4
深泽县	86247.5	132201.9	100880.4	108269.1	114773.5	6.0
赞皇县	69798.8	114491.1	81279.2	86717.0	91656.2	5.7
无极县	240764.4	299264.4	279337.0	297244.6	309962.5	4.3
平山县	207083.4	274543.3	303803.4	309036.9	328185.0	6.2
元氏县	227740.0	297719.1	330633.5	341868.6	365532.0	6.9
赵 县	254795.7	317128.3	344156.2	346055.3	358029.0	3.5
晋州市	405414.8	452130.9	499946.0	520840.4	551085.4	5.8
新乐市	254557.7	273512.9	252754.1	268448.1	281339.3	4.8

1992—2019 年分县（市、区）社会消费品零售额（五）

14—5 续 4　　　　计量单位：万元、%

行政单位	2016 年	增长速度	2017 年	增长速度	2018 年	增长速度	2019 年	增长速度
石家庄市	**18611593.5**	**8.5**	**20310677.1**	**9.1**	**21808578.2**	**7.4**	23586154.2	8.2
长 安 区	2944852.1	8.9	3234076.6	9.8	3484300.6	7.7	3762076.0	8.0
桥 西 区	3702986.1	7.8	4036841.6	9.0	4305964.8	6.7	4658827.2	8.2
新 华 区	2206637.0	8.1	2463023.4	11.6	2673783.0	8.6	2867621.6	7.2
裕 华 区	2362076.3	9.1	2653991.9	12.4	2888591.3	8.8	3130455.8	8.4
矿　 区	106139.0	25.7	104788.0	-1.3	114351.9	9.1	124986.6	9.3
藁 城 区	752991.3	5.8	804250.2	6.8	842116.0	4.7	901222.0	7.0
鹿 泉 区	815340.8	7.9	895130.4	9.8	955621.2	6.8	1048716.5	9.7
栾 城 区	397335.9	5.7	420416.6	5.8	442394.4	5.2	477785.9	8.0
高 新 区	1126750.3	14.4	1305270.0	15.8	1511475.5	15.8	1625782.6	7.6
循环化工园区	109635.1	-3.3	81588.2	-25.6	78810.8	-3.4	84139.5	6.8
井 陉 县	282976.8	6.6	303130.3	7.1	315478.1	4.1	347656.9	10.2
正 定 县	653204.9	6.6	693986.7	6.2	729262.7	5.1	799542.7	9.6
行 唐 县	254506.9	11.7	266003.2	4.5	270393.8	1.7	294729.2	9.0
灵 寿 县	173872.8	3.7	183388.2	5.5	187616.7	2.3	206003.2	9.8
高 邑 县	125088.4	19.2	121462.8	-2.9	130856.8	7.7	142372.2	8.8
深 泽 县	134591.1	17.3	131099.2	-2.6	139431.8	6.4	151283.5	8.5
赞 皇 县	109791.6	19.8	105261.9	-4.1	112523.6	6.9	123888.5	10.1
无 极 县	340816.7	10.0	355579.7	4.3	365211.0	2.7	390775.8	7.0
平 山 县	350335.2	6.7	379980.4	8.5	404381.9	6.4	434306.1	7.4
元 氏 县	392920.0	7.5	429275.9	9.3	461304.1	7.5	506973.2	9.9
赵　 县	370977.7	3.6	387123.5	4.4	395652.4	2.2	425722.0	7.6
晋 州 市	586768.8	6.5	627213.4	6.9	666931.5	6.3	715950.6	7.3
新 乐 市	310998.7	10.5	327795.0	5.4	332124.2	1.3	365336.6	10.0

1997—2019年分县（市、区）金融机构人民币存款（一）

14—6　　计量单位：万元、%

行政单位	1997年	1998年	增长速度	1999年	增长速度	2000年	增长速度
石家庄市	**8197859**	**9914433**	**20.9**	**12110368**	**22.1**	**13131544**	**8.4**
市　区	5025209	6148400	22.4	7691094	25.1	8493818	10.4
井陉县	191379	215788	12.8	231939	7.5	247259	6.6
正定县	313710	389673	24.2	462817	18.8	498586	7.7
栾城县	177334	205229	15.7	219680	7.0	234016	6.5
行唐县	121009	147173	21.6	160685	9.2	166336	3.5
灵寿县	99072	118041	19.1	135030	14.4	142748	5.7
高邑县	57225	65828	15.0	79496	20.8	86579	8.9
深泽县	147121	173069	17.6	202049	16.7	213251	5.5
赞皇县	79814	92932	16.4	99592	7.2	105755	6.2
无极县	187613	235926	25.8	265044	12.3	288630	8.9
平山县	159305	195618	22.8	214134	9.5	227082	6.0
元氏县	133462	149195	11.8	168143	12.7	176546	5.0
赵　县	151351	176390	16.5	192836	9.3	195676	1.5
藁城市	299102	347306	16.1	433007	24.7	441138	1.9
晋州市	273354	311559	14.0	402973	29.3	414103	2.8
新乐市	134890	160716	19.1	198527	23.5	200580	1.0
鹿泉市	275280	324944	18.0	363730	11.9	394449	8.4
辛集市	371629	456646	22.9	589592	29.1	604992	2.6

1997—2019 年分县（市、区）金融机构人民币存款（二）

14—6 续 1 计量单位：万元、%

行政单位	2001 年	增长速度	2002 年	增长速度	2003 年	增长速度	2004 年	增长速度
石家庄市	**14551507**	**10.8**	**16710618**	**14.8**	**19322801**	**15.6**	**22088668**	**14.3**
市 区	9562632	12.6	11311755	18.3	13310798	17.7	15331653	15.2
井陉县	260281	5.3	280407	7.7	302764	8.0	341850	12.9
正定县	532530	6.8	572815	7.6	623868	8.9	702302	12.6
栾城县	249706	6.7	264920	6.1	299586	13.1	351679	17.4
行唐县	174296	4.8	181559	4.2	185398	2.1	215436	16.2
灵寿县	156942	9.9	175513	11.8	193084	10.0	218317	13.1
高邑县	92339	6.7	101114	9.5	115898	14.6	130076	12.2
深泽县	222231	4.2	231762	4.3	250770	8.2	273089	8.9
赞皇县	110260	4.3	119888	8.7	137210	14.4	155865	13.6
无极县	311539	7.9	339969	9.1	382617	12.5	403541	5.5
平山县	243371	7.2	257059	5.6	295394	14.9	358449	21.3
元氏县	195650	10.8	215149	10.0	247578	15.1	279073	12.7
赵 县	204950	4.7	221827	8.2	249063	12.3	275234	10.5
藁城市	489755	11.0	549320	12.2	602771	9.7	711798	18.1
晋州市	440922	6.5	471035	6.8	519084	10.2	573267	10.4
新乐市	220957	10.2	241391	9.2	268222	11.1	294824	9.9
鹿泉市	425288	7.8	453453	6.6	515257	13.6	584191	13.4
辛集市	657860	8.7	721676	9.7	823439	14.1	888022	7.8

1997—2019 年分县（市、区）金融机构人民币存款（三）

14—6 续 2　　计量单位：万元、%

行政单位	2005 年	增长速度	2006 年	增长速度	2007 年	增长速度	2008 年	增长速度
石家庄市	**25741536**	**16.5**	**29684213**	**15.3**	**33313230**	**12.2**	**41115628**	**23.4**
市　区	18216740	18.8	21112978	15.9	23677068	12.1	29354583	24.0
井陉县	378824	10.8	436511	15.2	505895	15.9	633495	25.2
正定县	783093	11.5	890514	13.7	954551	7.2	1166436	22.2
栾城县	421827	19.9	456182	8.1	498696	9.3	570405	14.4
行唐县	232852	8.1	281331	20.8	343051	21.9	447880	30.6
灵寿县	244801	12.1	278099	13.6	334197	20.2	437876	31.0
高邑县	143045	10.0	168780	18.0	186227	10.3	248267	33.3
深泽县	274105	0.4	312537	14.0	344208	10.1	426028	23.8
赞皇县	151546	-2.8	172826	14.0	224108	29.7	268114	19.6
无极县	434532	7.7	477904	10.0	529512	10.8	655358	23.8
平山县	422679	17.9	474505	12.3	565302	19.1	682337	20.7
元氏县	297686	6.7	360227	21.0	406201	12.8	536028	32.0
赵　县	311499	13.2	359549	15.4	408068	13.5	482435	18.2
藁城市	747432	5.0	838214	12.1	930715	11.0	1124310	20.8
晋州市	641986	12.0	733340	14.2	826082	12.6	993135	20.2
新乐市	321220	9.0	386121	20.2	438083	13.5	535167	22.2
鹿泉市	649511	11.2	755617	16.3	856353	13.3	1001544	17.0
辛集市	1008502	13.6	1158499	14.9	1284911	10.9	1552231	20.8

1997—2019年分县（市、区）金融机构人民币存款（四）

14—6续3 计量单位：万元、%

行政单位	2009年	增长速度	2010年	增长速度	2011年	增长速度	2012年	增长速度
石家庄市	**51630561**	**25.6**	**61155028**	**18.5**	**67153408**	**9.8**	**76407468**	**13.8**
市 区	37950523	29.3	42992706	13.3	48787267	13.5	55355537	13.5
井陉县	722930	14.1	786016	8.7	960502	22.2	1073757	11.8
正定县	1474407	26.4	1800211	22.1	2206751	22.6	2501722	13.4
栾城县	716579	25.6	849075	18.5	986233	16.2	1125133	14.1
行唐县	499390	11.5	591024	18.3	690583	16.8	806722	16.8
灵寿县	497998	13.7	582058	16.9	681355	17.1	782289	14.8
高邑县	301969	21.6	353955	17.2	422097	19.3	488820	15.8
深泽县	493897	15.9	566576	14.7	661251	16.7	748395	13.2
赞皇县	314729	17.4	387313	23.1	454469	17.3	503862	10.9
无极县	731779	11.7	841076	14.9	972318	15.6	1117475	14.9
平山县	819265	20.1	964011	17.7	1126485	16.9	1284761	14.1
元氏县	595994	11.2	686310	15.2	757197	10.3	904145	19.4
赵 县	569681	18.1	658086	15.5	775544	17.8	910225	17.4
藁城市	1278988	13.8	1464389	14.5	1670952	14.1	1965857	17.6
晋州市	1100914	10.9	1248525	13.4	1399499	12.1	1607327	14.9
新乐市	612333	14.4	701097	14.5	805741	14.9	947355	17.6
鹿泉市	1266154	26.4	1489307	17.6	1711680	14.9	1894316	10.7
辛集市	1683032	8.4	1868340	11.0	2083484	11.5	2389770	14.7

1997—2019 年分县（市、区）金融机构人民币存款（五）

14—6 续 4　　计量单位：万元、%

行政单位	2013 年	增长速度	2014 年	增长速度	2015 年	增长速度
石家庄市	**85933883**	**12.7**	**91246125**	**6.0**	**98001484**	**7.4**
市　区	61930954	12.0	70907525		74957487	5.7
井 陉 县	1190867	10.9	1282311	7.7	1351801	5.4
正 定 县	2970746	18.8	3185485	7.2	3742747	17.5
栾 城 县	1243735	10.5				
行 唐 县	940978	16.6	1146979	21.9	1349933	17.7
灵 寿 县	857459	9.6	955591	11.4	1056083	10.5
高 邑 县	561271	14.8	584413	4.1	650014	11.2
深 泽 县	835547	11.7	939940	12.5	1034662	10.1
赞 皇 县	584458	16.0	704061	20.5	764244	8.6
无 极 县	1247000	11.6	1353243	8.5	1579787	16.7
平 山 县	1436544	11.8	1608029	11.9	1781347	10.8
元 氏 县	982430	8.7	1188834	21.0	1447346	21.7
赵　县	1040582	14.3	1203414	15.7	1349501	12.1
藁 城 市	2323886	18.2				
晋 州 市	1735599	8.0	1879990	8.3	2045300	8.8
新 乐 市	1088235	14.9	1222596	12.4	1403781	14.8
鹿 泉 市	2196260	15.9				
辛 集 市	2767332	15.8	3083713	11.4	3282352	6.4

注：2014 年起，市区包括市辖区、藁城区、鹿泉区、栾城区

1997—2019 年分县（市、区）金融机构人民币存款（六）

14—6 续 5

计量单位：万元、%

行政单位	2016 年	增长速度	2017 年	增长速度	2018 年	增长速度	2019 年	增长速度
石家庄市	**110779001**	**13.0**	**117029683**	**5.6**	**132251558**	**13.0**	**149567778**	**13.1**
市 区	83929973	12.0	88079822	4.9	99714034	13.2	112540843	12.9
井陉县	1541938	14.1	1623466	5.3	1882772	16.0	1989156	5.7
正定县	5243466	40.1	5024567	−4.2	5331738	6.1	6193581	16.2
行唐县	1538712	14.0	1730060	12.4	1946355	12.5	2207786	13.4
灵寿县	1238752	17.3	1365156	10.2	1605501	17.6	1865779	16.2
高邑县	726016	11.7	810717	11.7	922121	13.7	1044528	13.3
深泽县	1130884	9.3	1235802	9.3	1369300	10.8	1526182	11.5
赞皇县	933320	22.1	1068860	14.5	1163203	8.8	1307162	12.4
无极县	1738956	10.1	1960881	12.8	2221046	13.3	2614184	17.7
平山县	2065119	15.9	2243018	8.6	2512778	12.0	2856525	13.7
元氏县	1695509	17.1	1865704	10.0	2211361	18.5	2497843	13.0
赵 县	1469252	8.9	1620594	10.3	1839709	13.5	2101857	14.2
晋州市	2355029	15.1	2634639	11.9	3037241	15.3	3456779	13.8
新乐市	1615867	15.1	1806677	11.8	2074165	14.8	2387016	15.1
辛集市	3556209	8.3	3959718	11.3	4420233	11.6	4978557	12.6

注：市区包括市辖区、藁城区、鹿泉区、栾城区

1997—2019 年分县（市、区）金融机构人民币贷款（一）

14—7　　计量单位：万元、%

行政单位	1997 年	1998 年	增长速度	1999 年	增长速度
石家庄市	**5656900**	**6637592**	**17.3**	**9107667**	**37.2**
市　区	3292109	4053042	23.1	6237687	53.9
井陉县	101119	98918	–2.2	104284	5.4
正定县	206600	234528	13.5	276178	17.8
栾城县	159604	171165	7.2	182019	6.3
行唐县	80853	88229	9.1	91776	4.0
灵寿县	93162	98933	6.2	95962	–3.0
高邑县	64856	76786	18.4	86454	12.6
深泽县	78191	86178	10.2	102750	19.2
赞皇县	83167	88121	6.0	88532	0.5
无极县	144588	152741	5.6	162667	6.5
平山县	126540	142997	13.0	151675	6.1
元氏县	134209	145234	8.2	155686	7.2
赵　县	163922	181592	10.8	193445	6.5
藁城市	244997	266150	8.6	330137	24.0
晋州市	151278	158429	4.7	202921	28.1
新乐市	118745	123732	4.2	153769	24.3
鹿泉市	165986	186975	12.6	196499	5.1
辛集市	246974	283842	14.9	295226	4.0

1997—2019 年分县（市、区）金融机构人民币贷款（二）

14—7 续 1　　计量单位：万元、%

行政单位	2000 年	增长速度	2001 年	增长速度	2002 年	增长速度
石家庄市	**9738267**	**6.9**	**10350991**	**6.3**	**13059556**	**26.2**
市　区	6939550	11.3	7450288	7.4	9981918	34.0
井陉县	97820	-6.2	103070	5.4	120950	17.3
正定县	271938	-1.5	279662	2.8	295437	5.6
栾城县	149602	-17.8	159284	6.5	173688	9.0
行唐县	91345	-0.5	102512	12.2	111165	8.4
灵寿县	89625	-6.6	92791	3.5	101323	9.2
高邑县	89803	3.9	91504	1.9	94887	3.7
深泽县	99741	-2.9	102128	2.4	109357	7.1
赞皇县	79156	-10.6	79181	0.0	87387	10.4
无极县	163742	0.7	175680	7.3	191869	9.2
平山县	144646	-4.6	149875	3.6	163959	9.4
元氏县	161580	3.8	159813	-1.1	172984	8.2
赵　县	200388	3.6	206674	3.1	211211	2.2
藁城市	307626	-6.8	317394	3.2	301448	-5.0
晋州市	206264	1.6	212452	3.0	225886	6.3
新乐市	148917	-3.2	148668	-0.2	155049	4.3
鹿泉市	214628	9.2	236676	10.3	256130	8.2
辛集市	281896	-4.5	283339	0.5	306937	8.3

1997—2019 年分县（市、区）金融机构人民币贷款（三）

14—7 续 2　　计量单位：万元、%

行政单位	2003 年	增长速度	2004 年	增长速度	2005 年	增长速度
石家庄市	**13774386**	**5.5**	**14748123**	**7.1**	**15610128**	**5.8**
市　区	10547366	5.7	11352218	7.6	12446474	9.6
井陉县	126161	4.3	155372	23.2	151840	-2.3
正定县	311211	5.3	320787	3.1	279590	-12.8
栾城县	178549	2.8	200213	12.1	217991	8.9
行唐县	109102	-1.9	112476	3.1	96020	-14.6
灵寿县	100578	-0.7	109515	8.9	95452	-12.8
高邑县	94670	-0.2	101655	7.4	90442	-11.0
深泽县	107209	-2.0	105555	-1.5	101941	-3.4
赞皇县	91839	5.1	100934	9.9	79871	-20.9
无极县	192568	0.4	193203	0.3	174697	-9.6
平山县	188322	14.9	202902	7.7	193996	-4.4
元氏县	186632	7.9	188193	0.8	175843	-6.6
赵　县	197051	-6.7	198044	0.5	186565	-5.8
藁城市	319196	5.9	332015	4.0	287035	-13.5
晋州市	226804	0.4	229126	1.0	214745	-6.3
新乐市	172388	11.2	184310	6.9	222816	20.9
鹿泉市	311751	21.7	343173	10.1	318169	-7.3
辛集市	312989	2.0	318432	1.7	276641	-13.1

1997—2019 年分县（市、区）金融机构人民币贷款（四）

14—7 续 3　　计量单位：万元、%

行政单位	2006 年	增长速度	2007 年	增长速度	2008 年	增长速度
石家庄市	**17315169**	**10.9**	**18393687**	**6.2**	**20799327**	**13.1**
市　区	13784691	10.8	14501558	5.2	17299183	19.3
井陉县	175806	15.8	189990	8.1	161771	-14.9
正定县	288082	3.0	346620	20.3	361448	4.3
栾城县	225670	3.5	230339	2.1	211095	-8.4
行唐县	105693	10.1	113085	7.0	101310	-10.4
灵寿县	107739	12.9	121263	12.6	117595	-3.0
高邑县	102023	12.8	101131	-0.9	81409	-19.5
深泽县	108902	6.8	113081	3.8	102782	-9.1
赞皇县	90723	13.6	100870	11.2	85514	-15.2
无极县	168688	-3.4	175450	4.0	153798	-12.3
平山县	213556	10.1	242021	13.3	175793	-27.4
元氏县	197353	12.2	197678	0.2	190986	-3.4
赵　县	222898	19.5	201686	-9.5	200139	-0.8
藁城市	376522	31.2	457561	21.5	350154	-23.5
晋州市	227574	6.0	247896	8.9	257046	3.7
新乐市	244828	9.9	266960	9.0	215661	-19.2
鹿泉市	368902	15.9	424832	15.2	427200	0.6
辛集市	305519	10.4	361664	18.4	306443	-15.3

1997—2019 年分县（市、区）金融机构人民币贷款（五）

14—7 续 4　　计量单位：万元、%

行政单位	2009 年	增长速度	2010 年	增长速度
石家庄市	**28865696**	**38.8**	**32720979**	**13.4**
市　区	24231048	40.1	26219403	8.2
井陉县	267119	65.1	331011	23.9
正定县	478347	32.3	710170	48.5
栾城县	262050	24.1	314539	20.0
行唐县	125929	24.3	178851	42.0
灵寿县	148897	26.6	168737	13.3
高邑县	108653	33.5	142801	31.4
深泽县	116809	13.6	151307	29.5
赞皇县	106962	25.1	153612	43.6
无极县	186955	21.6	226115	20.9
平山县	218361	24.2	275416	26.1
元氏县	210053	10.0	251238	19.6
赵　县	230460	15.1	297605	29.1
藁城市	478186	36.6	630210	31.8
晋州市	336320	30.8	441472	31.3
新乐市	265734	23.2	278099	4.7
鹿泉市	647678	51.6	808933	24.9
辛集市	446132	45.6	553523	24.1

1997—2019 年分县（市、区）金融机构人民币贷款（六）

14—7 续 5

计量单位：万元、%

行政单位	2011 年	增长速度	2012 年	增长速度	2013 年	增长速度
石家庄市	**36597860**	**11.8**	**39950667**	**9.2**	**45004998**	**12.9**
市　　区	29296795	11.7	31519723	7.6	34884903	11.1
井 陉 县	351469	6.2	384027	9.3	466201	21.4
正 定 县	1121021	57.9	1465645	30.7	1946043	32.8
栾 城 县	385572	22.6	458521	18.9	548003	19.5
行 唐 县	219346	22.6	269156	22.7	301164	11.9
灵 寿 县	214281	27.0	257701	20.3	293962	14.1
高 邑 县	175698	23.0	214111	21.9	256139	19.6
深 泽 县	172584	14.1	179854	4.2	212115	17.9
赞 皇 县	208548	35.8	235289	12.8	258001	9.7
无 极 县	262898	16.3	249866	–5.0	288434	15.4
平 山 县	374274	35.9	441486	18.0	458558	3.9
元 氏 县	282462	12.4	372368	31.8	358350	–3.8
赵　　县	336898	13.2	427802	27.0	464298	8.5
藁 城 市	719903	14.2	769641	6.9	888714	15.5
晋 州 市	504791	14.3	558213	10.6	693827	24.3
新 乐 市	320353	15.2	359065	12.1	455719	26.9
鹿 泉 市	959847	18.7	1047934	9.2	1199306	14.4
辛 集 市	691120	24.9	740265	7.1	1031262	39.3

1997—2019 年分县（市、区）金融机构人民币贷款（七）

14—7 续 6　　计量单位：万元、%

行政单位	2014 年	增长速度	2015 年	增长速度	2016 年	增长速度
石家庄市	**50989203**	**13.0**	**61211043**	**20.1**	**71758899**	**17.2**
市　区	42469849		50863730	19.8	60051608	18.1
井 陉 县	458848	–1.6	531196	15.8	607906	14.4
正 定 县	2138083	9.9	2313868	8.2	2649250	14.5
行 唐 县	368116	22.2	401376	9.0	511926	27.5
灵 寿 县	334062	13.6	361830	8.3	477075	31.9
高 邑 县	247682	–3.3	288756	16.6	297038	2.9
深 泽 县	265753	25.3	300112	12.9	339326	13.1
赞 皇 县	302560	17.3	341265	12.8	385942	13.1
无 极 县	370323	28.4	426734	15.2	545970	27.9
平 山 县	518217	13.0	897015	73.1	989526	10.3
元 氏 县	481806	34.5	626558	30.0	744523	18.8
赵　县	511317	10.1	564590	10.4	673733	19.3
晋 州 市	766372	10.5	918986	19.9	1051009	14.4
新 乐 市	593940	30.3	711508	19.8	736758	3.5
辛 集 市	1162275	12.7	1490896	28.3	1697309	13.8

注：2014 年起，市区包括市辖区、藁城区、鹿泉区、栾城区

1997—2019 年分县（市、区）金融机构人民币贷款（八）

14—7 续 7

计量单位：万元、%

行政单位	2017 年	增长速度	2018 年	增长速度	2019 年	增长速度
石家庄市	**89249839**	**24.4**	**100950559**	**13.1**	**113418631**	**12.4**
市　区	76364405	27.2	86660986	13.5	96798956	11.7
井陉县	611389	0.6	654588	7.1	731059	11.7
正定县	2631730	-0.7	2818724	7.1	3261946	15.7
行唐县	588028	14.9	641295	9.1	711443	10.9
灵寿县	533364	11.8	765028	43.4	940638	23.0
高邑县	318263	7.1	298580	-6.2	353118	18.3
深泽县	433115	27.6	460105	6.2	482284	4.8
赞皇县	420598	9.0	484830	15.3	543344	12.1
无极县	632082	15.8	692117	9.5	835922	20.8
平山县	1113811	12.6	1219620	9.5	1373873	12.6
元氏县	896472	20.4	1059624	18.2	1367495	29.1
赵　县	766022	13.7	820691	7.1	995916	21.4
晋州市	1153124	9.7	1222360	6.0	1393420	14.0
新乐市	848199	15.1	971367	14.5	1121813	15.5
辛集市	1939237	14.3	2180645	12.4	2507405	15.0

1996—2019 年分县（市、区）城乡居民人民币储蓄存款（一）

14—8　　计量单位：万元、%

行政单位	1996 年	1997 年	增长速度	1998 年	增长速度	1999 年	增长速度
石家庄市	**4223768**	**4857888**	**15.0**	**5941832**	**22.3**	**7092875**	**19.4**
市　区	1892453	2169085	14.6	2716587	25.2	3259295	20.0
井陉县	129507	150462	16.2	172827	14.9	192385	11.3
正定县	220307	256426	16.4	338198	31.9	411828	21.8
栾城县	130261	149094	14.5	173095	16.1	188394	8.8
行唐县	98437	112086	13.9	132786	18.5	145034	9.2
灵寿县	80690	87309	8.2	102662	17.6	118505	15.4
高邑县	43392	51315	18.3	60107	17.1	72029	19.8
深泽县	114732	132749	15.7	162650	22.5	191996	18.0
赞皇县	60793	68023	11.9	77969	14.6	85520	9.7
无极县	144437	175845	21.7	221033	25.7	243197	10.0
平山县	123624	141770	14.7	171660	21.1	180441	5.1
元氏县	107729	115407	7.1	132304	14.6	145923	10.3
赵　县	105390	125068	18.7	142532	14.0	174475	22.4
藁城市	213575	244522	14.5	288149	17.8	377022	30.8
晋州市	197558	238395	20.7	266911	12.0	354866	33.0
新乐市	101655	116710	14.8	144509	23.8	178144	23.3
鹿泉市	206700	232754	12.6	274596	18.0	307399	11.9
辛集市	252528	290868	15.2	363257	24.9	469422	29.2

1996—2019 年分县（市、区）城乡居民人民币储蓄存款（二）

14—8 续 1 计量单位：万元、%

行政单位	2000 年	增长速度	2001 年	增长速度	2002 年	增长速度
石家庄市	**7514860**	**5.9**	**8235602**	**9.6**	**9251029**	**12.3**
市 区	3929041	20.5	3943653	0.4	4658726	18.1
井陉县	202493	5.3	217003	7.2	233408	7.6
正定县	434413	5.5	459898	5.9	487313	6.0
栾城县	193949	2.9	204920	5.7	218220	6.5
行唐县	152711	5.3	161879	6.0	165108	2.0
灵寿县	127083	7.2	138584	9.0	155788	12.4
高邑县	78389	8.8	83705	6.8	92091	10.0
深泽县	201044	4.7	209272	4.1	220508	5.4
赞皇县	91669	7.2	97763	6.6	105805	8.2
无极县	266499	9.6	288318	8.2	311136	7.9
平山县	190674	5.7	200881	5.4	209772	4.4
元氏县	155133	6.3	169937	9.5	184328	8.5
赵 县	174653	0.1	184425	5.6	200265	8.6
藁城市	382872	1.6	415056	8.4	433776	4.5
晋州市	366679	3.3	391400	6.7	419175	7.1
新乐市	178555	0.2	192290	7.7	200237	4.1
鹿泉市	326028	6.1	325849	−0.1	364993	12.0
辛集市	497188	5.9	550769	10.8	590380	7.2

1996—2019 年分县（市、区）城乡居民人民币储蓄存款（三）

14—8 续 2　　计量单位：万元、%

行政单位	2003 年	增长速度	2004 年	增长速度	2005 年	增长速度
石家庄市	**10444919**	**12.9**	**11894588**	**13.9**	**13551916**	**13.9**
市　区	5436477	16.7	6314369	16.1	7418651	17.5
井 陉 县	249483	6.9	275542	10.4	303792	10.3
正 定 县	527629	8.3	579859	9.9	633812	9.3
栾 城 县	245869	12.7	285131	16.0	310090	8.8
行 唐 县	165202	0.1	191407	15.9	208053	8.7
灵 寿 县	169063	8.5	186813	10.5	209050	11.9
高 邑 县	104068	13.0	116106	11.6	130750	12.6
深 泽 县	235009	6.6	252784	7.6	254864	0.8
赞 皇 县	120014	13.4	134628	12.2	132516	-1.6
无 极 县	337044	8.3	365607	8.5	383987	5.0
平 山 县	232835	11.0	273447	17.4	310792	13.7
元 氏 县	205982	11.7	235231	14.2	255387	8.6
赵　县	213825	6.8	237835	11.2	261973	10.1
藁 城 市	467139	7.7	530680	13.6	599963	13.1
晋 州 市	454340	8.4	503031	10.7	561204	11.6
新 乐 市	218368	9.1	237909	8.9	260700	9.6
鹿 泉 市	395003	8.2	438670	11.1	483864	10.3
辛 集 市	667569	13.1	735539	10.2	832469	13.2

1996—2019 年分县（市、区）城乡居民人民币储蓄存款（四）

14—8 续 3 计量单位：万元、%

行政单位	2006 年	增长速度	2007 年	增长速度	2008 年	增长速度
石家庄市	**15532428**	**14.6**	**16947183**	**9.1**	**21801690**	**28.6**
市　区	8549036	15.2	9115834	6.6	11982365	31.4
井 陉 县	339911	11.9	390372	14.8	499922	28.1
正 定 县	685058	8.1	736921	7.6	941836	27.8
栾 城 县	342677	10.5	371001	8.3	434484	17.1
行 唐 县	248660	19.5	303252	22.0	400343	32.0
灵 寿 县	235175	12.5	282455	20.1	382554	35.4
高 邑 县	149486	14.3	161695	8.2	216960	34.2
深 泽 县	283158	11.1	311422	10.0	391938	25.9
赞 皇 县	150544	13.6	177775	18.1	220247	23.9
无 极 县	432280	12.6	480424	11.1	598436	24.6
平 山 县	357692	15.1	417592	16.7	537691	28.8
元 氏 县	299038	17.1	335513	12.2	438137	30.6
赵　县	300836	14.8	335322	11.5	400258	19.4
藁 城 市	686323	14.4	763798	11.3	950779	24.5
晋 州 市	640164	14.1	716995	12.0	888400	23.9
新 乐 市	313728	20.3	356947	13.8	452934	26.9
鹿 泉 市	545007	12.6	603573	10.7	727853	20.6
辛 集 市	973656	17.0	1086292	11.6	1336554	23.0

1996—2019 年分县（市、区）城乡居民人民币储蓄存款（五）

14—8 续 4　　计量单位：万元、%

行政单位	2009 年	增长速度	2010 年	增长速度
石家庄市	**25674597**	**17.8**	**29203989**	**13.8**
市　区	14674605	22.5	16736357	14.0
井陉县	564372	12.9	611986	8.4
正定县	1119251	18.8	1301585	16.3
栾城县	480253	10.5	550039	14.5
行唐县	441452	10.3	517478	17.2
灵寿县	427193	11.7	479517	12.2
高邑县	257563	18.7	291375	13.1
深泽县	437578	11.6	487103	11.3
赞皇县	250941	13.9	301049	20.0
无极县	631828	5.6	721112	14.1
平山县	613920	14.2	700174	14.0
元氏县	476693	8.8	543225	14.0
赵　县	470748	17.6	539746	14.7
藁城市	1034815	8.8	1136136	9.8
晋州市	958566	7.9	1041133	8.6
新乐市	514730	13.6	600659	16.7
鹿泉市	871114	19.7	1018725	16.9
辛集市	1448975	8.4	1565905	8.1

1996—2019 年分县（市、区）城乡居民人民币储蓄存款（六）

14—8 续 5　　计量单位：万元、%

行政单位	2011 年	增长速度	2012 年	增长速度	2013 年	增长速度
石家庄市	**32435792**	**11.1**	**37354986**	**15.2**	**41565885**	**11.3**
市　区	18196341	8.7	21037653	15.6	23454418	11.5
井陉县	713976	16.7	817042	14.4	900342	10.2
正定县	1540692	18.4	1763733	14.5	2002068	13.5
栾城县	649548	18.1	756934	16.5	867700	14.6
行唐县	606989	17.3	699885	15.3	805753	15.1
灵寿县	546620	14.0	621350	13.7	666850	7.3
高邑县	342282	17.5	399471	16.7	439681	10.1
深泽县	561101	15.2	643798	14.7	702937	9.2
赞皇县	347289	15.4	379686	9.3	413503	8.9
无极县	832315	15.4	956281	14.9	1060818	10.9
平山县	842290	20.3	962398	14.3	1077958	12.0
元氏县	579652	6.7	697945	20.4	736387	5.5
赵　县	637962	18.2	744525	16.7	840116	12.8
藁城市	1303369	14.7	1487914	14.2	1675704	12.6
晋州市	1143758	9.9	1305811	14.2	1389979	6.5
新乐市	685595	14.1	798884	16.5	913601	14.4
鹿泉市	1149565	12.8	1288619	12.1	1418660	10.1
辛集市	1756448	12.2	1993059	13.5	2199412	10.4

1996—2019 年分县（市、区）城乡居民人民币储蓄存款（七）

14—8 续 6 计量单位：万元、%

行政单位	2014 年	增长速度	2015 年	增长速度	2016 年	增长速度
石家庄市	**43891354**	**5.6**	**48689313**	**10.9**	**53482021**	**9.8**
市 区	27983378		30402326	8.6	33072117	8.8
井 陉 县	972539	8.0	1078459	10.9	1154254	7.0
正 定 县	2196246	9.7	2569788	17.0	2895159	12.7
行 唐 县	935307	16.1	1090531	16.6	1213058	11.2
灵 寿 县	760063	14.0	879883	15.8	990920	12.6
高 邑 县	481446	9.5	547638	13.8	618211	12.9
深 泽 县	784023	11.5	877627	11.9	960936	9.5
赞 皇 县	492061	19.0	563323	14.5	645182	14.5
无 极 县	1172975	10.6	1394748	18.9	1519723	9.0
平 山 县	1216285	12.8	1372690	12.9	1518577	10.6
元 氏 县	896479	21.7	1080962	20.6	1264907	17.0
赵 县	965880	15.0	1133397	17.3	1235074	9.0
晋 州 市	1531638	10.2	1773840	15.8	2059003	16.1
新 乐 市	1018484	11.5	1137324	11.7	1285657	13.0
辛 集 市	2484550	13.0	2781329	11.9	3049245	9.6

注：市区包括市辖区、藁城区、鹿泉区、栾城区

1996—2019 年分县（市、区）城乡居民人民币储蓄存款（八）

14—8 续 7　　计量单位：万元、%

行政单位	2017 年	增长速度	2018 年	增长速度	2019 年	增长速度
石家庄市	**56416175**	**5.5**	**64732492**	**14.7**	**76300235**	**17.9**
市　区	34185661	3.4	39316172	15.0	47205530	20.1
井 陉 县	1237962	7.3	1372573	10.9	1510018	10.0
正 定 县	3254139	12.4	3677367	13.0	4414316	20.0
行 唐 县	1329066	9.6	1532992	15.3	1741805	13.6
灵 寿 县	1069160	7.9	1286467	20.3	1464941	13.9
高 邑 县	663166	7.3	773206	16.6	879638	13.8
深 泽 县	1036393	7.9	1146848	10.7	1302213	13.5
赞 皇 县	734844	13.9	868663	18.2	1023685	17.8
无 极 县	1644484	8.2	1889968	14.9	2195054	16.1
平 山 县	1677793	10.5	1939261	15.6	2176861	12.3
元 氏 县	1394497	10.2	1619283	16.1	1833459	13.2
赵　县	1340761	8.6	1530310	14.1	1738592	13.6
晋 州 市	2261616	9.8	2581885	14.2	2902950	12.4
新 乐 市	1436781	11.8	1685351	17.3	1912601	13.5
辛 集 市	3149854	3.3	3512147	11.5	3998571	13.8

注：市区包括市辖区、藁城区、鹿泉区、栾城区

1995—2019 年分县（市、区）农村居民人均可支配收入（一）

14-9　　计量单位：元、%

行政单位	1995 年	1996 年	增长速度	1997 年	增长速度	1998 年	增长速度
石家庄市	**1995**	**2502**	**25.4**	**2837**	**13.4**	**2988**	**5.3**
矿　区	2511	3069	22.2	3481	13.4	3665	5.3
井陉县	1574	1821	15.7	2172	19.3	2410	11.0
正定县	2308	3004	30.2	3207	6.8	3335	4.0
栾城县	1998	2686	34.4	2900	8.0	3045	5.0
行唐县	1248	1850	48.2	2163	16.9	2361	9.2
灵寿县	998	1499	50.2	2016	34.5	2250	11.6
高邑县	1901	2366	24.5	2598	9.8	2800	7.8
深泽县	1863	2582	38.6	2789	8.0	2988	7.1
赞皇县	970	1203	24.0	1134	-5.7	1306	15.2
无极县	1863	2672	43.4	3045	14.0	3170	4.1
平山县	1554	1232	-20.7	2202	78.7	2371	7.7
元氏县	1759	2321	31.9	2552	10.0	2570	0.7
赵县	1825	2579	41.3	2802	8.6	2942	5.0
藁城市	2407	3048	26.6	3513	15.3	3508	-0.1
晋州市	2498	3001	20.1	3300	10.0	3386	2.6
新乐市	2497	3012	20.6	3418	13.5	3506	2.6
鹿泉市	2585	2121	-17.9	3566	68.1	3678	3.1
辛集市	2579	2961	14.8	3207	8.3	3354	4.6

注：2013 年以前农村居民家庭为纯收入，2013 年以后为新口径可支配收入。

1995—2019 年分县（市、区）农村居民人均可支配收入（二）

14-9 续 1　　计量单位：元、%

行政单位	1999 年	增长速度	2000 年	增长速度	2001 年	增长速度
石家庄市	**3071**	**2.8**	**3158**	**2.8**	**3149**	**-0.3**
矿　区	3736	1.9	3886	4.0	4019	3.4
井 陉 县	2506	4.0	2602	3.8	2680	3.0
正 定 县	3465	3.9	3605	4.0	3621	0.4
栾 城 县	3174	4.2	3305	4.1	3421	3.5
行 唐 县	2428	2.8	2468	1.6	2542	3.0
灵 寿 县	2308	2.6	2396	3.8	2397	0.0
高 邑 县	2860	2.1	3001	4.9	3125	4.1
深 泽 县	3060	2.4	3182	4.0	3308	4.0
赞 皇 县	1370	4.9	1652	20.6	1706	3.3
无 极 县	3240	2.2	3310	2.2	3429	3.6
平 山 县	2472	4.3	1992	-19.4	1999	0.4
元 氏 县	2617	1.8	2701	3.2	2812	4.1
赵　县	3059	4.0	3086	0.9	3049	-1.2
藁 城 市	3576	1.9	3656	2.2	3805	4.1
晋 州 市	3449	1.9	3539	2.6	3667	3.6
新 乐 市	3574	1.9	3616	1.2	3688	2.0
鹿 泉 市	3747	1.9	3852	2.8	4008	4.0
辛 集 市	3485	3.9	3235	-7.2	3365	4.0

1995—2019 年分县（市、区）农村居民人均可支配收入（三）

14-9续2　　计量单位:元、%

行政单位	2002 年	增长速度	2003 年	增长速度	2004 年	增长速度
石家庄市	**3245**	**3.0**	**3394**	**4.6**	**3799**	**11.9**
矿　区	4140	3.0	4265	3.0	4854	13.8
井陉县	2787	4.0	2941	5.5	3342	13.6
正定县	3770	4.1	3885	3.1	4375	12.6
栾城县	3558	4.0	3755	5.5	4247	13.1
行唐县	2619	3.0	2698	3.0	2836	5.1
灵寿县	2428	1.3	2477	2.0	2599	4.9
高邑县	3250	4.0	3407	4.8	3680	8.0
深泽县	3408	3.0	3579	5.0	3956	10.5
赞皇县	1785	4.6	1878	5.2	2133	13.6
无极县	3497	2.0	3619	3.5	4107	13.5
平山县	2019	1.0	2080	3.0	2298	10.5
元氏县	2897	3.0	3021	4.3	3431	13.6
赵　县	3141	3.0	3283	4.5	3730	13.6
藁城市	3919	3.0	4086	4.3	4621	13.1
晋州市	3777	3.0	3892	3.0	4429	13.8
新乐市	3800	3.0	3961	4.2	4461	12.6
鹿泉市	4170	4.0	4387	5.2	4913	12.0
辛集市	3470	3.1	3609	4.0	4061	12.5

1995—2019 年分县（市、区）农村居民人均可支配收入（四）

14-9 续 3

计量单位：元、%

行政单位	2005 年	增长速度	2006 年	增长速度	2007 年	增长速度
石家庄市	**4118**	**8.4**	**4456**	**8.2**	**4954**	**11.2**
矿　区	5267	8.5	5740	9.0	6328	10.2
井 陉 县	3643	9.0	3993	9.6	4527	13.4
正 定 县	4797	9.7	5253	9.5	5952	13.3
栾 城 县	4667	9.9	5006	7.3	5788	15.6
行 唐 县	2929	3.3	3076	5.0	3287	6.9
灵 寿 县	2681	3.2	2787	4.0	2898	4.0
高 邑 县	3975	8.0	4293	8.0	4551	6.0
深 泽 县	4155	5.0	4350	4.7	4611	6.0
赞 皇 县	2316	8.6	2584	11.6	2798	8.3
无 极 县	4476	9.0	4875	8.9	5321	9.1
平 山 县	2430	5.7	2588	6.5	2842	9.8
元 氏 县	3726	8.6	4076	9.4	4658	14.3
赵　县	4110	10.2	4282	4.2	5005	16.9
藁 城 市	5060	9.5	5465	8.0	6184	13.2
晋 州 市	4828	9.0	5320	10.2	6012	13.0
新 乐 市	4872	9.2	5391	10.7	5984	11.0
鹿 泉 市	5313	8.1	5866	10.4	6460	10.1
辛 集 市	4467	10.0	4874	9.1	5514	13.1

1995—2019 年分县（市、区）农村居民人均可支配收入（五）

14-9 续 4　　计量单位：元、%

行政单位	2008 年	增长速度	2009 年	增长速度	2010 年	增长速度
石家庄市	**5469**	**10.4**	**5977**	**9.3**	**6577**	**10.0**
矿　区	7025	11.0	7657	9.0	8461	10.5
井陉县	5051	11.6	5557	10.0	6006	8.1
正定县	6726	13.0	7399	10.0	8139	10.0
栾城县	6541	13.0	7215	10.3	7938	10.0
行唐县	3468	5.5	3470	0.1	3647	5.1
灵寿县	2956	2.0	2960	0.1	3167	7.0
高邑县	4970	9.2	5448	9.6	6105	12.1
深泽县	4920	6.7	5316	8.0	5745	8.1
赞皇县	2886	3.2	2910	0.8	3082	5.9
无极县	5806	9.1	6272	8.0	6790	8.3
平山县	2945	3.6	3312	12.5	3681	11.1
元氏县	5226	12.2	5878	12.5	6600	12.3
赵　县	5553	11.0	6116	10.1	6815	11.4
藁城市	6990	13.0	7731	10.6	8603	11.3
晋州市	6794	13.0	7495	10.3	8327	11.1
新乐市	6642	11.0	7360	10.8	8169	11.0
鹿泉市	7106	10.0	7834	10.2	8638	10.3
辛集市	6291	14.1	6890	9.5	7652	11.1

1995—2019 年分县（市、区）农村居民人均可支配收入（六）

14-9 续 5　　计量单位：元、%

行政单位	2011 年	增长速度	2012 年	增长速度	2013 年	增长速度
石家庄市	**7822**	**18.9**	**8993**	**15.0**	**9546**	**12.6**
长安区	10199	20.3	12390	21.5		
桥东区	11525	27.7	14199	23.2		
桥西区	14553	31.0	17888	22.9		
新华区	10762	30.2	13125	22.0		
裕华区	13247	31.0	16432	24.0		
矿区	9817	16.0	11270	14.8	12482	
井陉县	6961	15.9	7968	14.5	8688	
正定县	9459	16.2	10996	16.3	12004	
栾城县	9226	16.2	10619	15.1	11442	
行唐县	3995	9.5	4038	1.1	4723	
灵寿县	3455	9.1	3804	10.1	4417	
高邑县	7204	18.0	8346	15.9	9142	
深泽县	6671	16.1	7586	13.7	8666	
赞皇县	3405	10.5	3780	11.0	4487	
无极县	7876	16.0	9097	15.5	9955	
平山县	4168	13.2	4714	13.1	5137	
元氏县	7656	16.0	8819	15.2	9618	
赵县	7910	16.1	9079	14.8	10100	
藁城市	9999	16.2	11714	17.2	12846	
晋州市	9675	16.2	11555	19.4	12683	
新乐市	9035	10.6	10059	11.3	11575	
鹿泉市	10063	16.5	11245	11.7	12666	
辛集市	8789	14.9	10073	14.6	11115	

1995—2019 年分县（市、区）农村居民人均可支配收入（七）

14–9 续 6　　计量单位：元、%

行政单位	2014 年	增长速度	2015 年	增长速度	2016 年	增长速度
石家庄市	**10542**	**10.4**	**11442**	**8.5**	**12345**	**7.9**
矿　区	13605	9.0	14762	8.5	15943	8.0
藁 城 区	13951	8.6	15095	8.2	16318	8.1
鹿 泉 区	13933	10.0	15106	8.4	16314	8.0
栾 城 区	12723	11.2	13792	8.4	14895	8.0
井 陉 县	9595	10.4	10449	8.9	11253	7.7
正 定 县	13372	11.4	14508	8.5	15669	8.0
行 唐 县	5420	14.8	6068	12.0	6809	12.2
灵 寿 县	5049	14.3	5528	9.5	6164	11.5
高 邑 县	9984	9.2	10978	10.0	11878	8.2
深 泽 县	9758	12.6	10540	8.0	11393	8.1
赞 皇 县	4509	0.5	5084	12.8	5729	12.7
无 极 县	11079	11.3	11999	8.3	12922	7.7
平 山 县	5885	14.6	6615	12.4	7270	9.9
元 氏 县	10547	9.7	11604	10.0	12590	8.5
赵　县	11165	10.5	12181	9.1	13143	7.9
晋 州 市	13881	9.5	15045	8.4	16264	8.1
新 乐 市	12285	6.1	13337	8.6	14410	8.0

1995—2019 年分县（市、区）农村居民人均可支配收入（八）

14-9 续 7 计量单位：元、%

行政单位	2017 年	增长速度	2018 年	增长速度	2019 年	增长速度
石家庄市	**13345**	**8.1**	**14518**	**8.8**	**15853**	**9.2**
矿　区	17254	8.2	18807	9.0	20556	9.3
藁城区	17626	8.0	19159	8.7	20903	9.1
鹿泉区	17636	8.1	19171	8.7	20915	9.1
栾城区	16088	8.0	17487	8.7	19096	9.2
井陉县	12176	8.2	13259	8.9	14506	9.4
正定县	17001	8.5	18531	9.0	20310	9.6
行唐县	7626	12.0	8694	14.0	9667	11.2
灵寿县	7373	12.0	8398	13.9	9313	10.9
高邑县	12842	8.1	13960	8.7	15286	9.5
深泽县	12351	8.4	13462	9.0	14714	9.3
赞皇县	7046	12.0	8054	14.3	8980	11.5
无极县	13984	8.2	15214	8.8	16569	8.9
平山县	8165	12.3	9324	14.2	10350	11.0
元氏县	13635	8.3	14848	8.9	16214	9.2
赵　县	14169	7.8	15401	8.7	16787	9.0
晋州市	17568	8.0	19096	8.7	20815	9.0
新乐市	15569	8.0	16954	8.9	18514	9.2